쉬운 길
험한 길
멋진 길

스포츠마케터의 세상

쉬운 길 험한 길 멋진 길
스포츠마케터의 세상

저자	김도균	정병찬	박병유	싸인공	정인욱	송지훈	김성종	김동엽	김기연
	황승현	김현수	한우제	국창민	이치성	고형승	서일한	조윤혜	정아람
	조민제	이동건	샤샤정	서원식	정은순	김선희	박지윤	김형우	최서윤
	윤주영	김수미	김복민	윤원규	박형준	정권철	김학인	김세진	권혁도
	최우진	허도원	백종대	최경근	장시성				

초판 1쇄 발행 / 2021년 12월 8일

발행인 / 양원석
발행처 / DH미디어
등록번호 / 288-58-00294
전화 / (02)2267-9731
팩스 / (02)2271-1469
디자인 / 홍주연, 최연정

ISBN 979-11-90021-17-3
정가 25,000원

※ 이 책의 저작권은 DH미디어가 소유합니다. 저작권법에 의하여 대한민국 내에서 보호받는 저작물이므로 DH미디어의 사전 서면 허가 없이 이 도서의 일부라도 전자, 기계, 복사, 기록 또는 다른 방법으로 복사하거나 전송할 수 없습니다.
※ DH미디어는 대한미디어의 취미, 실용, 스포츠 전문 브랜드입니다.
※ 잘못 만들어진 책은 구입처 및 DH미디어 본사에서 교환해 드립니다.

쉬운 길
험한 길
멋진 길

스포츠 마케터의 세상

김도균 외 40인

DH미디어

서문

같은 시대에 태어나 인연을 맺는다는 것은 엄청난 행운이다.
함께 나누고 느끼고 사랑하면서 아름다운 세상을 만들기 때문이다.
같은 경험을 하고 공감하는 것은 큰 축복이다.
서로 선한 영향력을 주고받으면서 기쁨과 능력을 극대화할 수 있기 때문이다.

세상에 태어나 함께 만난다는 것은 얼마나 행운인가?
함께 나누고 경험하는 생각들이 빛나는 세상을 만들어가기 때문에 그렇다.
산다는 것은 얼마나 행복한 일인가?
존재 자체가 의미 있는 것이고, 존재 가치가 나의 가치이고 나눔의 가치이기 때문이다.
경험하고 안다는 것은 얼마나 대단한 능력인가?
경험 속에 만들어진 상상력과 경쟁력은 나의 능력을 더욱더 배가시켜주기 때문이다.

함께 공부하고 학위를 취득한 석사와 박사 제자들이 어느덧 100여 명이나 되었고,
어느 날부터 'DUKE Family'라는 이름으로 하나가 되었다.
매일 나누어지는 글들로 우리는 늘 하나가 되고 행복하다.
함께 공부하고 연구하고 토론하다 보니 많은 사람과 나누고 싶어져서 각자의 스포츠 경험과 직업의 세계를 나누어보는 것이 어떻겠느냐는 계기로 책을 출판하게 되었다.

조동화 시인의 "나 하나 꽃 피어 풀밭이 달라지겠느냐고 말하지 말아라. 네가 꽃 피고 나도 꽃 피면 결국 풀밭이 온통 꽃밭이 되는 것 아니겠느냐. 내가 물들고 너도 물들면 결국 온 산이 활활 타오르는 것 아니겠느냐"라는 시처럼 우리의 작은 글들이 모여 세상을 불타오르게 할 수 있기를 바란다.

스포츠마케터인 우리의 눈은 말한다.
"보이는 것만 보지 말고 보이지 않는 스포츠 세상을 보라."
우리의 귀는 말한다.
"고객의 좋은 소리만 듣지 말고 아픔, 고통의 소리를 더 많이 들으라."
우리의 입은 말한다.
"나쁜 것은 가슴으로 말하고 입으로는 좋은 것만 말하라."
우리의 손과 발은 말한다.
"주먹 쥔 손이 되지 말고 옆 사람을 따뜻하게 잡아주는 펼친 손이 되고,

발로 직접 뛰고 찾아가서 피부로 느끼고 배우라."
우리의 심장은 말한다.
"귀 기울여봐. 들리는가! 펜을 뚫고 나오는 즐거움과 행복의 함성이 나의 심장을 더 뛰게 한다."

이 책의 제목처럼 스포츠마케터의 길은 쉬운 길, 힘한 길, 멋진 길이다.

원고 정리와 취합을 도와준 정선아 선생, 허도원 선생과 연구팀들, 그리고 바쁜 시간을 쪼개어 자신의 모든 것을 나눠준 DUKE Family에게 감사의 마음을 전한다. 무엇보다 우리의 값진 경험들이 스포츠에 관심 있는 모든 사람에게 작은 밑거름이 되기를 간절히 소망한다. 또한 이 책이 마케터를 꿈꾸는 학생들뿐만 아니라 프로퍼티를 개발하는 현장 실무자들에게도 작은 밑거름이 되기를 간절히 바라는 마음으로 한 페이지 한 페이지를 바친다.

2021년 6월 한여름
경희대학교 스포츠문화콘텐츠연구실에서

Contents

서문 _ 5

Part 1 스포츠서비스업

1-1	정병찬	한국체육대학교 특임교수 _ 12	
1-2	박병유	경희대학교 체육대학원 겸임교수 _ 28	
1-3	싸인공	국내 대기업 스포츠/올림픽 마케팅 담당 _ 44	
1-4	정인욱	강원도민프로축구단 마케팅팀장 _ 64	
1-5	송지훈	중앙일보 스포츠팀 차장 _ 90	
1-6	김성종	㈜KT스포츠(kt wiz 프로야구단 홍보차장) _ 104	
1-7	김동엽	㈜더블유 운영총괄부장 _ 116	
1-8	김기연	㈜더폴스타 총괄본부장 _ 130	
1-9	황승현	㈜에스드림스퀘어 대표이사 _ 148	
1-10	김현수	롯데GFR 마케팅 파트장 _ 160	
1-11	한우제	케이티 스포츠마케팅팀 대리 _ 184	
1-12	국창민	어반전략컨설팅 대표 _ 196	
1-13	이치성	㈜리앤킴 인테리어 디자인 대표이사 _ 210	
1-14	고형승	야마하골프 홍보팀 부장 _ 222	
1-15	서일한	경기대 교수 _ 232	
1-16	조윤혜	남서울대학교 영상예술디자인학과 문화예술전공 교수 _ 252	
1-17	정아람	장안대학교 생활체육과 교수 _ 268	
1-18	조민제	㈜케이엔코리아 상품기획팀장 _ 278	
1-19	이동건	㈜한국스포츠매니저먼트협회 대표 _ 288	

Part 2 스포츠교육업

2-1	샤샤정	㈜샤샤정 헌드레드/샤샤필라테스 대표이사 _ 298
2-2	서원식	주중 한국태권도시범단 단장 _ 316
2-3	정은순	유소년농구 지도자 _ 336
2-4	김선희	더스페이스 힐링댄스 대표 _ 348
2-5	박지윤	㈜AIO Pilates 대표이사 _ 362
2-6	김형우	블랙이글스 아이스하키 클럽 감독 _ 372
2-7	최서윤	필라테스 퍼스널 트레이너 _ 386
2-8	윤주영	윤이콕아카데미 대표 _ 404

Part 3 스포츠시설업

- 3-1 　김수미　㈔대한피트니스전문가협회 회장 _ **420**
- 3-2 　김복민　피트니스마케팅연구소 소장 _ **438**
- 3-3 　윤원규　폴리그라스 대표이사 _ **450**
- 3-4 　박형준　이지커뮤니케이션 대표이사 _ **462**
- 3-5 　정권철　MR법인 대표(건축, 인테리어) _ **474**

Part 4 스포츠협회

- 4-1 　김학인　대한축구협회 대회혁신프로젝트파트 매니저(과장) _ **496**
- 4-2 　김세진　경희대 테크노경영대학원 객원교수 _ **506**
- 4-3 　권혁도　대한체조협회 과장 _ **520**
- 4-4 　최우진　대한태권도협회 도장사업부 주임 _ **534**
- 4-5 　허도원　㈔대한한궁협회 사무국장 _ **544**

Part 5 스포츠용품업

- 5-1 　백종대　㈜파이빅스 대표이사 _ **558**

Part 6 기타

- 6-1 　최경근　상명대학교 경영대학원 교수 _ **578**
- 6-2 　장시성　밥상힐링센터 연구소장 _ **592**
- 　　　　김도균　경희대학교 체육대학원 _ **604**

Part 1
스포츠서비스업

1-1	정병찬	한국체육대학교 특임교수
1-2	박병유	경희대학교 체육대학원 겸임교수
1-3	싸인공	국내 대기업 스포츠/올림픽 마케팅 담당
1-4	정인욱	강원도민프로축구단 마케팅팀장
1-5	송지훈	중앙일보 스포츠팀 차장
1-6	김성종	㈜KT스포츠(kt wiz 프로야구단 홍보차장)
1-7	김동엽	㈜더블유 운영총괄부장
1-8	김기연	㈜더폴스타 총괄본부장
1-9	황승현	㈜에스드림스퀘어 대표이사
1-10	김현수	롯데GFR 마케팅 파트장
1-11	한우제	케이티 스포츠마케팅팀 대리
1-12	국창민	어반전략컨설팅 대표
1-13	이치성	㈜리앤킴 인테리어 디자인 대표이사
1-14	고형숭	아마하골프 홍보팀 부장
1-15	서일한	경기대 교수
1-16	조윤혜	남서울대학교 영상예술디자인학과 문화예술전공 교수
1-17	정아람	장안대학교 생활체육과 교수
1-18	조민제	㈜케이엔코리아 상품기획팀장
1-19	이동건	㈜한국스포츠매니저먼트협회 대표

스포츠의 매력,
스포츠로 세상을 바꾼다

프로필

이 름 : **정병찬**

소 속 : 한국체육대학교 특임교수

이 력

(前) 국민체육진흥공단 경륜경정총괄본부장
(前) 월드컵축구대회조직위원회 국내사업담당관
(前) 서울올림픽대회조직위원회 상황담당관

주요 활동

– 체육인진로지원 통합센터 설치
– 경륜사업개발 및 스포츠토토 사업추진
– 대한체육회 미래기획위원회 위원
– 대한장애인체육회 전문체육위원회 위원장

1 스포츠비즈니스란?

스포츠라는 매개체에 자신의 경험을 축적하여 그 경험이 스포츠 전 분야에 연계되고 전파될 수 있도록 발전시키는 활동

2 스포츠를 사랑하는 한국스포츠 역사 속의 한 사람

우리나라 체육 재정의 젖줄 역할을 하는 국민체육진흥공단의 창립 멤버로 출발해서 체육인 최초로 공단 내부에서 사장까지 역임하며 한국의 스포츠를 큰 애정을 가지고 이끌어간 사람이라 소개하고 싶다. 주요 경력으로는 전 세계 4대 메가 스포츠 이벤트인 하계올림픽, 동계올림픽, 월드컵축구대회, 세계육상선수권대회 중 1988년 서울올림픽대회와 2002년 월드컵축구대회 등 2개 대회에 조직위원회 직원으로 참여했던 경험을 꼽을 수 있다. 서울올림픽대회조직위원회에서는 펜싱경기본부 상황담당관으로 경기 분야에 종사했으며, 2002년 월드컵축구대회조직위원회에서는 월드컵 복권을 만들고 광고사업을 책임지는 국내 사업 담당관으로 활동하며 그 누구보다 열정을 가지고 대회를 성공적으로 이끌었다. 또한 우리나라 체육진흥기금 조성을 위해 경륜사업을 태동시키고 스포츠토토를 국민체육진흥공단 사업으로 이끄는 등 37년간 국민체육 진흥을 위해 숨 가쁘게 달려왔다.

3 '신의 한 수' 서울올림픽대회조직위원회의 조직 구성

1980년대 초 서울올림픽대회를 유치했지만 변변한 국제대회 개최 경험도 없는 나라에서 과연 잘 치를 수 있을지 국가도 국민도 걱정이 많았다. 그 당시에는 국내적으로 정치 상황이 여의치 않아 대학생들은 수시로 데모하고 정치인들은 여야 간 틈만 나면 대립하면서 남북관계가 경색되어 있는 시절이었으니 걱정하지 않을 수 없었다.

국제대회의 성패는 무엇보다 정부의 지원과 체육적 운영 경험이 없으면 어려운데, 전 부처의 공무원 중 가장 우수한 공무원을 조직위원회에 차출해 파견하면서부터 신의 한 수가 시작되었다. 대회 종료 시까지 특별한 사유가 없는 한 공무원들을 해당 부처로 돌아가지 못하도록 했고, 이때부터 서울올림픽대회는 이미 절반은 성공한 것이라고 볼 수 있었다. 그동안 예산을 지원받고자 요청해도 요구 금액의 일부만 지원해주던 정부가 재정기획부에서 파견나온 공무원이 예산담당관을 맡으니 조직위원회에서 원하는 금액을 다 해결해주는 상황이 벌어졌고, 경기장 건설은 건설부에서 나온 공무원이, 정보전산통신 부문은 체신부 출신 공무원이, 체육지원부서는 체육부 공무원이, 감사부서는 감사원 파견 공무원 등 분야별로 담당관이 공무원으로 배치되는 날부터 모든 것이 가능해졌다. 그때 국가를 움직이는 힘은 전문성 있는 공무원에게 있다고 생각하게 되었다. 2차적으로 체육 분야 운영 인력 중 주요 간부는 대한체육회 임원 및 경기단체 임원 그리고 대학 체육과 교수, 유명 선수 출신을 특별 채용하거나 자문위원으로 모셔 꾸렸고 일반직원들은 체육대학 출신 학생들을 공채로 채용해서 업무를 맡겼다. 서울올림픽 때 채용된 직원들이 2002년 월드컵도 치르고 평창동계올림픽으로 이어지며 각종 종목별 국제대회를 대물림해서 치렀으니 지금 생각해보면 그 인력들이 보이지 않는 국가적 자산, 본인들이 말한 대로 국제대회 인적 유산이 아닌가 싶다.

▲ 서울올림픽 개회식 장면

이러한 조직 구성과 관리를 생각해내는 아이디어가 마케팅이고 마케팅적 사고가 아닐까? 무에서 유를 창출해내는 것이 바로 마케팅이다. 그리고 무엇보다 마케팅적 요소에서 중요한 것은 사람 관리, 그리고 조직 관리임을 강조하고 싶다.

아울러 지금에 와서 생각해보니 올림픽과 월드컵 등 주요 국제대회는 국민적 염원과 정부의 적극적인 지원, 대회 관계자의 노력과 헌신적인 봉사가 없으면 성공적으로 대회를 치를 수 없다는 것을 깨달았으며 대회 유치 때부터 대회 후에 남겨지게 될 경기장 등 주요 시설에 대한 유산 관리를 염두에 두고 기본 계획 등을 수립해야 하고, 그 시설들이 전문체육뿐만 아니라 국민 모두의 생활체육 시설로 사용될 수 있도록 운영에 대한 프로그램을 짜고 관리 주체 등이 미리 선정되어야 한다.

▲ 서울올림픽 당시 펜싱경기장에서 경기 준비를 하는 필자(오른쪽)

4 '스포츠 문화는 어떻게 변화하는가?'
올림픽의 남북 공동개최를 꿈꾸며

우리나라 스포츠는 서울올림픽대회 때 큰 변화를 거쳐 2002년 월드컵축구대회 때 완전히 자리 잡았고, 평창동계올림픽 때는 스포츠의 관점이 남북 화해, 통일 한국의 분위기로까지 발전했다고 평가하고 싶다. 서울올림픽대회 전까지만 해도 운동은 전문 선수만 하는 것이라 인식하고 일반인들은 경기장에 가서 관람하거나 TV를 통해 운동 경기를 보며 대리만족을 하던 시절이었지만, 17일간의 서울올림픽 개최 기간에 온 국민이 흥분의 도가니에서 경기를 관람하다 보니 운동에 대한 관심과 열정이 저절로 피어나게 되었다.

특히나 고령층, 노인들도 운동에 관심을 갖게 된 사건이 하나 있었다. 당시 입장권이 잘 팔리지 않아서 정부 부처나 공기업, 기업들이 단체 입장권을 구입해서 직원들의 가족이 관람하도록 권장했는데, 서울에 거주하고 있는 자녀들이 시골의 부모님을 상경시켜서 경기를 관람시켜드림으로써 그것이 전국적으로 소문이 나면서 국민 모두 스포츠에 관심을 가지고 운동을 하게 되는 계기가 되었다.

서울올림픽이 끝나고 1년쯤 지난 1989년부터는 전 국민이 스포츠에 눈을 뜨기 시작했는데 운동 종목도 고급스포츠인 테니스에서 조깅, 수영, 에어로빅 등 누구나 쉽게 접근할 수 있는 생활스포츠 종목이 활성화되었고, 남성들만 다니던 헬스장에 여성들이 등록하거나 운동기구 디자인이 검은색에서 컬러로 변하고 운동용품들도 다채롭게 발전하고 바뀌었다. 서울올림픽대회 하나로 스포츠 문화가 완전히 바뀌었다. 또한 2002년 월드컵축구대회 때는 온 국민이 하나가 되어 함께 밤을 지새우면서 거리 곳곳에서 응원하고 붉은 악마가 시작한 길거리 응원으로 전 세계인이 한국을 주목하게 되었다. "Be the reds!"가 적힌 빨간 티셔츠를 입은 시민의 자발적 참여를 바탕으로 붉은 악마가 선도한 응원은 국민적 단합과 한국형 스포츠 응원 문화를 만드는 데 성공했다고 평가되고 있다.

▲ 대한민국과 독일의 4강전 전경

평창동계올림픽은 스포츠가 남북 관계의 문제를 해결해주고 통일 한국으로 가는 가교 역할을 할 수 있다는 것을 여실히 보여주었다. 그만큼 국제대회의 힘은 그 나라의 스포츠를 발전시킬 뿐만 아니라 새로운 문화를 이끌어간다고 할 수 있다.

왜 수많은 나라가 수조 원의 돈과 자원이 투입되는 국제대회를 개최할까? 그것은 경제성장뿐만 아니라 스포츠 문화를 순식간에 바꿀 수 있는 원동력이 국제대회에 있다고 보기 때문이다. 국제대회 개최는 국민의 건강을 증진시키고 국민적 자부심과 행복도를 높여 선진국으로 가는 지름길의 하나이기도 하다. 스포츠 문화를 단숨에 바꿀 수 있는 것이 무엇인지 우리나라가 개최한 국제대회를 유심히 관찰해보면 좋을 것이다. 그리고 하나 남은 과제는 남북 공동개최 올림픽을 우리의 힘으로 유치하고 개최하는 것이다. 통일 한국에서 변화하는 스포츠 문화가 여러분이 해야 할 미래의 과제로 남아 있다.

5 '맞바꾼 2002 FIFA 한일 월드컵축구대회 이야기'
명분과 실리의 싸움

1998년 어느 봄날, 월드컵축구대회조직위원회에서 한창 대회 준비 전략회의를 하던 시점이었다. 한국과 일본이 2002년 월드컵을 공동개최하다 보니 풀어야 할 난제가 너무도 많았다. FIFA(국제축구연맹)의 곱지 않은 시선, 그리고 일본은 자신들이 단독으로 개최할 수 있었던 월드컵을 한국과 공동개최하게 되다 보니 보통 심술을 부리는 것이 아니었다. 그래도 대회에 관계된 주요 사항을 논의해서 함께 결정해야 하기 때문에 조직위원회 직원 모두는 불철주야 고민을 많이 할 수밖에 없었다.

▲ 2002년 월드컵축구대회조직위원회 사무실 앞에 선 필자

그중 2002년 월드컵축구대회의 공식 이름을 어떻게 지어야 할지가 가장 큰 고민이었다. 우리는 공식 이름에 한국이 먼저 표기되어야 하는 점에 사활을 걸어야 할 입장이었고, 그 이유는 일본과의 역사적 특수성으로 인해 이름 하나 잘못 결정하게 되면 매국노가 될 수도 있었으니 조직위원회 직원 모두가 한국, 일본 월드컵에 목숨을 걸자는 비장한 각오가 숨어 있었다. 그렇지만 '스포츠 마피아'라 불리는 FIFA와 전 세계 경제권을 공유하면서 막후 정치를 하는 일본이라 상황이 녹록지 않았다. 우리는 무조건 '한국, 일본 월드컵' 안을, FIFA는 국가 이름이 명기되지 않은 'FIFA 월드컵'을, 일본은 '일본, 한국 월드컵'을 주장하고 있어 한 치의 양보도 허용되지 않는 분위기였다. 그 와중에 묘수가 나왔으니 그것은 바로 3자가 가장 중요시하는 것이 무엇인가를 도출해놓고 거기에서 해법을 찾자는 것이었다. 각각 중

요시하는 것은 FIFA에서는 당연히 중계권과 관련된 방송 시간, 주관 방송사가 요구하는 시간을 맞추는 것이었고, 일본은 결승전과 폐회식을 원했다. 왜 일본은 결승전과 폐회식을 원했을까? 월드컵 경기를 한 번이라도 본 사람들이라면 당연히 월드컵의 꽃인 결승전을 꿈꿀 수밖에 없다. 또한 결승 경기날은 전 세계인의 2/3가 월드컵 경기를 시청하고, 통계적으로도 월드컵에서 가장 기억되고 인상 깊은 장면은 결승전과 FIFA컵 전달식이었기 때문이다. 그러한 일본의 전략을 알고 난 우리는 명칭에 연연하지 않고 FIFA에 결승전을 우리가 가져와야겠다는 협상안을 제시했다. 사실은 그 반대 전략을 짜놓고 있었지만.

명칭은 '일본, 한국 월드컵'으로 하되, 결승전을 한국에서 개최하겠다는 도박을 시도해보았다. 우리가 제시한 협상안을 보고 일본은 FIFA에 거세게 항의했고, 공동개최를 다시 검토하자고 제기하기도 했다. 어쨌든 우리의 협상안을 보고 일본은 엄청난 충격을 받았고, 다른 협상에서도 우리에게 밀리기 시작했다. 결국 FIFA의 중재로 몇 차례 협상이 결렬되는 우여곡절을 거쳐 공식 명칭은 '한국/일본 월드컵축구대회'로, 결승전은 일본이 개최키로 합의했다. 만약에 일본이 우리가 제시한 안을 수용했다면 조직위원회 직원들은 지금까지 모두 숨어 살았을 것이다. 역시 일본은 일본다웠다. 명분보다는 실리를 택했기 때문이다. 그때 협상의제를 수립하고 논의한 우리나라 모든 협상자는 알고 있었다. '우리는 명칭이 중요하지 돈 같은 건 필요 없다'라고.

「2002 FIFA 한국/일본 월드컵축구대회」

2002 FIFA WORLD CUP KOREA/JAPAN

얼마나 자랑스러운가? 여러분이 협상한다면 어떤 협상안을 선택하겠는가? 돈보다 명분, 실리보다 국익. 이러한 건전한 판단을 내리는 마케터가 되길 바란다. 돈은 언제든지 벌 수 있지만, 명분과 국익은 돈으로 살 수 없기 때문이다.

지금도 전 세계 많은 사람은 2002년 월드컵축구대회는 한국에서 개최된 것으로 알고 있다. 우리나라가 공식 명칭에서 앞에 나오다 보니 뒤에 있는 일본은 잊어버렸다. 우리가 공식 명칭 협상 때 사활을 건 이유도 여기에 있었다. 그만큼 공식 명칭은 중요한 것이다.

6 '우리나라 체육재정사업의 탄생 비화'
작은 사진 한 장, 말 한마디로 태어난 경륜과 스포츠토토사업

매년 6조 원 이상의 수입을 올리는 사업을 만든 사람이 우리나라에 과연 몇 명이나 있을까? 작은 사진 한 장, 의미심장하게 던진 말 한마디로 탄생한 사업이 있다. 그 규모가 매년 수조 원을 벌어들이는 사업인 우리나라 체육재정의 주춧돌 역할을 하는 경륜경정사업과 스포츠토토사업이다. 경륜은 매년 2조 원 이상, 경정은 6천억 원, 스포츠토토는 4조 5천억 원 이상의 매출을 올려 이 중 순 수익금 1조 원 이상을 조성하여 우리나라 체육진흥기금으로 체육 분야에 지원하고 있다.

우리나라에는 정부가 합법적으로 승인한 갬블사업으로 경마, 경륜, 경정, 로또, 스포츠토토, 카지노, 소싸움 등 7개가 있는데 이 중 경륜, 경정, 스포츠토토 등 3개 사업을 직간접적으로 만들고 운영한 경험과 그 배경을 소개하겠다.

경륜사업은 서울올림픽이 성공적으로 개최된 후 올림픽공원에 있는 벨로드롬(사이클경기장)의 사후관리 계획의 일환으로, 경정사업은 미사리조정경기장의 수상테마공원사업 중장기발전계획에 따라 추진하게 되었다. 처음에는 전문 컨설팅 대행사의 용역계획에 따라 기본 계획이 수립되었지만, 우리나라 체육재정을 어떻게 확보할 것인지 올림픽 유산인 각종 대형 경기장을 어떤 방법으로 활용하고 수익을 창출할 것인가를 염두에 둔 일종의 국가적 프로젝트였다. 사업계획이 수립되었지만 사업 경험도 없고 사업성이 검증되지도 않은 시절이었으며, 특히 올림픽경기장은 원형을 보존해야 한다는 대원칙이 정해져 있어서 어디서부터 어떻게 제반 사업을 시작해야 할지 막막한 상황이었다. 그러던 어느 날 내게 한 장의 사진이 눈에 띄었다. 일본 출장을 다녀온 상사가 가져온 일본 스포츠잡지의 표지에 자전거를 앞에 놓고 번호가 새겨진 헬멧을 쓴 7명의 선수가 미소를 짓고 있었다.

"과장님, 이게 무엇입니까?"

"경륜이라고 하네. 경마는 알지? 경마는 말을 타고 경주를 하고, 경륜은 자전거를 타고 경주하는 스포츠인데, 고객이 배팅하면 돈을 버는 사업이야."

그 순간 번개처럼 뇌리를 스치는 생각이 끝나기도 전에 "지금 놀고 있는 벨로드롬에서 우리도 경륜을 하면 되겠네요!" 이 한마디로 사업계획을 수립하고 「경륜경정법」을 제정하여 매년 2조 원의 사업이 탄생하게 되었다. 사진 한 장을 보고 그것을 사업으로 대입하는 발상. 작은 것이지만 그 현상을 보고 실현 가능한 사업으로 만들어가는 본능적 감각을 갖춰야 하는 사람이 스포츠마케터이지 않을까 생각한다.

사진 한 장으로 만든 2조 원 사업보다 두 배 이상인 연간 4조 5천억 원의 수입을 올리고 있으며 앞으로도 10조 원 시장을 앞두고 있는 사업, 스포츠경기만 있으면 전 세계 어느 나라의 경기든 연결하여 돈을 버는 '스포츠토토' 사업의 탄생 비화를 들려드리겠다.

경륜사업이 어느덧 자리를 잡아가고 매출도 꾸준히 상승세를 타고 있던 시점에 사업 추진력을 인정받으며 월드컵축구대회조직위원회에 차출되어 파견나가게 되었다. 국가적 행사에 뽑혀가는 것 자체가 영광이고 올림픽대회에 이어 월드컵까지 경험할 좋은 기회였는데, 주요 임무는 월드컵조직위원회에서 추진하고 있는 스포츠토토사업을 대회 종료 후 국민체육진흥공단이 이어갈 수 있도록 준비하는

▲ 경륜 경기 모습

것이었다. 그러나 본격적으로 스포츠토토 입법을 시작했음에도 진도가 한 걸음도 나아가지 못했다. 그 이유는 당초 스포츠토토를 추진했던 업체가 주식 공모 등으로 사회적 문제를 일으킨 시점이라 정부와 국회 모두 스포츠토토사업에 대해 정부 입법을 반대했기 때문이다. 월드컵조직위원회 입장에서는 빨리 입법해서 그 재원으로 월드컵대회를 치를 생각이었는데, 한 발짝도 나아가지 못하고 있어 고민이 많았을 때 주요 현안 사항 대책회의에서 스포츠토토 안건도 논의가 되었다. 정부입법이 안 되는 이유를 설명하자 회의에 참석했던 한 분이 "스포츠토토로 정부가 홍역을 치렀는데, 새로운 법을 정부입법으로 만들어주겠어요? 절대 안 될 겁니다. 그냥 지금 있는 국민체육진흥법에 스포츠토토를 하겠다는 근거만 명시하면 되지 참 일들을 어렵게 하시네요"라고 말한 것이다. 나 역시 그 당시 분위기로는 스포츠토토가 사행사업이라 별도의 스포츠토토법을 만들지 않으면 사업추진이 불가능하다고 보았는데, 현행「국민체육진흥법」속에 사업 근거를 만들자고 하니 참으로 기막힌 발상이었다. 지금도 어려운 일이 생기면 이때를 생각하면서 방법을 모색하곤 한다. 그 한마디로 스포츠토토의 사업 방향을 전환해서 의원입법으로 사업의 발행 근거를「국민체육진흥법」에 넣고 사업 주체는 국민체육진흥공단이 추진한다고 명문화하면서 그 조건으로 월드컵경기장 건설비를 공단이 2천억 원을 지원하고 스포츠토토사업권을 영구히 가져오게 되었다.

이 스포츠토토사업이 지금 우리나라 체육재정의 90% 이상 기금을 조성하는 효자사업이 되었다.

세상에는 어려운 일도 쉽게 풀어가는 사람이 있고, 모든 일은 사

▲ 스포츠토토 로고

람의 생각에서 시작되고 사람의 마음에서 종결된다는 사실을 그때 알게 되었으며, 세상에는 참 고수들도 많고 아무리 어려운 일이라도 깊이 생각하고 방법을 찾으면 사막에서도 꽃을 피울 수 있다는 것을 배웠다. 스포츠마케터란 남들이 생각하지 못한 것을 실현시키는 사람, 어렵고 안 될 것 같은 일도 가능하게 만들어가는 사람이 아닐까? 그러한 스포츠마케터가 되기 위해서는 절박한 순간에 사업의 성패를 가르는 한 장의 사진, 한마디의 말도 놓치지 않고 자기 것으로 만들어가는 사람이 되어야 한다. 아주 작은 것 속에 수조 원이 숨어있을 수 있다. 그리고 "가장 개인적인 것이 가장 창의적인 것이다"라고 말한 미국의 마틴 스콜세이지 영화감독의 말처럼 창의성을 적용함에 있어 독창성과 유용성을 합리적으로 응용하는 스포츠마케터가 되길 기원한다.

 한 장의 사진, 한마디의 말로 탄생한 경륜과 스포츠토토사업은 지금도 국민체육진흥공단에서 운영하며 매년 1조 원 이상 우리나라 체육발전을 위해 지원하고 있다.

7 세상에 한번에 되는 건 없다.
부단히 노력하고 정성을 들여야 뭔가 이루어진다.

많은 사람이 대학을 졸업해서 취업만 하면 모든 것이 이루어지고 인생이 꽃피는 줄 알지만, 그날부터 새로운 고난의 날이 시작된다는 걸 알아야 한다. 세상에 한방에 되는 것은 없다. 모든 것이 부단한 노력과 정성을 들여야만 그 정성들이 먼지처럼 겹겹이 쌓여 언젠가 자신도 모르게 원하는 곳에 가 있다는 걸 알아야 한다.

직장은 아름다운 곳이 아니라 보이지 않는 전쟁터라는 걸 명심해서 살아남을 방법을 본인 스스로 체득하고 승화시켜야 한다. 그리고 무엇이든지 남들보다 더 잘하고 앞서나갈 수 있도록 밤이나 낮이나 준비하고 연구해야 한다. 아울러 자신만의 장점이 될 수 있는 필살기를 한두 가지 이상 가지고 있어야 한다. 예를 들어 신입사원 때는 남들보다 일찍 출근하기, 보는 사람 모두에게 공손히 인사하기, 팀이 바쁠 때 같이 일해주기, 그리고 간부가 되어서는 요약보고서 잘 만들기, 보고 시 핵심 위주로 설명하고 고생한 부하 치켜세워주기, 그리고 일반적인 사항도 수시로 상사에게 중간 보고하기 등을 잘한다면 좋을 것이다.

내가 면접관으로 신입사원 채용 시 가장 중요하게 보는 것은 그 사람의 자세다. 알맹이는 없고 말만 번지르르하게 잘하는 사람은 뽑지 않았다. 또한 스펙이 과하게 많고 좋기만 한 사람도 뽑지 않았다. 그 이유로는 수십 년간 면접을 보면서 나름대로 통계를 내본 결과 그런 사람들은 실력은 없으면서 외향적인 결과치만 중요시하고, 입사 후 번듯한 이력서와 달리 이직률도 높고 일에 책임을 지지 않고 조직에

▲ 경륜경정사업을 총괄할 당시의 필자

민폐를 끼치는 사람들이 많았기 때문이다. 따라서 신입사원 채용 면접 때 자신을 너무 과하게 포장하지 않는 것이 좋다. 자신이 잘하는 것을 있는 그대로 진솔하게 풀어낸다면 면접관의 마음을 울리고 더 좋은 결과를 낼 수 있다고 본다. 물론 면접 갈 때는 아침에 일찍 일어나 기도를 많이 하고 면접 때 하고 싶은 말을 거울 보고 큰소리로 몇 번씩 연습해보고 가야 한다는 것을 잊지 마시길. 나 역시 30여 년 이상 직장 생활을 했지만 지금도 중요한 발표나 회의가 있을 때는 원고를 큰소리로 꼭 읽어보고 간다. 그러면 발음도 좋고 긴장도 덜하고 보이지 않는 자신감이 생기기 때문이다.

끝으로 스포츠마케팅은 경험을 통해 새로운 세상을 창출해나가는 학문이고, 창의적인 사람을 만드는 과정임을 잊지 않길 바라며, 스포츠를 사랑하고 지향하는 우리 모두에게 멋지고 영광스러운 앞날이 펼쳐지길 기원한다.

"You Complete me!"
너와 나를 완벽하게 하는 스포츠마케터의 길

프로필

이 름 : **박병유**

소 속 : 경희대학교 체육대학원 겸임교수

이 력
(現) 경희대학교 체육대학원 겸임교수
(現) 대한장애인노르딕스키연맹 전문체육위원
(前) 2018 평창동계올림픽조직위원회 지식관리팀장
경희대학교 체육대학원 박사

주요 활동
- 2018 평창동계올림픽 공로 문화체육부장관 표창(문체부)
- 2018 평창동계올림픽 공식보고서 평창군 자문위원
- 전 스포츠산업경영학회 이사
- 경희대학교 체육대학원 박사학위 우수논문상(2014)
- 2002 FIFA 월드컵 공로패(2002)

연구 활동
- 2021프로축구팀 명칭사용권 가격규모 산정 및 출연타당성 검토 용역
- 2020 SK스포츠단 ESG 방향성 연구 용역
- 2020 MICE를 통한 스포츠산업 발전 방향
- 2020 양평군 라이딩센터의 효율적 운영관리를 위한 연구
- 2020 WKBL 유소년농구클럽 활성화사업 연구
- 2019 국제스포츠이벤트 유치 역량강화
- 2019 양평군파크골프장 관리용역보고서
- 2019 장항선셋페스티벌 발전방안
- 2014 K리그 구단의 효율적인 마케팅믹스(7P) 운영을 위한 연구
- 2004 FIFA 월드컵 마케팅(2인 공저)

1 스포츠마케팅을 완성하는 "You Complete me!"

스포츠마케팅 영화의 대표격인 「제리 맥과이어」에 나오는 대사다. 나는 이 대사가 이 영화의 전체를 표현함과 동시에 스포츠마케팅을 한마디로 표현해주는 단어라고 생각한다. 서로를 완벽하게 해주는 것이 스포츠마케팅이다.

"선수를, 대회를, 그리고 프로젝트 안에서 실행되는 모든 것을 통해 사람들을 기쁘게 하고, 수익을 창출하고, 자신의 행복감을 찾는 것"이 스포츠마케팅 이면의 진짜 모습이라고 할 수 있다.

상상해보라! 내가 계획한 경기와 이벤트에 사람들이 비용을 주고 입장해서 기대했던 이벤트에 때로는 좌절을, 때로는 기쁨과 환희를 맛보는 그 현장을 기획하고 운영하는 것이 얼마나 짜릿한 일인가?

2 6C를 통한 스포츠마케터의 길 그리고…

우리가 보고 있는 올림픽 마케팅, 월드컵 마케팅은 정말 환상적이고 모든 이를 가슴 벅차게 한다. 20년 가까이 스포츠산업 현장이나 마케팅 업계에서 보고 느낀 것을 얘기한다면 끝이 없겠지만, 단순하게 영상이나 글로 함축해서 보는 것보다 실행 단계 전부터 많은 협상과 협의 그리고 계약 문제들이 복잡하게 진행된다.

스포츠마케터가 되기 위해 준비하는 길로 나는 델라웨어대학교The University of Delaware의 로베르타 골린코프Roberta M. Golinkoff 교수와 캐시 허시 파섹Kathy Hirsh-Pasek이 미래 인재 조건으로 제시한 '21세기 역량'

을 바탕으로 말하고 싶다. 그들은 6C 역량만 가지고 있다면 4차 산업혁명 시대에 얼마든지 적응하고 충분한 경쟁력을 가질 수 있다고 말하는데, 스포츠마케팅 시장에도 적용이 가능하다.

- 협력Collaboration
- 의사소통Communication
- 콘텐츠Contents
- 비판적 사고Critical Thinking
- 창조적 혁신Creative Innovation
- 자신감Confidence

이러한 내용을 이해하기 위해 스포츠 현장을 살펴보면, 우리가 어떠한 스포츠 이벤트를 기획하고 운영하기 위해서는 함께하는 모든 구성원과 '협력Collaboration'해야 한다.

이벤트를 독립적으로 기획했어도 실행 단계에서부터 '의사소통Communication'의 중요성을 인지해야 하며 초기 계획, 즉 '콘텐츠Contents'는 어떻게 진행되고 있는지 서로 논의하고 실현 가능성, 흥행성, 지속 가능성 등을 상호 평가하면서 새로운 아이디어를 떠올리고, 몇몇 아이디어 때문에 어떤 것은 '창조적 혁신Creative Innovation'이라고 생각될 만큼 새로움을 배우고 느끼게 될 것이다. 그리고 이러한 과정에서 어떤 계획들은 성공하고, 어떤 계획들은 실패하게 될 것인데 목표했던 스포츠마케팅의 목표 달성을 위해 '고객이 이것을 좋아할까?', '다음 이벤트에 참여하는 방법이 될까?', '이 제품이 잘 판매

될 수 있을까?' 같은 다양한 관점에서의 생각을 하게 되고 이러한 과정을 통해 '비판적 사고Critical Thinking' 역량을 키우고 성과와 좌절 과정을 반복하면서 '자신감Confidence'을 갖게 될 것이다.

협력(Collaboration)
아무도 교향곡을 홀로 연주할 수 없다!

필 나이트와 빌 바우먼Phil Knight & Bill Bowerman, 스티브 잡스와 팀 쿡 Steve Jobs & Tim Cook 등 이런 각 쌍의 이름들의 공통점은 무엇일까? 바로 성공적인 협력을 통해 세상에 그들의 발자취를 남겼고, 누구나 이름만 들어도 알 수 있는 명성을 쌓았다는 것이다.

실제 사람들과 얼굴을 마주하고 상호작용하는 것은 스포츠 현장의 승패를 좌우할 수 있다. '협력'은 인간이 배우는 '방법'과 '과제'를 달성하고, 스스로 능력을 발휘하는 데 핵심적인 역할을 하며, 다른 모든 기술과 역량을 만들어내는 기회이자 토대다. 물론 모든 협력이 이런 수준까지 이르는 것은 아니지만, 성공적인 협력에는 공통적인 몇 가지 특징이 있다.

저자가 수행했던 2018 평창올림픽 공식 보고서 작업을 예로 공식 보고서 작성 계획(예: 기획, 예산 수립, 목차의 구성, 작성 방법, 내용 및 구성 예시 등)은 저자가 수립하지만 실제로 작성은 각 담당자가 수행해야 한다. 물론 추후의 여러 과정이 또 필요하지만, 이런 기초자료를 작성하기 위해서는 각 분야 담당자의 협력(작성과 기간 내 제출 등)이 절대적이다. 이러한 협력을 끌어내기 위해 다음과 같은 메시지를 전달해야 한다.

첫째, 성공적인 협력을 위해 목표의 중요성에 대한 공통된 열정과 반드시 목표를 달성하겠다는 공통된 열망이 있어야 한다.

둘째, 협력자 간의 신뢰가 필요하다. 실제 협력 과정에서 파트너들의 의견이 일치하지 않거나 격렬한 분쟁이 일어날 수 있다. 위대한 성과는 이런 논쟁을 통해 탄생하는 경우가 많다.

셋째, 각 분야의 내용을 소중히 여기고, 만들어진 결과물에 대한 공동의 책임감이 있어야 한다. 이는 서로에 대해 존경하는 마음과 존중하는 자세가 필요하다. 이런 요소들이 없다면 협력관계는 이루어질 수 없다.

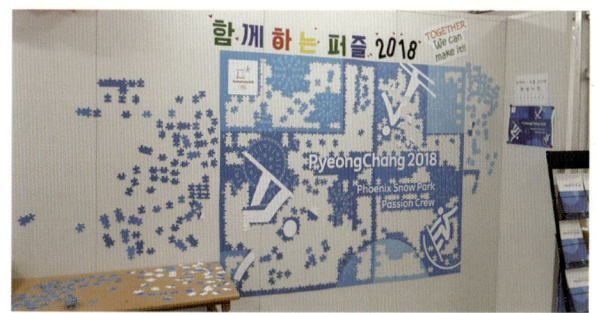

▲ 2018 평창동계올림픽 당시 대회 운영 요원들을 대상으로 하는 퍼즐 맞추기 대회를 성공적으로 이끌기 위해 다양한 인력이 협력해야 한다는 모습을 보여준다.

의사소통(Communication)

서로 통했느냐?

스포츠마케팅 현장은 비즈니스 현장이기에 무엇보다 명확한 의사소통 능력이 필요하다. 저자가 전달하고 싶은 것은 말하기와 글쓰기의 두 가지 영역이다.

사람마다 생각과 사용하는 단어가 서로 상이하고 의사소통에 내 생각을 이해시키는 데 필요한 말의 기술, 다른 사람이 이해할 수 있도록 정확하게 쓰는 능력, 그리고 다른 사람의 경청 기술이 필요하다. 컴퓨터와 스마트폰 사용 능력은 갈수록 향상되고 있지만, 과연 말하기와 쓰기도 잘하고 있을까? 이 질문에 우리는 '예'라고 대답할 수 있을까?

의사소통(말과 글로 표현하는) 방법은 계속 발전하고 있으며, 스포츠마케팅에서 커뮤니케이션의 목적은 협력을 촉진하기 위함이다. 설득력 있는 말하기와 글쓰기, 그리고 경청하는 방법은 가정에서부터 시작해서 사회와 다양한 곳에서 순차적인 단계를 통해 연마되겠지만, 지속적인 관심을 가져야 한다.

▲ 2018 평창동계올림픽 기간 중 오픈한 네덜란드 하우스. 다른 NOC 하우스와 달리 전 세계 선수단 및 관계자가 입장할 수 있었고, 네덜란드 동계스포츠와 관련된 역사, 단체관람, 엔터테인먼트까지 모든 콘텐츠를 집약해서 대회 기간 중 최고 인기 NOC 하우스였다.

(1) 국제 감각 - 더 풍성하고 정확한 커뮤니케이션

국제 감각Global Mind은 콘텐츠를 구성하는 능력과 이를 뒷받침할 수 있는 지리 지식이나 역사의식과 맥락을 같이하지만, 좀 더 넓은 커뮤니케이션을 위해 필요한 능력이며, 말하고 쓰는 능력을 더욱더 풍성하고 명확하게 할 수 있다. 국제 감각을 갖기 위해 먼저 언급하고 싶은 것은 지리와 역사적 환경에 대한 이해를 우선해야 한다. 역사와 사례는 시간을 통해 발생하고, 지리는 시간과 공간을 통해 나타난다.

역사와 사례가 시간에 따른 인과관계를 탐구한다면, 지리는 공간과 그 공간에 있는 것들과의 연관성을 탐구한다. 국적, 인종, 종교에서 오는 소속감 대신 전 세계 공동체의 일원이라는 정체성으로 살아가는 국제 감각이 필요한 국경 없는 borderless 시대의 감각을 얻기 위해 전 세계 어디를 가서 누구를 만나도 '지적 기반을 공유'할 수 있는 능력은 국제 감각을 바탕으로 한다. 이러한 의식은 우리의 커뮤니케이션을 더욱 풍성하고 공고하게 할 뿐 아니라 콘텐츠 및 창의력도 성장시켜줄 것이다.

(2) 언어를 더할 수 있다면

기본적인 의사소통과 메일로 업무를 주고받을 수 있지만, 앞서 설명한 국제 감각을 갖추기 위해 추가로 자신의 경쟁력을 높이는 데 필요한 기술의 기본은 영어다.

국내 무대에서만 활동하고 싶다면 굳이 외국어 능력이 필요하지 않을 수 있지만, 만약 할 수 있다면 여러분이 볼 수 있는 세상은 훨씬 더 넓어질 것이다. 만약 여러분이 국제 감각을 갖춘 스포츠비즈니스 분야에 진출하고 싶다면 영어뿐 아니라 프랑스어와 독일어를 추천한다. IOC와 FIFA는 기본 언어가 영어이지만 내부 직원들은 프랑스어로 소통하는 직원들이 꽤 많고, 프랑스어와 독일어를 할 수 있다면 더 넓은 세상으로 나갈 수 있을 것이다. 북미는 말할 것도 없고 말이다.

콘텐츠(Contents)
무엇을 구성하고 배울 것인가?

우리는 지금 4차 산업혁명과 빅데이터 시대에 살고 있고, 이를 바탕으로 하는 수많은 이야기를 통해 수많은 콘텐츠를 만들어내고 있다. 이러한 콘텐츠를 만들기 위해 우리에게 필요한 자세와 염두에 둬야 할 것은 무엇인가? 핵심은 콘텐츠가 학교에서만 배우는 것이 아니라는 것이다. 학교 밖에서 많은 것을 배울 수 있고, 다른 사람들과 나눈 대화를 통해 여행하면서도 배울 수 있다. 그러므로 나는 다음과 같은 분야에 대한 소양이 필요하다고 생각한다.

비디오게임 'The Show20(플레이스테이션 비디오 야구 게임)'을 한다면 그 게임에 어떤 선수가 있고, 어떤 팀이 있는지, 로고는 어떠한지, 경기장은 어떠한지 등 수많은 정보를 기억하라. 혹시 아는가? 당신이 메이저리그 올스타 친선경기를 기획하게 될지도 모르는 것 아닌가?

▲ 2018 평창동계올림픽에서 문화 프로그램의 일환으로 진행된 행사. 스포츠 이벤트는 스포츠 콘텐츠뿐 아니라 다양한 문화예술이 접목해 더 많은 시너지를 낼 수 있다.

(1) 인문학적 소양을 위한 노력

소위 인문학이 어렵다고 생각할 수 있지만, 우리 주변의 모든 것이 인문학에서 바탕이 된 것이라고 보면 될 것이다. 그 범위는 인문학(문학, 역사, 철학), 예술(음악, 미술, 체육), 자연과학(Information Technology와 지리학), 사회과학(세계시민 의식, 심리학, 사회학)을 기본 틀로 하여 여러 분야의 지식을 갖추되, 서로 다른 분야의 지식을 융합하여 새로운 가치를 창조할 수 있는 능력을 배양하는 것이 우리의 교양적인 삶의 설정과 방향이라고 할 수 있다.

이러한 방향 설정은 지식과 정보를 논리적이고 비판적인 지성으로 연마할 수 있고, 다양한 분야에 대한 식견을 제공해 어떠한 일을 어떻게 할 것인가에 대한 방향을 깨닫게 해준다. 비전vision이 앞에서 이끌어주는 힘이라면, 교양은 곁에서 조언하는 힘이다. 비전이 가야 할 길에 대한 감각이라면, 교양은 현혹되지 말아야 할 것들에 대한 인식이다. 스포츠마케팅은 시대의 흐름을 읽고 인식하는 능력이 필요하므로 이러한 기본 지식을 이해하고 있어야 할 것이다.

(2) 역사와 사례를 통한 배움

단재 신채호 선생은 "역사를 잃은 민족에게 미래는 없다"라고 하셨다. 스포츠마케팅도 마찬가지다. 우리나라에 제대로 된 프로스포츠(1982년 프로야구 출범 이후) 역사는 약 40년이다. 그동안 우리는 프로스포츠와 88서울올림픽을 기점으로 사회체육을, 2002 FIFA 월드컵을 기점으로 스포츠산업과 스포츠마케팅을 발전시켜나가는 토대를 마련했다. 이 과정에서 우리는 수많은 잘못과 실책, 그리고 성공과 성과를 경험했다.

이러한 스포츠마케팅을 통한 중요한 사례와 사건들은 우리 스포츠산업이 발전해가는 큰 밑거름이 될 것이다. 그렇기에 우리는 스포츠와 그것을 통한 스포츠마케팅의 역사와 사례에 관심을 가질 필요가 있다. 수많은 사례를 발판 삼아 앞으로의 스포츠마케팅이 나아가야 할 길을 제시할 필요가 있다. 세상은 정보가 넘쳐나고 있고, 우리는 스포츠마케팅을 통해 정리해서 정보이자 지식으로 만들 수 있어야 한다. 이것이 '이야기'이자, '콘텐츠'이며 '기록'이다. 우리는 지난 40년 동안 이러한 기록을 발굴하고 기록하는 데 많이 부족했다. 그 작은 기록들이 모여서 콘텐츠를 이루고, 역사를 증명하며, 사회가 발전해나가는 하나의 중심이 된다.

◀ 올림픽 종료 후 IOC에 전달하기 위해 정리해놓은 자료들. 이러한 수많은 자료는 차후 정리를 통해 올림픽 역사의 기록물과 콘텐츠가 된다. 우리나라도 국립체육박물관과 올림픽 기념관을 통해 한국 스포츠 역사를 기록하여 전시하고 있다.

비판적 사고(Critical Thinking)
사실을 넘어 진실을 찾는 힘

스포츠마케팅을 성공적으로 수행하기 위해 수많은 정보 앞에서 비판적 사고가 필수다. '비판적 사고'는 우리를 둘러싼 정보 속에서 길을 찾아갈 수 있는 해답이다. 비판적 사고는 성공적인 프로젝트의 조건이 무엇인지를 고민하고 무조건 수용하는 것이 아니라 의문을 가지면서 계속 반문할 때 사고력이 성장할 수 있다. 배리 바이어Barry K. Beyer는 비판적인 사고는 '논리 정연한 판단'이 필요하다고 했다. 비판적 사고를 위해서는 관찰, 경험, 숙고, 추론 및 의사소통을 통해 다양한 정보를 분석하고 종합하고 평가하는 것이 필요하지만, 여기서 한 가지 중요한 것은 우리가 비판적인 사고를 위해 만나게 되는 의견 불일치 앞에서 논리적으로 피력할 때 필요한 '신중함'과 '담대함'이다.

앞서 언급한 말하기(논리적인 의사 표현)와 신중함 그리고 담대함과 합쳐질 때 기존 인식과 의견을 바꾸거나 바꾸지 못하더라도 노력을 위한 담대함이 필요하다. 비판적인 사고를 바탕으로 발전적인 의견을 피력한다고 해서 문제가 될 것은 없다. 그 사고를 받아들이지 못하는 조직과 사회가 문제가 될 수 있겠지만 말이다.

(1) 논리적인 사고를 위한 법 공부

현장에서 업무를 통해 배울 수 있겠지만, 계약서를 보거나 우리나라 스포츠와 관련된 법을 공부할 필요가 있다. 스포츠마케팅 현장에서 이루어지는 모든 것의 바탕은 계약서를 바탕으로 이루어진다. 계약서를 꼼꼼히 보는 습관은 스포츠마케팅의 계획 초반에 우리가 꿈꾸는 스포츠마케팅 현장을 그리는 데 도움이 된다.

물론 큰 기업들은 법무팀이 있겠지만, 법무팀은 법리적으로 벌어질 수 있는 문제에 대해 예견을 해주고 그것에 대한 의견을 줄 뿐이지 기획자가 의도하는 그림까지는 그려주지 않는다. 계약서에 기술하는 마케팅 권리는 우리가 만드는 것이다. 그렇기에 계약서를 보고 이해하고 만드는 능력은 언젠가는 필요할 능력이 될 것이다.

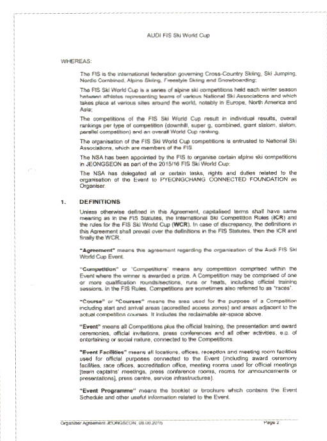

▲ 국제 스포츠 이벤트의 계약서 예. 개최 계약서를 통해 마케팅의 기본 계획을 수립할 수 있는 정보와 커뮤니케이션의 방향성을 예측할 수 있다.

창의적 혁신(Creative Innovation)
낡은 것으로 새로운 것을 만들다

심리학자 길퍼드 J. P. Guilford는 창의성을 "새로운 문제에 대해 몇 가지 다른 대응책을 만들어낼 수 있는 능력"이라고 정의했는데, 이를 바탕으로 본다면 스포츠 현장만큼 창의적인 곳도 없다. 창의적인 플레이를 요구하고, 창의적인 마케팅을 요구한다. 창의적이 되기 위해서는 많은 생각과 노력, 다양한 사고를 하는 다양성, 많은 해답을 만들어 내는 능숙함, 그리고 독창성이 있어야 한다. 스포츠 현장에서의 창의적인 혁신은 다양한 곳에서 요구된다.

지금의 FIFA 월드컵이나 올림픽 마케팅에서 수많은 문제를 창의적인 아이디어로 보완하여 독점적인 마케팅 권한을 주고 있는 것처럼 말이다. 2002 FIFA 월드컵 당시 FIFA는 단체관람 권한을 작은 기업을 대상으로 판매했지만, 그다음 대회인 2006 FIFA 월드컵 이후에는 한 후원사가 독점적인 권한으로 추구할 수 있는 마케팅 권리가 되어 지금의 FAN FEST나 현대 팬 파크로 발전했다. '철원 오대쌀'이 2018 평창동계올림픽에서 쌀 부문 후원사가 된 것이 그런 사례다. 이전 올림픽에서는 쌀 후원사에 대한 생각을 하지 못했지만, 이러한 아이디어를 인정해주고 발굴함과 동시에 IOC와 의사결정권자들을 설득함으로써 후원사가 될 수 있었다.

우리는 끊임없이 창의적인 활동을 하고 있다. 창의적인 생각을 하고 싶다면 무엇을 하든지 항상 즐기고 놀아라. 그 대신 의미 없이 놀지 말라. 단 한순간도 말이다.

자신감(Confidence)
멈출 것인가, 도전할 것인가?

스포츠마케팅 현장에서의 자신감은 두 가지 요소로 이뤄진다. 첫 번째는 "시도하지 않는 것은 100% 실패하는 것이다"라는 말도 있듯이 도전해보는 '의지'다.

두 번째 요소는 '도전 정신'이다. "처음 시도해서 성공하지 못해도 시도하고 또 시도해보라." 실패를 통해 새로운 것을 배우게 될 것이다.

자신감은 실패할 용기를 가질 때 완성될 수 있다. 과감하게 믿고 도전해보라. 그 위대한 진화는 자신의 한계를 극복할 때 생겨날 것이다. 사실 위험을 계산한 도전도 종종 실패를 경험하지만, 실패를 되새겨 반복해서 사고하라. 결국 충분한 콘텐츠 지식Content Knowledge과 비판적 사고Critical Thinking는 아이디어가 유익한지에 따라 사고할 능력을 갖출 수 있게 될 것이다.

실패를 두려워하지 않는 용기는 진정 무엇이 필요한지를 깨닫고 열정을 갖는 것이다. 위대함은 실패 원인과 실패가 변화와 성장의 계기가 되는 과정에서 그 모습을 드러낸다. 별을 따려고 하지 않는다면 실패할 일도 없겠지만, 인생을 변화시킬 새로운 것을 얻기 위한 용기 또한 갖지 못할 것이다. 삶 속에서, 스포츠산업 분야에서, 그리고 스포츠 현장에서 좀 더 새로운 방법을 시도해 가끔은 실패하는 과정에서 이뤄진다. 확신이 있을 때 수정하고, 그 결과를 바탕으로 다시 나아갈 방향을 바꿀 수 있다.

그 외의 자세들

마음 자세와 회계 능력

스포츠마케팅을 통해 수많은 수익 모델을 볼 수 있다. 수익을 발생시킬 때 우리에게 수익을 제공해주는 주체는 누구일까? 수익 모델은 너무나 많지만 크게는 스포츠 이벤트 그리고 스포츠용품이나 이벤트와 관련된 다양한 제품 그리고 이 모든 것과 연관된 마케팅 활동(프로모션, 이벤트 등)일 것이다.

    여기서 수익 발생의 주체와 구조를 이해해야 한다. 수익은 어디서 발생하는가? 나의 월급은 어디에서 나오는가? 프로스포츠나 이벤트에서 선수들의 월급은 누가 주는가? 등을 이해한다면 선수들은 말로만 팬들을 위해 열심히 뛴다고 말할 수 없을 것이다. "나의 월급은 구단이 주는가?" 월급을 주는 구단은 어떻게 비용을 벌고 있을까? 이벤트를 통해 발생하는 입장권 수익, 각종 수익과 함께 그 구단의 모기업(한국만의 특별한 상황이지만), 즉 소비재 산업에 있건 생산재 산업에 있건 간에 비용의 원천은 고객의 소비에 있다는 것을 정확하게 이해해야 할 것이다.

The World of **Sports** Marketers

1-3

기업 스포츠마케터의 삶…
이렇게 준비하라

프로필

이 름 : **싸인공**

소 속 : 국내 대기업 스포츠/
　　　　올림픽 마케팅 담당

이 력
(現) 국내 대기업 마케팅
서울대학교 정치학과 학사

주요 저서 또는 주요 활동
- 『스포츠도 덕후시대』 (2021, 박영사)
- 「점프볼」 NCAA농구 전문 객원 칼럼니스트

1 스포츠마케팅이란?

소비자와의 소개팅 자리에서 상대방에게 호감을 주기 위해 스포츠로 푸는 썰. 즉, 스포츠를 소재로 하는 스토리텔링.

2 스포츠로 스토리텔링하는 스포츠 스토리텔러

나는 스포츠로 이야기를 들려주는 스포츠 스토리텔러다. 개인적으로 존경해 마지않는 전미대학농구(NCAA농구)의 전설적인 감독, 고 짐 발바노Jim Valvano 감독이 오랜 암 투병 끝에 작고하기 한 달 전인 1993년 3월 ESPY 시상식에서 아더 애쉬상을 수상하면서 소감으로 하신 말씀이 있다.

"우리가 매일 해야 하는 세 가지가 있습니다. 첫 번째는 웃는 것입니다. 여러분, 매일 웃어야 합니다. 두 번째는 명상하는 것입니다. 시간을 들여서 생각해야 합니다. 세 번째는 눈물을 흘릴 정도로 감동해야 합니다. 생각해보십시오. 하루 동안 웃고 생각하고 눈물을 흘린다면 정말 의미 있는 하루가 될 것입니다. 이 일을 일주일 내내 하루도 빼놓지 않고 반복하면 뭔가 특별한 일을 해낼 수 있습니다."

이 불세출의 격언은 모든 사람에게 공통적으로 교훈이 되는 소중한 말이지만, 동시에 모든 마케터에게 주는 가르침이기도 하다. 왜냐하면 바로 사람들이 매일 웃고 생각하고 울게 만드는 것이 마케터의 임무이기 때문이다. 그렇다면 어떻게 사람들을 웃고 생각하고 울게 만들까? 바로 스토리텔링을 통해서다.

3 여섯 살 때부터 갖게 된 스포츠에 대한 열정

개인적으로 여섯 살 때부터 스포츠라는 세계에 발을 들여놨던 것으로 기억한다. 내 인생에서 처음으로 처음부터 끝까지 자리를 떠나지 않고 TV로 관전했던 경기를 아직도 잊을 수 없다. 상세히 기억은 나지 않지만, 할렐루야와 가봉의 축구 경기였는데 리그나 대회가 아닌 친선경기여서 그런지 상대편 선수에게 반칙하고도 일으켜주면서 웃고 매너 있게 경기를 끝내는 모습이 머릿속에 깊은 인상을 남겼다. 물론 우리나라 팀이라는 이유로 응원했던 할렐루야가 승리를 거뒀기 때문에 더더욱 인상 깊었으나 이 경기는 승패와 관계없이 스포츠의 매력에 어린 나 자신을 한껏 끌어들인 경기였다. 이때 나는 스포츠의 나라로 돌아올 수 없는 강을 건너게 되었다.

그로부터 매 월드컵, 올림픽은 거의 거르지 않고 TV를 통해, 또는 현장에서 직접 지켜봤으나 새벽 시간에 일어나 스포츠를 관전하는 생활패턴이 어색하지 않았다. 특히 2007년 방송 송출이 중단될 때까지 국내 스포츠팬들에게 양질의 스포츠 콘텐츠를 무료로 한없이 제공해주었던 AFKN 채널 덕에 그야말로 스포츠 덕후 인생을 살게 되었다.

결국 전 세계의 프로 스포츠와 아마추어 스포츠를 골고루 즐겨 관전하며 응원해왔고, 이 때문에 인생에서 진학(진학할 학교를 선택할 때 가능하면 스포츠를 잘하는 학교를 택했다), **취업**(스포츠와 관련된 진로와 업종), **이직**(스포츠와 관련된 업체), **업무 선택**(스포츠와 관련된 업무), **취미**(스포츠 관람, 아이템 구매), **출산**[막내아들을 전미대학농구 토너먼트 3월의 광란March Madness에 맞춰 3월 출산] 등 수많은 결정의 순간에 스포츠가 크고 작은 영향을 미쳐왔다. 이 때문에 스포츠가 없는 세상, 스포츠 없이 살아가는 나 자신의 모습은 잘 상상되질 않는다.

이렇게 스포츠를 좋아했기에 커리어에서 스포츠와 관련된 마케팅 업무에 한 번쯤 발을 들여놓게 된 것은 어찌 보면 당연하고 자연스러운 순서였다. 현재는 국내 대기업에서 근무하고 있는데, 지난 10여 년간 스포츠와 관련된 크고 작은 스포츠마케팅 업무와 프로젝트들을 담당하고 진행해왔다.

4 스포츠 현장 마케팅의 경험

스포츠에서 각종 대회, 메가 이벤트들은 선수들이 평소 갈고닦은 기량을 발휘하고 평가받는 시험장인 동시에 다른 선수, 국가들과 서로 치열하게 경쟁하는 각축장이다. 올림픽, FIFA 월드컵, 세계육상선수권대회, 세계수영선수권대회 등과 같은 메가 스포츠 이벤트에는 지구상에서 가장 훌륭한 신체 조건과 최고의 기량을 가진 남녀 선수들이 모여들어 경쟁을 펼친다. 여기에는 전 세계의 언론과 미디어가 몰려들고, 이에 따라 전 세계 인구의 이목이 이 대회들에 집중된다. 그런데 전 세계인의 관심이 집중되고 스포츠팬들을 TV 또는 스마트폰에서 눈을 떼지 못하게 하는 이 같은 대형 메가 이벤트들의 상업적으로 매력적인 특성 때문에 이 대회들은 다른 한편으로는 전 세계 글로벌 기업과 브랜드들의 마케팅 각축장이기도 하다.

코카콜라, 토요타, P&G, 버드와이저, 맥도날드 등의 소비재 브랜드는 물론이고 알리바바와 인텔, 파나소닉, 소니 등 기술에 바탕을 둔 브랜드들도 앞다퉈 올림픽과 월드컵 등 메가 스포츠 이벤트를 활용한 스포츠마케팅에 뛰어들고 있다. 이 때문에 올림픽은 종목별로 직접 뛰는 선수들뿐 아니라 각종 브랜드의 힘겨운 경쟁 무대이기도 하다. 따라서 이 같은 기업에 몸담고 올림픽이나 월드컵을 무대로 마케팅 업무를 직접 진행해본다는 것은 마케터들과 마케팅을 꿈꾸는 마케터 지망생들에게는 매력적인 기회가 아닐 수 없다.

나는 개인적으로 운 좋게도 지난 2014년 소치동계올림픽부터 2016년 리우올림픽, 2018년 평창동계올림픽 이렇게 3개 대회를 거쳐 올림픽 현장에서 올림픽 팬들을 상대로 제품과 브랜드를 광고하고, 현장에서 선수들의 생활과 훈련에 도움을 제공하는 등 올림픽 현장에서 마케터로서 다른 브랜드들과 치열하게 경쟁하며 직접 뛰어보는 소중한 경험을 누릴 수 있었다.

2016년 리우올림픽 '바다와 발전을 이야기하다'

리우올림픽은 하계올림픽 현장을 처음 겪어본 나에게는 놀라운 경험이었다. 사실 올림픽이 열린 브라질의 리우데자네이루는 올림픽이 열리기 직전까지는 치안이 그리 완벽한 도시는 아니었다. 대낮에도 총기류 강도 사건이 발생할 정도로 신변 안전에 신경을 써야 하는 곳이었기 때문에 이곳으로 장기간의 올림픽 출장을 떠날 당시에만 해도 주변의 많은 분이 걱정해주셨다.

그런데 올림픽 준비 업무를 위해 리우로 출장을 갈 때마다 도시가 점차 변모해가는 모습이 느껴졌다. 치안 문제 때문에 밤길을 다니기는커녕 차량을 탈 때도 방탄유리가 있는 차를 타야 할 정도로 위험한 지역 중 하나였던 파라다 도스 나비오스는 리우시의 올림픽을 전후한 개발 계획에 따라 아름답고 현대적이고, 무엇보다 안전한 지역으로 변했다. 그리고 올림픽 개막 중에는 이 지역에 각 기업의 홍보관 쇼케이스까지 세워졌다.

▲ 올림픽을 계기로 아름다운 거리로 탈바꿈한 파라다 도스 나비오스의 거리

개막전에 대한 주변의 우려와 준비 불충분에 대한 걱정을 완전히 불식시키면서 리우하계올림픽 개막식 역시 아름답고 수려하며 브라질답게 펼쳐졌고, 소박하지만 정열적인 브라질인의 특성을 잘 반영했다.

올림픽 현장 무대는 기업들뿐 아니라 국가들의 브랜드 경쟁 무대이기도 하다. 각국은 자국 올림픽 선수단의 기량과 성적을 뽐낼 뿐 아니라 자국 기업들의 홍보 무대로서 올림픽 하우스를 건립해 방문객을 끈다.

제품과 브랜드를 더 많은 사람에게 알려야 하는 홍보관은 그 무엇보다 위치가 중요하다. 가장 많은 사람이 모이고 가능하면 많은 사람이 머무는 곳, 그리고 가장 눈에 띄는 곳에 자리를 잡게 되는 것이 스포츠 현장에서의 홍보관이다.

브라질은 광활한 영토와 많은 인구를 보유하고 있는 나라이면서 국토의 상당 부분이 바다를 접하고 있는 나라이기도 하다. 이 때문에 브라질 국민의 생활은 바다와 밀접한 관련이 있다. 리우데자네이루 역시 세계에서 가장 아름다운 항구로 치면 세 손가락 안에 꼽히는 도시이기 때문에 바다는 리우 시민과는 떼려야 뗄 수 없는 존재다. 1년 내내 평균 기온이 20℃ 이하로 내려가는 일이 거의 없어 '추운 기후'를 모르고 사는 리우 시민은 1년 365일 바닷가와 함께 살아가고 있다. 이 때문에 대부분의 기업 홍보관들이 들려주는 자신의 스토리는 바다를 중심으로 전개되었다.

◀ USA 하우스 옥상 테라스에서 바라본 코파카바나 해변의 야경

올림픽 현장에서 기업과 국가들의 브랜드 경쟁

리우올림픽과 평창동계올림픽 현장에서 개인적으로 가장 재미있다고 생각한 경험은 각 기업과 국가들의 홍보관과 '하우스'를 둘러본 경험

이었다.

올림픽이 개막하면 참가국별로 '하우스'라는 것이 현장 곳곳에 세워진다. 이 '하우스'는 각국 올림픽위원회나 체육회가 자국 기업들의 후원을 받아 올림픽 현장에 임시로 건립하는 일종의 '현장 본부' 같은 곳이다. 이곳에는 각국 선수단과 가족들, 각국 체육회와 올림픽위원회 관계자들이 들르거나 머무르면서 식사를 하거나 쉬거나 갖가지 행사를 할 수 있는 공간이 마련된다. 특이할 만한 것은 국가별 하우스들은 해당 국가의 문화와 특징을 고스란히 반영하는 경우가 많아 흥미롭다.

미국 하우스, 즉 USA 하우스는 대단히 자유분방하며 개방적이고 가족적인 분위기를 보여주는 반면, 일본 하우스는 차분하지만 정갈한 느낌을 주고 일식 요리와 일본식 차를 맛볼 수 있다. 독일 하우스는 하나의 거대한 '옥토버 페스트' 같은 모습이어서 올림픽 현장을 통틀어 가장 훌륭한 맥주를 이곳에서 맛볼 수 있다.

프랑스 하우스는 패션과 스타일, 그리고 맛있는 빵을 맛볼 수 있고 이탈리아 하우스는 최고급 이탈리아산 수입 가구들로 내부가 채

▲ 최고급 이탈리아산 수입 가구들로 내부가 꾸며져 있는 이탈리아 하우스

워지며, 고급 와인과 식사를 맛볼 수 있는 대단히 럭셔리한 분위기를 지닌다.

　이 하우스들 내부에는 때에 따라 각국 유니폼 후원사들이 매장을 차려놓고 올림픽 한정판 의류 제품들을 판매하는데, 방문객에게 엄청난 인기를 끈다.

　평창동계올림픽 프랑스 하우스 내에서는 프랑스 대표팀의 공식 유니폼 후원사였던 '라코스테' 매장이 들어서 있었는데, 프랑스의 삼색기 색상을 적용한 로고와 스타일로 인기를 끌었다.

▲ 평창동계올림픽 프랑스 하우스인 'Club France' 내에 차려진 라코스테 올림픽 특별 매장

　USA 하우스에서는 역시 후원사인 '랄프로렌'과 '나이키'가 올림픽에서만 만날 수 있는 한정판 아이템들을 판매했는데, 폐막할 때쯤에는 물건들이 동이 나버렸다. 나이키의 경쟁사인 '아디다스'는 자국의 하우스인 독일 하우스 내에 역시 판매 부스를 설치하고 방문객을 대상으로 홍보 활동을 펼쳤다.

　한편 이탈리아 하우스는 럭셔리한 분위기답게 유니폼 후원사도 명품브랜드 '아르마니'였다.

▲ 리우 USA 하우스 내의 나이키 매장과 평창 독일 하우스 내의 아디다스 매장

◀ 리우 이탈리아 하우스 내에 설치되어 있던 아르마니 매장

　미국 USA 하우스에서는 올림픽 때마다 한 가지 전통적인 행사가 열린다. 매일 저녁, 당일 금메달을 획득한 금메달리스트들이 자신들의 코치에게 그날 획득한 금메달을 목에 걸어주는 '메달 수여 세리머니 행사'가 개최된다. 이 행사에는 금메달 획득 선수와 코치는 물론, 그 가족들, 종목 관계자, 위원회 관계자, 지인 등이 모두 참석한다. 미국은 하계 대회의 경우, 금메달을 40~50개씩 획득하기 때문에 USA 하우스의 이 금메달 수여 행사는 올림픽 기간 거의 매일 밤 열리게 된다.

　행사가 시작되면 참석자 모두의 열렬한 환호와 박수를 받으며 그날의 금메달리스트는 자신이 걸고 있는 메달을 스승인 코치의 목에 걸어준다. 그러면 그 코치는 간단하게 소감을 말하면서 선수를 축하하고 고마움을 표시하게 되는데, 소감은 대개 이런 식이다.

"대표팀을 맡은 지 얼마 안 된 제가 제니퍼(금메달리스트 이름)를 처음 만난 건 이 아이가 아직 열네 살 앳된 소녀이던 해 ○월 ○일 ○○○의 한 육상경기장 안에서였습니다. 저는 그녀의 눈빛을 보자마자 그녀의 이 운동에 대한 열정을 읽을 수 있었습니다. 그 순간, 바로 그 순간에 문득 저는 이 순간이 상상이 되었습니다. 지금은 어린 소녀에 불과하지만, 이 정도의 열정이라면 앞으로 3년 후 열릴, 여기 이 리우올림픽에서… 이 올림픽 금메달을… 목에 걸고 제니퍼가… 가장… 높은 단상에… 오를 수… 있으리라는… 확신이…"

그러면서 코치는 목이 메어 결국 말을 못 이어간다. 행사장 안은 순간 감동의 눈물바다가 되고 눈물을 훔치지 않는 이가 없을 정도다.

올림픽 개최 현장 곳곳을 통틀어 가장 큰 감동을 목격할 수 있는 곳이 이 행사장이 아닌가 하는 생각이 든다.

▲ 리우올림픽 USA 하우스에서 매일 밤 열린 금메달 수여 세리머니 행사

5 스포츠 스토리텔러가 되려면?

'스포츠마케팅 업무를 하려면?', '스포츠마케터가 되려면?', '스포츠마케터가 되기 위해 준비하려면?'

나 자신도 이 일을 시작하기 전에 수없이 많이 던져왔고, 이 일을 시작한 후 수없이 받게 되는 질문이다. 기본적으로 스포츠마케터가 되기 위해 어떤 준비를 갖춰야 할까. 이 질문에 대한 해답을 찾다 보면 스포츠마케팅이 무엇인지 정리할 수 있을 것이라 본다.

최대한 현장에서 직접 보고 경험하라

첫째로 예비 스포츠마케터들은 가장 기본적으로 많이 '봐야' 한다. 스포츠는 철저하게 시각적인 콘텐츠다. 그렇기 때문에 스포츠 콘텐츠, 즉 스포츠 경기와 기사, 대회, 프로모션, 이벤트, 광고 등을 많이 관전하고 관람해야 한다. 아마추어, 프로, 종목, 리그, 팀, 선수를 막론하고 많이 보고 많이 들어야 한다. 특히 되도록 직접 경기장에 가서 경기를 '직관'하기를 적극 추천한다. 처음에는 경기에 재미를 붙이고 좋아하는 팀을 쫓아다니다 보면 리그와 종목에 익숙해지게 된다. 그리고 경기뿐 아니라 경기장 주변에 있는 광고들, 기념품들, 마케팅 활동을 벌이고 있는 기업들에 관심을 갖고 보라. 어느 지역에서, 어느 팀에서, 어느 경기장에서 어떤 기업들이 후원하고, 어떤 광고들이 실리고, 어떤 관중이 주로 입장하고, 어떤 제품들이 판매되는지 주의 깊게 살펴보는 것이다.

둘째, 많이 경험해야 한다. 스포츠마케팅도 결국은 비즈니스 활동이며, 비즈니스의 한 영역임을 기억하라. 많이 경험해야 한다는 말에는 경기뿐 아니라 스포츠와 관련된 모든 비즈니스 분야가 포함된다. 스포츠용품은 직접 써보고, 스포츠 미디어는 직접 시청하고, 스포츠 이벤트에는 직접 참여하고, 스포츠 매장과 용품점은 직접 찾아가 보는 노력이 필요하다. 스포츠 관련된 동호회 활동이나 피트니스 활동, 취미 활동을 직접 경험하고 여행을 가면 스포츠 관련된 시설물이나 경기장들을 직접 가보는 노력이 필요하다.

경기장뿐만이 아니다. 서울 강남역에 가보면 글로벌 스포츠 의류와 신발, 아웃도어 브랜드인 나이키, 아디다스, 언더아머, 데상트, 노스페이스, 반스 등의 플래그십 매장이 한데 모여 있다. 이런 매장들은 단순히 제품을 진열해놓고 판매하는 곳이 아니다. 최근 리테일 매장들은 가서 편히 쉬는 곳, 즐기는 곳, 노는 곳, 먹고 마시는 곳으로 트렌드가 바뀌었다. 따라서 이런 스포츠 관련 매장들을 친구들, 연인, 가족과 함께 방문하고 몇 시간씩 그냥 시간을 보내고 오는 것도 좋은 방법이다. 혼자서 방문할 경우에는 오랜 시간을 보내기가 조금은 주저되는 경우가 있으니 가능하면 둘 이상의 그룹 단위로 방문하는 것이 좋다. '데카트론' 같은 메가 스포츠 스토어, '스포츠 몬스터' 같은 스포츠 융복합 테마파크도 스포츠마케팅을 준비하거나 관심이 있는 사람이라면 반드시 방문해서 시간을 보내고 경험해봐야 하는 장소들이다.

기록으로 남기고 공유하며 소통하라

셋째는 기록하고 공유해야 한다. 자신이 어딜 가건, 어떤 경험을 하건 스포츠와 관련된 모든 관전과 경험은 글이나 사진으로 남겨야 한다.

V로그, 블로그, 카카오스토리, 페이스북, 인스타그램, 유튜브 등 그 어떤 플랫폼이나 소셜 미디어, 채널을 이용하건 자신이 편하게 사용할 수 있고 기록으로 남길 수 있는 채널을 활용한다. 이렇게 하는 것은 두 가지 목적이 있다. 첫째로 그야말로 오랫동안 기록을 남길 수 있다. 스포츠는 휘발적이다. 한 번 일어난 장면이나 경기는 다시는 똑같이 반복되지 않는다. 이 때문에 이런 장면에 대한 평가, 감상, 반응 등은 기록으로 남기지 않으면 없어져버린다. 둘째로 이렇게 기록을 남기면서 자신의 생각을 정리하다 보면 특정 분야나 스포츠에 대한 통찰과 의견을 키울 수 있다. 특히 비즈니스와 마케팅 측면에서 어떤 점이 팬들을 끌고 소비를 불러일으키는지, 어떤 점들이 팬들의 등을 돌리게 하는지 등을 기업의 관점에서 스스로 터득할 수 있게 된다.

기록이 결국 역사를 만들고 역사를 남긴다. 특히나 스포츠와 같이 휘발적인 콘텐츠는 그 자리에서 기록을 남기지 않으면 그에 대한 기억과 느낌이 강렬한 만큼 쉽게 잊히기도 한다.

내가 유학 생활을 하느라 몸담았던 듀크대학교는 미국에서도 톱으로 꼽는 농구 명문대학교이고, 미국 스포츠의 전 종목을 통틀어 가장 위대한 지도자 중의 하나로 손꼽히는 마이크 슈셉스키^{Mike Krzyzewski} 감독이 남자농구팀을 이끌고 있다. 때마침 운 좋게도 유학 생활의 짧은 2년 기간 동안 듀크대학교는 NCAA 농구 우승을 차지하는 역사를 만들었고, 우승을 확정지은 NCAA 토너먼트의 준결승과 결승전을 파이널 포(NCAA 토너먼트의 4강전)가 열린 현장에서 직접 지켜볼 수 있었다. 그 덕에 스포츠팬으로서 누릴 수 있는 최고의 관전 경험을 했다. 그런데 체험에 그친 것이 아니라 여기에 있던 2년 동안의 경험을 꾸준히 블로그를 통해 기록으로 남겼다. 이때 찍은 경기 장면 사진들과 선수, 코치 혹은 관계자들과 함께 찍은 사진, 경기의 관전평, 경기장 감상평, 특정 도시나 경기장 방문기 등을 모두 블로그에 차곡차곡 정리해놨고 이런 작업을 2년 이상 꾸준히 하다 보니 NCAA 농구와 미국 대학스포츠, 그리고 이를 둘러싼 리그, 비즈니스, 마케팅, 선수 스카우팅 등에 대한 견해가 생기고 지식이 쌓였다. 게다가 해당 블로그가 포털 검색 사이트의 스포츠란에 몇 번 상위 노출이 되면서 국내에서 KBL, NBA, 미디어계에 몸담고 있는 분들이 한두 번씩 들르는 농구 쪽에서는 꽤 알려진 블로그가 되었다.

이처럼 기록을 남기는 작업은 최근에는 소셜 미디어 플랫폼들을 통해 가능하다. 유튜브, 인스타그램, 페이스북, 카카오스토리, 네이버 뷰 등 각종 소셜 미디어 채널을 통해 동영상과 사진, 텍스트, 음성으로 남길 수 있을 뿐 아니라 자신과 유사한 관심사를 갖고 있는 사람들과 연결하고 소통할 수 있다는 장점이 있다.

특이한 것은 이처럼 남긴 기록이 실제 구직을 하고 취업하는 데 도움이 되었다는 점이다. 개인적으로 미국 유학 시절 인턴십을 찾는 데 내 블로그가 직접적인 역할을 하기도 했다. 블로그가 네이버 스포츠 상위 노출이 몇 번 된 덕에 실제로 네이버 스포츠 서비스실에서 일할 기회가 주어진 것이다. 그리고 대기업 취업 면접을 진행할 당시에도 면접 중 "혹시 블로그를 운영하는가?"라는 질문이 나와서 손쉽게 "예, 포털 검색창에 제 이름이나 제 학교 이름을 치시면 가장 상위에 노출됩니다"라고 답변하여 면접관에게 깊은 인상을 남기기도 했다.

마지막으로 가능하면 자신과 비슷한 관심사를 가진 사람들과 더 많이 소통해야 한다. 댓글을 달고, 댓글에 대한 댓글을 또 달고, 메시지를 주고받고 포스팅을 하다 보면 비슷한 관심사를 가진 사람들과 생각을 공유하고 더 많은 통찰력을 얻을 수 있다.

영어는 필수

넷째는 영어에 친숙해져야 한다. 스포츠는 어찌할 수 없이 '외제'다. 야구, 농구, 축구, 배구 등 전 세계적으로 인기를 끌고 팬을 보유하고 있는 종목들은 모두 서구 영미권에서 기원한 수입품이며, 세계적인 브랜드가치를 보유한 리그와 구단, 대회들은 모두 외국, 특히 영미권에 존재한다. 이 때문에 이런 제품들에 대한 정보와 기사, 여기에 연관된 기업과 광고주, 소비자는 대부분 영미권에 속해 있다. 이렇게 되면 이 모든 스포츠의 부산물들은 영어로 이뤄져 있을 수밖에 없다. 물론 스포츠계에서는 중국어와 프랑스어, 스페인어, 독일어 등의 언어도 상당히 많이 쓰인다. 그러나 영어로 된 정보와 콘텐츠 양을 따라가기는 힘들다. 1년 내내 쏟아져나오는 영어 텍스트와 콘텐츠, 그리고 영미권에 속한 스포츠 관련 리그, 구단, 협회, 기업들 때문에 스포츠마케팅이나 스포츠비즈니스에서 영어 사용은 필수다. 영어를 잘 이해하고 독해하는 이가 더 많은 새로운 정보를 접하고 얻을 수 있고, 더 많은 비즈니스 기회를 창출할 수 있게 된다.

사람들과 관계를 맺어라

다섯째로 네트워킹이다. 쉽게 말하면 인맥을 넓히는 것. 이를 위해서는 어느 정도 발품을 팔 줄 알아야 한다. 다른 말로 스포츠 관련 관계자들을 가능하면 많이 만나고, 이들과 안면을 트고 인맥을 형성하는 것이다. 스포츠 분야에는 선수나 구단 관계자는 물론 기자와 캐스터 같은 언론인, 기업인, 에이전트, 교수는 물론 최근에는 유튜버나 크리에이터 등 수많은 직종과 직군의 사람들이 관련되어 있고 그 영역은 점점 넓어지고 있다. 이들을 만나려면 경기는 기본이고 각종 대회나 프로모션, 학회, 강연, 전지 훈련, 연습 장소, 학술 이벤트, 학교 커리큘럼 등을 부지런히 검색해서 찾아다닐 필요가 있다. 그리고 인스타그램이나 트위터, 페이스북 등 쌍방향 소통이 가능한 소셜 미디어 플랫폼들을 적극적으로 활용하자. 업계에 속한 사람들과 명함을 교환하는 것은 물론 이런 사람들의 페이스북이나 인스타그램, 유튜브 채널 등을 팔로우하고 댓글이나 DM을 통해 소통하는 것이 좋은 방법이다.

　이런 관계자들과 만나 인간관계를 형성하기 위해서는 자기 자신도 어느 정도 이들에게 스포츠 분야에서 어필할 수 있는 장점을 키워놓는 작업이 우선되어야 한다. 개인적인 사례이기는 하지만, 나는 미국 유학 시절 동안 미국 대학스포츠, 특히 NCAA 농구를 열광적으로 쫓아다니면서 직관과 시청 등으로 경험하고 블로그에 기록했다. 미국 대학 스포츠계에서 가장 유명한 경기장 중 하나인 캐머런 실내체육관Cameron Indoor Stadium에서 열리는 NCAA 농구 홈경기를 한 시즌 동안 단 한 경기도 빼놓지 않고 모두 직관했고, NCAA 토너먼트 현장에 직접 직관을 가기도 했다. 특히 NCAA 본부가 위치해 있는 미국 인디애나폴리스에서 열린 토너먼트 파이널 포를 직관했고, 이곳에서 모교의 우승 현장을 직접 지켜보기도 했다. 이 모든 경험을 사진에 담고 블로그에 기록했는데, 이런 기록들이 스포츠 업계에서 네트워크를 쌓는 데 소중한 자산이 될 수 있었다. 블로깅이 몇 년간 쌓이면서 네이버 상위 검색과 대문에 노출되기도 했고, 그 덕분에 농구 쪽 관계자들과도 인연을 맺을 수 있는 발판이 되었다. 후에 농구 경기장에서 손대범(KBS N 스포츠 농구 해설위원), 조현일(스포티비 해설위원), 최연길(전 MBC스포츠 해설위원), 박세운(CBS 스포츠전문 기자) 등 농구 언론인들을 볼 때마다 가서 인사하니 이들도 나를 알아보고 인연을 맺을 수 있었다.

또 다른 좋은 방법 중 하나는 커뮤니티에서 적극적인 활동을 하거나 직접 커뮤니티를 만드는 것이다. 스포츠비즈니스 관련, 스포츠마케팅 관련 모임에서 활동하고 더 구체적인 커뮤니티, 예를 들어 잉글랜드 프리미어리그 모임, 야구 역사 탐구 모임, 러닝화 동호회 모임, 클라이밍 산 발굴 모임 등을 검색하거나 가입하고 자신이 찾고 있는 모임이 없으면 직접 만들어보라.

개인적으로 미국 NCAA 풋볼과 농구를 너무 좋아해서 이런 얘기들을 나눌 수 있는 사람들을 찾아 '미국 스포츠를 사랑하는 모임'을 직접 만들어 근 10년째 운영하고 있는데, 여기에서 얻는 정보와 지식이 상당하다.

열정을 가지고 이를 보여줘라

마지막으로 가장 중요한 것은 열정이다. 스포츠에 대한 열정을 가지는 것. 주변 사람들로부터 '광적'이라는 소리를 들을 정도로 스포츠의 '덕후'가 되는 것. 어찌 보면 스포츠마케터가 되기 위해, 스포츠 분야에서 일하기 위해 가장 중요한 요소다. 요즘 같은 시대는 그야말로 '덕후의 시대'다. '덕질'이 곧 '열정'으로, '덕후'가 곧 전문가로 통하는 시대다. 열정을 가지고 이 같은 열정을 발산하면 누군가는 이 같은 자신의 열정을 인식하고 언젠가는 인정하게 될 것이다. 그리고 이처럼 뜨거운 열정을 가진다면 이 시대가 필요로 하는 스포츠마케터가 될 수 있을 것이다.

우리 스포츠마케터들은 스포츠마케팅 현장에서 함께 일할 동료들을 찾을 때 언제나 최고의 스토리텔러들을 찾아다닌다. 그러나 이런 훌륭한 스토리텔러들을 만나기가 쉽지는 않은 게 현실이다. 그만큼 마케터에게는 스토리텔링 능력이 귀하면서도 단숨에 길러지지 않는 능력이자 재능이다. 부디 위와 같은 덕목을 고루 훈련하고 연마한 유능한 스토리텔러가 되어 여러분과 함께 일하게 되길 바라마지 않는다.

The World of Sports Marketers

The World of Sports Marketers 1-4

항상 성공만 하는 사람은 없습니다.

그렇다고 항상 실패만 하는 사람도 없습니다.

끊임없는 도전을 통해 행복한 세상을 만드는 것이 스포츠마케터입니다

프로필

이 름 : 정인욱

소 속 : 강원도민프로축구단
　　　　마케팅팀장

이 력

(現) 강원도민프로축구단 마케팅팀장

(前) 글로벌정책연수원 국가정책연수 기획과장

(前) 서울히어로즈 프로야구단 마케팅 에이전시(MtoH)

경희대학교 체육대학원 체육학 박사(재학 중)

주요 활동

- 국민체육진흥공단 스포츠산업 전문가 예비평가위원
- 강원도체육회 스포츠공정위원회 위원
- SK스포츠단 ESG 프로젝트 참여
- 가톨릭관동대학교 프로스포츠 특별강좌
  (프로구단의 현재와 미래, 2019)
- 가톨릭관동대학교 FESTA 집중학기제 스포츠마케팅 강의
  (실전 스포츠마케팅, 2019)

☞ sprinter83@naver.com

필자는 대한민국에 있는 프로축구단 1부리그에 소속되어 있는 강원도민프로축구단(강원FC)에서 경기운영팀장을 맡고 있다. 그동안 마케팅팀장, 경영본부장 업무를 수행하며 다양한 분야의 업무를 거쳐왔다. 현재는 홈경기장에서 일어나는 모든 사항을 총괄하며 경기장 안전, 장내 이벤트기획, 장외 이벤트기획, 언론 미디어 등 경기 운영에 관련된 각종 제반 업무를 총괄하고 있다.

필자가 지금까지 경험했던 일들을 바탕으로 상상력Imagination, 도전Challenge, 감동Impression, 보람Achievement, 스폰서십Sponsorship 이렇게 5가지 주제로 이야기를 해볼까 한다.

그럼 프로스포츠에서 무슨 일이 벌어지는지 출발해볼까?

1 스포츠마케팅이란?

상상을 실현하고 추억을 선물하는 연금술사.

2 스포츠 현장의 매력

INTRO
프로구단의 스포츠마케팅

도대체 스포츠마케팅이 뭐하는 거야?

흔히 나의 업무에 대해 이렇게 물어보는 사람들이 많이 있다. 이 질문을 받을 때마다 스포츠마케팅이라는 분야 자체가 워낙 광범위하여 한마디로 무엇을 하는 것이라고 설명하기가 쉽지 않다. 스포츠마케팅은 프로스포츠뿐만 아니라 스포츠와 관련된 기업, 스포츠를 이용하는 각종 콘텐츠, 스포츠와 관련된 공공기관, 그리고 각종 스포츠의류 및 스포츠와 관련된 제품 등 이 모두가 스포츠마케팅과 관련된 영역이라고 할 수 있다.

그리고 프로스포츠 구단에는 선수들만 있는 줄 알고 있는 사람들도 생각보다 많다. 프로스포츠 구단이 잘 돌아갈 수 있도록 구단을 운영하는 프런트의 존재에 대해 아는 사람은 그리 많지 않다. '프런트'라고 부르는 구단을 경영하는 조직에서는 선수들이 경기에만 집중할 수 있도록 서포트할 뿐만 아니라 선수 영입, 유소년 선수 육성, 스포츠마케팅, 홈경기 운영, 사회공헌활동, 스폰서십 등 구단이 잘 운영될 수 있도록 해주는 역할을 한다.

얼마 전「스토브리그」라는 프로야구를 주제로 한 드라마가 높은 시청률을 기록하며 성공리에 종영했다. '스토브리그'라는 단어는 올 시즌이 끝나고 내년 시즌이 시작하는 사이에 각 구단 프런트들의 선수 영입 및 구단을 한 단계 업그레이드하기 위한 경쟁을 말하는 것이며, 이 기간에 기존 선수들은 열심히 훈련에만 집중하고 프런트에서는 선수 영입이라든지 전지 훈련, 선수계약, 내년 홈경기 운영 등을 치열하게 계획한다. 다음 시즌 1년 농사의 기틀을 마련하는 기간이라고 봐도 무방할 것이다. 이 드라마는 프로야구단 프런트에서 어떠한 일들이 일어나는지 현실적으로 보여주는 내용의 드라마였다. 다소 과장된 부분도 있었지만, 그래도 현실적인 부분을 반영하기 위해 노력을 많이 했다는 생각이 든 드라마였다. 이 드라마에서 보면 프로구단

▲ 축구 경기에 와서 신나게 뛰어노는 어린이 팬들

프런트에서 어떠한 일을 하고 있는지 잘 표현하고 있다.

내가 지금까지 겪어온 스포츠마케팅은 팬들과 소통하고 경기장이 하나의 거대한 플랫폼이 되어 먹거리, 즐길거리, 각종 이벤트를 즐길 수 있는 곳으로 만들어 관중에게 즐거움을 주는 곳이다. 추억을 함께 하며 각본 없는 드라마의 희열과 감동을 함께 즐기고 목청껏 소리 질러 스트레스 해소와 힐링을 할 수 있는 공간이다. 구단을 사랑하는 팬들에게 경기장에 와야 하는 이유를 만들어주고, 홈경기 날 하루는 특별한 추억으로 만들어주는 행사를 기획하고 실행하기 위한 행위 자체가 프로스포츠 구단에서 이루어지는 스포츠마케팅이다.

프로구단에서 할 수 있는 스포츠마케팅 활동은 무궁무진하다. 정말 마음만 먹으면 못할 것이 없을 정도로 즐겁게 일할 수 있는 재미있는 놀이터다.

감동
강원FC vs. 포항스틸러스 5 대 4 역전 경기

"본인이 다니는 회사에서 일하면서 목청껏 소리를 질러본 적이 있습니까?"

2019년 6월 K리그 프로축구 경기장에서 전 세계적으로 전무후무한 기록이 나온 경기가 있었다. 춘천송암스포츠타운에서 열린 강원FC와 포항스틸러스의 경기에서 나온 믿을 수 없는 경기 결과였다.

처음 시작부터 끝날 때까지 포항스틸러스의 일방적인 우세로 경기가 진행되었으며, 이대로 포항의 압승으로 끝나는 듯했다. 그 이유는 강원FC가 4 대 0으로 뒤지고 있는 경기였으며, 정규시간이 모두 지난 후반 90분에도 강원FC는 4 대 2로 지고 있었다. 앞으로 남은 시간은 추가시간 단 5분뿐. 경기장에 있던 수많은 팬은 각자 실망한 표정으로 경기장을 떠나기 시작했고 경기는 그렇게 끝나는 듯했다.

하지만 놀라운 일은 그때부터 일어나기 시작했다. 후반 90분이 지나고 추가시간에 한 골을 더 넣으며 4 대 3이라는 1점 차이로 점수 차를 좁혔고, 흥분이 채 가시기도 전에 바로 1점을 더 넣으며 극적인 4 대 4 동점을 만들었다. 팬들은 이미 다 일어나 있었고, 흥분하기 시작했으며, 경기장은 크게 술렁였다. 경기장이 뜨거운 용광로처럼 달구어지는 데 3분이 채 걸리지 않았다. 4 대 4 동점인 상황에서 추가시간 5분도 모두 지나고 심판이 경기를 종료하려고 하는 순간, 마지막 센터링을 정조국 선수가 헤딩으로 극장골을 넣었고 5 대 4로 역전되는 순간이었다. 2만 명이 들어가는 경기장은 떠내려갈 듯한 환호와 함성으로 가득 찼고, 팬들은 열광적이었으며, 다수의 팬은 눈물을 흘리고 있었다.

▲ 강원FC의 역전골에 열광하는 팬들

그때 현장은 마치 2002년 한일 월드컵대회 8강전 이탈리아전에서 안정환이 헤딩골을 넣었을 때의 그런 분위기였다. 현장에 있던 팬들은 평생 잊을 수 없는 추억을 선물 받은 것이다.

이 경기는 축구의 본고장 영국에서도 화제가 되었으며, 4골 차를 뒤집어 역전까지 하는 경기는 전 세계적으로도 유례를 찾아보기 힘든 전무후무한 경기라는 보도가 연일 이어졌다.

이 경기를 스태프로서 현장에서 볼 수 있고 구단의 구성원으로 함께 기뻐할 수 있었던 희열은 이 세상 그 무엇과도 바꿀 수 없는 행복한 일이었다. 프로구단에서 일하는 매력은 아마도 여기에 있지 않을까 생각한다.

상상력
스키점프장에서 축구 경기를?

"도대체 무슨 이런 경기장이 있어?"

2017년 어느 한 축구장에서 이상한 광경이 펼쳐진다. 경기장 내 한편에는 시원한 폭포가 흐르고 있고 관중석은 4면이 아닌 3면만 있었다. 선수와 관중석의 거리는 아주 가까워 선수들이 바로 내 앞에서 뛰는 것 같은 생동감이 느껴졌으며, 8월 한여름 무더위 속 시원한 바람은 오히려 싸늘하다고 느껴질 정도로 기분 좋은 경기장이었다.

그곳은 바로 평창동계올림픽 경기가 열렸던 평창올림픽 스키 점프대였다. 대한민국 K리그 프로축구 경기가 축구장이 아닌 스키점프대에서 진행된 것이다. 처음에는 그게 무슨 소리냐는 이해할 수 없다는 이야기를 했고, 그것이 가능하냐는 이야기를 많이 했다. 아무도 생각하지 못한 것, 안 될 것 같은 것, 실현 불가능할 것이라는 주변의 만류, 무에서 유를 창조하는 것이 스포츠마케터들이 해야 할 일이다.

▲ 아름다운 평창 스키점프대 경기장

처음 아이디어를 내고 축구 경기를 하기 위한 준비를 진행하는 데 걸림돌이 많았다. 바로 2018년 2월부터 동계올림픽이 진행되는 곳이기 때문에 제한되는 사항이 너무 많았다. 경기장에는 전광판이 없어서 임시전광판을 만들어야 했고, 관중석에는 관중이 사용할 화장실이 없어서 이동식 화장실을 설치해야 했으며, 관중 편의시설이 부족하여 컨테이너와 임시텐트를 사용하여 조성해야 했다.

스키점프대를 축구장으로 이용한 경기장은 전 세계 어디에 내놔도 손색이 없을 만큼 너무나 아름다웠다. 여기에서 축구를 보고 있으면 자연스럽게 자연 속 힐링이 되는 느낌마저 들었다. 자연과 함께 어우러진 축구장, 폭포와 나무가 있는 친환경적인 요소가 있는 이색적인 경기장이었다.

이렇게 아름다운 경기장이었지만, 이곳은 축구장으로 설계된 곳이 아니어서 제한되는 사항도 많았다. 우선 관중이 편하게 이동할 수 있는 동선이 아니었으며, 각종 편의시설도 조성되어 있지 않았다. 또한 우리가 흔히 알고 있는 스타디움처럼 4면이 둘러싸 있지 않았기에 외부에서 봤을 때 오픈되어 있는 그런 형태의 경기장이었다. 그럼에도 올림픽이 열리는 스키점프내에서 프로축구 경기를 한다는 생각 자체는 누구도 하지 못한 참신한 아이디어였고, 이목을 집중시키기에 충분했으며, 해외 여러 외신도 관심을 가지며 취재요청이 많이 들어왔다. 무엇보다 활용도가 낮은 경기장의 사후 활용적인 측면에서 높은 가치가 있는 방안으로 평가되었다. 처음에는 모두 안 된다고 이야기했지만, 안 되는 것만 생각하면서 도전하지 않았다면 이런 멋진 경기장에서 하는 축구 경기를 보지 못했을 것이다. 새로운 시도였기에 시행착오를 겪을 수밖에 없었고, 다음에 도전할 때는 더 나은 아이디어를 낼 수 있는 기틀을 마련했다. 실패하더라도 두려워하지 말고 그것을 기회 삼아 더 참신한 아이디어로 도전하여 팬들에게 즐거움을 주는 것이 진정한 스포츠마케터가 해야 할 일이다.

▲ 축구 경기 전에 열린 합창공연

감동
2부리그 하위 팀을 1부리그 상위 팀에 올려놓기까지

"내가 다니고 있는 회사의 실적이 좋아 기쁨의 눈물을 흘려본 적이 있습니까?"

2016년 11월 성남 탄천 경기장에서는 전쟁 같은 축구 경기가 펼쳐졌다. 바로 1부리그 승격을 놓고 벌인 한판 승부였다. 강원FC와 성남FC는 사력을 다해 경기를 펼쳤다. 홈 앤드 어웨이 두 경기에서 무승부를 했지만, 원정 다득점 원칙으로 강원FC가 성남FC를 누르고 1부리그로 승격하게 되었다. 구단 대표이사를 포함하여 프런트, 선수, 코칭스태프 모두 기쁨의 눈물을 흘리고 환호성을 지르며 여기저기 뛰어다녔다. 누군가는 기뻐하고 누군가는 슬퍼하는 냉정한 승부의 세계지만, 강원FC 구성원 모두는 그렇게 활짝 웃었다. 승리에 대한 기쁨 또한 평생 잊지 못할 소중한 추억으로 가슴속 깊은 곳에 남았다.

▲ 1부리그 승격에 기뻐하는 강원FC 선수들

프로축구에서 1부리그와 2부리그를 체감하는 격차는 상상하는 것 이상으로 크다. 2부리그는 구단 운영 자체가 선순환 구조로 운영하기 어렵다. 성적이 좋다 하더라도 관중이 많지 않으니 스폰서십 활동을 해도 광고 수주가 어렵고, 이벤트나 다양한 행사를 진행하더라도 관중이 느끼는 임팩트 효과를 내기가 쉽지 않다. 그러므로 구단마다 떨어지지 않기 위해 사력을 다하는 것이고, 상위리그에 잔류하기 위해 안간힘을 쓰는 것이다.

하지만 2부리그를 직접 경험해보니 2부리그에 있더라도 할 수 있는 것들이 많다. 스포츠마케터는 바로 이런 활동을 생각해서 실현에 옮기는 역할을 한다. 사회공헌활동과 팬들과의 소통, 지역상권과 지속적인 상생, 경기장에서의 추억 등 이 모든 것을 기획하며 구단을 선순환 구조로 만들기 위해 실행하는 사람이 스포츠마케터다.

상상력
어떠한 이슈를 어떻게 만들 것인가?

"뭐 재밌고 기발한 거 없을까?"

스포츠마케터의 가장 큰 역량은 상상력이다. 현재 어떤 이슈가 있는지, 세상은 어떻게 돌아가고 있는지에 대한 정보를 습득하는 것이 중요하다. 그래서 스포츠마케터는 많은 정보를 흡수할 수 있는 스펀지 같은 성향을 가지고 있어야 한다.

롯데자이언츠의 야구선수였던 가르시아와 골프선수 유소연과의 장타 대결(컬래버전략), 4차 산업혁명 시대의 드론쇼(4차 산업혁명), 5G 개막전 가상현실 시구(차세대통신시스템) 등 현재 발전하고 있는 차세대 기술을 스포츠에 접목할 수 있는 부분은 많이 있다. 스포츠마케터로서 정보의 흐름에 관심이 없다면 이러한 이벤트를 기획할 수 없을 것이다. 세간의 이목을 끌 수 있는 이벤트를 기획하여 실행한다면 미디어 및 언론의 이슈를 몰고 올 수 있다. 경기장에서 일어나는 재미있고 신기한 이벤트들은 팬들의 관심을 끌기 충분하고, 경기장에서 이러한 이벤트가 진행된다면 팬들은 자연스럽게 경기장으로 오게 될 것이다.

▲ 장외행사장에 만들어진 워터파크

또한, 기존에 우리가 가지고 있던 틀을 깨는 것도 매우 중요하다. 골프라는 스포츠는 정숙과 매너를 아주 중시하는 스포츠다. 골프장에서 소리를 지르며 환호하는 상상을 해본 사람은 거의 없을 것이다. 하지만 이러한 틀을 깨는 진풍경이 미국 PGA투어에서 벌어졌다. 매년 열리는 PGA 피닉스오픈에서 마지막 16번 홀은 '파티홀'로 불리는데, 거대한 스타디움을 방불케 하는 2만 명 관중의 규모로 관중석을 만들었다. 그곳에 모인 골프팬 모두가 함께 즐기며 환호하고 맥주도

▲ PGA 피닉스오픈 파티홀

마시며 골프를 즐기는 등 열기가 엄청났다. 골프라는 운동의 정숙과 매너라는 틀 안에 갇혀 있었다면 생각해낼 수 없는 기발한 아이디어였다.

이는 앞에서 언급한 경기장이라는 거대한 플랫폼을 이용함으로써 다양한 선순환 구조의 비즈니스를 만들 수 있다.

이 책을 보는 독자 중 박카스를 모르는 사람이 있을까? 아마도 없을 것이다. 모르는 사람이 없는 박카스 광고를 왜 큰돈을 들이면서 하는 것일까? 바로 고객으로부터 잊히지 않기 위해서다. 아무리 유명한 제품이라도 주기적으로 인지시켜주는 행위가 없다면 고객의 머릿속에서 잊히게 될 것이다.

▲ 축구경기장에서 열리는 사생대회에 참여한 학생

스포츠마케팅도 마찬가지다. 참신한 행사를 기획하고 활동하며 팬들에게 주기적으로 노출시켜야 한다. 그래야 관심이 없어지다가도 다시 생각나고, 다시 인지하며 우리 구단이 잊히지 않을 것이다.

이처럼 스포츠마케터가 해야 할 일은 무궁무진하다.

스폰서십
프로스포츠에서 광고는 왜 중요할까?

"프로구단 성적은 자본에 의해 움직인다?"

먼저 마케팅 개념을 살펴보자. 마케팅은 경영학의 큰 테두리 안에 있는 하나의 카테고리라 볼 수 있다. 또한, 마케팅 안에는 '스폰서십'이 있으며, 거기에 포함된 '광고'라는 콘텐츠도 있다. 광고는 프로스포츠에서 떼려야 뗄 수 없는 비즈니스 활동이다. 프로구단의 가장 큰 수입원 중 하나가 바로 이 광고 수입이기 때문이다. 광고 수입이 많은 구단은 그만큼 재정적으로 넉넉하다는 소리이고, 이는 곧 능력이 좋고 비싼 선수를 수급할 수 있다는 이야기다. 좋은 선수를 많이 데려올 수 있으니 성적은 자연스럽게 따라올 것이다. 성적이 좋으면 관중이 많이 찾아오게 되고, 관중이 많으니 규모가 큰 광고를 많이 수주할 수 있을 것이다. 선순환 구조를 만들 수 있다는 이야기다.

과거에 프로스포츠의 광고주는 모기업에 의존하는 상황이었다. 하지만 요즘 들어 프로구단의 광고 수주에 대한 패러다임이 바뀌고 있다. 모기업의 광고만 고집하던 구단들이 이제는 타 기업의 광고도 유치하고 있으며, 모기업이 없는 구단도 공격적으로 광고 유치 활동을 하여 성과를 내고 있다.

프로야구단인 키움히어로즈를 예로 들어보자. 키움히어로즈의 정식 법인명은 '주식회사 서울히어로즈'다. 국내 프로야구 구단 중 유일하게 모기업이 없는 구단으로 운영되고 있다. 키움증권이라는 메인 스폰서가 있지만, 이는 수많은 스폰서 중 하나일 뿐이고 자금적으로 모기업이 있는 구단들보다 넉넉할 수 없다. 하지만 해를 거듭할수록 성적은 점점 좋아지고 있다. 꼭 돈이 전부는 아니라는 얘기다.

쓸 수 있는 돈이 많다면 자금이 부족한 것보다 좋은 상황일 것이다. 하지만 같은 재원을 사용해야 한다면 얼마나 효율적으로 사용하고, 적재적소에 맞는 자금을 투입하여 사용하느냐에 따라 구단의 성적은 달라질 수 있을 것이다.

스폰서십
수입까지 생각해야 하는 마케터

"스포츠마케터는 구단의 수입도 생각해야 한다"

프로구단에서 발생하는 수입은 다양하지만 크게 보면 머천다이징, 입장 수입, 광고 수입, 중계권 수입 등이 있다. 구단 입장에서는 어느 하나 무시할 수 없는 중요한 수입원이다. 팬들과 소통하며 관중을 늘리고 팬들이 경기장에 찾아오는 것은 관중 수입에 영향을 미칠 것이다. 또한, 경기장에 와서 예쁜 상품을 구매하며 다양한 구단 상품을 구매하는 것은 머천다이징으로 구단 수익 중 하나다.

▲ 강원FC 머천다이징 판매숍

경기장에 와서 가족과 연인들에게 잊지 못할 추억을 남기고 즐겁게 해줌으로써 다음 경기 때 다시 경기장을 찾을 수 있도록 하는 것은 관중 수입에 해당할 것이다. 그리고 경기장에 붙어있는 수많은 광고를 유치하는 것 또한 구단의 광고 수입에 영향을 미칠 것이다. 이 모든 활동은 스포츠마케터가 해야 할 일이다.

경기장에 오면 수많은 광고가 노출되는 것을 볼 수 있다. 이러한 광고를 유치하는 것은 스폰서십의 일부분으로 스포츠마케팅의 한 부분이기도 하다. 스폰서 유치는 생각보다 쉽지 않은 활동이다. 광고는 구단의 수입에 직접적인 영향을 미치기 때문에 중요한 영역이다. 그래서 광고 수주의 대략적인 시스템에 관해 이야기해보고자 한다.

▲ 경기장에 노출되는 다양한 스폰서들

"주는 돈만 받겠습니까?"

영업에서 가장 중요한 것은 성실함과 꾸준함일 것이다.

앞에서 언급한 것과 같이 스폰서십 활동을 통한 광고주 유치는 구단의 가장 중요한 수입원 중 하나다. 현재 프로야구 10개 구단 중

9개 구단은 모기업이 있는 대기업 구단이 운영한다. 1년 동안 사용하는 예산이 적지 않은 상황에서 모기업 지원 없이는 운영하기 힘든 구조다. 이는 곧 돈을 잘 쓰는 것도 중요하지만, 돈을 잘 버는 것도 중요하다는 것이다. 프로스포츠 구단은 다른 어떠한 기업보다 공격적인 영업활동이 필요하다. 물론 영업이라는 특수성으로 인해 영업성과는 하루 이틀 만에 나오는 것은 아니다. 꾸준한 고객 발굴과 지속적인 만남, 서로에 대한 신뢰가 형성되어야 하며 상대방의 니즈를 정확히 파악하는 과정이 필요하다.

영업활동을 하며 느낀 것은 영업에는 답이 없다는 것이다. 답이 없어 더욱 예측하기가 어렵다. 실제로 성사되지 않을 것 같은 계약도 성사되는 경우가 있고, 계약서에 도장만 찍으면 되는데 마지막에 성사되지 않는 경우도 있다. 그래서 불확실성의 연속이다.

영업을 효율적으로 하기 위해서는 나만의 시스템을 만들어 활동하는 것이 중요하다. 수많은 고객과 만나고 공감대를 형성하기 위한 과정으로 다양한 이야기를 나누는데, 시간이 지나게 되면 그 당시 했던 수많은 이야기가 잊히는 경우가 많이 있다. 각 기업의 담당자들과 나누었던 대화를 잊지 않기 위해 미팅일지를 작성하고, 얼굴을 잊지 않기 위해 미팅할 때마다 함께 사진을 찍은 경험도 있다. 그냥 막연하게 이름과 연락처만 미팅일지에 남겨놓는 것이 아니라 당시 사진을 보면 어떠한 내용으로 미팅했는지, 그때 그 사람의 성향은 어땠는지에 대해 더 잘 기억났다.

이렇듯이 영업을 잘하기 위해서는 공장에서 자동화시스템에 의해 물건이 만들어지듯이 본인만의 시스템을 갖추어 활동을 단계화하는

▲ 스폰서 미팅을 하며 함께 찍은 사진

것이 중요하며, 내가 만났던 담당자들에게 관심과 감동을 준다면 그 사람들 또한 내가 필요할 때 나를 찾을 것이다.

보람
보람 있는 일, 가치 있는 일

'골 더하기 온기 나누기' 캠페인
"아!!! 분명히 일을 하고 있는데, 마음이 참 따뜻하다"

학교 다닐 때 봉사활동을 했던 적이 있었다. 하지만 그때는 그냥 점수를 따기 위한 하나의 수단으로만 생각했다. 그런 봉사활동 개념이 프로구단에서 일하면서 확 바뀌게 되었다. 지역을 연고로 하는 프로스포츠 구단은 그 지역과 상생하며 사회에 공헌하는 사회공헌활동을 많이 한다.

▲ 강원FC 사랑의 연탄 나눔 봉사활동

우리 구단은 매년 시즌이 끝나고 난 후 추운 겨울이 오기 전에 어렵게 사시는 분들을 위해 연탄 나눔 봉사활동을 한다. 대한석탄공사와 사회공헌을 위한 업무협약을 맺어 강원FC 임직원과 대한석탄공사의 임직원이 함께 뜻깊은 일을 진행했다. 협약의 명칭은 '골 더하기 온기 나누기'로 시즌경기에서 1득점을 올릴 때마다 연탄 200장을 적립하여 연말에 취약계층에게 기부하는 형태로 진행했다.

실제로 봉사활동을 나가 보니 바람도 막지 못하고 난방도 잘되지 않는 집에서 거주하시는 나이 많은 어르신들을 보니 마음이 좋지 않았다. 처음에는 회사에서 다 같이 하는 분위기여서 함께했지만, 봉사활동을 하며 어려우신 분들을 직접 만나고 나의 작은 노력으로 그분들이 행복해하는 모습을 보니 뿌듯한 기분이 들었다. 그분들의 고맙다는 말 한마디가 잊히지 않을 정도로 뿌듯하고 기뻤다.

하이원(메인 스폰서)과 함께하는 '스포츠스타 체육교실'
"저기요. 사인 좀 해주실 수 있을까요?"

축구선수와의 직접적인 만남, 자신이 좋아하는 선수와의 사진 촬영, 그리고 축구 경기는 축구를 좋아하는 어린이들이 꿈꾸는 일일 것이다.

▲ 축구를 하며 즐거워하는 초등학생들

강원도는 산도 많고 지역이 넓어 외진 곳에서 학교에 다니는 학생들이 많다. 이런 학생들은 평소 축구선수들을 직접 볼 기회가 없다. 축구 경기를 보고 싶어도 차를 타고 멀리 나가야 하고, 이마저 부모님이 생업에 종사하고 있어 도심으로 잘 나오지 못한다. 이런 학생들에게 유명 선수들이 학교에 직접 방문하여 축구를 가르쳐주고 함께 공을 차며 시간을 보내는 활동을 매년 이어오고 있다. 직접 일일체육교실에 나가보면 생각 외로 학생들의 반응이 좋다. TV에서만 보던 축구선수들이 내 앞에서 나와 함께 축구공을 차고 있다는 것이 꿈인지 생시인지 믿어지지 않는다는 학생들도 많이 있다. 심지어는 이런 스포츠교실을 경험함으로써 장래 희망이 축구선수가 되고 싶다는 학생들도 생겨날 정도였다. 이런 활동을 경험한 학생들은 평생 잊을 수 없는 추억이 생겼다는 이야기를 한다. 학생들에게 이런 이야기를 들으면 구단에서 하는 이러한 활동들이 정말 의미 있는 활동이구나 하는 생각이 절로 든다. 한 사람의 인생을 바꿀 수도 있는 보람된 활동이다.

이러한 축구교실을 기획한 구단 직원들은 직접 수업에 다녀오면 다른 곳에서는 느낄 수 없는 남다른 보람을 느낀다고 이야기한다. 이렇듯 프로축구단에서는 축구 경기만 하는 것이 아니라 축구를 통해 추억을 선물해주고 자라나는 아이들에게 새로운 꿈을 심어주는 보람된 역할을 함께하는 것이다.

도전
축구 전용구장 건설 프로젝트

"축구는 축구 전용구장에서 봐야 제맛이지"

2020년 기준 가장 최근에 만들어진 축구 전용구장은 DGB대구은행파크다. 스포츠마케터는 이러한 최신 시설물도 잘 이용해야 한다. DGB대구은행파크는 기존에 지자체가 가지고 있던 경기장 부대시설

▲ DGB대구은행파크 축구 전용구장

운영권을 어떠한 방법으로 협의해서 구단 운영에 도움이 되는 방법을 찾았는지에 대한 좋은 사례로 평가받는다.

첫 번째로 경기장 부대시설 운영권이 프로축구단에 있다. 운영권이 있다는 것은 다양한 수익사업을 통해 구단이 자생할 수 있는 자생능력을 기르는 데 중요한 요소라고 볼 수 있다.

각종 부대시설을 이용하여 축구교실 및 임대사업, 이벤트행사 등을 유치하며 다양한 수익구조를 만들어낼 수 있다. 경기장을 그냥 관리만 하며 내버려두는 것보다 다양한 방면으로 운영하며 수익을 극대화하는 것이 핵심이다.

두 번째로 경기장 명칭 사용권(네이밍라이츠)을 유치했다는 것이다. 경기장이 완공되기 전까지는 '대구포레스트아레나'라는 가칭을 사용했지만, 대구은행이 명칭 사용권을 구매함으로써 'DGB대구은행파크'라는 이름을 사용하게 되었다. 한국 프로축구에서는 사상 최초로 시도되는 경기장 네이밍라이츠였다. 그동안 지자체와의 협의, 각종 규제와 제약으로 인해 실행되지 못했지만, 지자체가 보유하고 있는 경기장을 구단이 직접 이용하여 스폰서십 활동을 했다는 것에 큰 의미가 있는 사례다.

이미 한국의 프로야구 경기장과 외국의 다양한 경기장에서는 많은 사례를 찾아볼 수 있다. 미국 같은 경우 경기장마다 네이밍라이츠가 안 붙은 경기장이 없고, 오히려 경기장에 네이밍라이츠가 없다면 그것이 더 이상할 정도다. 하지만 한국 프로축구에서는 첫 번째 시도였고, 이런 도전을 계기로 더 나은 비즈니스 모델이 나올 수 있으며, 타 구장들도 이번 사례를 벤치마킹하여 다양한 스폰서십 활동을 할 수 있을 것으로 기대된다.

강원FC 프로축구단도 이러한 축구 전용구장을 건설하기 위한 전용구장 건설 프로젝트를 시작했다. 강원도는 다른 시·도에 비해 스포츠 인프라가 부족하다. 강원도에도 이러한 축구 전용구장이 생긴다면 강원도 도민은 굳이 타 시·도로 멀리 가지 않더라도 퀄리티 좋은 시설의 축구장에서 생동감, 박진감 있는 축구 경기를 즐길 수 있을 것이다. 경기를 보며 행복을 느끼는 팬들이 있어 프로스포츠는 존재한다. 경기장에 온 팬들이 어떻게 하면 더 재미를 느낄 수 있을지 생각하고, 어떻게 하면 더 많은 추억을 선물해줄지 실행하는 것이 스포츠마케터의 역할이다.

엔딩
프로구단에서 일하고 싶어? 나 자신에게 먼저 물어보는 시간을 가져라

"내 꿈은 **프로스포츠** 구단에서 일하는 거야. 근데 뭘 준비해야 할지 모르겠어."
4차 산업혁명 시대로 접어들고 어마어마한 정보들이 난무하는 이 시대에 몰라서 못 한다는 것은 핑계에 불과하다. 그만큼 열정이 부족한 것이다.

무엇을 해야겠다, 하고 싶다는 목표가 생긴다면 그 목표를 이루기 위해 어떤 것을 해야 할지 생각하고 계획을 세워야 하며 실행에 옮겨야 한다. 전문가를 찾아가 조언을 듣는 것도 좋은 방법이다.

나는 학창 시절부터 10년 동안 운동을 전문적으로 하며 엘리트체육 선수로서의 길을 걸어왔고 정규교육과정과는 거리가 멀었다. 하지만 내 꿈은 스포츠마케터였기에 남들보다 일찍 하던 운동을 그만두었고, 스포츠마케팅 시장이 가장 큰 미국으로 갔다. 그때는 영어도 하나도 못 하고 현지에 아는 사람도 하나 없는 무모한 도전이었지만 그냥 무작정 도전해보자는 생각으로 간 것이다. 하지만 지나고 나서 생각해보면 그때 미국에 가서 보고 느끼고 배운 것들이 지금도 많은 도움이 된다. 아무것도 모르는 상태에서 미국에 간 것은 무모하다고 생각할 수 있지만, 현지에서 수많은 난관에 부딪히며 해결해가고 그 과정에서 발전해나가는 나 자신을 발견할 수 있었다. 그 당시 나는 스포츠마케팅의 매력에 빠져들었고, 내 인생을 바꿀 정도의 가치 있는 일이라는 데 매료된 것이다. 그 당시 보고 경험한 것으로 인해 나의 견문은 더욱 넓어졌다. 그 당시 그런 열정이 있었기에 지금의 내가 있는 것이라 생각한다.

내가 생각하는 스포츠마케터는 열정, 호기심, 상상력이 있어야 한다고 생각한다. 열정이 있다면 그것으로 인해 추진력이 생길 것이다. 생각했던 것을 행동으로 옮기는 추진력은 아주 중요한 요소다.

호기심은 다양한 경험을 만든다. 궁금한 것이 있으면 그냥 지나치지 말고 무조건 해결하고 넘어가는 습관이 중요하며, 끝까지 파고들어 해결하는 집요함이 있어야 한다.

상상력은 기존의 틀을 깨고 새로운 것을 시도할 수 있는 능력을 길러준다. 항상 질문하고 'Yes'가 아니라 'Why'를 습관처럼 생각하는 사고의 틀을 가져야 한다.

마지막으로 나는 채용 면접에 들어가면 스펙도 중요하게 보지만, 인성과 포트폴리오를 주의 깊게 본다. 자격증이나 각종 점수를 기본이라고 생각한다면 포트폴리오는 지금까지 무슨 일을 해왔는지, 그 일을 하면서 겪었던 시행착오는 무엇이며 해결하기 위해 어떠한 논리를 가지고 접근했는지를 중요하게 본다. 프로젝트를 수행하다 보면 수많은 난관에 봉착하는데, 이런 것을 풀어나가는 능력을 중요하게 생각한다.

이 책을 읽는 독자들이 내 글을 읽고 자신에 대해 한 가지라도 생각할 수 있는 계기가 되었으면 한다. 또한 본인이 생각하며 꿈꾸는 모든 것이 이루어졌으면 하는 바람이다. 지금도 스포츠마케팅에 대한 꿈을 꾸고 있는 현직에 있는 사람으로서 내가 좋아하는 스포츠를 일로 즐긴다는 것은 정말 매력적이라고 생각한다.

그래서 나의 꿈은 현재 진행형이다.

Appendix
인생의 가장 중요한 순간, 바로 지금이다

한 번뿐인 인생. 지금 이 순간도 시간은 계속 흘러가고 있다.

내 지난 인생을 뒤돌아보며 참 열심히 달려왔다는 생각을 한다. 또한, 앞으로 펼쳐질 미래에 대한 계획과 기대감은 내 마음을 뜨겁게 만든다. 지금 남들과 똑같이 살고 있다면 남들보다 앞서 나갈 수 없다. 하지만 남들과 다르게 산다는 것이 꼭 바쁘고 정신없이 살아야 한다는 것은 아니다.

"꿈은 크게 가지되 지금 내가 처한 현실을 먼저 직시하는 것이 더 중요하다."

2013년 뉴욕에 있는 UN에 방문했을 당시 반기문 총장님이 했던 이야기다. 현실은 생각하지 않고 이상만 좇는다면 결국 엉뚱한 방향으로 갈 수 있다. 지금 내가 처한 현실을 명확하게 인지하고 그에 맞는 전략을 세우는 것이 현실적인 방법인 것이다.

버킷리스트를 통해 나 자신의 자존감을 높여라.

인생을 살면서 목표를 가지고 사는 것은 매우 중요하다. 목표는 장기적인 목표가 될 수도 있지만, 저자가 추천하는 방법은 매년 이룰 수 있는 목표를 세워보도록 하는 것은 어떨까? 나는 매년 12월이 되면 올 한해를 정리하고 나에 대한 점수를 매긴다. 그와 동시에 내년 연간계획을 세우는 시간으로 12월 한 달을 보낸다. 장기적인 계획은 계획대로 진행해 가고 매년 이룰 수 있는 계획도 함께 세워 하나하나 이루어 나감으로써 나도 할 수 있다는 자신감을 느끼고 스스로 자존감을 높이는 동기부여를 하는 것이다. 참고로 저자는 2021년 올해 목표로 바디프로필 촬영에 성공하며 2021년을 마무리하였다.

멈추지 말고 끝까지 도전하라.

내 자신의 현실을 파악했다면 정해진 목표를 향해 끝까지 도전하는 꾸준함이 중요하다. 우리가 사는 세상은 빠른 변화 속에 수많은 경쟁을 하면서 살고 있다. 비록 어려운 상황이지만 포기하시 말고 미래에 대한 준비를 차곡차곡 해나갔으면 좋겠다. 그러한 방법으로 하나하나 이루어낸 결과물은 나도 모르는 사이 큰 결과물이 되어 미래를 향해 나갈 수 있는 힘이 되어 있을 것이다.

　꿈과 희망을 가지고 새로운 도전을 하자! 그렇다면 여러분의 미래는 밝을 것이라고 확신한다.

The World of Sports Marketers 1-5

스포츠 미디어, 스포츠마케팅의 최종병기(最終兵器)

프로필

이 름 : **송지훈**

소 속 : 중앙일보 스포츠팀 차장

이 력

(現) 한국체육기자연맹 이사
(現) 프로축구연맹 축구산업아카데미 강사
(現) 공익재단 스켈리도블루 이사
(前) 일간스포츠 스포츠1팀 수석기자
경희대 체육대학원 체육학 석사
(스포츠커뮤니케이션융합 전공)

1 스포츠마케팅이란?

스포츠를 스포츠답게, 혹은 그 이상으로 만들기 위한 덧칠 작업

▲ 네덜란드 초등학생(!)들과 함께. 평균 신장이 전 세계에서 제일 큰 나라는 과연 떡잎부터 달랐다(2005).

2 스포츠 미디어에 대하여

스포츠의 매력과 저력을 널리 알리는 미디어 계열의 스포츠마케터. 스포츠 현장에서 벌어지는 여러 가지 소식을 가장 먼저 정확하게 의미를 담아서 전달하는 것을 목적으로 하는 직업군. 때로는 스포츠계의 크고 작은 부조리를 살벌하게 파헤치지만, 그 또한 스포츠 발전에 기여하는 과정이라 믿고 있다. 제대로 확인하지 않고 보도한 글 한 줄과 잠깐의 영상만으로 선의의 피해자가 생길 수 있는 만큼 늘 긴장의 끈을 놓을 수 없는 직업이기도 하다. 지금 이 순간에도 스포츠마케팅의 최전선에 스포츠 미디어가 있다!

3 스포츠 미디어, 스포츠마케팅의 최종병기

스포츠계에 몸담은 이들에게서 종종 '스포츠는 생물(生物)'이라는 말을 듣는다. 모르긴 해도 수많은 종목이 저마다의 방식으로, 각기 다른 목표와 지향점을 가지고 다채롭게 흘러가는 특성을 짚은 표현인 듯하다. 제아무리 뜨거운 인기를 누린 종목도 시대의 흐름과 대중의 눈높이를 따르지 못하면 쇠락을 피하기 어렵다. 반대로 예전엔 장난이나 어린아이 놀잇감 정도로 치부되다가 새로운 문화적 조류를 타고 대중화에 성공한 종목도 적지 않다. 21세기에 지구촌이 함께 즐기는 축구와 야구가 불과 한 세기 전만 하더라도 소수의 나라에서 소규모로 즐기는 '그들만의 스포츠'였다는 사실은 시사하는 바 크다.

스포츠 미디어는 천변만화하는 스포츠의 특성에 따라 호흡하는 직종이다. 기자들은 다수가 주목하는 종목과 인물을 중심으로 취재하되, 비록 수요는 적더라도 주목할 만한 의미와 스토리를 지닌 종목과 인물을 함께 챙기려 애쓴다. 스포츠의 기대 가치는 대부분 긍정적인 요소(건강, 즐거움, 규칙 존중, 협동심)들이 많기에 취재 과정의 만족도도 높

◀ 유로2008 결승전 현장 취재 직후 동료 기자와 함께. 현장의 감동을 만끽한 행복한 기억(2008)

은 편이다. 무엇보다 스포츠 미디어는 스포츠마케팅의 효과를 증폭시키는 장치로 가치가 있다. 미디어가 어떤 시각으로 바라보느냐에 따라 특정 스포츠 관련 마케팅 활동의 효과가 10배, 100배로 증폭될 수 있다. 미디어를 가장 적극적으로 활용한 미국 스포츠가 전 세계인의 사랑을 받고, 천문학적인 수입을 벌어들이는 엔터테인먼트 산업으로 성장한 게 그 증거다. 반대로 미디어가 등을 돌려 마케팅 노력의 효과가 10분의 1, 100분의 1로 축소되는 상황도 흔히 접한다. 스포츠 미디어에 대해 '스포츠마케팅의 최종병기'라는 다소 거창한 타이틀을 붙여주려는 이유다.

4 스포츠 기자, 그거 괜찮은 직업인가요?

'덕업일치'라는 신조어가 있다. 좋아하고 관심이 많은 취미 생활과 생계를 유지하기 위한 직업(업)이 일치한다는 의미인데, 설명만으로도 제법 만족도 높은 삶이 따라올 거라는 기대가 들지 않는가. 스포츠 미디어 업계에는 '스포츠가 너무 좋아서' 스포츠 미디어를 직업으로 택한, 이른바 '덕업일치' 주인공이 즐비하다. 언젠가 야구선수 류현진이 메이저리그MLB에 데뷔한 2013년 당시 소속팀 LA다저스의 타순과 시즌 기록, 선발투수진의 성적까지 줄줄 꿰는 타사 후배를 만나 감탄한 기억이 있다. 모 선배 축구기자는 전 세계 축구용품을 수집했는데 유니폼부터 축구공, 축구화, 응원용 머플러, 액세서리 등 종류별로 분류해 자신의 집에 작은 '축구 박물관'을 만들어놓았다. 두 사람 모두 소싯적 '스포츠 마니아'로 이름을 날렸고, 지금은 취미를 직업으로 바꿔 누구보다 열심히 취재 현장을 누비는 주인공들이다.

필자 또한 '덕업일치'까지는 아니지만, 스포츠에 매력을 느껴 직업군을 갈아탄 케이스다. 대학교를 졸업한 뒤 대기업에 입사해 평범한 직장인으로 일하다가 어느 날 문득 '스포츠계에 몸담고 싶다'라는 충동을 느꼈다. 즉시 다니던 회사를 무작정 그만두고 스포츠 분야 직업을 찾아 헤맸다. 당시는 2002 한일월드컵 4강 신화 직후여서 축구에 대한 국민적인 관심이 뜨거웠는데, 운 좋게도 축구전문지에 입사해 꿈을 이룰 수 있었다. 이후 경제지(이데일리), 스포츠지(일간스포츠), 종합지(중앙일보)를 두루 거치며 차근차근 커리어를 쌓았다. 미디어 유형에 따라 저마다 스포츠를 다루는 관점과 비중이 서로 다른데, 다양한 매체를 경험한 게 스포츠 기자로서 시야를 넓히는 데 도움이 되었다고 자부한다.

2000년대 초·중반만 하더라도 기자 생활을 하면서 특정 분야를 자신이 직접 골라 취재하긴 쉽지 않았다. 일정 주기로 취재 영역을 옮기는, 이른바 '로테이션rotation 시스템'이 언론사의 기자 운용 대원칙이었기 때문이다. 최근에는 분위기가 많이 달라졌다. 우리 사회의 모든 분야가 마찬가지지만, 언론인에게도 '전문성'이 강조되면서 오랜 기간 스포츠만 꾸준히 취재하는 기자들이 눈에 띄게 늘고 있다. 뉴미디어new media 시대가 도래한 이후 스포츠 전문 온라인 매체가 다수 탄생한 것도 이와 같은 흐름을 부채질할 요인이다.

금전적인 만족도에 대해 언급하긴 조심스럽다. 개개인이 바라는 연봉 수준이 모두 다르기도 하거니와, 매체별로 임금 수준이 천차만별이기 때문이다. 업계에 몸담으며 대졸 초임 기준으로 연봉 2천만

◀ 남아공월드컵 취재 중 만난 현지 어린이들. 한 달간 아프리카에 머물렀더니 피부색이 엇비슷해져 '삼촌 같다'는 이야기도 들었다(2010).

원을 간신히 넘기는 회사부터 6천만 원에 육박하는 회사까지 다양한 사례를 접했다. 다만, 대중적으로 더 친숙한(더 많이 들어본) 매체일수록 대우가 나을 가능성이 크다는 정도의 힌트는 제공할 수 있을 것 같다. 최근에는 기자들이 유튜버, 블로거 등 1인 미디어 주인공으로도 활발하게 나서는 분위기라 월급보다 훨씬 짭짤한 부수입을 올리는 업계 동료들이 많다.

직장인으로 큰돈을 벌기 바라는 사람에겐 스포츠 미디어는 매력이 떨어지는 직군일 수 있다. 다만 '내가 좋아하는 스포츠의 문화적·산업적 가치를 내 손으로 키워보겠다'라는 의지가 있다면 스포츠 기자는 꽤 괜찮은 선택지가 될 수 있다.

5　생존의 마법은 현장에 있다

스포츠마케터로서 미디어의 가장 큰 장점은 '현장성'에 있다. 스포츠 현장을 함께하며 전하는 생생한 뉴스는 안방에서, 또는 사무실에서 해당 콘텐츠를 접하는 독자(혹은 시청자)에게 대리만족을 준다. 그뿐만 아니라 해당 종목의 마케팅 성과를 높이는 핵심 도구 역할도 한다. 국내에서는 프로스포츠와 전국체전, 국가대표 선발전 등 여러 종목의 이벤트가 상시 열린다. 아마추어들이 참가하는 생활 체육 이벤트도 있다. 이 중 여러 대회를 미디어가 함께하면서 대중의 눈과 귀를 모으는 역할을 수행한다. 또한 FIFA월드컵, 월드베이스볼클래식, 동계와 하계 올림픽, 아시안게임 등 글로벌 스포츠 이벤트에 미디어가 동반자로 참여한다. 올림픽이나 월드컵의 경우 한 달 안팎의 기간을 해외에 머물며 기사를 생산해야 하는 장기 취재 프로젝트다. 흔히들 '스포츠 기자의 꽃은 출장'이라고 하는데, 다채로운 스포츠 이벤트를 현장에서 취재하는 과정에서 기자들의 취재력과 기획력이 부쩍 성장하는 모습을 종종 본다.

현장성은 스포츠 미디어의 존재 의미를 유지하고 부각시키는 지지대 역할도 한다. 근래 들어 미디어 업계에는 '로봇 저널리즘Robot Journalism'이 화두다. 컴퓨터 프로그램이 알고리즘에 따라 데이터를 해석해 자동으로 기사를 생성하는 시스템을 뜻한다. 미국의 AP통신과 블룸버그통신 등 세계적인 통신사들이 이 기술을 활용해 기사를 생산하고 있다. 스포츠 미디어도 예외가 아닌데, 국내외를 막론하고 로봇이 제공하는 야구와 축구 경기 관련 기사가 서비스되고 있다. 기자가 없더라도 기사를 생산할 수 있는 시스템이 갖춰지다 보니 미디어 업계에 대해 '사양산업(斜陽産業)'이라는 달갑지 않은 꼬리표가 따라붙는 게 사실이다.

로봇은 주어진 데이터를 바탕으로 경기 과정과 결과를 깔끔하게 정리한다. 군더더기 없이 꼭 필요한 정보만 담은 로봇의 기사는 '꽤

◀ 아랍에미리트에서 열린 FIFA 클럽월드컵 기간 중 짬을 내 현지인 패션에 도전했다(2009).

잘 읽힌다'라는 평가를 받기도 한다. 하지만 스포츠 현장을 누비는 기자들만 쓸 수 있는, 이른바 '사람 냄새 나는' 기사를 쓸 능력은 아직까지 로봇에겐 없다. 스포츠 미디어 수용자들이 스포츠 경기에 대해 확인하고 싶은 게 오직 스코어를 비롯한 결과뿐일까. 팬들이 데이터를 뛰어넘는 '그 무엇'을 알고 싶어 하는 한 스포츠 기자의 존재 가치는 흔들리지 않는다. 그리고 그 가치는 오롯이 '현장'에서 나온다.

6 박문성의 시대는 가고, 달수의 시대가 오다

'훌륭한 스포츠 기자'는 시대에 따라, 취재 환경에 따라, 미디어 수용자의 태도에 따라 시시각각으로 바뀐다. 취재 잘하고, 내용 잘 정리하면 좋은 기자로 인정받던 시절이 있었지만, 이젠 그것만이 전부가 아니다. 최근엔 자신이 제작한 스포츠 콘텐츠를 시각적으로 제대로 포장할 줄 아는, 이른바 '비주얼visual'을 잘 챙기는 기자가 좋은 기자다.

남다른 기획과 잘 쓴 문장도 중요하지만, 그보다는 강렬한 제목한 줄, 임팩트 있는 사진 한 장, 상황을 제대로 보여주는 동영상 파일 하나가 더 큰 가치를 인정받는 경우가 많다.

축구 전문 유튜브 콘텐츠 '달수네 라이브'를 운영하는 크리에이터 박문성 선배는 한때 뛰어난 축구기자였다. 촌철살인이 돋보이는 칼럼니스트였고, 해박한 지식을 자랑하는 축구 해설위원이었다. 기사 한 줄, 방송용 멘트 한 개를 위해 밤을 새워가며 자료를 뒤지던 박 선배의 기자 시절 모습이 눈에 선하다. 개인적으로는 필자가 '축구전문지 기자' 타이틀을 달고 스포츠계에 입문한 2000년대 초, 당시 해당 전문지 편집장으로서 필자를 뽑아준 은인이기도 하다.

2020년대의 박문성 선배는 더 이상 축구기자가 아니다. 해설위원을 겸하고 있지만, 본업은 수십만 명의 팔로워Follower를 거느린 유튜브 채널 '달수네 라이브'를 운영하는 크리에이터다. 축구판을 휘젓던 '민완기자 박문성'은 사라지고, 그 자리를 '축구 유튜버 달수'가 채웠다.

박문성 선배뿐만이 아니다. 축구, 야구, 농구, 배구 등 종목을 가리지 않고 기자들이 유튜버로 전직하거나, 또는 기자 생활을 하면서 유튜브 채널을 함께 운영하는 게 새로운 트렌드로 자리 잡았다. 통상적으로 스포츠 기자가 취재를 거쳐 얻게 된 정보가 10가지 정도라고 하면, 그중 팩트체크를 거쳐 기사화할 수 있는 내용은 2~3가지 정도다. 예전엔 나머지 7~8가지 소재는 이른바 '야사(野史)' 또는 '비하인드스토리Behind stories'로 남겨둘 수밖에 없었다. 유튜브는 기사용 콘텐츠로 선택받지 못한 그 7~8가지 소재를 세상에 알리고 새로운 흥미를 이끌어낼 수 있는 신개념 도구다.

유튜브로 대표되는 온라인 동영상 미디어 확산은 시대의 흐름이기도 하다. 한국언론진흥재단이 2020년 6월에 공개한 「2019년 언론 수용자 조사」 보고서에 따르면 대한민국의 미디어 수용자 중 온라인 동영상 플랫폼을 이용하는 비율은 47.1%에 이른다. 우리 사회 구성원의 절반 가까이가 즐기는 시장으로 자리매김했다는 의미다. 특히나 20대가 69.9%, 30대가 67.4%로 나란히 70%에 가까운 결과를 냈다. 온라인 동영상 플랫폼별 조사에서는 유튜브가 이용률(45.7%)과 점유율(75.4%)에서 압도적인 1위였다. 두 지표 모두 2위인 네이버 TV(이용률 5.4%, 점유율 8.9%)와 현격한 차이를 보였다.

TV와 신문, 포털사이트 대신 유튜브를 통해 스포츠 소식을 접하는 사람의 비율이 점차 늘고 있다는 의미다. 스포츠 미디어가 유튜브 기반 시스템 구축에 열을 올리는 이유는 이러한 시대적 흐름을 반영하기 위한 노력의 일환이다.

어쩌면 먼 훗날에는 스포츠 미디어의 정의 자체가 '온라인 동영상 플랫폼을 기반으로 스포츠 소식을 전하는 직군'으로 바뀔지 모른다.

▲ PSV 에인트호번 클럽하우스를 방문해 박지성과 단독 인터뷰. 기자가 할 일의 절반은 '만남'에서 나온다(2014).

스포츠 미디어 계열 지원자에게 '동영상 콘텐츠 제작 능력'이 중요한 평가 기준으로 자리 잡는 상황이 조만간 현실화될 가능성이 있다. 박문성의 시대가 가고 달수의 시대가 온 것처럼.

7 '스포츠' 기자인가요, 스포츠 '기자'인가요

스포츠 미디어 종사자로 살아온 10여 년간 "스포츠 기자가 되려면 어떻게 해야 하나요?"라는 취지의 질문을 수없이 받았다. 스포츠를 좋아해서 기자가 되고 싶은데, 꿈을 이루려면 어떤 과정을 거쳐 어떻게 준비해야 하는지 알려달라는 요청이다.

스포츠 미디어에 입사하려는 과정에서 많은 지원자가 저지르는 착각 또는 실수는 자신이 스포츠 분야에 얼마나 전문성을 갖췄는지 은연중에 또는 대놓고 드러내려 한다는 점이다. 냉정히 말하면, 지원자가 스스로 판단하는 '내 실력'과 객관적으로 들여다본 '그의 실력' 사이에 괴리가 큰 경우가 많다. 간혹 전술과 선수, 팀 상황에 대해 해박한 지식을 갖추고 이를 논리적으로 풀어내는 '만점짜리' 지원자도 있지만, 대부분은 '근거 없는 자랑' 선을 넘지 못한다.

원칙적으로 스포츠 기자는 스포츠 전문가가 아니다. 전문가일 필요도 없다. 해당 분야의 여러 전문가를 취재해 언제든 필요한 지식을 취득할 수 있기 때문이다. 물론 기자 스스로 전문성에 대한 갈증을 느껴 심화 과정을 공부하는 경우까지 막을 필요는 없겠지만.

오히려 취재 현장에서 가장 필요한 덕목은 기자 본연의 기능을 충실히 수행할 수 있느냐의 여부다. 기자(記者)는 '기록하는 사람'이라는 뜻이다. 주어진 상황을 취재해 의미 있는 부분을 추출하고, 주목도가 높은 주제를 정하고, 이를 이해하기 쉽게 효과적으로 풀어내는 역할까지가 기자의 몫이다. 준비가 잘된 기자는 스포츠뿐만 아니라 우리 사회 어느 분야에 대한 취재를 맡아도 안정적으로 해낸다. 반대로 스포츠에 대한 지식은 풍부한데, 자신이 알리고자 하는 바를 미디어 수용자에게 효과적으로 전달하지 못한다면 여러모로 답답한 상황을 겪을 가능성이 크다.

같은 맥락에서 기회가 된다면 직업 선택에 앞서 '스포츠 미디어'라는 업무의 특성을 미리 경험해보길 권한다. 명예기자, 학보사, 블로그 등 '기자의 직무'를 체험할 기회를 적극적으로 활용하면 좋다. 기왕 도전한 거 가급적이면 실전에 가깝게 활용하는 게 더 낫다. 한 편의 글(또는 영상)을 작성할 때 자체적으로 제작 마감 시한을 설정해 반드시 지킨다든지, 또는 분량 제한(1,500자 이내, 영상의 경우 3분 이내)을 둔다든지 하는 식으로 콘텐츠 생산 과정에 긴장감을 유지하길 권한다.

과거에는 대부분의 언론사가 공채 위주의 인력 충원 시스템을 적극적으로 활용했다. 물론 현재도 유효한 개념이지만, 최근에는 '검증된 경력직'을 우대하는 분위기도 상당 부분 자리 잡았다. 신입사원을 뽑을 때도 마찬가지다. '당장 현장에 투입해도 될 것 같다'라는 느낌을 주는 지원자가 있다면 선발 1순위다. 전문가인 '척'이 아닌, 기본기가 탄탄하다는 느낌을 주는 게 핵심이다.

노파심에서 한마디 곁들이자면, '신문방송학과 출신이 기자 채용에 유리하다'라는 건 낭설에 가깝다. 다양한 전공 출신들이 오늘도 스포츠 현장에서 열심히 취재 중이다. 참고로 필자와 함께한 후배 중에는 스포츠 기사 작성과 전혀 관련이 없을 것만 같은 기계공학과 출신이 두 명이나 있었다.

8 스포츠 기자, 이런 청년들에게 추천!

스포츠 관련 일을 하고 싶은데 종일 사무실 책상에 엉덩이를 붙이고 있는 건 도저히 못 견딜 것 같은 사람, 궁금한 게 있으면 반드시 정답을 알아내야 직성이 풀리는 사람, 평소 주변 사람들로부터 '핵심을 딱딱 짚어서 설명을 잘한다'라는 이야기를 자주 듣는 사람, 10년 뒤 스포츠 시장이 지금보다 엄청나게 커져 있을 거라고 믿는 사람 또는 내가 그렇게 키울 수 있다고 믿는 사람, 사람 만나는 거 좋아하는 사람, 특정 종목을 깊이 파 들어가는 대신 거시적인 관점에서 스포츠 전체를 아우르고 싶은 사람, 지금 이 글을 읽고 심장이 콩닥콩닥 뛰는 사람.

The World of **Sports** Marketers

-6

스포츠 구단의 숨은 지휘자, 프런트!

프로필

이 름 : 김성종

소 속 : ㈜KT스포츠
　　　　(kt wiz 프로야구단 홍보차장)

이 력
(現) kt wiz 프로야구단 프런트
(前) kt롤스터 프로게임단 프런트
경희대학교 체육학 석사(스포츠커뮤니케이션융합과정)

1 스포츠비즈니스란?

연주자들을 지휘하여 환상의 하모니를 만드는 마에스트로(지휘자)와 각종 채소와 밥 그리고 참기름을 솔솔 뿌려 한국인의 입맛을 사로잡는 비빔밥처럼 다양한 스포츠적 요소를 믹스하여 최상의 제품(선수, 광고, 티켓, 인프라 등)을 만들어내는 것.

2 스포츠라는 소재로 드라마, 예능, 다큐 등 다양한 프로그램을 만들어내는 PD(프로듀서)

대한민국에는 각 분야를 대표하는 많은 PD가 존재한다. 「무한도전」과 「놀면 뭐하니?」 등 히트 프로그램을 만든 김태호 PD, 「1박 2일」과 「신서유기」, 「삼시세끼」 등 만드는 포맷마다 대박을 터뜨리는 나영석 PD, 그리고 아이돌을 프로듀싱하여 K-pop과 트렌드를 만들어가는 연예기획사들까지 대한민국의 다양한 문화를 이끌어가는 존재들이 PD라고 생각한다. 스포츠에도 PD가 있다. 흔히 말하는 스포츠 중계를 만드는 방송국 PD가 아니다. 바로 스포츠구단을 이끌어가는 사람들, 소위 말하는 구단의 '프런트'들이다. 나는 스포츠라는 카테고리 안에서 다양한 문화를 만들어가는 프런트들도 감히 'PD'라고 말하고 싶다. 아니, 나만이라도 PD로 불리고 싶다. 지금까지 나는 10대가 좋아하는 e스포츠부터 20~30대가 좋아하는 야구와 농구, 그리고 40대 이상이 좋아하는 골프까지 14년간 각 종목의 프런트로 근무하며 다양한 경험을 해왔다. 그동안 있었던 대표적 사례를 통해 나온 여러 시사점이 스포츠인을 꿈꾸는 여러분에게 조금이나마 간접적인 체험과 도움이 되길 희망한다.

3 미치니까 되더라!

입사 후 내가 처음으로 맡은 업무는 프로골프 선수 매니지먼트 역할이었다. 당시 우리 회사에는 '슈퍼땅콩' 김미현 프로가 있었다. 말이 매니지먼트지 LPGA 투어를 뛰던 선수여서 내가 특별히 해야 할 건 없었다. 인센티브 지급을 위한 성적 및 상금 관리와 1년에 한 번 한국에 들어와 시합할 때 매니저 역할을 하는 수준이었다. 그러던 어느 날 회사 내에서 스타크래프트 게임을 운영하던 e스포츠팀으로 발령을 내겠다는 통보를 받았다. 너무 난감했다. 당시 나는 스타크래프트를 알지 못했다. 정확하게는 일부러 멀리했다. '게임폐인'이라는 말을 듣고 싶지 않아서 배우지 않았다. 이런 배경을 회사에 어필했더니 앞으로 출근하면 사무실에서 게임을 해도 좋다는 말씀을 하셨다. 어쩔 수 없이 수긍했다. 이후 게임 좀 한다는 친구들에게 조금씩 레슨을 받았다. 친구들은 놀면서 돈 번다고 무지 부러워했다. 생각해보라. 대한민국을 대표하는 통신기업의 본사에 출근해서 게임하는 것이 업무이니 이 또한 얼마나 대단한 일인가? 그때부터 마음을 고쳐먹고 출근하면 늘 작정하고 게임만 했다. 일부러 보란 듯이 게임만 했다. 어느 날부터 게임이 재밌어지기 시작했다. 출근하면 오전에는 본사에서 게임했고, 오후에는 게임단 연습실로 이동해 선수들의 플레이를 감상하고 선수들에게 단축키와 메뉴트리, 그리고 빌드(게임을 이끌어가기 위한 각종 건물 짓기와 승부를 내기 위한 병력 생산) 등 게임에 필요한 모든 정보와 기술을 사사했다. 그때부터 말 그대로 게임에 미친 게임폐인이 되어갔다. 그랬더니 재미난 일들이 벌어졌다. 감독과 코칭스태프, 그리고 선수들과 함께 게임에 대한 이야기들이 가능해졌고 이러한 일상의 대화들이 자연스럽게 회사 업무가 되었다. 그렇게 일상이 업무가 되다 보니 나의 모든 루틴은 게임에 맞춰 움직여졌으며, 그 결과 e스포츠에 근무하며 선수단과 함께 10여 개의 우승컵을 들어 올렸다. 또한 스타크래프트에서 멈추지 않고, 스페셜포스를 비롯하여 현재 세계 e스포츠를 이끌어가는 리그오브레전드LoL까지 창단시키며 e스포츠 발전에 기여했다고 자부하게 되었다. 천재는 노력하는 자를 이기지 못하며, 노력하는 자는 즐기는 자를 이기지 못한다고 한다. 하지만 나는 즐기는 자도 미친 자를 이기지 못할 것이라고 생각한다. 본인이 원하는 스포츠 혹은 관련 정보에 다들 한 번씩은 미쳐보기를 추천한다. 요즘 '성덕(성공한 덕후)'이라는 단어를 자주 접한다. 이제는 덕질이 손가락질을 받는 시대는 지나갔다. 진정한 마스터가 되기 위해 지금부터 덕질을 시작해보는 것은 어떨까?

4 늦게 배운 도둑이 날 새는 줄 모른다

이후 나는 운 좋게 프로야구 10구단을 창단하는 TF에 합류하게 되었다. 국내 최대 규모의 기획사와 함께 KT가 프로야구단을 창단해야 하는 당위성에 대해 분석하고 또 분석했다. 약 6개월간 출퇴근도 잊은 채 야구단 창단만 생각했다. 그 결과 KT가 프로야구 10구단의 주인공이 되는 영광의 순간에 함께할 수 있었다. 여담이지만 그때 KT와 10구단을 경쟁했던 상대 기업의 자문위원이 나의 지도교수인 김도균 교수님이다. 나는 10구단 창단 후 야구단 마케팅팀으로 발령을 받았다. 기존 9개 구단은 어떤 마케팅을 했는지, 어떤 응원단을 운영하고 이벤트를 했는지 히스토리를 모두 파악했다. 그랬더니 우리가 딱히 할 게 없었다. 무엇을 해도 참신하지 않았다. 막막했다. 심지어 야구도 못 했다. 패배가 익숙했다. 팬들을 야구장으로 오게 할 만한 콘텐츠가 없었다. 그저 인기구단인 엘롯기의 원정경기 때 원정 팬 덕을 보는 것에 만족해야 하는 순간들도 있었다. 그때부터 남들이 해보지 않았던 것들을 찾고 집중했다. 가뜩이나 없던 팬들이 여름휴가를 핑계로 더 빠져나갔다. 심지어 나도 휴가를 갔다. 어느 날 아이들과 함께 에버랜드에 놀러 갔다. 서머 스플래시가 한창이었다. 모두가 우비를 입고 물총을 들고 떨어지는 인공강우 속에서 신나게 뛰놀았다.

어느 순간 '아! 이거다! 이 재미난 것을 야구장에 접목해보자!' 복귀 후 에버랜드에서 찍은 영상을 토대로 팀원들과 회의를 했다. 대행사와 특

수효과팀을 불러 수십 번 테스트해봤다. 그 결과 응원단상 앞 관중석에 시원한 물대포가 퍼져나갈 수 있게 되었다. 워터 페스티벌이 만들어지는 순간이었다. 첫해엔 여러 시행착오가 있었지만, 팬분들이 상당히 즐거워했다. 둘째 해부터는 원정팀 유니폼을 입은 분들이 홈 관중석에서 물대포를 맞고 물총 싸움을 하느라 여념이 없는 모습을 보고 성공했다고 생각했다. 지금은 kt wiz의 대표 이벤트이자 수원시의 대표 행사로 자리 잡았으며, 거의 모든 프로야구단이 여름이 되면 관중석에 물대포를 쏘고 있다.

어느 날은 국방부에서 연락이 왔다. 파병 병사들을 야구장에 초청해달라는 요청이었다. 흔쾌히 수락하고 재미난 사연이 없는지 여쭤봤다. 한 가족이 눈에 띄었다. 파병 병사에게 시구 제안을 했다. 시구의 주인공은 병사가 아닌 병사의 아내였다. 병사에게는 아내에게 이번에 복귀하지 못하게 되었다고 미안하다고 연락하게 했다. 관련 내용을 동영상으로 촬영까지 해두었다. 아내는 아무것도 모른 채 경기 당일 야구장에 와서 성공적으로 시구했다. 이때 시구를 받은 포수가 마스크를 벗었다. 파병에서 돌아오지 못한다던 남편이었다. 남편을 본 두 아이와 아내는 깜짝 놀랐지만, 이내 포옹하며 감동의 눈물을 훔쳤다. 이 시구는 네이버에서 백만 뷰 이상을 기록하며 그해의 시구상을 받았다. 내가 야구단에 근무하며 가장 기억에 남는, 그리고 가장 완성도 높은 기획이라고 생각하는 두 가지다. 스포츠마케팅은 다른 업종에 비해 대중에게 더 많은 호응을 얻을 수 있고, 포털 등을 통해 빠르게 피드백을 받을 수 있다는 장점이 있다. 하지만 신뢰를 잃고 이미지가 추락하면 누구보다 빨리 대중에게 외면 받기 십상인 곳

이 바로 이 스포츠 바닥이다. 늘 새로운 것에 목말라하는 현대사회에서는 치열하게 새로운 시도와 도전으로 무장해야 하며, 변화하는 시대에 발 빠르게 적응해야 살아남는다. 스포츠마케팅도 마찬가지라고 생각한다. kt wiz는 최근 5G 시대와 4차 산업혁명에 맞춰 스마트 스타디움 등 IT기업에 걸맞은 다양한 시도로 시장을 선도하고 있다. "늦게 배운 도둑이 날 새는 줄 모른다"라는 속담처럼 가장 늦게 프로야구단에 발을 들인 kt wiz가 대한민국 마케팅 대상을 수차례 받는 이유라고 생각한다.

5 비빔밥 같은 사람이 되거나 합심하여 비빔밥이 되거나!

나는 골프, e스포츠, 야구를 거쳐 지금은 KT소닉붐 프로농구단에서 근무하고 있다. 아무래도 농구단은 야구단보다 규모가 작다 보니 각 담당자가 유기적으로 돕고 돕는 케이스들이 많다. 나는 농구단에 온 4년 동안 홍보와 선수 운영 업무를 맡아 왔다. 프런트로 일하면서 깨달은 점은 구단 운영이 어느 한 곳에 치우치면 안 된다는 것이다. '선수 운영·육성'이라는 쌀과 재료를 '마케팅'이라는 조미료를 통해 밥과 반찬으로 만들어야 하고, '홍보'라는 그릇에 담아 식탁에 올려두어야 대중이 찾아 먹기가 쉬워진다. 소위 말하는 명문구단이 되려면, 유능한 감독이 선수구성을 잘해서 좋은 성적을 내는 방식도 있겠지만, 프런트의 전문성이 강해져야 한다고 생각한다. 프런트가 강해지려면 순환근무를 통해 다양한 직종에서 근무해봐야 한다. 혹자는 스포츠마케팅은 스페셜리스트라고 한다. 그러나 프런트는 스페셜리스트가 되면 안 된다. 스포츠에 대한 모든 것을 파악하는 제너럴리스트가 되어야 한다. 각 직종(선수 운영+마케팅+홍보+경영지원 등)을 경험해보고 각 부문에서 배운 노하우로 무장한 프런트가 많다면 그 구단은 반드시 단기간 내에 명문구단의 반열에 오를 것이다. 또한 이렇게 전문성이 높은 프런트들이 각 영역에서 역량을 발휘해 비빔밥처럼 섞이면 얼마나 멋진 구단이 될까?

6 스타 1명이 구단에 끼치는 영향력

내가 몸담고 있는 KT소닉붐 농구단은 인기가 높은 팀이 아니다. 물론 프로농구라는 종목이 과거 농구대잔치의 영광과 비교했을 때 인기가 턱없이 하락한 것도 큰 영향을 끼친다. 프로농구에는 스타가 없다. 아니 스타가 없었다. 그러나 최근 독보적인 행보를 걷는 한 선수가 나타났다. 바로 KT소닉붐 농구단의 에이스이자 19-20시즌 MVP이자 농구대통령 허재의 차남인 허훈(포지션: 가드)이다. 우리 구단은 2017년 신인드래프트에서 당시 연세대 4학년인 허훈을 1순위로 영입했다. 그리고 미국에 스킬트레이닝 교육을 보내는 등 향후 구단의 10년을 담당할 에이스로 육성했다. 허훈은 국가대표로 선정[이 과정에서 국가대표 감독인 허재가 두 아들(허웅, 허훈)을 국가대표로 발탁하며 언론의 도마 위에 올랐으며, 허재 감독은 이 부분에 책임을 지고 사퇴하기도 했다]되면서 큰 무대에서 많은 것을 배우고 습득해가며 결국 국내 최고 선수라는 타이틀을 거머쥐게 되었다. 19-20시즌 한 경기에서 3점슛 9개를 연속으로 성공시키며 스포트라이트를 집중시켰고, 국내 최초로 어시스트 기반의 20-20(24득점-21어시스트) 기록과 정규시즌 어시스트 1위를 기록하며 19-20시즌 MVP를 차지하게 되었다. 또한 올스타전에서도 팬 투표 1위를 기록하며 경기 내외적으로 가장 영향력 있는 선수가 되었다. 우리 구단은 허훈을 활용한 스타마케팅에 시동을 걸었다. 먼저 프로농구 최초로 선수 네이밍을 건 상품을 만들었다. 바로 '허훈덕'이었다. 연고지인 부산의 유명한 수제버거집을 찾아 노하우를 전수 받아 만든 핫도그인 '허훈덕'은 부산사직체육관의 명물이 되었다. 또한 수려한 외모와 화려한 입담을 가진 허훈을 구단 유튜브와 언론에 지속적으로 노출시켰다.

　허훈과 연봉협상 테이블에 앉은 나는 특별한 인센티브 조항을 걸었다. 바로 선수 초상권을 방송, 유튜브, MD 등에 더욱 적극적으로 활용하겠다는 것이었다. 허훈은 인센티브를 거저 먹는다고 생각하고 흔쾌히 수락했다. 이런 인센티브 조항은 적어도 프로농구에는 없었지만, 나는 구단과 선수 모두 윈윈할 수 있는 조항이라고 생각했다. 어느 날 유명한 공중파 토크 프로그램인 MBC「라디오스타」에서 섭외 요청이 왔다. 허훈은 특유의 입담을 선보이며 이날 네이버 실시간 검색어 1위를 차지했다. 그다음 날부터 방송국에서 섭외 전화가 빗발쳤다. 프로농구 현역 선수에게 그렇게 많은 섭외가 온 것은 최근에는 매우 드문 일이었다. 나는 프로그램의 인기 비중과 성격을 감안했고, 허훈이 돋보일 수 있는 프로그램에만 출연시켰다. 덕분에 KT소닉붐 농구단의 인기도 덩달아 상승세를 타기 시작했다. 허훈에게 걸었던 인센티브가 적중한 것이다. 글을 쓰고 있는 지금은 비시즌이다. 곧 프로농구 시즌이 도래한다. 최고의 마케팅은 성적이라는 말이 있다.

농구선수는 코트를 종횡무진 휘저을 때가 가장 멋있다. 나는 이러한 요소들을 가지고 아직도 허훈을 더 많이 활용하고자 한다. 스타 1명이 구단의 인지도와 종목 흥행에 앞으로 얼마나 더 많은 기여를 할지 기대된다.

7 경력자만 우대하는 더러운 세상, 취준생은 어디서 경력을 쌓나

예전에 어느 대학교에 강의를 나간 적이 있었다. 어느 학생이 본인도 스포츠구단의 프런트가 꿈이라며 어떻게 해야 프런트가 될 수 있냐고 물었다. 어려운 질문이었다. 왜냐하면 스포츠구단들은 통상적으로 신입을 뽑지 않는다. T.O.가 나오면 경력직으로 대체하기 마련이다. 그래야 손실 없이 즉시 구단을 운영할 수 있기 때문이다. 경력을 쌓을 길이 없는데 경력자만 뽑게 되는 아주 아이러니한 일들이 발생하게 된 것이다. 나는 그 친구에게 스포츠와 관련된 아무 일이나 시작해보라고 권유했다. 적어도 스포츠구단이 어떻게 돌아가는지 전문적으로 알지는 못해도 정서적으로는 알아야 한다고 생각했기 때문이다. 실제로 국내 어느 야구단에서 마케팅팀 T.O.를 채우기 위해 이벤트 대행사 출신의 인력을 충원한 케이스도 있었기에 경험치 획득이 매우 중요하다고 생각한다. 이런 케이스도 있을 수 있다. 예를 들면 내가 근무하는 케이티스포츠에는 프로구단 외에도 사격, 하키 등 아마추어 종목들을 운영한다. 상대적으로 아마추어 종목에 대한 경력을 쌓기가 쉽다. 그래서 그 경험으로 입사한 후 회사 자체 순환근무에 의해 야구단, 농구단으로 발령을 받아 프로구단의 프런트가 되는 방법도 있다. 그 밖에도 구단 및 기관이 운영하는 인턴십 프로그램과 각종 대학생 지원 프로그램(마케팅, 홍보체험단 등)에도 적극적으로 신청하여 문화를 익혀가는 것이 중요하다고 생각한다. 나의 글을 통해 어떤 진로를 결정하거나 어떤 방향을 잡아가긴 어렵다. 물론 내가 어느 누군가의 길잡이가 될 만큼 역량이 있다고 생각되지도 않는다. 다만 서두에 말한 것과 같이 나의 경험이 여러분에게 간접 체험의 장이 되었길 바라며, 스포츠인이 될 후배님들을 하루 속히 현장에서 만나뵙길 희망한다.

The World of Sports Marketers 1-7

'헬창'에서 피트니스 운영관리 전문가가 되기까지

프로필

이 름 : 김동엽

소 속 : ㈜더블유 운영총괄부장

이 력
경희요가필라테스협회 교육이사
건강운동관리사
생활스포츠지도사 2급 보디빌딩
노인스포츠 지도사
스포츠 경영관리사
경희대학교 체육대학원 박사

주요 저서
- 트레이너가 알아야 할 모든 것(예방의학사)
- 필라테스 지도자와 교습생을 위한 교과서: 재활 필라테스 매트(예방의학사)
- 요가 어저스트먼트(영문출판사)

1 스포츠비즈니스란?

스포츠 현장은 끊임없는 변화 속에 있다. 그 안에서 고객과 끊임없는 소통을 통해 항상 귀를 열고 발맞추어 움직이는 것이 바로 스포츠비즈니스라고 생각한다.

"스포츠 현장 속의 끊임없는 고객과의 소통"

2 운동 기피자에서 '헬창' 피트니스 운영관리 전문가가 되기까지

▲ 뚱뚱한 어린 시절

▲ 트레이너 시절

어린 시절 체육시간만 되면 도망을 다니던 체육기피자였던 나는 '몸짱' 아버지라는 큰 벽을 피하기만 하다가 대학 때 혹독한 다이어트를 통해 3개월 동안 12kg 감량이라는 기염을 토하며 '헬창'으로 입문했다. '헬창'의 길은 쉽지 않았다. 24시간이 모자랄 정도로 운동에 몰두했고 다니던 대학에서 복수전공으로 스포츠의학 공부를 시작함과 동시에 각종 피트니스 시합 입상, '건강운동관리사', '선수트레이너', '교정운동 전문가' 자격 등을 취득하며 트레이닝 전문가로 현장에서 5년 이상 활동했다.

그 이후 트레이닝뿐 아니라 헬스장 운영은 어떻게 하는 게 좀 더 효율적일까? 더 재미나게 회원들이 운동하게 할 수는 없을까 고민하다가 피트니스 오픈, 운영관리자 일에 뛰어들게 되었다.

현재는 ㈜더블유라는 피트니스 위탁 운영관리 업체에서 운영총괄 부장으로 일하고 있다. 지난 10년간 50여 개의 피트니스 지점을 오픈하여 운영관리했고, 필요에 따라 현장에서 오픈 이벤트 및 절기별 이벤트 등 다양한 이벤트를 진행했다. 지금도 하루에 두세 군데 지점을 다니며 직원들과 소통하면서 매출 증대를 위한 기획을 지속하고 있고, 힘든 '코로나' 시기를 지나며 한 단계 더 성장하고 있다. 특히 주로 근무했던 커뮤니티 피트니스의 경우 지속적인 운영관리 및 회원 이벤트에 대한 노하우를 가지고 있다. 앞으로 복지 시설로서의 체육시설이 더욱 증가할 수밖에 없는 시점에 '체육시설 운영관리 전문가'의 등장은 필연일 것이다.

3 피트니스센터 오픈은 나에게!!

종합 피트니스센터는 규모에 따라 다르지만, 보통은 헬스장, 골프장, 탈의실 및 사우나 등의 시설을 기본적으로 갖고 있다. 그래서 우선은 오픈 팀이 상권분석을 하고, 시설에 따라 기본 인테리어 공정을 진행하게 된다. 인테리어 공정을 진행하는 동안 인력구성안을 준비하고 그동안 상세한 시장분석을 한다. 시장분석에서 가장 중요한 것은 바로 '지하철 등의 대중교통과 가까운가?' 그리고 '주변 아파트 등 주거지역이 어떻게 되어 있느냐?'가 중요하다. 우리가 흔히 알고 있는 그 센터의 SWOT분석을 통해 강점, 약점, 기회, 위기 등을 파악하고, 지리적 요건 등을 조사하여 예상 회원 수요를 파악해야 한다. 대부분 센터의 경우 주차가 편리하거나, 대중교통이 주변에 있어서 회원들이 오기에 편리해야 한다. 하지만 최근 추세는 베드타운이건, 오피스 상권이건 복지시설이 잘되어 있어 복지시설 유무, 유동인구, 거주지 밀집지역 등에 대한 전체적인 분석이 필요하다. 그런 다음 운영 프로그램에 따라 세부 인테리어가 변경될 수 있다. 특히 요즘은 필라테스가 인기가 있어 센터 내부에 그룹 필라테스 공간을 같이 만드는 추세다. 그리고 전문화되고 있는 회원들의 인식으로 웨이트트레이닝 시설에 대한 전문 기구 설치 부분, 직장인 여성이 많다면 그룹 엑서사이즈Group Exercise 수업을 많이 개설할 수 있는 공간을 만드는 등 다양한 부분이 세부적으로 결정되어야 한다. 최근 고가의 외국산 기구를 복제한 제품들이 많이 나오는 편이며, 이를 통해 시설비용 일부를 절감할 수 있다. 또한 트레드밀이나 많이 사용하는 유산소기구 등은 AS 등을 고려하여 국산 제품을 선택하는 것이 좋다. 이렇게 내부 세팅이 끝나더라도 돌발적으로 생길 수 있는 문제가 있다.

바로 건물의 설비 부분에서 발생하는 문제다. 아직도 생생하게 기억나는데, 2014년 경기도 분당의 지하 1층에 오픈하려던 센터였다. 구조 변경을 완료하고 신규회원을 받을 준비를 하기 직전, 오래된 건물의 배관이 파열되어 오픈 3일 전 새벽에 출근하니 이미 물난리였

▲ 오픈 공사 및 공사 완료 사진

다. 당시 종일 물을 퍼내고 수건, 운동복 등을 이용해 트레드밀이 젖지 않도록 했다. 하지만 바닥재 본드가 마르기도 전에 터진 물난리로 인해 전체적인 손해가 막심했던 기억이 난다. 물론 건물 과실로 금전적인 부분의 실질적인 손해는 보상받았지만, 홍보를 진행해놓은 상태에서 다수의 이탈 회원이 나왔던 기억이 난다.

그리고 이러한 오픈 준비에서 또 한 가지 중요한 부분이 바로 오픈 직원 채용이다. 너무 바쁘고 힘들어 함께하는 팀원이 책임감 있게 자기 업무를 맡아주는 것이 중요하기에 자격증보다 인성 면접이 참으로 중요하다. 이러한 채용 건이 많다 보니 한번은 재미난 에피소드가 기억난다. 그날도 지칠 정도로 많은 면접을 보다가 잠깐 나와서 쉬는데, 누군가가 나에게 말을 걸었다. "어!? 너도 면접 보러 왔어?" 뒤를 돌아보니 예전에 내가 근무했던 곳의 팀장이 면접을 보러 온 것이다. 재미나게도 그 팀장에 대한 내 개인적인 기억은 잦은 근무 태만, 근무지 이탈 등 꼼수를 잘 쓰는 사람이었고, 물론 나에겐 잘해주었지만 그 당시 같이 근무할 때도 대표님이 마지못해 채용해서 일하고 있다는 느낌을 받은 사람이었다. 이런 그를 여기서 만나다 보니 웃지도 울지도 못할 상황에 급하게 면접만 잘 마무리한 기억이 있다. 이렇듯 어디에서 일하든 '직업의식을 갖고 성실하게 근무하는 것이 중요하다'라는 생각을 다시 한 계기가 되었다.

4 시작은 여름 이벤트로, 끝은 고객 감동 이벤트로!

대부분이 그렇듯 헬스장 등록을 정가로 하는 경우는 많지 않다. 보통 행사, 이벤트 때 등록한다. 이러한 이벤트로 사용되는 대표적인 명분은 여름이다. 대부분의 사람은 노출이 많아지는 여름을 대비하여 운동을 많이 하며, 이에 여름에는 다양한 프로모션과 이벤트들이 진행된다. 대표적인 이벤트로는 장기 회원권에 대한 할인판매를 통해 비약적으로 매출을 증가시키는 것이 보통인데, 물론 이는 등록된 인원 중 50% 정도의 회원이 사실상 휴회회원으로 바뀌기 때문에 가능하며, 만약 등록한 100%가 다 온다고 가정했을 때는 시설 한계 인원으로 인해 많은 문제점이 생길 수 있다. 그렇기에 서비스 품질을 유지하기 위해서는 적정가격을 잘 고수해야 하며, 그 가격에 맞는 프로모션을 통해 선택적 인원에 대한 매출을 발생시키는 것이 중요하다. 주로 장기회원권 행사에 많이 포함되는 미끼 품목은 '스포츠용품 증정',

'회원권 기간 증정', '선별적 프로그램(PT, GX) 이용권 증정', '가격할인' 등의 내용이 포함된다. 또 회원권 매출 증진을 위해 기존 고객에 대한 재구매율을 올리는 것이 가장 중요하다. 그렇기에 기존 회원에 대한 '감사 이벤트' 등을 진행해주는 것이 필요한데, 내가 진행했던 대표적인 감사이벤트로 '건강강의', '회원과 함께하는 걷기 행사', '회원과 함께하는 등산', 또는 주변 지역행사에 참여하여 '지역 주민과 하나 됨'을 보여주는 것 등 친밀감을 높이는 행사들을 진행했다. 이 중에서 기억에 남는 행사라면 기존 회원들에게 제공한 '건강강의'와 '회원과 함께하는 걷기 행사'다. 5년 이상 회원이신 고객분의 센터 사랑은 말로 표현하기 어려울 정도로 많은 관심과 애착이 있다. 그런 회원들은 심지어 '화장실 슬리퍼가 바뀌는 것'까지 알아차리기 때문에 이러한 행사에 많은 관심과 참여를 보여준다. 이러한 행사는 고정 회원을 모을 좋은 기회가 되는데, 행사한다고 공지하는 순간부터 그들이 우리의 마이크가 되어 주변의 신규회원, 혹은 자신의 지인, 아니면 센터의 회원이 아닌 사람에게까지 전파하며 피트니스센터 이용을 촉진하게 된다. 또한 회원들과 함께하는 행사 시간 동안에는 '사람 사는 이야기' 등을 하며 서로 친밀도가 증가하게 되고, 보이지 않는 고객 만족을 만들어내는 데 중요한 역할을 했다. 이러한 행사를 마무리할 때는 같이 식사하거나 담소를 나누며 현 센터 내의 문제점을 이야기하기도 하고 내가 알지 못했던 센터 내의 사소한 것들, 그리고 강사들의 장단점 등 다양한 정보 또한 얻게 되어 주기적으로 '걷기 행사', '건강강의'를 하며 회원들과의 단합을 이끌어낸 기억이 있다. 이러한 행사를 통해 신규직원들도 회원들과의 원만한 관계를 만

▲ 회원 감사 이벤트 진행

들곤 했던 기억이 있다.

궁극적으로 회원들과 단합 행사를 하는 가장 큰 이유는 직원보다 센터를 더 사랑해주는 회원을 발굴하고, 그들 간의 결속력을 만들어내며, 이는 지속적인 재구매를 이끌어내는 데 핵심적인 역할을 한다. 또한 그들은 '인플루언서'가 되어 센터 홍보 및 부가서비스 이용을 홍보해주고 매출을 올리는 데 직접적으로 긍정적인 영향을 미친다.

5 직원 사랑은 하늘만큼! 땅만큼!

이러한 피트니스를 운영하기에 앞서 표면적으로 중요한 일은 바로 '회원, 고객을 최우선으로 하는 것'이고 그 이면에 피트니스센터에서 보이지 않는 가장 중요한 고객인 직원을 교육하고 채용하는 일이다.

피트니스에서 매출에 중요한 영향을 미치는 3요소를 꼽으라면, 센터의 '위치', '시설(기구 및 인테리어)', '강사'인데, 지속적인 회원권 재구매를 이끌어내기 위해 가장 중요한 요소는 바로 강사다. 그렇기 때문에 이러한 강사를 채용하고 성장시키기 위해 교육하는 것이 중요한데, 특성상 '트레이너'라는 업종 자체가 인센티브제 급여를 받으며 한 곳에 오래 근무하기보다는 돈을 따라 움직이는 경우가 많다. 이러한 트레이너들을 교육을 통해 한 곳에 장기 근무를 하게 하고, 스스로 성장하게 하는 것이 중요하다. 장기근속 직원의 장점은 회원들의 친밀도에서 완전히 차이가 나게 된다. 이들은 심지어 회원 자녀의 결혼식이나 가족 행사에까지 초대되어 함께 식사도 하며, 이러한 친밀도를 통해 자연스럽게 센터 홍보를 지속하다 보니 퍼스널 트레이닝 등의 부가서비스에 대한 매출 또한 차별화될 수밖에 없다. 또한 장기 미방문 고객, 혹은 2~3년 만에 다시 온 회원들이 좀 더 친밀하게 센터에 적응할 수 있게 해주는 중요한 역할을 한다.

그렇기 때문에 장기근속을 하는 직원들에 대한 다양한 동기부여를 하는 것이 중요하다. 연봉 인상, 계속적으로 성장할 수 있는 인사 시스템 제공, 다양한 업무 경험을 하게 하여 직업에 대한 흥미를 잃지 않게 하는 것 등이 중요하다.

또한 회사 측면에서 경력자도 물론 중요하지만, 열정 있는 신규 강사들을 성장시켜 키우는 것이 중요한데, 신규 강사를 잘 채용하는 것은 이러한 장기 근무자를 만들어내는 데 중요한 역할을 한다. 단순한 공개 채용을 통해 모집하는 것은 너무나 많은 경쟁업체 사이에서

쉽사리 차이를 만들어내기가 쉽지 않다. 그렇기에 차별화의 하나로 주변 2년제, 4년제 대학들과의 MOU를 통해 취업설명회, 현장실습을 진행했고, 이들 중 지원자에 한하여 직접 채용했다. 또한 신규 강사 혹은 경력자 중에도 역량개발을 원하는 직원들을 대상으로 아카데미를 개설하여 역량 강화를 위한 교육을 진행하기도 했다.

경력자 교육도 기억에 남지만, 무엇보다 열정 있는 신규 강사가 되고자 하는 사람들에 대한 만남이 내 기억에 더 각인되어 있다. 그

▲ 주변 대학 MOU

▲ 생활스포츠지도사 연수

중 2019년 '경희대 생활스포츠지도사 연수원'과 함께 진행한 '생활스포츠지도사 2급' 예비지도자들을 대상으로 한 실습이 기억에 남는다. 400명 정도의 대상자들과 함께 일정을 나눠서 실습을 진행했고, 각각 총 3일간 20시간의 실습시간을 진행했다. 1일 차에는 전체를 200명씩 나누어 대강당에서 '피트니스 지도자란 무엇인가'에 대해 강의했고, 2~3일 차에는 각 지점에서의 현장 업무에 대해 교육했다. 재미났던 것은 고등학교를 갓 졸업한 학생부터 60대 중·후반 어르신까지 다양하게 자격 취득을 위해 모여주셨고, 이들과 함께한 시간 중 가장 즐거웠던 점은 바로 '피트니스 지도자로 성장하고 싶어 하는 열정'이었다. 실무에 대해 하나씩 교육했고, 피트니스가 운영되는 방식에 따라 각 방식의 장단점, 실질적 급여 정도의 차이, 어떤 방향으로 가느냐에 따라 어떤 일을 주로 하게 된다는 등의 다양한 설명을 했다. 열심히 강의하던 중 나이가 조금 지긋해 보이는 어르신이 나에게 질문했다. "나같이 나이 많은 사람도 일할 곳이 있나요? 관심이 있어서 자격 취득을 하러 오긴 했지만, 일할 수 있을 것 같진 않은데…"라며 말꼬리를 흐리셨다. 반가운 질문에 나는 자신 있게 말씀드렸다. "선생님! 운동을 처음 배우셨을 때, 20대 젊은 트레이너에게 운동을 배우니 어떠셨어요? 비가 오면 뼈가 시리고, 자세가 잘 안 나오는 걸 잘 설명해주던가요? 사람에게는 인생의 주기가 분명히 있고, 경험에서 오는 좋은 조언들이 많습니다. 하지만 지도자가 젊고 운동을 잘한다고 잘 가르치는 것은 아닙니다. 선생님이 몸소 경험하신 부분에서 오는 '진국' 같은 조언들이 분명히 있고, 고령화의 사회적 분위기 속에서 주민센터, 문화센터, 커뮤니티 등 다양한 곳에서 피트니스 지도자를 채용하고 있으니 이러한 장점을 가지고 지원하신다면 충분히 좋은 결과가 있을 것이라 생각합니다"라고 대답했고, 대답을 들으신 선생님의 활짝 웃는 모습은 기억에 남는다.

그뿐 아니라 실습 현장에서 열심히 하는 지도자들, 그리고 한참 지나서 다시 만난 그들의 모습은 더욱 큰 감동을 주기도 했다. 2010년 초반에 나와 함께 일했던 이제 갓 대학을 졸업한 여자 트레이너 선생님이 있었다. 면접 때 첫 느낌은 '수수깡 같다'라는 것이었다. 키가 너무 크고 키에 비해 약해 보인다는 느낌? 하지만 단 한 가지! 눈빛은 여느 선생님들과 달리 열정이 가득했다. 고민하다가 채용했는데, 역시나 그 선생님은 근무를 시작하자마자 남자 선생님 못지않게 다양한 일에 대해 적극적이었으며, 회원 응대 또한 잘했고, 본인 스스로도 피트니스 지도자로 공부도 열심히, 운동도 열심히 했던 기억이 있다. 최근 연락이 된 그 선생님은 피트니스 전문가로 다양한 자격증도 취득했고, 피트니스 대회도 참가하며 후배들을 위해 재능기부도 많이 하고, 지도자로 이름을 날리고 있는 것을 알게 되었다. 이러한 보람 있는 일들을 지도자 양성과정을 통해 경험하기도 했다.

6 마지막! 단순히 '헬창'에서 끝내고 싶지 않다면?

항상 직원들에게 했던 말이 있다. "우리 3가지만 지키자!!"

그 3가지 중 첫 번째는 바로 마인드 셋이다. '우리가 하는 일에 대한 본질을 잘 알고 있느냐?' 하는 것이다. 우리가 하는 일은 스포츠 시설을 통한 서비스업이다. 이러한 서비스 제공에 대한 정확한 이해가 필요하다. 고객의 니즈를 최우선으로 고객의 만족을 높일 수 있는 서비스를 하는 것이 골자라고 할 수 있다. 많은 피트니스 지도자, 관리자들이 서비스적인 마인드보다는 본인의 실력, 본인의 외모적인 것을 이야기하며 "나 같은 사람이 지도하는데 무슨 불만이 있겠냐?"라고 하는 경우가 많다. 하지만 실질적으로 회원이 원하는 건 잘생기고 성격 안 좋은 '박보검'한테 배우는 것보다는 성격 좋고 싹싹한 '유해진'한테 운동을 배우는 것을 더 선호하는 경우가 많다. 그렇기에 직원들의 마인드 셋이 중요하다. 두 번째는 전문성이다. 피트니스 운영관리자라면 소비자의 재구매를 이끌어내는 것에 능통해야 하며, 이는 곧 현장 지도자들의 전문적인 역량과 관련이 깊다. 생활체육시설의 지도자들은 대부분 '생활스포츠지도사' 자격만 취득하면 모두 지도자가 될 수 있는 조건이 된다. 하지만 이는 누구나 취득할 수 있는 자격이기에 거기에 덧붙여 전문적인 노력이 필요하다. 누군가는 피트니스 지도자가 되기 위해 유명한 피트니스 시합에 참여해 건강한 몸을 뽐내기도 하고, 누군가는 최근 핫이슈가 되는 재활트레이닝에 대해 공부하여 중·장년 회원님들의 '방탄소년단'이 되기도 한다. 이렇듯 전문적인 지도자에 대해 잘 알고 있어야 하며, 이러한 전문적인 지도자를 채용하고 동기부여하여 함께 성장해나가는 것이 중요하다.

마지막으로, 빠른 판단과 결정이다. 2008년 어느 날이었다. 매일 나와서 운동을 열심히 하시는 목사님이 한 분 계셨다. 워낙 체격도 좋으신 편이었고, 인상이 좋으셔서 센터 내에 선한 바람을 몰고 다니시던 분이다. 그날도 평소와 같이 스트레칭을 하시고, 실내자전거를 타기 시작하셨다. 나는 당시 데스크에서 회원 응대 준비를 하고 있었는데, 갑자기 '쿵' 하는 소리와 함께 단말마의 비명이 들렸다. 달려가 보니, 목사님께서 쓰러지셔서 경련과 함께 의식이 없으셨다. 급하게 가슴압박과 구조 호흡을 시작했다. 시간이 느리게 흘러가는 것 같았다. 정말 정신이 아련할 정도로 심장이 뛰었다. 주변 회원에게 빨리 119를 불러달라고 하고 구조 호흡을 지속했지만, 그날 안타깝게도 목사님께서는 운명을 달리하셨다.

이렇듯 우리 현장은 쉬는 날 없이 새벽 6시부터 밤 12시까지 쉬지 않고 돌아간다. 이러한 상황에서 운영관리자는 항상 다양한 상황에 빠른 판단과 행동을 통해 원활한 센터 운영에 집중해야 한다. 또한 적절한 시기에 적절한 프로모션 등을 통해 매출을 유지하는 것에도 신경 써야 한다. 특히나 매출 마감인 월말 게릴라 이벤트, 혹은 만기 회원들을 대상으로 하는 이벤트 등은 항상 적절한 시기에 분별 있게 진행되어야 한다. 이러한 여러 상황에서 운영관리자의 지속적인 관심과 시기적절한 조치가 없다면, 아무리 작은 센터라도 운영을 지속하기 쉽지 않다.

나는 항상 채용 시에 그 사람의 좌우명을 물어본다. 좌우명 안에 그 사람이 갖고 있는 인생관을 볼 수 있기 때문이다. 얼마나 자부심을 갖고 일하는지, 직업적으로 더 성장하고 싶은 것인지, 또한 책임감을 갖고 일하는지에 대해.

이 책을 읽는 독자들이 내가 쓴 글로 인해 피트니스에서 일어나는 일들에 대해 조금이나마 알기 바라고, 더 많은 관심을 갖고 피트니스 지도자, 관리자로 성장하는 사람이 많이 생겨났으면 하는 바람이다.

The World of Sports Marketers 1-8

스폰서십,
감동에 브랜드를 더하는 스포츠마케팅
스폰서십 효과 분석을 통해
스포츠산업의 새로운 비전과 방향 제시

프로필

이 름 : **김기연**

소 속 : ㈜더폴스타 총괄본부장

이 력
University of Florida Post Doc.
(前) 생활체육지도자 연수 강사
(前) 스포츠 윤리교육 전문 강사
경희대학교 체육대학원 박사
한국체육대학교 대학원 석사

주요 저서 및 논문
- 수상스키장 이용자의 인구통계학적 특성,
  서비스 품질 지각 및 고객 만족도의 관계(2005)
- 수상레저스포츠시설의 관계마케팅 실행요인과
  고객충성도의 관계(2008)
- 퍼스널 트레이닝의 정수(개정판 공동번역, 2009)
- NSCA-CPT, CSCS 대비 트레이닝의 정수
  (개정판 공동번역, 2018)

1 스포츠를 사랑하고 스포츠산업을 이해하는 분석 전문가

스폰서십 효과를 분석한다고 하면 대부분의 사람은 당연히 통계학 전공일 것이라고 생각하지만, 나는 스포츠산업을 전공한 체육학 박사다.

스폰서십 효과 분석뿐만 아니라 스포츠산업의 여러 분야에서 데이터를 분석하는 기업은 많이 있지만, 제아무리 뛰어난 기술을 가지고 데이터를 분석한다고 해도 스포츠에 대한 애정과 스포츠산업에 대한 높은 이해도가 없다면 고객의 니즈에 맞는 마케팅 전략과 분석을 제공하기 어렵다.

많은 사람들이 올림픽이나 월드컵 같은 이벤트로 인해 '스폰서십'이라는 용어에는 익숙하지만, 스폰서십 효과 분석에 대해서는 생소해하는 것이 사실이다. 처음 만나는 사람에게 "스폰서십 효과 분석 전문 기업 더폴스타입니다"라고 인사하며 명함을 건네면 열이면 아홉이 "체육학 박사시군요? 스폰서십 효과 분석이 무엇인가요?"라고 반응한다. 아이러니하게도 '스폰서십 효과가 무엇인가?'라는 질문을 기업의 스폰서십 담당자로부터 듣게 되는 경우도 종종 있다.

이벤트 또는 광고매체의 종류와 크기에 따라 스폰서십의 규모는 다르지만, 몇십 억에서 많게는 몇백 억의 비용을 스폰서십에 투자하면서도 막연하게 스폰서십 효과에 대한 정량적인 데이터가 필요하다는 정도의 니즈만 가지고 있는 경우도 현장에서 심심치 않게 접할 수 있었다.

2   박세리의 브리티시오픈 우승으로 전 세계가 들썩인 2001년

그 당시 기업들에 스포츠는 합법적으로 투자 대비 많은 이윤을 창출할 수 있는 대상 중 하나였다.

스포츠를 이용해 이익을 보려는 기업의 스포츠마케팅은 미국과 유럽 등에서는 이미 1960년대부터 시작되었지만, 국내에서는 불과 몇 년 전 본격적으로 도입되어 갈수록 치열해지고 있던 그때, '스폰서십 효과 분석'이라는 이름조차 낯선 비즈니스를 우리나라에서 시작한 기업이 바로 내가 일하고 있는 회사다.

사실 나조차 스폰서십 효과 분석에 대한 정보나 지식은 전혀 가지고 있지 않았다. 단지 스포츠산업 현장에서 다양한 경험을 해보고 싶다는 생각으로 스포츠 관련 기업들에 대해 조사하던 중 스포츠를 통해 보이는 브랜드의 노출 빈도에 시청자 데이터 Audience data와 CPT Cost per thousand를 적용하여 스폰서십 효과를 분석하고 연맹, 구단, 기업 등에 제공하는 회사를 알게 된 것이다.

기대 반, 호기심 반으로 회사에 대해 알아가던 중 회사 설립 당시 끊임없이 기업의 문을 두드렸지만, 경험도 실적도 없던 회사에 심지어 생소하기까지 한 스폰서십 효과 분석을 맡기는 기업은 없었다. 우연한 계기로 삼성과의 프로젝트를 시작으로 국내 스폰서십 효과 분석 대표 기업으로 성장할 수 있었고, 결국 스폰서십 효과 분석의 불모지에서 현재 4대 프로스포츠(야구, 축구, 배구, 농구) 외에도 골프, e스포츠, 바둑 등 여러 분야에서 스포츠 이벤트의 스폰서십 효과 분석을 진행하고 있다는 사실에 매력을 갖게 되면서 회사와 나의 인연은 시작되었다.

3 프로스포츠와 스폰서의 유쾌한 만남

입사 후 수원삼성블루윙스 축구단 스폰서십 효과 분석을 시작으로 이후 4대 프로스포츠 리그인 KBO리그(프로야구), K리그(프로축구), V-리그(프로배구), KBL/WKBL(프로농구) 및 구단들의 스폰서십 효과 분석뿐만 아니라 골프를 비롯한 여러 종목의 이벤트 분석을 진행하고 있다.

TV 중계, 뉴스 및 프로그램뿐만 아니라 인쇄매체, 온라인 등을 통한 미디어 노출효과와 현장을 통한 노출효과 그리고 무형효과 Intangible Effect 분석을 통해 스폰서십 효과를 분석한다.

최근 기술 혁신과 더불어 미디어 환경의 변화는 스폰서십 효과 분석 시장에도 변화를 가져왔다. 과거에는 전통적인 TV 위주의 분석이 주를 이루었다면 현재는 온라인을 중심으로 소셜 미디어를 통한 효과 분석의 중요성이 대두되고 있다.

▲ 2019 순천·MG새마을금고컵 프로배구대회(팔마체육관)

4   스포츠 스폰서십은 왜 필요할까?

많은 기업이 네이티브 광고Native Advertisement나 PPL 광고Product Placement Advertisement 같은 방식으로 브랜드의 제품과 서비스를 홍보하고 있다.

시청자의 호평을 받는 케이스도 있지만, 적지 않은 경우 몰입을 방해하는 설정으로 보는 이로 하여금 눈살을 찌푸리게 만들기도 한다.

이러한 이유 때문에 유럽 같은 일부 해외 국가에서는 PPL과 네이티브 광고에 강한 규제를 가하고 있다.

그렇다 보니 많은 기업 브랜드들이 프로스포츠 스폰서십을 통해 그들의 브랜드를 노출하고 싶어 하고, 스포츠를 통해 이미지를 일치시키고자 하는 스포츠 관련 브랜드뿐만 아니라 스포츠와 관련 없는 브랜드도 많은 관심을 보이고 있다.

기업 입장에서 스포츠 스폰서십의 필요성을 생각해보면 첫 번째로 특정 고객집단과의 커뮤니케이션이 가능하기 때문에 다른 매체에 비

▲ AT&T Park(현 Oracle Park, 미국 샌프란시스코)

해 효과가 높다는 점을 들 수 있을 것이다.

예를 들어, LG전자는 현지 지역에서 가장 인기 있는 종목 중 우리나라 선수가 소속되어 활동하고 있는 팀을 후원하는 방식으로 제품광고를 펼쳐 투자 대비 높은 효과를 얻고 있다. 그저 TV 광고를 하는 것보다는 팀 스폰서십을 통해 더욱 높은 커뮤니케이션 효과를 기대해볼 수 있다. 그뿐만 아니라 스포츠가 가지고 있는 긍정적인 이미지를 상품에 전이시키기가 용이하므로 이미지 개선은 물론 판매 증진에 기여하게 된다.

이번에는 스포츠 조직 입장에서 생각해보자. 스포츠 스폰서십은 스포츠 대회의 성공적인 개최와 홍보는 물론 스포츠 조직의 발전을 위한 재정 확보의 수단으로 활용되기도 하고, 스폰서십을 통해 각종 정보를 전달함으로써 스포츠 홍보는 물론 참여자를 늘리는 데 도움이 되기도 한다.

또한 스폰서십을 통해 참여인구의 저변 확대에 기여하며, 스포츠 조직은 스포츠에 관심이 많은 타깃을 끌어들여 그들의 욕구를 자극하고 볼거리를 제공해야 하기 때문에 스포츠 발전을 위한 투자를 자극하게 된다. 다시 말해 스포츠 상품의 가치 증대에 기여하게 된다.

그런데 중요한 것은 스폰서가 필요한 스포츠 조직도, 스폰서십을 하고자 하는 기업도 막연히 효과가 높을 것이라는 기대만으로 의사결정을 할 수 없고, 그렇기 때문에 객관적인 데이터를 필요로 한다. 또한, 스폰서십 활동에 대한 과학적인 평가를 거쳐 지속 여부를 결정하게 된다.

5 금융권의 e스포츠마케팅

미디어의 변화뿐만 아니라 기업들이 관심을 갖는 스포츠 이벤트의 종류에도 변화의 움직임이 나타났다. 이전부터 e스포츠 팀과 리그의 스폰서십 효과 분석을 진행해왔지만, 최근 들어 기업들의 e스포츠에 대한 관심이 더욱 증가하고 있다.

특히 금융권의 스폰서십에 대한 관심은 어제오늘 일이 아니지만, 최근 들어 e스포츠로 관심이 집중되고 있다. 현재 스폰서십 효과 분석을 진행하고 있는 리그 오브 레전드 챔피언스 코리아(이하 LCK)의 타이틀 스폰서인 우리은행이 대표적인 사례다. 2019년 우리은행은 LCK 대회의 2019~2020년 스프링과 서머 스플릿의 타이틀 스폰서

▲ LoL Park(서울 종로구)

를 맡고, 개발사인 라이엇게임즈는 LCK 중계방송, LoL Park 경기장, 현장 이벤트 등을 통해 우리은행 브랜드를 홍보하고 있다.

마케팅 효과는 시작부터 드러났다. 라이엇게임즈와 우리은행은 업계 최초로 제휴카드를 출시했는데, 출시 이후 두 달 만에 1만 계좌 개설을 돌파하며 인기를 끌었다. 일반적으로 은행에서 출시하는 적금 상품의 가입자 수가 연간 3만 계좌 안팎인 점을 고려하면 엄청난 인기를 얻은 것이라고 볼 수 있다.

케이블TV와 네이버, 아프리카TV, 트위치 등 온라인 매체에서 중계할 때마다 홍보 이미지가 배너와 가상광고 형태로 노출되었고, 오프라인 경기장인 LoL Park에서도 우리은행 단독으로 ATM을 설치하는 등 홍보에 힘을 쏟았다. 특히 스폰서십 초기부터 중계 동시접속자가 20만 명을 넘어서는 등 노출빈도가 높아 브랜드 이미지 구축에 일조했다.

2018년 말 아프리카TV BJ 와꾸대장봉준(김봉준)은 블리자드와 토너먼트 라이선스계약을 체결하고 스타크래프트 e스포츠 대회 무프로리그MPL 시즌 2를 주최했는데, 이 대회에 신한금융투자가 메인 스폰서로 참여했다. 같은 신한금융그룹 계열사인 신한은행이 앞서 2000년대 중반부터 스타크래프트 프로리그 등에 공식 스폰서로 참여했지만, 신한금융투자가 e스포츠마케팅에 나선 것은 처음이었다.

이 밖에도 오렌지라이프(구 ING생명)는 2018년 말 배틀그라운드 개발사인 펍지주식회사가 주최한 e스포츠 대회 KT 5G 배틀그라운드 모바일 스트리트 챌린지의 현장 예선 및 한국 대표 선발전에 서브 스폰서로 참여했다. 같은 달에 펍지주식회사는 오렌지라이프 X 펍지

배틀그라운드 제휴 협약을 맺고 게임 내 에티켓 캠페인, 배틀그라운드 인게임 아이템, 인플루언서와의 협업 등을 통해 다양한 마케팅 활동을 펼쳤다.

고객사 중 하나인 한화생명은 한 걸음 더 나아가 LoL 프로게임단을 운영 중이다. 한화생명은 2018년 4월 기존 프로게임단을 인수해 '한화생명e스포츠HLE'라는 이름으로 재창단하고 게임단을 활용해 어린 e스포츠 팬들과의 접점도 늘려가고 있다. 또한 e스포츠를 통한 브랜드 홍보를 효율적으로 하기 위해 브랜드 노출 효과 분석도 진행해왔다.

금융사들이 e스포츠 쪽으로 눈길을 돌린 가장 큰 이유는 10~20대를 타깃으로 한 'Youth마케팅' 때문이다. e스포츠를 즐기는 주 연령대가 금융상품의 실수요층이 아닌 10~20대인 점을 감안하면, 향후 유망 고객을 선점하려는 전략으로 보인다. 또 다른 이유로는 타 스포츠에 비해 투자비용 대비 홍보효과가 높다는 점이다. 타 스포츠에 비해 비용은 적게 들지만 온라인 중계, SNS 등을 통해 빠르고 광범위하게 퍼져나가는 e스포츠의 특성상 투자비용 대비 엄청난 홍보효과를 거둘 수 있기 때문이다.

6 구장 네이밍라이츠는 단순히 이름을 갖게 되는 것이 아니다

2019 시즌 초반, 대구FC는 국내 축구팬들에게 화제의 중심에 서 있었다. 새 홈구장 'DGB대구은행파크'의 효과와 함께 좋은 경기력으로 팬들의 사랑을 듬뿍 받으며 K리그에서는 보기 드문 매진을 연일

기록했다. DGB대구은행파크는 경기장의 크기, 그라운드와 관중석의 거리, 경기장을 감싸는 지붕 등 경기 관람에 좋은 조건을 갖추고 있어 경기장을 찾는 관중 및 팬들에게 매력적인 곳이다. DGB대구은행파크가 호평을 받는 또 한 가지가 바로 구장 네이밍라이츠Stadium Naming Rights다.

스포츠계에서 사용되는 네이밍라이츠란 "팀, 경기장 등의 명칭에 재정적 지원을 하는 기업명 또는 브랜드명을 붙일 수 있는 권리"로 정의할 수 있는데 구단은 네이밍라이츠를 통해 안정적인 수입을 확보하고, 기업은 광고효과와 더불어 기업의 이미지를 향상시킬 수 있다.

국내에서는 2011년 SK그룹이 'SK올림픽핸드볼경기장'이라는 이름으로 핸드볼전용경기장의 구장명칭사용권Stadium Naming Rights을 획득하는 최초 사례가 되었고, 이후 국내 프로야구계에서 '광주기아챔피언스필드(2014)', '한화생명이글스파크(2015)', '대구삼성라이온즈파크(2016)', '창원NC파크(2019)' 등 네이밍라이츠가 활성화되었지만, 구단의 모기업이 비용을 지불하는 형태였다.

하지만 대구은행이 대구FC와 3년 45억 원 규모로 계약하면서 K리그 구장 네이밍라이츠의 첫 발판이 되었고, 이는 그동안의 사례에 비추어보았을 때 구단의 모기업이 아닌 후원사가 함께한 점에서 의미가 크다고 할 수 있다.

해외의 경우, 구장 네이밍라이츠는 국내에 비해 시장규모도 크고 스포츠 업계의 빅이슈로 다뤄진다. 1973년 기업 리치푸드가 미국프로풋볼NFL 버펄로 빌스와 25년 150만 달러에 계약한 '리치 스타디움'

을 시작으로 현재 유명 프로리그의 구장 네이밍라이츠 판매액은 연간 100억 원 단위로 증가하면서 구단들의 주요 수입원 중 하나로 자리매김했다.

대표적으로 영국 프리미어리그EPL 아스날의 홈구장 '에미레이츠 스타디움'과 맨체스터시티의 홈구장 '에티하드 스타디움'은 각각 항공사 명칭을 사용하고 있고, 글로벌 보험 및 금융회사인 알리안츠그룹은 독일 분데스리가 바이에른 뮌헨의 '알리안츠 아레나', 이탈리아 세리에A 유벤투스의 '알리안츠 스타디움' 등 전 세계에 걸쳐 10여 개의 경기장 명명권을 사들이며 네이밍라이츠의 큰 영향력을 행사하고 있다. 한편, 미국프로야구MLB 뉴욕 메츠의 홈구장인 '시티 필드'는 2009년 시티그룹이 23년간 4억 달러에 계약하며 세계에서 가장 비싼 구장 이름으로 기록되어 있고, 미국프로농구NBA LA레이커스와 LA클리퍼스의 홈구장인 '스테이플스센터'의 경우, 스포츠 역사상 처음으로 영구 명명권Lifetime Naming Rights 계약을 맺었다.

▲ STAPLES Center(미국 로스앤젤레스)

이웃 나라인 일본은 일본프로야구NPB 히로시마 도요 카프의 '마쓰다 줌줌 스타디움', 후쿠오카 소프트뱅크 호크스의 '후쿠오카 야후돔' 등 구단의 대주주나 모기업이 네이밍라이츠를 행사하고 있다는 점에서 우리나라와 비슷한 점이 있지만, 스포츠산업의 규모가 우리나라보다 2배 이상 크기 때문에 다양한 종목에 경기장 명명권이 활용되고 있다.

우리나라에서는 경기장보다 경기장 좌석에 대한 네이밍라이츠가 활성화되고 있다. 대표적으로 이마트의 이름이 들어간 프로야구 SK 와이번스(현 SSG 랜더스)의 이마트 바비큐존, 프로배구 현대캐피탈의 이마트 패밀리존과 프렌드존 등이 있는데, 그 이유는 경기장 소유권을 지자체가 가지고 있다는 점과 구단의 운영 구조가 모기업 중심인 구단들이 많아서 구장 명칭 사용권을 자유롭게 가지기 어려운 구조적 한계에 있다.

실제로 네이밍라이츠를 통한 브랜드 미디어 노출 효과를 측정해보면 경우에 따라 TV 광고보다 높은 효과가 나타나기 때문에 이제는 우리나라도 DGB대구은행파크의 사례를 계기로 국내 프로스포츠의 특성에 맞춰 구조적인 변화와 발전을 통해 기업과 구단의 네이밍라이츠 효과를 톡톡히 볼 수 있기를 기대해본다.

7 딥러닝 기반 AI 스폰서십 효과 분석 프로그램 개발

우리 사회는 4차 산업혁명이라는 큰 흐름 아래 있고, 그렇다 보니 업종을 막론하고 신기술을 활용해 새로운 시대를 맞이하기 위한 투자 및 연구가 활발히 진행되고 있으며, 스폰서십 효과 분석 또한 예외는 아니었다.

오래전 모 대학교에서 TV 중계에 노출되는 브랜드를 초시계를 이용하여 측정하는 모습을 본 기억이 있다. 과거와 같이 초시계까지는 아니더라도 인력을 이용하여 수동으로 브랜드의 노출 시간을 측정하는 것은 거의 중노동에 가까울 정도로 많은 시간과 인력을 필요로 한다. 물론 효율적으로 측정할 수 있도록 개발된 프로그램은 있지만, 시대의 변화에 따라 기술도 발전해야 했다.

하지만 기술 개발사가 아닌 데이터 분석사에서 개발에 도전하기에는 진입장벽이 너무 높았다. 더군다나 담당 직원들 모두 인공지능은 말할 것도 없고 IT 관련 지식조차 전혀 없는 상태에서 처음부터 하나씩 배워야 하는 어려운 상황이었다.

다행히도 공동개발 기관과 함께한 연구와 노력 끝에 딥러닝 기술 기반의 AI 데이터 분석 프로그램을 개발하여 미디어에 노출되는 브

▲ ITS 2019(중소기업기술혁신대전) 참가

랜드의 노출 시간, 크기, 위치 등 유효 데이터를 추출함으로써 더욱 신속하고 정확한 스폰서십 효과를 산출할 수 있게 되었다.

8 밤하늘 별자리의 기준인 '북극성'처럼 스포츠마케터의 역할은 고객에게 새로운 비전과 방향을 제시하는 것이다

8년 전 입사 당시 대표님과 임직원 중 체육 관련 전공자가 한 명도 없는 것을 보고 내심 신기하게 여겼던 기억이 있다. 스포츠는 유독 다른 분야에 비해 독특한 특성을 가지고 있는데, 전공자가 아닌 사람들이 스포츠의 특성을 제대로 이해하고 고객이 필요로 하는 데이터를 제공할 수 있을까 하는 의문이 들었기 때문이다.

현재 우리 회사에는 나를 비롯하여 유독 스포츠 덕후(이하 스덕)가 많다. 체육 관련 전공자도 있지만, 비전공자 중에 스덕이 더 많다고 느껴질 정도다. 심지어는 비즈니스 때문에 연맹이나 구단을 방문하게 되면 스스로 성덕(성공한 덕후)이라고 표현하는 직원도 있을 정도다.

매일같이 스포츠 중계를 보고 스포츠 기사를 읽다 보면 질려버릴 법도 한데 우리 회사의 스덕들은 오히려 스포츠에 대한 애정이 점점 더 깊어지는 것 같다. 지난 20년 가까이 스포츠산업 시장에서 스폰서십 효과 분석을 뚝심 있게 고집해온 회사, 아침에 출근하면 어제 있었던 스포츠 경기나 이슈들에 대해 이야기를 나누는 그러한 스덕 직원들이기에 고객이 진정 필요로 하는 맞춤형 데이터를 제공할 수 있다.

9 데이터의 가치는 정확성과 타이밍이 좌우한다

정확한 데이터의 중요성은 기본 중의 기본이다. 하지만 아무리 정확하고 의미 있는 데이터라고 하더라도 보여주는 타이밍에 따라 더욱 가치 있는 데이터가 되기도 하고 쓸모없는 데이터가 되기도 한다. 그렇기에 고객이 데이터를 필요로 하는 시점에 분석 데이터를 제공하기 위해 끊임없이 노력해왔고, 현재도 노력과 투자를 아끼지 않는다. 심지어는 이른 시일에 데이터를 받고자 하는 고객으로부터 오히려 "정말 그렇게 빨리 데이터를 제공해줄 수 있겠냐?"라는 걱정 어린 반문을 받을 때도 있다.

물론 사업 초기에는 밤새워가며 양손에 초시계를 쥐고 모니터링 했던 직원들의 노력이 있었다. 덕분에 고객이 원하는 시점에 데이터를 제공할 수 있었고, 이후 전문적인 분석 체계와 자체 개발 시스템인 24시간 디지털자동녹화시스템 Capture Manager과 브랜드 노출 분석 시스템 Brand Detector-Inception이 더해져 고객에게 신뢰받는 데이터 제공이 가능했다. 하지만 여기에 안주하지 않고 4차 산업혁명의 한 부분인 인공지능을 활용한 브랜드 분석 자동화 시스템을 개발하여 분석 시간을 최소화하고 더욱 구체적이고 세밀한 데이터를 제공할 수 있게 되었으며, 앞으로도 스폰서십 효과 분석에 활용될 기술은 지속적으로 개발되어야 한다.

10 통합된 전략경영 프로세스 'Plan-Do-See'

스폰서십 효과 분석은 더 이상 결과 보고서의 한 부분을 채우기 위한 형식적인 데이터가 아니다. 스폰서십 활동에 대한 성과 평가이고, 더 나은 전략을 만들기 위한 필수 과정이다. 그렇기에 전략과 성과 평가 서비스를 함께 제공함으로써 고객의 'Plan-Do-See' 과정의 통합관리가 가능한 서비스를 제공하여 연결할 수 있는 플랫폼 역할을 하고 있다.

11 '나'와 마주하는 시간을 가져라!

스폰서십 효과 분석뿐만 아니라 스포츠산업과 관련된 직무를 수행하기 위해서는 스포츠에 대한 관심과 애정이 필수다. 단지 내 직업이기 때문에 스포츠 정보를 모니터링하고 이해하는 정도가 아니라 스포츠에 대한 애정이 필요하다는 뜻이다.

분석에 대한 기술적인 지식은 학습과 숙련으로 가능하지만, 스포츠에 대한 관심과 애정은 단시간에 노력한다고 만들어지지 않는다. 프로스포츠 연맹이나 구단 담당자와 커뮤니케이션을 하기 위해 필요에 따라 관련 정보를 습득한다고 해도 애정을 가지고 오랜 시간을 함께한 사람의 진정성은 절대 따라잡을 수 없다. 하지만 아이러니하게도 좋아한다고 그 일을 잘 할 수 있다는 보장도 없다.

그렇다면 내가 좋아하는 것을 직업으로 선택하면 되는 것일까? 아니면 내가 남들보다 잘하는 것을 직업으로 선택해야 할까?

> 좋아하는 것을 하면 열정이 있어 열심히 하게 돼서 잘하게 된다고 하는데, 이건 거짓말입니다. 밥벌이라면 열정이나 의욕으로만 할 게 아니라 잘해야 해요. 나는 20대를 현혹하는 말 중 하나가 열정을 다할 수 있는 일이거나 좋아하는 일을 하라는 말이라고 생각하는데, 그런 말에 절대로 넘어가면 안 됩니다(출처: 쫄지마, 청춘!).

『쫄지마, 청춘!』에서 저자가 말한 내용에 대해 일부는 동의하지만, 반대로 동의할 수 없는 부분도 있다. 물론 좋아하는 것을 잘할 수 있다면 금상첨화겠지만 그렇지 않을 수도 있다.

실제로 나는 스포츠를 좋아하지만 잘하지는 못한다. 만약 내가 이 사실을 가슴에 안고 살아왔다면 지금의 나도 존재할 수 없었을 것이다. 이런 문제로 고민하는 데 나의 아까운 청춘을 낭비하지 말자. 꼭 둘 중 하나를 선택할 필요가 있을까? 스포츠가 가지고 있는 특성상 선수가 아니더라도 다양한 관련 분야에 많은 파생 직업을 가지고 있고, 그렇기에 내가 좋아하는 것을 선택해서 잘하는 직업으로 삼을 기회도 다양하게 주어진다.

신입사원 지원자들 대부분이 우리 회사에 지원한 이유로 "스포츠를 좋아해서"라고 말하지만, 오래 근무하지 못하고 퇴사하는 직원들의 대부분이 퇴사 사유로 "업무가 나와 맞지 않아서"라고 말한다. 이러한 결과가 나타나는 이유는 간단하다. 좋아하지만 잘하지 못하는 일을 선택했기 때문이다.

이제는 퍼스널 브랜딩Personal Branding이 필요한 세상이다. 취업을 위해 다양한 스펙을 준비하고 스킬을 습득하는 것도 중요하지만, 우선 나 자신을 객관화하고 스스로를 들여다볼 줄 아는 사람이 되어야 한다. '나'와 마주하는 시간을 통해 내가 어떤 사람인지, 무엇을 좋아하고 잘하는지, 무엇에 행복과 만족을 느끼는지 명확하게 인지하고 나의 직업을 선택한다면 어느 순간 스포츠 분야에서 열정과 의지를 가지고 나만의 브랜드를 만들어가고 있는 나의 모습을 보게 될 것이다.

The World of Sports Marketers 1-9

스포츠커뮤니케이터, 스포츠를 통해 세상과 소통하다

프로필

이 름 : **황승현**

소 속 : ㈜에스드림스퀘어 대표이사

이 력
(現) ㈜인투스포츠 사내이사
(現) ㈜펫트워크 사내이사

1. 스포츠를 통해 세상과 소통하는 스포츠커뮤니케이터

요즘 듣는 가장 어려운 질문 중 하나가 "무슨 일하는 분이세요?"다. 예전에는 스포츠마케팅을 한다고 쉽게 설명했지만, 지금은 단순히 '스포츠마케터'로는 내가 하는 모든 일을 표현하기에는 굉장히 한정적인 단어가 되어버렸다. 2015년 자취를 하던 작은 오피스텔에서 친구들과 함께 시작한 '머스트컴퍼니'라는 스포츠이벤트대행사에서부터 2017년 설립한 '에스드림스퀘어'라는 스포츠진로컨설팅 법인, 2020년 새롭게 시작한 '인투스포츠'라는 체육관 대관사업, 최근 시작한 반려견유치원까지 내가 하는 일을 어떠한 특정 단어로 정의 내리는 것은 굉장히 힘든 일이다. 어떤 때는 진심으로 내가 하는 일이 무엇인가에 대해 스스로도 정체성에 대한 혼란으로 고민에 빠진 적이 있었다. 결과적으로 나를 정의하게 된 단어는 '스포츠커뮤니케이터'다. 겉보기에 달라 보이는 여러 가지 일은 결국 모두 '스포츠'라는 커다란 축에서 뻗어나가 있다. 스포츠라는 매체를 통해 서비스, 시설, 이벤트 등 넓은 공간에서 다양한 사람과 연결되고, 스포츠를 통해 세상과 소통하는 나는 '스포츠커뮤니케이터'다.

2. 스포츠를 전공하고 싶던 어린 시절

2002년은 내가 기억할 수 있는 경험상 대한민국이 스포츠로 가득 찬 해였다. 2002년 한일 월드컵을 포함하여 부산아시안게임까지 시끌벅적한 메가스포츠이벤트가 대한민국의 여름과 가을을 뜨겁게 달구어놓았다. 아직 교복이 어색한 중학교 1학년이던 나는 학교에 가면 친구들과 너무도 자연스럽게 스포츠에 대해 이야기를 나누었고, 쉬는 시간이면 운동장과 체육관에서 땀을 흘렸다. 작은 키였지만 제법 재빨랐던지라 자연스럽게 스포츠활동에 빠져들었고, 다른 또래 친구들보다 조금 빠르게 스포츠를 전공하고 싶다는 진로를 생각하게 되었다. 그러나 대학 생활을 거치고 졸업하면서 스포츠산업이라는 분야로 창업한 내가 당시에는 어디에서든 공공연하게 어른이 되면 멋진 체육선생님이 되겠노라 이야기했던 것을 보면 사실 스포츠라는 분야가 어디에서든 접할 정도로 흔하지만 진로적으로 쉽게 정보를 얻을 수 있는 분야는 아닌 것 같다.

3 스포츠를 전공하면 무엇을 할 수 있을까?

2008년부터 2014년 졸업하기까지 몸담았던 경희대학교 스포츠의학과에 진학한 것도 '스포츠를 전공해야지'라는 굉장히 단순한 사고에서 시작된 것이었다. 부끄러운 이야기지만 고등학교 3학년이던 당시 무슨 전공이든 체육대학에 가면 체육선생님을 할 수 있다고 생각했다. 그러나 내가 진학했던 스포츠의학과는 체육교육과는 무관한 전공이었고, 교사가 되기 위해 필수적인 교직 이수가 되지 않았다. 당시에는 나 자신에게 실망스럽고 절망스럽기도 했지만, 지금 와서 생각해보면 '그랬기에 지금의 진로를 찾기 위해 더욱 많은 스포츠와 관련된 다양한 경험을 할 수 있었고, 그러한 것들이 능동적이고 창의적인 나를 만들어준 결정적인 계기가 아니었을까?'라는 생각을 해본다. 그만큼이나 스포츠라는 분야에는 일반적인 비전공자들이 생각하는 것보다 훨씬 다양하고 재미있는 직업들이 존재한다. 스포츠를 전공하는 학생들이라면 단순히 자신이 진학을 위해 생각했던 전공에서 나아가 수많은 관련 진로를 탐구해보는 것이 굉장히 필수적인 일이라고 본다.

4 그들만의 리그가 된 스포츠 현장

"스포츠산업, 그거 괜찮은 시장이야?"

요사이 스포츠산업과 관련하여 많은 종사자가 '위기'라는 표현을 쓰는 것을 쉽게 들을 수 있다. 사람들을 열광의 도가니로 이끌었던 프로스포츠는 과거의 영광을 뒤로한 채 그 인기가 지속적으로 하락하고 있다. 몇 해 전 인기리에 방영된 tvN 드라마 「응답하라 1994」에서는 주인공 성나정(고아라 분)이 아픈 몸을 이끌고 농구경기를 보러 가는 등 당시 소녀팬들의 마음을 뜨겁게 달군 농구대잔치를 보여주었다. 이처럼 이상민, 우지원, 서장훈 등 농구를 보지 않아도 이름은 쉽게 알 수 있는 수많은 스타로 붐을 일으킨 KBL을 비롯하여 테리우스 안정환, 라이언킹 이동국 등 실력과 외모를 겸비한 걸출한 젊은 스타들을 통해 미친 듯한 함성을 들려주었던 K리그까지 대한민국에서 스포츠경기장은 최고의 인기를 누렸다. 그러나 지금의 스포츠 현장은 어떠한가? 2019년 기준 KBL 시청률은 0.2%를 넘지 못했다. 월드컵 이후 흥행 붐을 기대하던 K리그 또한 0.2%를 간신히 넘는 정도이며, 우리나라에서 나름대로 가장 높은 인기를 얻고 있다고 할 수 있는 KBO 역시 한국시리즈를 제외하고는 1%를 넘기기 힘겨워하고 있다. 단순히 시청률이 낮은 것이 아니라 이로 인해 중계권 판매 역시 쉽지 않은 모습을 보이는 것도 큰 위기라고 볼 수 있겠다. 물론 시청률이 프로스포츠의 현재를 모두 대변할 수는 없다. 해외 스포츠리그, 영화, 드라마, 인터넷방송을 비롯한 다양한 실내외 문화시설까지 앞서 언급한 농구대잔치 시대와 비교하기에 스포츠는 수많은 경쟁 콘텐츠와 싸워야 하는 상황이다. 모든 시장이 그렇듯 이러한 변화하는 세상에 맞춰서 스포츠 역시 위기를 타개해야 할 필요가 분명히 있다. 그러나 필자가 짧다면 짧은 기간 동안 스포츠를 사랑하는 마음을 갖고 현장에서 부딪혀본 바로 조심스럽게 이야기하자면 아직까지 스포츠 현장은 '그들만의 리그'에서 벗어나지 못하고 있다.

5 새로운 문화공간으로 발전하는 스포츠 현장

전체적인 가치가 하락했을 수 있지만, 스포츠는 여전히 내가 사랑하는 분야이며, 매력적인 콘텐츠 소재임에 틀림없다. 실제로 몇몇 리그와 구단들은 새로운 문화 트렌드에 맞추어 색다른 변화를 시도하려고 하고 있다. 그 움직임이 대단히 크지는 않지만, 새로운 연령층의 관중 유치를 비롯하여 경기장 내에 색다른 시설과 콘텐츠를 공급하려는 모습도 볼 수 있다. 단순히 스포츠경기 자체를 보는 것만이 아닌 부가적으로 창출될 수 있는 새로운 콘텐츠들을 끊임없이 개발해야 살아남을 수 있다는 사실을 인지한 것이다.

필자 역시 지난 2019년까지 약 3년 정도 수원FC의 홈경기 이벤트 운영 대행을 맡으면서 구단과의 협력을 통해 몇 가지 새로운 시도를 해보았다. 수원FC는 이름 그대로 수원을 연고로 하는 시민프로축구단이다. 같은 지역에 많은 팬과 역사를 갖고 있는 같은 종목의 구단이 있어 상대적으로 인지도가 떨어지는 한편, 확실한 팬층을 확보하는 게 중요한 상황이었다. 특히 처음 인연을 시작하게 된 2016년에는 내셔널리그 출신 팀으로는 최초로 1부리그에 승격하는 등 좋은 기회를 잡게 되었다. 그러나 50년 가까이 된 낙후된 경기장 시설과 달리기 트랙을 갖고 있는 종합운동장의 특성상 관중석과 운동장과의 거리가 멀기 때문에 손쉽게 이벤트를 진행하는 데 무리가 있었다. 이에 새롭게 생각하게 된 대표적인 이벤트가 '플레이그라운드'였다.

'플레이그라운드'는 기존의 장애물로 여겨졌던 달리기 트랙 공간에 아이들이 놀 수 있는 다양한 놀이 시설을 설치해서 운영하는 일종의 '경기장 속 테마파크'였다. 경기 시작 2시간 전 개장하는 플레이그라운드에서 경기장에 방문한 어린이들은 소정의 금액을 지불하고 에어바운스로 만들어진 대형슬라이드와 바이킹 등 다양한 놀이 시설을 이용할 수 있었다. 무더운 여름에는 이동식 수영장과 물놀이 시설을 통해 워터파크로 변신했고, 추석 같은 명절에는 전통놀이를 즐길 수 있는 민속촌이 되기도 했다. 효과는 상당했다. 수원FC는 2016년 평균 관중 2,992명이 증가하며 '플러스 스타디움'상을 수상했으며, 수원권에 있는 가족 단위 팬층을 확보하여 견고하게 설 수 있었다. 같은 연고지역에 있는 타 구단이 20~30대 젊은 청년들을 주요 팬층으로 하고 있는데, 수원FC는 동일한 연령층의 팬을 대상으로 경쟁하는 무리수보다는 새로운 팬층의 유입을 통해 착실히 가치를 올리는 방

▲ 수원FC 경기 중 진행한 플레이그라운드   ▲ 수원FC 경기 중 진행한 워터이벤트

법을 택한 것이다.

　이처럼 경기장이 새로운 시도를 통해 문화공간으로 확장되고 발전하는 모습을 두고 일부 기존 마케터들은 곱지 않은 시선을 보내기도 한다. 실제 경기가 아닌 부가적인 콘텐츠로 유입된 팬층은 결코 충성스럽지 않고, 또 다른 매력적인 콘텐츠가 나오면 떠날 수 있는 요인이 충분하며, 경기 자체에 집중도가 떨어진다는 이유에서다. 물론 이러한 의견 역시 어느 정도 일리가 있다고 본다. 그러나 결국 프로스포츠와 마케팅 현장은 팬이 있어야 존재할 수 있다. 다른 경로로 유입되었을 지라도 그 관중에게 자연스럽게 경기의 재미를 주입시킬 수 있다면 이러한 시도는 충분히 가치 있다고 생각한다. 실제로 우리나라보다 훨씬 긴 역사와 문화로 자리 잡고 있는 해외 스포츠구단은 일찌감치 경기장의 문화공간화를 시도했고 자리 잡도록 노력했다. 해외 명문 구단에는 관광객을 대상으로 하는 일종의 투어 프로그램을 운영함으로써 구단의 역사와 가치를 해외 팬들에게까지 전달하고 있으며, 경기가 없는 날에도 경기장에 박물관과 체험시설, 상품관을 운영하면서 끊임없이 팬과 소통하는 모습을 보여주고 있다. 대한민국의 스포

츠가 100년이 되었다는 이야기를 들었다. 스포츠가 앞으로 외면받지 않고 또 다른 100년을 성공적으로 살아남기 위해서는 그 어떤 콘텐츠보다 재미있고 흥미로운 문화공간으로 발전해야 한다고 본다.

◀ LA다저스 스타디움 투어
– 경기장 내외부 곳곳이 투어가 진행되는 공간이다

◀ 스탠퍼드 대학 스포츠박물관
– 해외는 대학스포츠까지 역사를 기념하고 있다

6 아무나 할 수 있는 창업

"스포츠 청년창업 그거 할 만한 거야?"

스물일곱 살에 자취하던 오피스텔에서 처음 사업을 시작했다는 이야기를 하면, 어떤 사람들은 나를 굉장히 거창하게 평가해주곤 한다. 어린 나이에 대단히 큰 꿈을 갖고 열정적인 삶을 살았겠노라 생각하는 사람들도 있다. 사람들은 차고에서 두 명으로 창업하여 '애플'이라는 거대한 회사를 이룩해낸 스티브 잡스처럼 창업이라는 것이, 특히 청년창업이라고 한다면 번뜩이는 아이디어와 놀라운 재능으로 시작해야 하는 것인 줄 안다. 그러나 필자는 지극히 평범한, 아니 한편으로는 대단히 부족한 사람이었다. 체육 선생님이 되고 싶었던 고등학생이 단순히 '체대'라는 이유만으로 스포츠의학이라는 전공에 진학했고, 게으른 성격 탓에 학과 공부는 뒷전이었다. 이 때문에 전공에 대해 확실한 꿈을 갖고 들어온 친구들에 비해 학과 성적이 좋지도 않았다. 공부보다는 친구들과 어울려 노는 게 좋았고, 그래서 한 것들이 여러 가지 아르바이트와 대외활동이었다. 이 때문에 4학년이 되면서는 취업보다는 교육대학원에 진학해서 고등학교 때 생각했던 선생님이 되어야겠다고 생각했다. 다른 친구들이 열심히 취업을 준비할 때 나는 그냥 재미있어 보였던 스포츠마케팅 대외활동을 하게 되었다. 그런데 우연히 재미로 시작하게 된 스포츠마케팅 대외활동으로 인해 나의 삶이 조금씩 변하게 되었다. 앞서 언급한 대외활동은 학생농구부가 있는 10개 대학교의 일반 학생들이 후원사에서 제공하는 지원으로 자신의 학교 농구부를 마케팅하는 것이었다. 학생들이 자체적으로 포스터를 만들고, 경기장의 이벤트를 기획하고, 경기를 홍보하고, 농구부 학생들을 알렸다. 나는 단순히 가장 나이가 많은 덕분에 다니고 있던 학교의 대외활동 팀장을 하게 되었고, 팀원들과 어느 때보다 열정적으로 아이디어를 내고 활동하게 되었다. 그냥 너무 재미있었고, 우리가 만든 아이디어들이 나름대로 성과를 얻는 게 즐거웠다. 그래서 열심히 할 수 있었고, 해당 대외활동에서 10개 학교 중 가장 좋은 성과를 인정받게 되었다. 자연스럽게 대외활동이 끝나가고 4학년 막바지에 이르면서 어떻게 알았는지 몇몇 스포츠마케팅회사에서 취업 제안이 오게 되었다. 스포츠마케팅은 별 볼 일 없는 나를 꽤나 멋진 사람인 것 같은 생각이 들게 해주었다. 5년이 지난 지금 지인들이 이때를 물어보면 "나를 사업이라는 지옥에 빠져들게 한 마약 같은 해였다"라고 대답하곤 한다. 그렇게 재능이 있다는 착각(?) 속에 스물일곱 살을 맞이한 나는 스포츠마케팅이라는 업종으로 창업했다.

7 아무나 해야 하는 창업

누군가 "다시 창업을 생각했던 그때로 돌아간다면 같은 선택을 하겠는가?"라고 물어본다면 주저하지 않고 "아니오"라고 대답할 것이다. 물론 창업하지 않겠다거나 창업한 사실을 후회한다는 뜻은 아니다. 그러나 다시 돌아간다면 '좀 더 성공적인 시작을 할 수 있지 않았을까?'라는 생각이 든다. 대부분의 젊은 친구들이 아이디어만 갖고 창업을 꿈꾸는 경우가 많다. 아이디어에 대한 정확한 상품성과 냉철한 분석이 없다면 아무리 기발한 아이디어일지라도 그것은 단순히 '기발한'에서 끝나는 경우가 다반사다. 또한 빨리 나의 아이디어를 실현하고자 하는 마음에 적절한 자금 확보와 장기적 계획 없이 진행되는 섣부른 도전은 빠른 포기를 불러일으키기도 한다. 필자 역시 마찬가지였다. 창업을 하고 1년 동안 만들어낸 수익은 400만 원 남짓했다. 2년 차에 접어들었을 때는 2천만 원 정도를 벌었던 것 같다. 끈기로 버티며 경험을 쌓았고 버틴 덕분에 성장할 수 있었다. 대다수의 청년 창업가들이 이러한 2~3년 차에 포기하고 취업을 택하는 경우가 많다고 한다. 그 친구들이 부족한 사람이라서, 현실성이 떨어져서 포기하는 게 아니라고 생각한다. 너무도 뛰어난 사람들이기 때문에 혹시 모르는 실패 전에 자신의 가치를 알아주는 곳에 가는 것이다. 공부를 잘하고, 좋은 아이디어가 많은 사람, 뛰어난 사람은 누구나 창업할 수 있다. 지금 당장 가장 가까운 세무서에 가서 사업자등록만 해도 창업은 가능하다. 그러나 이 세상의 훌륭한 사람들이 창업하기에는 너무 힘든 길이다. 때로는 무식하게 생각 없이 버티기도 하고, 조금 긁혀도 자존심 상할 것 없이 나아갈 수 있는 '아무나'가 되어야 창업을 할 수 있고 사업을 지속할 수 있는 것 같다.

8 좋은 아이디어를 뒷받침할 현실적 도움을 충분히 찾아보아야 한다

"창업의 필수조건, 새로운 것에 대한 현실적 집착"

창업을 하는 데 유리한 조건은 있을 수 있지만, 필수적인 경력과 스펙은 존재하지 않는다. 아이디어가 있다면 당장 근처 세무서에 찾아가서 사업자등록증을 내면 한 회사의 대표가 될 수 있다. 그만큼 창업 '자체'는 굉장히 쉬운 일이며, 그렇기에 많은 사람이 쉽게 실패하는 것이 아닐까 한다. 스물일곱 살에 사업자등록을 하고 내 또래 혹은 나보다 조금 어린 대학생 친구들이 창업하기 위해 도전하는 창업 아카데미, 경진대회 등에 한동안 제법 많이 참여한 적이 있다. 참가자들의 아이디어 중에는 정말로 기발한 아이디어가 있기도 하고, 어디서도 들어보지 못한 새로운 아이디어가 나오기도 했다. 그러나 가장 중요한 것은 '현실성'에 맞게 준비된 친구들을 찾기는 굉장히 어려웠다는 것이다. 단순히 아이디어의 현실성을 떠나서 자신이 개발하고자 하는 서비스나 상품을 어느 정도의 가격에 어떤 소비자를 대상으로 할지에 대한 명확함이 결여된 것이 많다. 이처럼 대부분 20대 혈기왕성한 청년, 대학생들은 획기적인 아이디어를 생산해내는 능력은 탁월하지만, 아이디어에만 사로잡혀 있어 현실성을 부과하는 능력을 키울 필요가 있다. 창업은 의욕만 갖고 되는 것이 결코 아니다. 20대를 벗어나 30대, 40대 전 연령층과 성별에 구분 없이 수많은 소비자가 어떤 생각을 하는지 끊임없이 생각하고 현실화할 수 있는 경험을 쌓을 필요가 있다고 본다.

그럼에도 창업은 분명히 어딘가 모를 비현실적 매력을 갖고 있는 진로임에 분명하다. 말리고 싶지만, 한편으로는 도전해보라고 권유하고 싶은 것이 '창업'이 아닐까 한다.

The World of Sports Marketers 1-10

스포츠마케팅이란 물 위의 백조다.
화려하고 세련된 모습 이면에
부단한 노력과 상상을 초월하는
분주함이 동반된다.

프로필

이 름 : 김현수

소 속 : 롯데GFR 마케팅 파트장

이 력
(前) 배럴 마케팅팀장
(前) 데상트코리아 마케팅팀 팀원
경희대학교 체육대학원 박사과정

1 스포츠마케팅 스페셜리스트에서 마케팅 제너럴리스트로의 성장

나는 2021년 현재 프랑스 명품 브랜드 겐조KENZO 등 해외패션 브랜드를 전개하는 패션회사인 '롯데GFR(글로벌 패션 리테일)'에서 마케팅 파트장을 맡고 있으며, 신규 해외 스포츠브랜드를 발굴하고 마케팅 전략을 세우는 업무를 진행하고 있다.

2012년 경희대 체육학과 학부 졸업 후 스포츠브랜드 기업인 '데상트코리아' 공채 모집에 합격하여 스포츠마케팅팀 팀원으로 3년을 근무했고, 2015년 워터스포츠브랜드 '배럴'로 이직하여 마케팅 총괄팀장으로 브랜드의 코스닥 상장을 이끌었다.

스포츠마케팅을 시작으로 커리어를 시작했지만, 현재는 스포츠마케팅뿐만 아니라 광고, 홍보, 브랜딩 영역까지 직무의 스펙트럼을 확장했다.

나는 이것을 스스로 스포츠마케팅 스페셜리스트에서 마케팅 제너럴리스트로의 성장이라고 표현하고 싶다.

하지만 이 말은 마케팅 기법으로써 스포츠마케팅 외에도 트렌디하고 다양한 마케팅 전략을 실행한다는 것이지 더 이상 스포츠마케터가 아니라는 것은 결코 아니다.

또 스포츠 전공자로서 그리고 스포츠브랜드의 마케팅 담당자로서 더 멋진 인사이트를 얻고 전문성을 키우고자 직장 생활과 병행하며 경희대학교 체육대학원 스포츠커뮤니케이션융합전공으로 체육학 석사학위를 취득했고, 현재 동 대학원에서 스포츠산업경영 박사과정을 밟고 있다.

이 글을 통해 한 사람이 스포츠마케터가 되기까지의 과정과 스페셜리스트로 성장할 수 있었던 일화들을 소개하여 스포츠마케터를 꿈꾸는 분들에게, 특히 '스포츠브랜드'에서 꿈을 펼치고 싶은 분들에게 멋진 동기부여 혹은 본인의 선택을 되돌아볼 기회가 되었으면 한다.

2 내 인생을 바꾼 3가지 중대한 선택

사회학자 말콤 글래드웰은 그의 저서『블링크』에서 특정 분야의 전문가가 되면 블링크, 즉 눈 깜빡할 사이에 내리는 본능적인 첫 판단이 결과적으로 적중할 확률이 매우 높다고 했다.

한 예로 경력이 많은 음악 프로듀서가 곡의 앞부분 단 몇 초만 들어도 해당 곡이 대중에게 통할지 아닐지 빠르게 판단을 내릴 수 있는 것과 같은 현상이다.

그러한 찰나의 순간에 내린 결정은 우연이 아닌 한 분야에서 반복된 성공과 실패를 통해 자연스럽게 축적되어 얻게 되는 믿을 만한 결과물이라는 이론이다.

마찬가지로 '나'라는 사람에게 최고의 전문가는 나 자신이기에 '블링크' 하는 순간에 내리는 나의 선택을 매우 신뢰한다. 그래서 나는 다른 사람보다는 어렵고 중대한 결정을 쉽고 과감하게 내리는 편이며, 그 선택이 옳은 결과가 될 수 있도록 부단히 노력한다.

나는 성인이 된 이후 인생의 방향성을 바꾼 큰 선택을 세 번 하게 되는데, 그 세 가지 선택 모두 사안의 중대성 대비 너무 쉽고 과감하게 '블링크', 즉 한순간에 내린 결정들이었다.

이 선택들은 지금의 나를 있게 한 중대한 사건들이고 스포츠마케터로 성장할 수 있었던 원동력이었기에 여러분에게 소개하고 싶다.

대학 자퇴

나는 초등학생 시절부터 AFKN 채널을 빠짐없이 챙겨보며 NBA 카드를 전문적으로 수집하는 등 스포츠 문화에 대한 관심이 지대한 학생이었다.

고등학교 재학 시절에는 운동 실력이 특출나지는 않았지만 여전히 스포츠에 대한 열정이 높았고, 유일하게 교과 석차가 전교 1등인 과목 또한 '체육'이었다.

장래희망 또한 구체적이진 않지만, 어떠한 형태로든 스포츠산업 분야에 종사하고 싶었다. (당시에는 막연히 스포츠 저널리스트, 스포츠 언론인을 꿈꾸었던 것 같다.) 하지만 아이러니하게도 대학교를 체육, 스포츠전공으로 진학해야겠다는 생각은 단 한 번도 해본 적이 없었다.

그 이유는 앞서 언급했듯 스포츠를 좋아하고 관심 있어 하는 것에 비해 나 스스로 운동 실력이 월등하지 않다고 냉정하게 판단했고, 체대 진학은 엘리트 선수 혹은 신체 능력이 뛰어난 사람들만 하는 것이라는 오해를 했기 때문이다.

결론적으로 나는 첫 수능을 치르고 모 대학교 경영학과에 입학했다.

입시를 끝내고 성인이 되었다는 후련함과 앞으로 펼쳐질 즐거움에 대한 기대감을 느껴야 하는 스무 살에 나는 오히려 무엇인가 잘못된 선택을 했다는 불안함을 느끼고 있었다.

경영학과에서는 신입생에게 '당연히' 스포츠비즈니스를 알려주지 않았다. 지금 생각하면 정말 황당하고 어리석지만, 나는 단순히 '경영학과=마케팅'이라고 생각했고 '마케팅에서 브랜딩과 스포츠마케팅까지 배우겠지?'라는 머릿속의 '행복회로'를 돌리고 있었다.

하지만 애석하게도 나를 기다리고 있는 것은 스포츠마케팅, 스포츠경영 강의가 아닌 경영수학, 경제학 원론, 대차대조표를 입력하는 과제들뿐이었다. 당연히 흥미를 잃을 수밖에 없었다.

물론 경영학과를 졸업해도 스포츠마케터가 될 수 있다. (오히려 더 훌륭한 스포츠마케터가가 될 수도 있다!) 또 고학년이 되었을 때 스포츠마케팅 관련 강의를 들을 수도 있고 스포츠 관련 복수전공을 통해 더 전문적이고 단단한 기반을 마련할 수 있는데, 당시 나는 당장 스포츠 관련 학문을 배우고 싶었다. 그리고 심적으로 매우 초조하고 조급했다.

벚꽃이 만개하던 2006년 4월, 결국 '대학 자퇴'라는 이전에는 상상도 해본 적 없는 결단을 내렸다.

그러나 주변의 만류가 너무도 심했다. '반수'라는 안전장치 없이 난데없이 '체대' 진학을 목표로 자퇴 후 재수한다는 것에서 오는 우려와 의심이었다. 그러한 우려를 나 스스로도 너무 잘 알고 있었기에 실패하지 않기 위해 최선을 다했다. 내가 내린 이 결정이 절대 틀리지 않은 선택이라고 굳게 믿었다.

"성공의 시작은 성공할 수 있다는 확신에서부터 시작된다"라는 말처럼 무조건 성공한다는 확신으로 공부와 실기 운동을 병행했고, 결과적으로 경영학과 자퇴 당시 목표로 설정했던 경희대학교 체육학과에 입학할 수 있었다.

경희대학교 체육대학을 목표로 설정한 이유는 그 당시 나의 실기 능력, 학업 등급을 객관적으로 보았을 때 가장 현실적으로 적합하고 스포츠전공 부문에서 명문대학으로 판단했기 때문이다. 결국 그토록 원하는 스포츠 관련 학문을 배우게 되었고, 이 선택으로 스포츠산업에 종사할 수 있는 확률을 이전보다 조금 더 높일 수 있었다.

그 당시 '자퇴 후 재수에 실패했거나 경영학과를 계속 다녔다면 지금은 어떤 모습일까?'라는 상상을 할 때가 종종 있다. 확실한 것은 다른 직업을 택했다면 현재 나 스스로 느끼는 직업적 만족도와 자부심은 절대 느낄 수 없을 것이라고 생각한다.

대기업을 포기하고 선택한 스포츠브랜드 입사

과감하게 자퇴 후 재수하여 원하던 공부를 할 수 있게 되어 행복했지만, 그것은 단지 한 단계를 통과한 것일 뿐 스포츠마케터가 되기 위해서는 그다음부터가 중요했다.

내가 경희대 체육대학에 입학하여 가장 먼저 한 일은 졸업 내규를 확인하는 것이었다.

재수로 인해 1년이 뒤처졌다는 압박감이 존재했기에 '조기졸업' 요건을 자세히 살펴보았다. 하지만 쉽지 않은 조건이었다. 매 학기 수강학점을 꽉 채워야 하고, 재수강 과목이 단 하나라도 있으면 안 되었으며, 평균 평점은 'A' 이상을 유지해야 가능한 길이었다.

하지만 이 역시 결과적으로 해낼 수 있었고, 4.27/4.5이라는 우수한 성적으로 조기졸업 및 수석 우등 졸업의 영예를 안게 되었다.

이 글에서는 내가 무엇인가를 이루어내는 노력의 과정들이 과감히 생략되고 바로 결과를 말하기에 그것들이 가볍고 쉬운 일처럼 전달될 수 있을까 봐 우려가 된다.

하지만 나는 마치 갓 전역한 군필자들이 재입대의 악몽을 꾸는 것처럼 지금도 내가 재수에 실패하는, 3년간 공들인 조기졸업의 노력이 마지막 학기에 미끄러져서 실패하는 그런 악몽을 꾸곤 한다. 그만큼 큰 스트레스를 받았으며 심적으로 힘들었고, 이때가 내 인생에서 가장 부단히 노력한 시간이었다.

그리고 동시에 조기졸업을 앞둔 마지막 학기에는 기업들의 공채모집에 도전했고 운 좋게도 복수의 우수한 기업들에 최종합격하여 감히 입사할 기업을 내가 선택할 수 있는 멋진 기회를 얻게 되었다.

최종합격한 기업 중에는 특정 산업 분야 1위의 대기업도 있었고, 미래가 밝은 중견기업들 그리고 '데상트코리아'가 있었다. 최종합격한 기업 중 데상트코리아가 연봉과 인지도가 가장 낮았다. 부모님은 내가 대기업에 합격했기에 당연히 그곳에 입사할 것이라 생각하셨지만, 나는 최종적으로 데상트코리아 스포츠마케팅팀을 선택했다.

애초에 데상트코리아는 나에게 1순위였다. 데상트코리아를 제외한 기업들은 스포츠와는 관련성은 떨어지지만 처우가 좋았기에 데상트코리아에 불합격했을 경우 플랜B 전략으로 지원한 것이다. 또 2012년 당시 스포츠브랜드 중에서 스포츠마케팅 직무에 대한 대졸 공채를 모집하는 회사는 데상트코리아뿐이었기에 나에게는 최고의 선택이었다.

스포츠마케터의 길은 스포츠브랜드 입사 외에도 다양하게 존재했지만, 나는 스포츠와 더불어 패션산업에도 관심이 지대했기에 그 둘을 합친 스포츠패션브랜드로의 취업을 희망했다.

당시 내가 최종합격한 대기업과 데상트코리아는 초봉이 1천만 원 이상 차이가 났지만, 나는 주저 없이 스포츠마케터가 될 수 있는 발판인 데상트코리아를 선택했다. 속도보다는 방향이었다.

이때의 선택 또한 스무 살 내가 경영학과 자퇴를 결정할 때처럼 과감하고 빨랐다. 마찬가지로 이때도 주변의 우려와 의심이 강했다. 심지어 해당 대기업의 인사담당자는 최종 입사 의향이 없음을 전달한 전화통화에서 대체 어디를 가기에 우리 회사에 안 오느냐고 물어볼 정도였다.

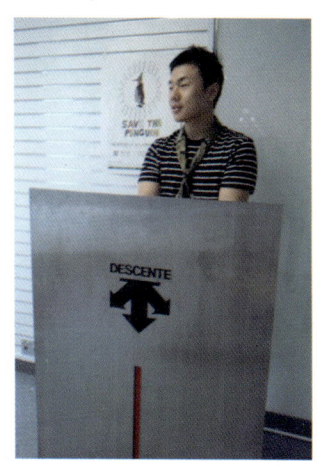
▲ 데상트코리아 재직 당시 근무 모습

나 자신이 즐겁고 행복한 일을 하여 그 분야의 전문가가 된다면 지금의 '1천 만원'은 몇 년 안에 빠르게 따라잡을 수 있는 조건이라고 믿었다. 그리고 내 결정이 틀렸다고 느낀 적은 단 한 번도 없다.

스타트업으로의 이직

2012년 데상트코리아에 입사한 후 꿈에 그리던 업무를 할 수 있었다. 내가 좋아하고 자부심을 느끼는 일을 하는데 돈까지 주다니 그만큼 행복한 일은 없었다.

나는 스포츠 스타와의 스폰서십 계약업무부터 스포츠이벤트 진행

등 유능한 선배 스포츠마케터들을 통해 스포츠마케팅의 기초를 쌓아 갔다.

회사는 매년 폭발적으로 매출이 신장했고, 연봉과 인센티브 또한 성장 폭이 커서 패션기업에서는 최고의 대우를 받을 수 있었다. 내가 예상한 대로 즐겁게 일하고 전도유망한 회사에 입사하니, 그 '천만 원'은 빠르게 따라잡을 수 있게 되었다.

대학 자퇴 후 체대 진학, 그리고 여러 우수한 기업 중 데상트코리 아로의 입사 선택은 과감한 결단 뒤에 부단한 노력이 있었기에 연쇄 적인 긍정적 결과로 이어진 것이라 생각한다.

2015년 데상트코리아는 국내에 유통되는 스포츠브랜드 중 나이 키, 아디다스 다음으로 시장 점유와 매출 1조원을 바라보는 우수한 중견기업으로 성장했고, 체대생뿐 아니라 스포츠산업에 종사하고 싶 어 하는 취준생들의 워너비 기업이 되었다.

하지만 나는 이제야 높아진 브랜드 인지도와 주변의 인정을 뒤로 하고, 이제 막 스타트업 형태로 론칭된 국내 워터스포츠브랜드 '배럴' 로 이직하겠다는 결정을 내리게 되었다.

역시나 주변의 우려와 의심이 강했다. 그리고 나는 그 우려와 의 심을 즐기는 경지에까지 이르렀다.

내가 잘나가는 스포츠브랜드 기업에서 신생 브랜드 배럴로 이직한 이유는 두 가지였다.

하나는 국내에서 배럴의 엄청난 성장 가능성을 확신했던 나의 안 목에 대한 믿음이었고, 다른 하나는 내가 주도적으로 기여하고 내 역 량을 펼칠 수 있는 배럴의 근무 환경이었다.

▲ 2018년 배럴의 코스닥 상장 당일 여의도 증권거래소에서 배럴 서종환 대표와 함께

　나에게 데상트코리아에서 첫 3년은 일을 제대로 배우고 바른 성장을 할 수 있었던 원동력이었지만, 3년 후를 생각해보면 데상트에서 나의 모습은 지금보다 드라마틱한 발전은 힘들 것이라는 생각이 들었다. (출세의 야망이 강했던 것 같다.)

　그리고 그 예상은 적중했다. 3년 뒤 나의 데상트코리아 공채 동기들은 대리 직급으로 승진했지만, 나는 배럴의 마케팅 총괄 디렉터가 되어 2018년 배럴을 코스닥 주식시장에 상장시키는 데 크게 기여한 공로를 인정받고 회사의 스톡옵션을 부여받는 영광을 얻을 수 있었다.

　슛이 없으면 골은 절대 들어가지 않는다. 나는 나의 선택을 믿고 과감한 결단을 내린 뒤 부단히 노력했기에 회사의 인정을 받는 마케터로 성장할 수 있었다.

3 최고의 투수 오승환 선수가 인정한 스포츠마케터

첫 직장이던 데상트코리아에서는 다양한 스포츠브랜드를 전개했다. 나는 그중 회사의 사명이기도 한 메인 브랜드 '데상트'의 스포츠마케팅 담당자였고, 데상트가 주력하는 스포츠 종목 중 야구 카테고리의 선수 스폰서십 업무를 주력으로 담당했다.

스폰서십은 가장 대표적인 스포츠마케팅 기법으로 브랜드의 정체성과 브랜드가 나아갈 방향을 특정 선수 혹은 구단을 통해 대중에게 노출하는 마케팅이다.

데상트는 LG트윈스의 팀 스폰서십을 비롯하여 KBO리그의 A급 선수들과 개인 계약을 체결하여 브랜드 제품을 미디어와 스포츠 현장에서 대중에 노출하는 홍보 활동을 진행했다.

그중 당시 오승환 선수는 삼성라이온즈에서 일본프로야구리그NPB 한신타이거즈로 이적한 A 레벨 스포츠 선수였고 데상트는 오승환 선수를 야구, 트레이닝 카테고리 전속모델로서 현금 지원뿐 아니라 오승환 선수만을 위한 커스터마이징 용품 또한 제공했다. (일반적인 선수에게 스폰서십을 할 때는 기성품을 공급한다.)

나는 오승환 선수가 경기에서 최고의 결과를 낼 수 있도록 컨디션 체크부터 용품에 대한 피드백을 단 하나도 놓치지 않기 위해 부단히 노력했다.

한번은 오승환 선수가 야구화 속에 신는 양말을 '발가락 양말' 형태로 지원해달라는 요청을 했다. 발가락 양말을 신으면 투구 시 디딤발에 더 큰 힘을 효과적으로 줄 수 있어 좋은 경기력으로 이어진다는 이유에서였다.

하지만 당시 데상트코리아에는 발가락 양말을 생산하지 않고 있었다. 보통 이러한 경우에는 선수에게 "죄송하지만, 저희는 해당 제품이 없습니다" 혹은 "양말은 어차피 미디어 등에 노출되는 부분이 아니기에 알아서 타사 제품을 신으셔도 무방합니다"라고 답변할 수 있었지만, 나는 브랜드의 후원선수에게 담당자가 노력하고 있고 선수 본인의 의견을 진중하게 듣고 있다는 것을 꼭 보여주고 싶었다.

그리고 알아본 결과 일본 데상트 본사에서는 선수 퍼포먼스용 발가락 양말을 출시하고 있었다. 나는 바로 상품 담당자와 글로벌 담당자를 설득하여 한국에서 구할 수 없는 제품은 기술력이 더 좋은 일본 자사 제품으로 선수가 제공받을 수 있도록 조치했다. 이러한 나의 노력을 알아준 오승환 선수는 그 뒤부터 데상트 브랜드에 대한 로열티가 이전보다 높아져 브랜드마케팅 활동에 임하는 태도가 더욱 협조적으로 바뀌었다.

오승환 선수는 나를 위해, 그리고 데상트 브랜드를 위해 데상트 로고가 크게 노출된 자신의 화보를 본인의 자서전인 『순간을 지배하라』의 표지로 선정하도록 먼저 제안해주기도 했다.

그리고 에이전시를 통해 데상트와의 마케팅 활동은 꼭 김현수 담당자를 통해서만 진행하고 싶다는 감동적인 의사까지 전달하여 나의 자존감을 드높여주었다.

지금도 오승환 선수와 함께 괌 전지 훈련장에서 러닝을 하고 제품에 대해 대화를 나누던 그 시절이 스포츠마케팅 커리어 중 기억에 남는 행복한 순간으로 꼽힌다.

집요하게 포기하지 않고, 절대 귀찮아하지 않으며, (설령 귀찮아도 절대 티를 내서는 안 된다) 나의 담당 선수와 내가 맡은 브랜드를 위해 최고의 결과물을 만들어내는 것이 스포츠마케팅과 스폰서십의 진정성 있는 모습이다.

▲ 2015년 오승환 선수와 괌 전지 훈련장에서

▲ 데상트코리아 사원증과 오승환 선수 친필 사인구

4. 배럴 브랜드의 초고속 성장과 최고의 스포츠 이벤트 기획

앞서 데상트코리아에서 신생 스타트업 브랜드인 배럴로 이직하는 데는 배럴 브랜드의 가능성과 브랜드 내에서 나의 역량을 더 멋지게 펼칠 수 있을 것이라는 확신이 있었기에 가능했던 일이라고 했다.

배럴은 국내 단독 스포츠브랜드로서는 처음으로 코스닥 시장에 상장한 라이징 스타이며, 여름 시즌 해변의 의복 풍경을 래쉬가드 아이템으로 문화를 바꾼 트렌드를 주도하는 회사다.

또 매년 수없이 많은 브랜드가 론칭되었다가 조용히 사라지는 이 업계에서 배럴이 괄목할 만한 성장을 할 수 있었던 요인 중 하나는 뛰어난 '마케팅'이라고 자부한다.

그 마케팅 안에는 브랜드 아이덴티티인 스포츠 요소를 효과적으로 다룬 '스포츠마케팅'이 있었다. 무엇보다 마케팅을 단순히 '돈만 쓰는 지원업무'라고 생각하지 않고 '반드시 투자가 필요한 핵심 업무'라고 생각하는 배럴 서종환 대표이사의 지지와 지원이 뒷받침되었기에 멋진 역량을 펼칠 수 있었다.

배럴은 브랜드의 물결 로고에서도 알 수 있듯 브랜드 아이덴티티가 워터스포츠인 브랜드다. 따라서 서핑, 웨이크보드, 다이빙 종목의 의류 및 용품을 출시하는데, 브랜드 확장을 위해 2018년 신규 종목으로 '수영' 카테고리를 전개하게 되었다.

우리나라의 스위밍웨어 시장은 글로벌 스위밍 브랜드 A가 독주하는 상황이었고, 스윔웨어에서 신생 기업인 배럴이 시장에 임팩트 있게 진입하기 위해서는 국내 스위밍 신에서 기존에는 볼 수 없었던 특별한 마케팅을 전개하는 것 외엔 방법이 없었다.

나는 그간 현장에서 익힌 커뮤니케이션 스킬과 마케팅 캠페인 전략으로 스위밍 유저에게 어필할 수 있는 마케팅을 기획했다. 그중 카테고리의 성공을 이끌었던 가장 대표적인 스포츠이벤트를 소개하겠다.

그것은 바로 수영 동호인들에게 최고의 브랜드 경험을 선사한 '2019 배럴 스프린트 챔피언십' 마스터즈 수영대회다.

토털 스포츠브랜드의 경우, 스포츠의 기본이 되는 러닝 카테고리의 홍보를 위해 마라톤 대회를 주최한다. 마찬가지로 수영 브랜드는 동호인들이 참여할 수 있는 수영 스포츠이벤트를 통해 브랜드를 홍보하고 자사의 제품을 노출한다.

수영대회 관련 스포츠이벤트가 기존에 없던 것은 아니지만, 내가 생각했을 때는 국내에서 스윔 스포츠이벤트를 정말 멋있게 치르는 브랜드는 없었다.

따라서 나는 기존에는 볼 수 없었던 형태의 대회 진행과 국제대회를 방불케 하는 브랜딩을 보여준다면 신생 브랜드 배럴에 대해 타깃 소비자의 인식에 큰 임팩트를 줄 수 있을 것이라 확신했다.

보통 브랜드의 스포츠이벤트 진행 시 브랜드마케팅 담당자는 스포츠마케팅 이벤트를 전문으로 운영하는 대행사에 비용을 주고 맡기는데, 나는 대회장 섭외부터 대회 진행 및 브랜딩을 위한 시행사 선정, 운영까지 모든 활동을 다이렉트로 진행했다.

브랜드의 신규 종목을 외부에 공식적으로 처음 알리게 되는 스포츠이벤트였기에 A부터 Z까지 나의 손을 거쳐서 내보내는 것이 옳다고 판단했고, 그 덕분에 예산은 획기적으로 줄이면서 전형적인 이벤트가 아닌 이전에는 볼 수 없었던 디테일하고 멋진 결과물이 탄생할 수 있었다.

수영을 실제로 즐기고 스윔웨어를 구매하는 진성 고객에게 단순히 동호인이 아닌 '실제 수영 선수'가 되는 경험을 선사 해준 것이다. 자세한 차별점은 아래와 같이 정리해볼 수 있겠다.

① 수영장을 올림픽, 세계선수권대회 대회장처럼 브랜딩하여 배럴과 대회 후원사의 브랜드를 효과적으로 노출시키고, 참가하는 선수들에게 갖춰진 대회에 참가한다는 자부심을 느끼게 해주었다.

② 역대 최대 규모의 상금과 최초의 예선/결선 방식을 채택하여 이전에는 없던 엔터테인먼트적 요소를 가미했다.

③ 최고의 스포츠 컨디셔닝 업체와 협력하여 대회장 내에서 선수들에게 마사지 트레이닝 혜택을 제공했다.

④ 대회장 샤워실에 수영인을 위한 코스메틱 제품으로 배럴 스위머즈 코스메틱을 전량 배치하여 샤워용품을 가져오지 않은 고객을 배려하고 제품 체험 기회를 제공했다.

⑤ 결승 영상을 스포츠 중계 클립 형태로 제작하여 브랜드 유튜브 계정에 게재했고, 선수 기록 데이터를 통합하여 조회할 수 있는 서비스를 제공했다.

⑥ 대회를 돈벌이 대상으로 생각하지 않고, 참가하는 모든 사람에게 대회 참가비 이상의 참가기념품을 수령할 수 있는 혜택을 주었다.

⑦ 기존 대회 현장에서 볼 수 없는 브랜드 연예인 프로모션과 수영 국가대표 선수들의 현장 게스트 참여로 큰 즐거움을 선사했다.

▲ 2019년 문학박태환수영장에서 성공리에 개최된 배럴 스프린트 챔피언십 대회 전경

결과적으로 '2019 배럴 스프린트 챔피언십'은 대한민국 수영대회의 품격을 올리고 기준점을 마련했다는 외부 평가를 받게 되어 스윔라인 론칭 1년 만에 매출이 300% 이상 신장되는 다크호스 브랜드로 포지셔닝할 수 있게 되었다.

나는 지금까지 수많은 스포츠이벤트를 기획하고 실행했지만, 고객으로부터 이런 멋진 이벤트를 만들어줘서 고맙다는 감사편지를 받은 것은 처음이었고 그날의 큰 감동이 잊히지 않는다.

이 이벤트의 성공으로 나는 꽤 포상 휴가와 함께 직장인들의 최고의 동기부여인 인센티브를 수령할 수 있었다.

5 스포츠마케팅에 대한 정리

나는 스포츠마케팅 직무 중 현재까지 '스포츠패션브랜드'에서의 마케팅만을 경험했다.

따라서 내가 말하는 스포츠마케터의 길은 다양한 스포츠마케팅의 직무 중 '스포츠브랜드 마케터'의 길로 이해하는 것이 바람직하겠다.

또한 나의 의견이 전체 스포츠마케팅 직무의 특성을 대표한다는 오해를 하지 않길 희망한다.

6 좁고 쉽지 않은 길

무엇보다 스포츠브랜드 마케팅 직무로 커리어를 시작하기 쉽지 않은 이유는 채용의 문이 다른 직종 대비 매우 협소하기 때문이다.

또한 채용이 있다고 하더라도 신입사원 모집보다는 경력사원 모집만이 오픈될 뿐이다.

기업 입장에서는 경력이 없는 신입사원을 채용한다는 것은 일종의 사회공헌적 측면이 존재한다.

비용을 조금 더 투자하여 당장 업무에 투입이 가능한 경력직을 채용하는 것이 기업 입장에서는 위험부담도 적고, 좀 더 효율적이다.

애석하게도 2021년 현재 우리나라에서 유통되는 스포츠브랜드 중에서는 마케팅 직무로 신입사원을 주기적으로 공개 채용하는 곳은 찾아볼 수 없다.

더군다나 4차 산업혁명을 논하고 있고, 코로나 시대로 접어들면서 패션, 섬유 산업 업계는 어려운 상황에 직면해 있다.

특히 프로스포츠와 함께 브랜드의 스포츠이벤트는 중단되거나 최소한의 규모로 축소되었기에 대부분의 스포츠브랜드에서는 마케팅 예산을 절감할 수밖에 없는 상황에 놓였고, 이것은 신입사원 채용에도 영향을 미치게 되었다.

따라서 스포츠브랜드산업으로 커리어를 시작하고 싶은 구직자는 채용이 열리기만을 기다리기보다는 본인이 선호하는 스포츠브랜드에서의 아르바이트 혹은 해당 브랜드의 스토어 스태프 경험을 통해 해당 산업을 경험해보는 방법도 고려해볼 필요가 있다.

실제로 지인 중 세계 최고의 스포츠브랜드 나이키의 한국 지사에서 파트타임 러닝크루 코치로 꾸준히 활동하다가 마케팅 정규직 사원으로 전환되는 사례도 직접 보았고, 매장에서 브랜드의 상품과 유통에 대해 이해도를 쌓은 구직자들이 사무직으로 채용되는 것을 보면서 브랜드 관련 직접적인 경험 활동을 하는 것이 채용에 중요한 영향을 미침을 알게 되었다.

그리고 무엇보다 구직자들이 주의해야 할 점은 커리어 초기에는 회사의 '네임 밸류'보다는 '직무'에 초점을 맞추어야 한다.

스포츠마케터가 되는 것이 꿈이라면, 작은 회사에서 해당 직무 혹은 가장 유사한 직무로 커리어를 시작해야 한다. 만약 첫 출발부터 인지도 있는 회사에서 시작하고 싶은 욕심에 스포츠마케팅이 아닌 다른 직무로 입사하게 될 경우에는 추후에 직무를 변경하는 것이 매우 어렵고 경력도 인정받지 못한 채 시간을 허비하는 행동이 될 수 있다.

가령 어떤 기업의 영업 직무로 입사했다면, 그 사람은 추후 다른 기업에 더 좋은 조건의 영업 전문가로 이직할 가능성이 크지만, 해당 기업 내에서 마케팅 직무로 직무 이동이 되거나 향후 이직 시 다른 회사의 마케팅 직무로 채용될 가능성은 제로에 가깝다.

물론 처음부터 꿈에 그리던 회사에서 원하는 직무를 경험하는 것이 최고의 시나리오이지만, 본인 스스로 주어진 상황을 냉정하게 바라보고 스포츠마케팅 직무를 실제로 경험해볼 수 있는 소규모 회사에서부터 커리어를 시작하여 차근차근 성장하는 것 또한 현실적인 전략이 될 수 있다.

프로선수가 꿈인 고등학교 야구선수들이 졸업 후 모두가 KBO 프로리그에 진출하지 못하기에 대학교 야구부 진학을 하거나 독립 리그 경험을 한 뒤 다시 프로에 도전하여 KBO리그에 입성하는 것과 같은 예시다.

그리고 나는 스포츠마케팅 업계에 종사하면서 'e스포츠'의 폭발적인 성장을 가까이서 지켜볼 수 있었다. 비록 스포츠브랜드와는 거리가 있는 영역이지만, e스포츠 업계에서는 현재 스포츠이벤트를 운영해본 경험이 있는 스포츠마케터에 대한 니즈와 원츠가 매우 크다.

만약 내가 스포츠마케팅 관련으로 현재 취업을 준비하는 학생이고, e스포츠에 큰 거부감이 없다면, 무조건 e스포츠 회사로의 입사 도전을 고려할 것이다.

전통적 방식의 스포츠마케팅과는 다르다고 생각할 수 있지만, 시대의 흐름상 앞으로 e스포츠의 시장규모는 더욱 커질 것이며 올림픽 종목으로의 선정 가능성도 매우 높다고 생각한다.

또 산업군 자체 규모가 성장하고 있고 전통적 스포츠마케팅에 비해서는 초기 단계이기에 벌써부터 해당 분야로 이직하여 포지션을 선점하는 동료 스포츠마케터들을 보곤 한다.

7 꽃길 전에 경험하는 자갈길

신입사원이 기업에 입사한 지 얼마 되시 않아 퇴사하는 이유는 여러 가지가 있겠지만, 결론적으로 자신이 생각했던 것과는 완전히 다른 일, 허드렛일을 하게 되는 현실에서 오는 괴리감을 느낄 때 어렵게 입사한 회사를 퇴사하게 된다.

일반적으로 스포츠브랜드의 마케터가 되었다고 생각했을 때, 대부분은 스포츠 스타와 스폰서십 계약을 체결하여 멋있게 계약서에 사인하는 장면. 스포츠이벤트를 기획하여 현장에서 프로페셔널하게 진두지휘하며 브랜드의 아이덴티티를 대중에게 소개하는 자아실현을 한 모습을 떠올릴 것이다.

물론 절대 과장되거나 틀린 장면은 아니다. 스포츠브랜드의 스포츠마케터라면 반드시 해야 하는 업무 중 하나다. 하지만 이 업무는 신입사원의 업무는 아니다.

소위 말하는 멋있는 '꽃길'을 걷기 위해서는 험난한 '자갈길'을 통과해야 한다.

스포츠브랜드 마케팅 신입사원은 입사 후 최소 1~2년은 상품 재고 파악 업무, 택배 업무, 서류 정리 업무, 전산처리 업무만 하게 될 것이다.

여기에서 가장 중요한 것은 그 일에 임하는 '태도'다.

같은 미션에도 '내가 고작 이 일을 하려고 여기에 들어왔나?'라고 생각하는 사람이 있을 것이고, '어떻게 하면 이 일을 더 효율적으로 처리하여 다음 단계로 나아갈 수 있을까?'라고 생각하는 사람도 있을 것이다. 당연한 얘기지만, 후자의 태도를 갖춘 사람만이 자갈길을 빠져나올 수 있다.

모든 직무에는 하기 싫지만 누군가는 반드시 해야 하는 궂은 업무들이 있다.

신입사원은 바로 그 업무를 수행하기 위해 채용한 존재들이며, 그 업무 또한 배움의 단계로 인지하고 멋지게 수행해내는 사람이 다음 단계로 넘어갈 수 있게 된다.

계약서 복사를 수 차례 하며 사본 정리 업무를 아무 생각 없이 기계적으로 하는 게 아니라 정리하면서도 계약서 내용을 완벽히 숙지하여 스스로 계약서를 작성할 수 있는 역량을 갖추는 사람이 되어야 한다.

8 하지만 단 한 번도 후회한 적 없는 멋진 길

사실 앞서 언급한 '자갈길' 관련으로는 일화가 너무도 많다.

브랜드의 제품력이 항상 후원선수들의 만족도를 채워줄 수 있는 것이 아니기에 자존심 상하는 말도 듣고, 초기 브랜드 인지도가 낮은 상황에서 업무를 진행했을 때는 문전박대는 물론 잡상인 취급을 당하기도 한다.

그럼에도 스포츠를 사랑하고 패션을 좋아했던 나에게 이 직무는 단 한 번도 후회한 적 없는 행복한 직업이라고 생각한다. 그래서 버틸 수 있었고, 성장할 수 있었다.

내가 만약 경영학과를 자퇴하지 않고 그냥 다녔더라면?
내가 만약 데상트코리아가 아닌 다른 기업에 입사했더라면?
내가 만약 배럴이 아닌 데상트코리아에 남아있었더라면?

확실한 것은 지금까지 내가 인생에서 내린 중요한 선택의 결과물로 인해 나의 경험치는 시행착오를 통해 더욱 강해지는 알파고처럼 실패의 확률을 줄여가고 있다.

지금 이 글을 읽는 여러분과 나에게는 앞으로도 내려야 하는 수많은 중요한 결정이 기다리고 있을 것이다.

그리고 그 선택이 '블링크' 한순간에 내리게 되는 판단이건, 며칠간 심사숙고를 하여 내리게 되는 판단이건 반드시 성공할 수 있다는 자신감으로 임하길 바란다.

그리고 나는 2020년 배럴의 성장에 만족하지 않고 현재 직장인 롯데GFR의 마케팅 파트장으로 이동하는 것으로 내 인생의 중요한 '네 번째 결정'을 내리게 되었다.

이번에도 편하게 지낼 수 있는 루틴화된 회사에서 나와서 어떻게 될지 모르는 신규 브랜드 론칭 업무에 뛰어들어 역시나 주변의 염려가 있었지만, 나의 선택을 믿고 밀고 나갈 것이다.

이 선택으로 인해 나에게 다가올 더 멋진 경험들이 기대되는 한편, 이 선택 또한 옳은 의사 결정이었음을 보여주고 싶다.

마지막으로 내가 가장 좋아하는 어구를 소개하며, 여러분과 나의 야망을 응원하겠다.

"자신이 남보다 뛰어나다고 믿는 것은 교만이지만,
자신이 남보다 뛰어날 수 있다고 믿는 것은 야망이다."

– 홍정욱의 『7막 7장』 중에서

The World of **Sports** Marketers

소통, 이것이 스포츠마케팅이다

프로필

이 름 : 한우제

소 속 : 케이티 스포츠마케팅팀 대리

이 력

경희대학교 체육대학원 스포츠산업경영 석사
대구한의대학교 환경공학 학사

주요 저서 또는 주요 활동

- 올림픽 TOP Program 참여가 기업 및 브랜드이미지에 미치는 영향(2012 런던올림픽 중심으로), 석사논문, 2013.
- 전라북도 프로야구 제10구단 유치전략 수립(2013)
- 국민생활체육대축전 발전 방안 및 개선방안 연구 (국민생활체육회, 2012)
- 한국프로야구 구단의 수익극대화를 위한 MLB 벤치마킹에 대한 연구(국제학술대회, 2011)
- IeSF 정식종목선정에 관한 연구(IeSF, 2010)
- IeSF 심판위원회 구성안 및 정관개발을 위한 연구(IeSF, 2009)
- 정읍시청 직장운동경기부 운영 타당성 평가(2009)
- 2009 한국프로야구 Korean Series 우승팀 기아타이거즈 경제적 파급효과 분석(국민체육진흥공단, 2009)
- WBC 준우승 경제적 파급효과 분석(국민체육진흥공단, 2009)
- 김연아 우승 경제적 파급효과 분석(국민체육진흥공단, 2009)

1 소통의 마법사!

스포츠마케팅을 하는 나는 여러분에게 '소통의 마법사'라고 소개하고 싶다. 사실 마케팅이라는 것은 상품을 예쁘고 아름답게 포장해서 소비자의 눈에 띄게 만들어 판매를 촉진하는 역할이라고 한다. 그럼 프로스포츠에서의 마케팅은 무엇일까? 프로스포츠의 상품은 경기, 선수, 구단 상품 등 규격화되어 있지 않은 상품과 규격화되어 있는 상품으로 구분할 수 있다. 일반적으로 기업에서 서비스 상품을 제외하고 대부분 판매하는 상품은 규격화되어 있어 통제가 가능하다. 하지만 스포츠에서의 상품은 통제가 불가능하고 살아있는 생물과 비슷하다. 이렇게 통제가 어려운 상품을 판매해야 하는 역할 중 가장 중요한 것은 소비자와의 소통이다.

소통의 사전적 해석은 '뜻이 서로 통하여 오해가 없음'을 뜻한다. 통제가 어려운 상품을 판매할 때는 오해라는 것이 쉽게 생길 수 있고, 그 오해는 우리의 상품에서 소비자를 떠나게 만드는 가장 쉬운 일이며, 오해를 잊을 수 없는 감동 스토리로 변화시켜 소비자의 지속적인 구매를 유도해야 한다. 이렇게 생동감 넘치는 세상 속에서 나는 수많은 소통의 마법을 펼쳐 팬들에게 잊지 못하는 상품을 만들어 빠져나가지 못하는 주문을 거는 마법사라고 소개한다.

그럼 나는 마법사가 되기 전 무엇을 꿈꿨을까?

15년 전 대학교 3학년 시절, 스포츠마케팅과는 거리가 먼 환경공학과(수질 전공) 학생이었다. 동기생들과 함께 산업기사 시험을 준비하고 있었고, 적성에 맞지 않는 시험을 준비하는 내가 다른 옷을 입고 있다는 생각이 많이 들었으며, 전공 공부에 대한 흥미, 관심, 열정은 전혀 없었다. 어느 날 문득 고민에 빠진다. '대학교 졸업을 하면 사회에 나가서 평생 돈을 벌어야 하는데, 관심도 흥미도 없는 수질기사 자격증을 따서 어느 회사에 가서 일하면 행복할까?'라는 질문을 스스로에게 던졌다. 내 질문에 내가 답한 말은 "아니, 오래가지 못하고 그만둘 것 같은데…." 대학생이나 취업을 준비하는 취업준비생들도 스스로에게 한 질문이었을 것 같다.

'내가 정말 좋아하는 스포츠 분야에서 일하면 내 인생은 행복해질 것 같다"라는 생각으로 과감한 선택을 하게 되었으며, 매일 전공 수업에서 보던 숫자와 함수가 아닌 스포츠산업에 대한 이해, 스포츠마케팅 이야기들은 어쩌면 내가 가장 잘 할 수 있는 일이라 생각했다.

그럼, 이제부터 스포츠마케팅의 마법 같은 이야기 속으로 같이 빠져보자.

2 스포츠에 IT 마법을 걸다

프로스포츠 구단에서 '스포츠마케팅'이란 무엇일까? 여러분은 스포츠마케팅을 무엇이라고 생각하는가?

과거에는 프로스포츠 경기를 운영하기 위해 단순히 선수단을 운영하고 구장에 오는 관람객에게 티켓만 판매하는 구단의 경영 방식이 변화하고 발전하여 구단도 다양한 형태로 수익을 창출하는 스포츠산업으로 발전해왔다. 프로스포츠 구단이 스포츠산업으로 발전하면서 경영관리와 마케팅은 필수 요소로 자리 잡았고, 최근에는 스포츠 융·복합산업으로서 발전하고 있다. 대학에서의 전공과정도 다양하게 변화하고 있다. 최초에는 체육학과에서 레저스포츠학과 – 스포츠경영학과 – 스포츠융·복합학과 등 트렌드 변화에 따라 다양한 형태로 변화하고 있다. 왜 이렇게 빠르게 변화하는 것일까?

 kt wiz는 2013년 KBO 10번째 구단으로 창단했으며, 'BIC-Tainment' 마케팅 콘셉트를 설정하여 KT 모기업의 특성인 IT산업을 야구와 융합하여 현재까지 다양한 ICT 융·복합 서비스를 제공하고 있다. 최근 사회적 트렌드인 4차 산업혁명의 영향으로 AI, 빅데이터, 5G 등 다양한 IT산업을 프로스포츠 구단에 접목하여 스포츠와 IT를 융합한 새로운 서비스를 시도하고 있으며 다양한 산업영역을 확장하여 수익을 창출하고 있다. 스포츠구단의 핵심 소비자는 팀을 응원하는 팬이며, 팬들이 구장을 방문함으로써 구단은 수익을 창출한다. 티켓 판매수익, 방송중계권료, 구장 광고, 상품판매 등 구장에 방문하는 팬이 많아야 스포츠구단의 가치가 상승하고 그에 따라 수익도 증가한다. 우리는 무엇에 집중해야 할까? 당연히 구장에 방문하는 팬을 증대시키는 것이 목표가 된다.

▲ KT 5G 워터페스티벌, 출처: kt wiz 프로야구단

하지만 국내 어느 구단도 누가 어떻게 오는지, 티켓을 어떠한 방법으로 구매해서 오는지 알지 못했다. 그 이유는 간단했다. 티켓을 구매할 방법이 구단에는 없었고, 티켓링크나 인터파크라는 티켓 대행사들이 티켓 판매 업무를 대행하고 있었기 때문이다. 이는 구단의 가장 큰 문제점으로 드러났다. 구단 수익 중 티켓 수익은 큰 비중을 차지하는데 구단에서 직접 운영하지 않으면 구장에 오는 팬들이 누구인지, 왜 오는지, 어떻게 오는지, 어느 팀을 응원하는지에 대한 정보는 어떠한 방법으로도 알 수 없었다. 우리는 여기에 집중했다. 가장 처음 우리가 접근한 방법은 야구장에 오는 팬들을 대상으로 '야구장에 왜 오는지?', '누구와 오는지?', '방문주기는 어떻게 되는지?'에 대한 설문조사를 실시했다. 이를 바탕으로 구장에 오는 팬들의 Life

▲ 케이티스포츠 비전 체계, 출처: kt wiz 프로야구단

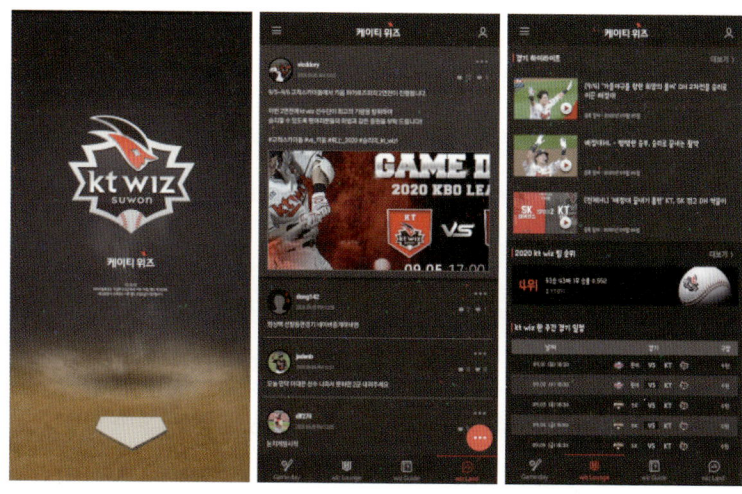

▲ kt wiz 공식 애플리케이션 'wizzap', 출처: kt wiz 프로야구단

Journey Map을 만들었으며 이를 바탕으로 스포츠와 ICT를 융합한 서비스를 선정했다.

 2015년 kt wiz는 1군 리그 합류와 함께 구단 공식 애플리케이션 wizzap을 출시했다. wizzap은 스마트 티켓(예매-결재-발권), 스마트오더(예약 주문과 배달서비스), 실시간 중계 서비스, 빅또리에게 물어보기, 선수 기록 정보, 구장 주변 정보 등 다양한 서비스를 제공하는 플랫폼 서비스다. 지금까지 구단은 홈페이지나 APP을 구단의 정보 전달 수단으로 사용해왔으며, 팬을 위한 편의 서비스는 제공하지 못했다. 하지만 wizzap은 "내 손안에 kt wiz를 담다"라는 슬로건을 내세워 구단과 팬을 연결해주는 소통의 플랫폼으로서 역할을 하고 있다.

3 'kt wiz Magic System! 팬 소통!'

wizzap의 핵심은 구단과 팬들과의 소통

서로 말하지 않고 가만히 있으면 서로에 대해 알지 못한다. 구단은 팬들이 무엇을 원하는지, 구단에 어떤 점을 바라는지 알고 싶어 한다. wizzap을 통해 팬들은 티켓을 주문하고, 음식을 배달시키며, 구장을 방문하거나 서비스 이용에 대한 불편한 점에 대해 글을 남긴다. 구단은 팬들의 정보를 활용하여 멤버쉽 시스템을 구축하고, 이를 통해 팬의 데이터를 축적한다. 그리고 팬의 행동패턴을 분석하여 구장 첫방문/재방문을 통해 팬 인프라 구축과 구단 정책을 만들고 팬 서비스 등 다양한 이벤트 프로모션을 통해 팬들과 소통한다.

▲ kt wiz 마케팅 시스템, 출처: kt wiz 프로야구단

kt wiz에는 팬과의 소통을 위한 다양한 마법사가 함께 일한다. wizzap, 멤버십 시스템과 같이 IT를 담당하는 IT 마법사, 회원의 행동패턴을 분석하여 구장 방문을 유도하는 소통 마법사, 구장에 방문한 팬들의 즐거움을 증가시키는 이벤트 프로모션 마법사, 구장 시설 관리와 팬들의 안전한 관람을 위한 안전 마법사 등 다양한 마법사가 함께하고 있다.

kt wiz 마케팅 시스템의 핵심은 팬들과의 소통!

kt wiz 마케팅 시스템의 목적은 팬과의 소통을 통해 그들이 원하는 니즈를 찾아 구단이 야구장에서 경기를 보는 S·E·E[볼거리see, 즐길거리enjoy, 먹을거리eat]를 제공하는 데 있다. kt wiz는 wizzap(소통 플랫폼)을 활용하여 많은 마법을 시행한다. 크게는 팬(회원) 소통과 S·E·E 이벤트 두 가지로 나눌 수 있다. 그 첫 번째는 멤버십 CRM 시스템 구축을 통해 회원분석을 하고, CRM 캠페인 대상 그룹을 선정하여 캠페인을 시행한다. 목적별 CRM 캠페인에 따라 결과를 분석하여 성공률이 높은 효과 있는 캠페인은 유지하고 성공률이 낮은 캠페인은 대체 캠페인으로 변경하여 진행한다. 두 번째는 회원행동 분석을 통해 월별/성별/연령에 따른 목적별 이벤트/프로모션을 기획하고 시행하며, 단기적인 이벤트 시행보다는 구단의 아이덴티티가 녹아 있는 이벤트 문화를 만드는 것이 목적이다. 위의 두 가지가 가능한 이유는 구장에 누가 오는지 알 수 있기 때문이다. 다른 구단의 경우 티켓대행사(티켓링크 또는 인터파크)를 통해 티켓을 판매하며 구매자 정보에 대해서는 공유받지 못하기 때문에 실제로 구장에 몇 명이 왔는지는 알 수 있지만, 누가 왔는지에 대한 정보는 없다. 그래서 타 구단의 경우 CRM 캠페인과 같이 타깃을 설정하여 마케팅 활동을 진행하기가 어렵다.

4 'Smart Stadium! 수원케이티위즈파크!'

똑똑한 소비자! 스마트한 소비자! 다들 한 번쯤은 들어봤을 것이다. 우리는 정보가 넘치는 정보화 시대, 그것도 모자라 스마트폰으로 바로 확인할 수 있는 정말 스마트한 세상에 살고 있다. 소비자는 점점 더 스마트해지고 있는데, 공급자는 더 스마트해져야 하는 게 아닌가?

◀ kt wiz 5G 스타디움 통합운영실, 출처: kt wiz 프로야구단

2019년 국내 최초 수원케이티위즈파크가 5G 기술과 융합하여 Smart Stadium으로 변신했다. 다양한 경기영상 제공을 위한 실감형 미디어 제공, 경기장을 한곳에서 컨트롤할 수 있는 통합운영실을 통해 또 다른 마법을 부렸다. 실감형 미디어 서비스는 5G 기술을 활용하여 포지션뷰(다양한 각도에서의 영상 실시간 제공), 매트릭스뷰Interactive Tracking System, 피칭분석(투구 분석), 모션 트레킹(선수 이동 분석)을 실시간

으로 wizzap을 통해 영상을 전송한다. 기존에는 방송사에서 제공하는 영상으로만 볼 수 있었던 야구 중계를 유저 입장에서 선택하여 실시간 영상을 볼 수 있는 점이 달라졌다. 통합운영실의 경우 티켓 예매부터 입장, 매장관리, 퇴장까지 팬에 대한 모든 데이터를 실시간으로 제공받으며, 구장 내 카메라를 통해 안전사고 예방 등 원활한 홈경기 운영을 위한 관리를 한다.

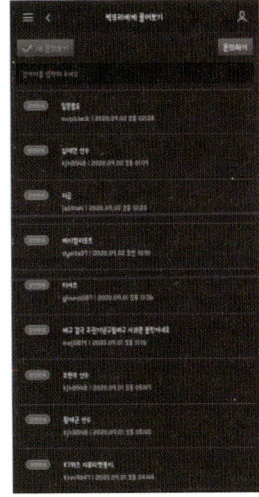

◀ kt wiz 공식 애플리케이션
'빅또리에게 물어보기' 화면 캡처

또한, 홈경기 중 팬들과의 소통을 위해 wizzap 내 '빅또리에게 물어보기'를 활용하여 팬 VOC를 실시간으로 대응한다. 예를 들어 "제 좌석 의자가 부서졌어요!"라는 글이 올라오면 회원 ID를 통해 티켓 예매 내역 확인-좌석 확인을 통해 다른 정보 없이 대응이 가능하며, 구장 내에서 발생하는 불편한 사항에 즉각 대응 가능하기 때문에 관람 만족도도 높은 편이다.

이렇게 구단은 항상 팬의 목소리에 귀를 기울이며 응답하며 소통을 통해 구단과 팬의 관계가 아닌 친구로서의 관계로 성장하고 있다.

5 모든 일의 기본은 소통이다!

지금까지 kt wiz의 소통 방법에 대해 알아보았다. 과연 스포츠마케터가 되기 위해 무엇을 준비해야 할까? 나는 처음에 말했듯이 스포츠 또는 체육 전공이 아니라 환경공학을 전공했다. 그리고 지금은 스포츠마케터로 실무를 맡고 있다. 또한 같이 일하고 있는 동료들도 컴퓨터공학, 전산학과, 전자학과, 디자인학과, 경영학과 등 다양한 전공자가 마케팅팀에서 같은 목적을 가지고 일하고 있다. 소통이라는 것은 누구나 할 수 있으며 전공과는 무관하다. 하지만 소통 능력에 내 전공이 결합하면 더 큰 시너지를 발휘할 수 있을 것이다. 디자이너는 그림으로 팬들과 소통이 가능하며, 컴퓨터공학은 시스템으로 소통하고, 환경공학을 전공한 나는 숫자로 팬들과 소통한다. 이것이 소통이 가진 힘인 것 같다.

최근 코로나19 영향으로 인해 대면보다는 비대면에 대한 수요가 늘어나고 공급도 늘어나고 있다. 대면의 경우 사람의 말투, 억양, 감정 표현이 가능하기에 오해가 적으나, 비대면 상황에서는 오해가 만들어질 가능성이 크다. 내가 전달하고자 하는 목적과 다른 경우로 전달될 수 있기 때문이다. 소통이 가장 큰 힘을 발휘할 때다. 친구랑 둘의 대화도 소통이고, 기업과 기업$_{B2B}$, 기업과 고객$_{B2C}$, 기업과 정부 $_{B2G}$ 등 다양한 대상과 다양한 목적 달성을 위한 합의점을 만들어야 하기에 관계 형성에 가장 중요하다.

여러분은 어떤 소통 방법을 가지고 있는가? 내 전공이 스포츠마케팅이 아니라서 마케터가 되기 힘들다는 생각은 버려라. 스포츠에 대한 열정과 나만의 소통방식이 있다면 누구나 스포츠마케터가 될 수 있다.

The World of Sports Marketers 1-12

스포츠마케팅이란
스포츠에 숨을 불어넣는 일이다

프로필

이 름 : **국창민**

소 속 : 어반전략컨설팅 대표

이 력
(現) 어반전략컨설팅 대표
(現) 한국영상대 겸임교수
(前) 2018 평창동계패럴림픽 제작단장
(前) KBSN 사업국장

수상 내역
– 대통령표창(2011대구세계육상대회 유공)
– 국무총리표창(2018평창동계패럴림픽 유공)

저서
– 이벤트매니지먼트(2014, 커뮤니케이션북스)

1 스포츠 이벤트 제작자

올림픽은 전 세계로 생방송되고, 반드시 IOC 위원장이 참석하며, 대통령이나 총리 같은 개최국의 수장도 반드시 참석한다. 올림픽 티켓 가격 중 가장 비싸게 팔리는 것은 야구도 축구도 농구도 아닌 올림픽의 시작을 알리는 개회식이다. 매년 2월 초 미국 미식축구 결승전 슈퍼볼을 더욱 인기 있게 만드는 요소는 하프타임에 진행되는 하프타임 쇼다.

 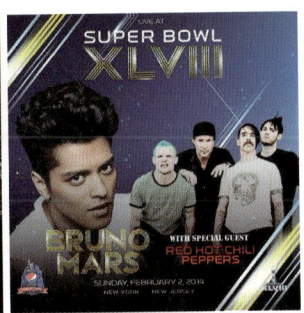

▲ 2018 평창동계올림픽 개회식과 48회 슈퍼볼 하프타임쇼 광고
(출처: 평창동계올림픽조직위원회)

이렇듯 스포츠는 이벤트와 만났을 때 부가가치가 창출되고 브랜드 강화가 이뤄진다. 나는 스포츠 이벤트 제작자다. 1990년대 조반 대학에 다니던 시절부터 스포츠마케팅에 관심이 많았다. 그때 당시엔 스포츠마케팅 중에서 특히 스타 선수들을 활용해 기업과 지역의 브랜드가치를 높이고 수많은 파생상품을 출시해 수익을 극대화하는 원 소스 멀티 유즈One-Source Multi-Use가 가능한 사업에 관심이 많았다. 지금으로 치면 손흥민, 류현진 마케팅을 통한 사업들이 그것이

다. 나는 이런 일을 '스포츠마케팅매니지먼트'라고 칭했다. 흔히들 생각하는 선수를 대신해 연봉협상이나 광고 계약, 이적 등에 관한 업무를 처리해주는 에이전트하고는 엄연하게 차이가 있는 일이다. 하지만 1990년대 당시에는 지금처럼 이런 분야가 활성화되지 않은 시기였고, 혼자 시작하기엔 역량도 많이 부족했다. 그래서 나름대로 유사한 특성의 직업군을 찾아보다가 발견한 것이 에스엠 엔터테인먼트SM Entertainment다. 당시 에스엠은 가수를 발굴하고 키워서 수익화하는 데 독보적인 회사였다. 스포츠 스타만 가수와 연기자로 변경되었을 뿐 그 외의 모든 부분은 내가 하고자 했던 것과 매우 흡사했기에 이곳에서 사회생활을 처음 시작했다. 당시 최고 주가를 달리던 보아, SES, 동방신기 같은 원 소스One source들이 광고 외에도 게임, 식품, 화장품 등 수백 가지 상품들에 활용되어 멀티 유즈Multi use 되는 것을 직접 경험해봤다. 에스엠은 2015년 IB스포츠와 전략제휴를 맺어 '갤럭시아 에스엠Galaxia SM'이라는 회사를 출범해 스포츠스타로도 확대해나가기 시작했고, 지금 생각해보면 이 회사가 당시에 내가 하고자 했던 사업들을 가장 잘한 회사가 아닌가 하는 생각을 하게 된다. 이후 경향신문으로 이직하며 마케팅에서 절대적으로 중요한 언론과 홍보에 대한 경험을 쌓았고, 2018년까지 13년간 케이비에스엔KBSN이라는 방송국에서 방송과 연계한 스포츠 이벤트들을 진행했다. 우리나라는 세계 3대 스포츠라고 불리는 올림픽, 월드컵, F1을 모두 개최한 나라다. 정말 운 좋게도 나는 이 3개의 대형 스포츠 이벤트에 모두 참여한 경험을 가지고 있다. 그뿐만 아니라 단일 세계선수권대회 중 가장 큰 규모인 2011 대구세계육상선수권대회와 2019 광주세계

수영선수권대회에서 직접 개·폐회식에 참여한 경험을 갖고 있다. 무엇보다 평생 한 번 올까 말까 한 기회인 2018 평창동계패럴림픽 개·폐회식 제작을 맡은 제작단장이라는 중책을 가지고 모든 과정을 총괄해본 경험이었는데, 앞으로도 이런 경험을 하지 못할 것 같다.

2 스포츠 이벤트 업계 현황

스포츠 이벤트는 주최기관에 따라 3개로 나눌 수 있다. 국가나 지자체 같은 공공기관에서 주최하는 공공 스포츠이벤트, 기업에서 마케팅의 일환으로 주최하는 기업 이벤트, 그리고 관련 종목단체나 협회에서 추진하는 단일종목 협회 이벤트로 나눌 수 있다. 그리고 업무 영역에 따라 개·폐회식 제작 연출 같은 업무를 하는 연출 파트, 대회의 운영을 맡아서 하는 운영 파트로 나눌 수 있다. 규모에 따라 다르지만 대체로 연출과 운영을 다 같이 하는 경우도 많이 있다. 스포츠마케팅이 마케팅에서 파생된 것처럼 스포츠 이벤트도 이벤트 분야 중 하나다. 그렇기에 스포츠 이벤트도 보통 이벤트를 하는 회사에서 제작·운영한다. 마찬가지로 주최하는 공공기관이나 기업, 협회 같은 곳에서 근무하며 스포츠 이벤드를 남낭할 수도 있고, 실제 제작과 운영을 하는 제작사에서 근무할 수도 있다. 평창올림픽이나 월드컵, 아시안게임 같은 국가적 메가 스포츠 이벤트는 한시적으로 주최기관, 제작사, 개최지역 공무원 등의 인력들로 구성된 조직위원회를 만들어 진행하기도 한다.

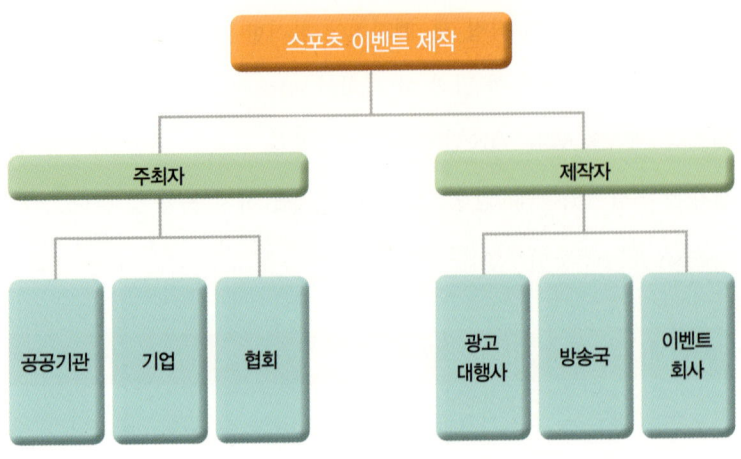

　나는 제작을 담당하는 제작자 입장에서 스포츠 이벤트를 해왔다. 보통 스포츠 이벤트를 제작하는 회사들은 광고대행사, 방송사, 이벤트 기획사들로 세분된다. 좀 더 자세하게 이야기하자면 광고대행사에서는 프로모션부, 방송국에서는 문화사업부서에서 스포츠 이벤트를 담당한다. 평창동계올림픽을 사례로 설명하면 2018 동계올림픽 개·폐회식의 주최는 문화관광부, 강원도, 평창군의 공무원, 외부 전문가들로 구성된 2018 평창동계올림픽 조직위원회이고, 동계올림픽의 제작 총괄 회사는 광고대행사 제일기획 컨소시엄, 패럴림픽 제작 총괄 회사는 내가 근무한 케이비에스엔KBSN 컨소시엄이었다. 컨소시엄 안에 각각의 파트를 맡은 이벤트 회사들로 구성되어 있다. 이 회사들을 보면 스포츠 이벤트만 하는 회사들이 아니다. 대부분 보통의 이벤트들을 하면서 스포츠 이벤트를 병행하므로 매주 이벤트가 개최되는 골프와 마라톤을 제외하고는 스포츠 이벤트만 하는 회사는 거의 없다고 보는 게 맞다. 골프와 마라톤 회사들도 몇몇 회사를 제외

하곤 회사 규모가 매우 영세한 회사들이기에 스포츠 이벤트를 하고 싶다면 광고대행사, 방송사, 이벤트 기획사에서 시작하는 것을 추천한다. 광고대행사와 방송사는 대기업군이니 굳이 설명할 필요가 없고, 이벤트 기획사는 규모가 작게는 연 매출 20억 원부터 크게는 500~600억 원 하는 회사까지 다양하게 있고, 이벤트 회사들마다 공공기관과 기업체의 이벤트를 나눠서 추진하고 있으나, 스포츠 이벤트의 경우 대부분 이벤트 회사에서 추진한다고 보면 된다.

3 스포츠 이벤트 업계 채용조건

앞서 말한 대로 스포츠 이벤트 업계는 주최자와 제작자로 나뉜다. 주최자, 즉 클라이언트 측에서 근무하고자 하면 이쪽은 공공기관, 대기업으로 분류되므로 정보가 오픈되어 있으니 각 회사에 맞는 입사조건을 따르면 된다. 대체로 공공기관은 문화, 관광부서에서 이벤트나 행사를 진행하고 대기업은 마케팅, 홍보, 프로모션 부서에서 담당한다. 공공기관의 경우 순환보직을 하기 때문에 정확하게 스포츠 이벤트 업무를 하기 위해 입사하는 경우는 거의 없고, 대기업의 경우 홍보나 마케팅, 프로모션 부서에서 관련 업무를 한다고 보면 된다. 제작자로 일하고자 하는 경우도 크게 두 가지 형태로 나뉜다. 광고대행사와 방송계열사 같은 대기업군은 주최자 파트와 채용조건이 다르지 않아서 기업별로 입사 조건에 따르면 된다. 실제로 스포츠 이벤트 제작업무는 이벤트 회사에서 하는 경우가 대부분이기 때문에 채용 관련 정보는 이벤트 회사를 중심으로 다루도록 하겠다.

[입사 조건/주요 업무]

전문대학교 졸업 이상/관련학과 무관/연봉 2,400~3,000만 원 수준 (2020년 기준)

이벤트 회사는 몇몇 규모가 큰 회사를 제외하고는 기획업무를 주로 한다. 디자인도 매우 중요한 업무지만, 대체로 아웃소싱을 하고 디자인 부서를 직접 운영하는 회사는 소수에 불과하다. 기획서 제작이 메인 업무여서 늘 창의적인 아이디어가 요구된다. 특정 학과의 졸업생만 채용하는 경우는 거의 없다고 보면 된다. 기획서를 작성해서 경쟁사와의 경쟁을 통해 일을 수주하는 시스템이라서 경력이 전무한 신입사원이 기획서를 제작하는 일은 거의 없다. 기획서를 작성하려면 최소 3년 정도의 업력이 있어야 하므로 신입사원으로 입사하게 되면 기획서 제작을 위한 자료조사 등의 보조업무 등을 진행한다.

[근무환경]

이벤트 기획사는 연 매출 50억 원 이하의 중·소규모 기업들이 대다수를 차지한다. 그리고 이벤트라는 업무 자체가 남들 쉬는 날에 진행되는 것이기에 주말 및 휴일 근무가 많고, 기획안을 제출하기 위해 몇 날 며칠을 지새는 경우도 빈번하다. 대신 근무시간이나 휴가 등은 회사에 따라 탄력근무가 가능한 경우도 많다. 계절적으로는 주로 봄과 가을에 몰려있어 봄과 가을이 최고 성수기이고, 겨울 시즌은 다음 연도 사업을 수주하기 위한 기획안 작업을 하는 기간이다.

[비전]

과거와 같이 단순한 스포츠 이벤트를 운영하고 대행하는 것에만 국한된다면 스포츠 이벤트 비즈니스는 별로 매력이 없을 것이다. 하지만 단순한 이벤트 행사에 대한 운영을 대행하는 것이 아닌 스포츠 이벤트 지역을 개발하고 재생시키는 도시재생 콘텐츠로 활용하는 사례들이 많이 보이고 있다. 경남 남해는 대표적인 스포츠 도시이고, 경기도 포천도 최근에 스포츠산업 핵심도시로 탈바꿈을 시도하고 있다. 글로벌 스포츠 이벤트를 유치해서 지역을 개발하는 경우도 많이 볼 수 있다. 이 같은 스포츠 이벤트를 통한 지역 개발 및 재생은 앞으로 좋은 콘텐츠가 될 것이다.

4 두 번 다시 못 올 기회를 잡다! 2018 평창동계패럴림픽 개·폐회식 제작

나는 2016년 4월부터 3개월간 사업비 250억 원 규모의 평창동계패럴림픽 개·폐회식 제작사 선정 입찰을 준비해 마침내 2016년 7월 최종 사업자로 선정되었다. 그러고는 1시간 30분짜리 이벤트를 위해 17개월간 준비하며 2018년 3월 8일 개막식을 하게 된다. 평창동계패럴림픽 개회식은 총감독을 비롯해 연출감독, 제작단장부터 시작해 1,100명의 출연자, 자원봉사자 등이 혼연일체가 되어 만든 작품이다. 개회식의 이벤트 제작만 하는 것이 아니라 최고의 이벤트를 위해 수송, 숙식, 숙박, 안전 등 눈에 보이지 않는 부분에서의 준비가 철저하게 되지 않고서는 최고의 작품이 나오지 않는다. 개회식 일주일이 남은 기간 동안 이틀을 제외하곤 대설경보가 발효될 정도로 기록적인 폭설이 내렸던 환경, 그것도 모자라 개회식 전날부터 내린 폭설로 개회식 직전까지 군부대까지 동원해 진행했던 제설작업, 그런 환경에서도 각자 맡은 역할을 수행해 최고의 찬사를 받았던 7박 8일짜리 사연을 갖고 있기에 더더욱 기억에 남는다.

▲ 평창동계패럴림픽 개회식 제작자 이문태 총감독, 고선웅 총연출과 함께

올림픽 같은 공공 스포츠 이벤트의 경우에는 기업 이벤트와 달리 이윤을 추구하는 목적이 아니다. 또한 이벤트의 타깃층이 정해져 있지 않아서 누가 보아도 간단하고 명확한 메시지를 전달하는 것이 중요하고, 주최하는 국가, 지역, 기관의 메시지가 많이 들어가 있는 것이 특징이다. 특히 올림픽 개·폐회식 같은 대형 스포츠 이벤트는 전 세계인에게 개최국의 위상을 드러낼 수 있는 절호의 기회여서 더더욱 그렇다.

▲ 베이징올림픽 개회식: 중국의 4대 발명품 중 하나인 종이 발명을 퍼포먼스화(왼쪽),
런던올림픽 개회식: 영국의 팝 문화를 거슬러보는 퍼포먼스(오른쪽)

예를 들어 2008년 베이징올림픽을 연출한 장예모 감독은 중국의 찬란한 문화를 과시하며 중국이 세계의 중심이라는 중화사상(中華思想)을 이야기했고, 2012년 런던올림픽 개회식에서는 영국을 대표하는 조앤 롤링, 비틀스, 해리 포터 등을 내세워 문화 강국 영국의 면모를 보여주었다. 브라질은 2016년 리우올림픽을 통해 환경보호의 중요성을 알리기도 했다. 이렇듯 국가적인 글로벌 스포츠 이벤트는 글로벌 기업뿐 아니라 국가와 도시도 전 세계에 브랜드를 높일 수 있는 좋은 기회이고, 그 시작점이 개회식이기에 스포츠 이벤트 제작자들에겐 더할 나위 없는 좋은 기회다.

5 실패 사례: 스포츠와 카페의 만남을 추진하다. '알럽펍'

케이비에스엔 재직 당시 대표 프로그램은 프로야구 하이라이트 「아이러브베이스볼」이었다. 방송 3사 중에 가장 먼저 하이라이트 프로그램을 만들어서 성공시켰고, 김석류, 공지영, 최희 등 여성 아나운서들도 큰 유명세를 타면서 성공 가도를 달리고 있었다. 나는 이 프로그램의 인지도를 활용해 신규사업을 추진하고자 했다. 야구장 인근에 위치한 20~40대 야구팬을 타깃으로 하는 야구 전용 펍으로 그곳에서 「아이러브베이스볼」 녹화도 하고, 소속 해설위원들도 프로모션으로 활용하는 사업을 추진코자 했다. 사업추진을 위해 일본 도쿄에 위치한 세계 최초의 메이저리그 공인 카페를 다니고 요식업, 부동산 전문가들을 만나며 부지런히 추진했다.

▲ 도쿄에 위치한 세계 최초 메이저리그 공인 카페 MLB PUB

도쿄 MLB PUB은 매장 인테리어와 이벤트들을 철저하게 MLB 콘셉트로 하는 것에 머물러 아쉬움이 많았다. 하지만 내 경우는 채널을 보유한 방송사업자 위치에서 오프라인 매장을 추진하는 것이어서 활용할 수 있는 툴이 좀 더 많았다. 일단 기본적인 알럽펍의 콘셉트는 철저한 지역 연고팀 콘셉트로 매장을 꾸미는 것이었다. 잠실에는

LG와 두산 콘셉트의 매장을 각각 만들고, 광명(당시에는 목동)에는 키움 콘셉트의 매장을 꾸미는 것이었다. 1년간 서울에서 시범운영을 통해 나머지 지역도 확대할 생각이었다. 각 매장에서「아이러브베이스볼」프로그램을 통해 소속 구단 선수들과의 인터뷰를 내보내고, 매장에서 방송을 제작하고, KBS가 소장하고 있는 40년간의 프로야구 아카이브들로 구단별 히스토리 프로그램을 만들어 매장에서 종일 방송하면서 이곳에서만 볼 수 있는 프로그램을 만들어가는 것이 차별화 포인트였다. 쉽게 말해 미디어와 연계된 오프라인 야구펍이었다. 매장을 내기 위해 상표등록도 검토하고, 프랜차이즈를 대비한 전문가들과의 미팅도 추진했다. 실제 잠실과 목동에 임대할 매장도 둘러보고 투자비용과 그에 따른 사업성 분석까지 상당 부분 마무리되었다. 하지만 이사회에서 공영방송인 KBS가 공공재인 KBS 채널을 상업적으로, 그것도 주류 판매를 하는 곳에 사용되는 것에 대한 사회적인 인식과 비판에 대한 우려로 최종적으로 사업을 접어야 했던 아쉬움이 있다.

6 콘텐츠의 컬래버가 중요하다

생각이 갇혀 있지만 않다면 성장이 가능하다고 생각한다. 스포츠마케터도 마케팅을 하는 사람이고, 마케팅의 범위는 무궁무진하다. 가장 효과적인 툴로 사용되는 것을 취사선택하고 적용해서 성공시키는 것이 중요하지 스포츠마케터라고 명명되어 스포츠와 관련된 마케팅만 한다는 것은 매우 무모한 일이라고 생각한다. 지금의 사회는 직종과 직업 영역이 따로 없다. TV를 보는 사람보다 유튜브를 보는 사람이 더 많은 세상이다. 과거에 좋은 직업과 직장으로 여겨진 은행, 증권회사, 방송국도 이미 수백억씩 적자를 벗어나지 못하는 현실이다. 수십억씩 버는 1인 크리에이터들이 나타나고 배달의민족, 야놀자 등 제품을 생산하지 않고 생산자와 사용자를 연결해주는 공유 서비스 플랫폼 사업자들의 회사 가치가 수십 개의 공장을 보유한 회사들의 가치보다 더 커진 세상이다. 스포츠는 많은 사람에게 매우 매력적인 콘텐츠 중 하나다. 하지만 이 또한 몇몇 종목에 한정되어 있다. 그리고 음악, 미술, 게임, 영화산업 등 스포츠를 대체할 콘텐츠는 세상에 널렸다. 스포츠마케터라고 해서 마케팅에 스포츠만 고집하는 우둔함을 범하지 말아야 한다. 콘텐츠는 공유되고 컬래버가 되었을 때 발생하는 시너지가 독립적인 것에 비해 엄청나다는 것을 이미 눈으로 확인했다. 늘 새로운 것을 찾고 시도해보고 받아들일 유연함과 다른 이질적인 것과 습관적으로 컬래버시켜보는 행동을 하는 마케터가 되길 희망하고 나 또한 그렇게 살기 위해 노력하고 있다.

The World of **Sports** Marketers

The World of Sports Marketers 1-13

대한민국 프로응원은
어떻게 만들어졌을까?

프로필

이 름 : 이치성

소 속 : ㈜리앤킴 인테리어 디자인
　　　　대표이사

이 력
(現) 국제스포츠위원회 ISF 사회공헌분과위원회 위원
(現) 세종특별자치시 스키협회 부회장
(現) 대한브라질리언 주짓수 연맹 위원
(現) 대한민국 프로응원단장 협의회 고문
(前) 현대유니콘스 프로야구단 응원단장
(前) 수원대학교 응원단장 및 전국대학교
　　 응원단장협의회 회장
경희대학교 체육대학원 스포츠산업경영 박사과정

대학교에 입학하여 학교에서 무료한 시간을 보내던 중 과 선배를 통해 수원대학교 응원단에 가입하게 되었으며, 그 후 내 인생에 12년이라는 시간을 '응원단장'이라는 직함을 갖고 생활했다. 12년이라는 세월 동안 대학에서는 학우들과, 경기장에서는 팬들과, 2002년 월드컵에서는 시민과 하나의 응원을 이끌어내는 응원단장으로 활동했으며, 지금도 대한민국의 응원문화를 위해 후배 프로응원단장들과 많은 고민과 생각을 하고 있다.

1 대한민국에서 프로응원단장이란?

대한민국의 응원은 2002년 한일 월드컵을 통해 세계의 이목을 끌었으며, 전 세계 어디에도 없는 독특한 응원문화를 가지고 있다. 이 응원들은 단시간에 이루어진 것이 아니라 30년이 넘는 시간 동안 다듬어지고 개발되어 현재 프로응원 형태를 나타내고 있다.

KBO나 KBL 외국 용병들이 한국 프로리그에 와서 가장 놀라워

하는 부분 중 하나가 바로 프로응원이다. 개성 있는 응원 음악과 팬들의 육성 응원은 외국 선수들이 정말 신기해할 정도로 체계화되어 있다. 그럼 각 구단에서 응원을 이끄는 프로응원단장과 프로치어리더들은 어떻게 만들어지고 운영되는지 한번 알아보겠다. 현재 우리나라에서는 많은 경기가 펼쳐지고 있지만, 주로 프로응원이 펼쳐지고 있는 곳은 야구, 농구, 배구 등이다. 다른 개인종목과 구기종목도 있지만, 정기적인 것이 아니고 또 직접 응원이 행해지고 있지는 않다. 프로응원 중에서도 프로야구 응원은 현재 우리나라에서 행해지고 있는 경기 중에서도 응원이 가장 활발하게 펼쳐지고 있으며, 가장 인기 있는 종목이다.

현재 우리나라에는 현역으로 20명 남짓 프로응원단장이 활동하고 있으며, 나 같은 경우는 대학교 때 응원단장을 하면서 우연히 프로응원단을 운영하는 업체에 스카우트되어 프로응원단장을 하게 되었다. 제일 먼저 시작한 곳은 SK나이츠 프로농구단 응원단장을 시작으로 삼성생명 여자 프로응원단장을 거쳐 운 좋게 프로응원단장의 꽃인 현대유니콘스 프로야구단 응원단장을 맡게 되었다. 보통 프로응원단장 및 프로치어리더들은 봄, 여름, 가을에는 프로야구단에서 일하게 되며 겨울이 시작되면 프로농구 및 프로배구에서 일한다. 예전에 프로응원단장과 프로치어리더는 경기장에서 응원만 하는 형식과 다르게 요즘은 SNS를 통해 예전보다 더 영향력 많은 인플루언서로 활동하고 있으며, 몇몇 프로응원단장 및 프로치어리더는 TV에 출연하여 광고 및 SNS 활동으로 많은 수입도 발생하고 있다.

프로응원단장의 요건으로는 좋은 체력과 발성 그리고 긍정적인 마인드가 필요하며, 과거와 다르게 응원만 하는 것이 아니고 치어리더와 함께 춤을 추거나 개인기로 엔터테이너 성격을 띠고 있다.

그럼 프로응원단이 한국에서 어떻게 생겨났는지 한번 알아보겠다.

2 프로야구 응원은 언제부터 생겼을까?

1982년 프로야구가 개막했지만, 이때의 응원은 지금처럼 조직적이지 못했고, 개막전 같은 특별한 경우에만 치어리더들이 나와 공연을 보여주는 형태였다. 먼저 응원단장의 경우 지금처럼 구단과 계약한 프로응원단장이 나와 응원을 주도하는 형태가 아닌 관람객 중 끼가 있는 사람이 잠깐씩 응원 리드를 하는 것이 전부였다. 그러다가 1990년 LG트윈스가 창단하면서 본격적인 응원이 시행되었다. 이때도 응원단장은 공석인 채로 치어리더만이 공수 교체 때 공연하는 정도였다.

지금과 같은 응원방식은 1995년부터 서울 구단을 중심으로 만들어졌으며, 타 구단들도 이 시기 이후부터 응원단장과 치어리더를 구단 홍보 및 이벤트로 이용했다.

현재 우리나라에서 행해지고 있는 프로야구 응원 형태는 응원 및 구단 이벤트 대행사를 통해 각 구단의 응원단을 운영하고 있으며, 응원단장 1명과 치어리더 4명으로 구성되어 있다. 이 응원단은 홈경기와 잠실 경기 수도권 구장에서 1루 쪽 응원단상과 3루 쪽 응원단상에서 관중을 이끌며 선수들을 응원하고 있다. 응원 도구로는 각 구단에 맞게 신문지 및 비닐봉투 또는 카드섹션을 이용하고, 박수와 육성 응원으로 이루어져 있으며, 시각적 효과와 청각적 효과의 극대화에 도움이 요구되고 있다. 이 외에도 각 구단은 각각 독창적인 응원 도구를 활용하고 있다.

경기 중에 펼쳐지는 응원 형태는 매회 공격 때와 수세에 몰리고 있는 수비 때 응원단장의 리드에 따라 응원하고, 공격과 수비가 바뀌는 사이마다 치어리더의 공연이 행해진다.

3 프로농구 및 프로배구 응원의 시작

프로농구에 참가하는 10개 구단 모두 응원대행사를 통해 치어리더팀을 운영하고 있으며, 이들도 서포터스와 함께 홈경기에서 선수들을 적극적으로 응원하고 있다. 1997년 프로농구가 개막함으로써 많은 치어리더가 필요했으며, 이로 인해 응원을 대행하는 회사도 많이 설립되었다. 2005년 배구도 프로가 되면서 프로응원단장 및 프로치어리더가 더욱 많이 필요하게 되었다.

먼저 프로농구단 응원단은 응원단장 1명과 치어리더 8명으로 구성되어 있으며, 응원단장은 관중석에서 관중의 응원을 유도하고 치어리더는 플로어에서 쿼터와 쿼터 사이나 작전타임 때 화려한 안무로 선수들을 응원하고 있다.

프로배구 역시 농구와 동일하게 이루어져 있으며, 세트 체인지나 작전타임 때 치어리더들이 코트에서 율동으로 응원하는 형태다.

프로농구와 프로배구는 프로야구와는 다르게 응원단과 서포터즈 등이 공동으로 응원하는 형태가 많으며, 각 팀을 서포팅하는 팬클럽들은 기존에 특정 선수 팬클럽 형식의 소모임 성격에서 연고지 지명 프로 출범과 동시에 팀 팬클럽 형식의 포괄적 모임으로 발전했다.

각 팬클럽은 주로 경기 있는 날 모임을 개최하고, 경기관람 및 응원활동, 선수 생일파티 참석, 응원 연습을 하며, 응원단장과 응원계획도 세워나간다. 이들은 계속적으로 규모도 커지고 있을 뿐만 아니라 조직화되어가고 있다.

응원방식은 메인 스피커에서 나오는 음악에 맞춰 구단명을 외치거나, 선수들의 이름 연호 또는 구단만의 대표적인 박수 응원으로 선수들에게 힘을 주고 있다.

응원단 안에는 북을 치는 고수와 음악을 틀어주는 샘플러 그리고 캐릭터와 치어리더들로 구성되어 있다.

현재 활동하는 프로응원단장은 15~20명 정도이며, 치어리더들은 150~200여 명이 활동하고 있다. 프로응원단장이 되기 위해서는 대부분 대학응원단장 출신이 많으며, 이벤트회사에 들어와 응원단 아르바이트로 일하다가 프로응원단장이 되는 경우도 소수 있다. 프로치어리더의 경우 각 이벤트 대행사에서 모집 기간을 거쳐 뽑고, 연습생 시절을 지나 프로치어리더가 되는 경우가 대부분이다.

▲ 2004년 한국시리즈 및 KBL 플레이오프 응원 사진

예전에는 경기장 응원을 통한 수입이 대부분이었지만, 현재는 SNS를 통해 대중에게 영향력 있는 인플루언서로 각종 체육대회 및 광고 수입 그리고 유튜브 활동을 통해 적지 않은 수입을 올리는 프로응원단장과 프로치어리더들도 상당수 존재한다.

4 현직 프로응원단장들이 생각하는 응원이란?

질문
두산베어스의 응원이 다른 팀과 다른 이유는 무엇인가요?

우리 두산베어스의 응원은 팬 한분 한분이 최고의 팬들로 구성된 10번 타자라는 자부심 자체가 다른 구단보다 더 멋진 응원이 나올 수 있는 이유다.

◀ 두산베어스 프로야구단
  한재권 응원단장

응원에 대해서도 항상 중요하게 생각하지만, 제가 팬들에게 항상 말씀드리는 게 있다. 진짜 응원이라 함은, 우리가 팬이라 함은, 우리가 응원하고 있다고 함은 이기거나 즐거울 때 하는 것이 아니다. 나이트클럽에서 음악만 있으면 누구나 신나서 하는 그런 응원이 아니라 우리가 선수들을 위해 모였고 우리가 팬이라 불리고 있기에 정말 힘들 때, 선수들의 경기력이 부족할 때 그때 목소리 높여 응원하는 것이 진짜 응원이다. 그게 바로 지금 우리 10번 타자가 보여줘야 할 모습일 때 목소리가 더 커진다. 그런 단결력으로 우리가 어려울 때 더 목소리 내주는 팬들이 바로 두산베어스의 응원이 다른 팀과 다른 이유가 아닌가 생각한다.

질문
한화이글스 응원이 특별한 이유는 무엇인가요?

대전을 비롯한 충청도 지역뿐만 아니라 어느 순간부터인지 몰라도 전국적으로 팬층이 많이 늘었다. 이기는 경기를 하면 자연스럽게 신나고 응원 소리가 커지게 된다. 하지만 우리 팀은 이기는 경기뿐만

◀ 한화이글스 프로야구단
　　홍창화 응원단장

아니라 경기 결과에 상관없이 팬 여러분이 함께해주신다. 암흑기 시절부터 팬분들에게 했던 멘트들이 있다.

"선수들은 항상 최선을 다하고 있다. 경기를 이길 땐 당연히 응원이 잘된다. 하지만 지금처럼 지고 있을 때, 큰 점수 차로 벌어져 있을 때 팬 여러분이 해주시는 응원이 진정한 응원이라 생각한다. 야구장에 스트레스 받으려고 오신 게 아니라 스트레스를 풀러 오신 거다. 바쁜 시간 내셔서 오셨는데, 저희 응원단과 함께 신나게 놀다 갑시다."

이런 식으로 멘트를 해서 이끌어갔다. 팬 여러분이 정도 많으시고 단합이 굉장히 잘된다. 또한, 한화이글스만의 독특한 응원문화인 육성 응원, 그리고 「행복송」 같은 독특하고 매력적인 응원가가 자리 잡고 있기에 팬 여러분이 꾸준한 사랑과 응원을 해주시는 것 같다.

질문
롯데자이언츠 응원의 특징은 무엇인가요?

연고지를 부산광역시로 하는 대한민국의 프로야구단이고, 홈구장은 부산광역시 동래구 사직동에 위치한 사직야구장을 사용하고 있으며, 부산광역시, 김해시, 양산시 등 경남 지역에 절대적인 인기와 지지를 받고 있다. 현재는 제2 연고인 울산광역시에서도 절대적인 인기와 지지를 받고 있다. KBO리그 사상 최초로 단일시즌 홈 관중 100만 명 시대를 연 팀이기도 하다. 롯데자이언츠는 1984년, 1992년 두 차례

◀ 롯데자이언츠 야구단
조지훈 응원단장

우승했지만, 아직 정규리그 우승이 없음에도 '구도(球都) 부산'이라고 칭할 정도로 팬들의 충성도가 매우 높음을 알 수 있다. 그리고 KBO 리그 특유의 응원문화 확립에 많은 기여를 한 팀이다. 팀을 대표하는 응원가로는 원년부터 불리는 「부산갈매기」와 「돌아와요 부산항에」 등이 있으며, 그 밖에 다양한 응원가 및 선수 응원가가 롯데자이언츠 팬뿐 아니라 다른 팀 야구팬들에게도 화제가 되었다. 또한 '신문지 응원', '비닐봉지 응원' 등 타 구단과는 차별화되는 응원 도구를 활용한 응원도 유명하다.

이렇듯 대한민국 프로응원은 오락적인 재미를 벗어나 대한민국만의 문화로 형성되었으며, 전 세계적으로도 볼 수 없는 독창적인 모습으로 발전했다.

현재 대한민국 프로응원은 미국, 일본, 대만, 중국에서도 벤치마킹하러 올 정도로 굉장히 발전해 있으며, 오랜 역사를 자랑하고 있다. 이렇듯 프로응원은 스포츠를 더욱 흥미롭고 재미있게 만들어주는 효과가 있으며, 스포츠 경기 외적으로 다양한 재미 및 콘텐츠를 만들어가고 있다. 이 글이 프로응원단장 및 프로구단 이벤트를 꿈꾸는 분들에게 조금이라도 도움이 되었으면 좋겠고, 후에 프로응원이 더욱 발전하여 대한민국의 프로응원이 전 세계에 널리 퍼졌으면 하는 마음이다.

이상으로 대한민국 프로응원에 대한 글을 마치며, 언제나 열정적으로 선수들에게 응원을 전달해주는 프로응원단장 및 프로치어리더들에게 다시 한번 감사의 말과 박수를 보낸다. 앞으로도 더욱 건전한 응원문화를 만들어가는 대한민국 프로응원단이 되었으면 한다.

질문
프로응원단장이 되려면 어떻게 해야 할까요?

우선 프로응원단장이 되기 위한 조건으로는 스포츠를 진심으로 사랑하는 게 첫 번째이고, 두 번째로는 사람을 배려하는 마음을 갖고 있어야 한다. 마지막으로는 경기 내내 응원하면서 열정을 불어넣어줄 수 있을 만큼 체력이 필요하다. 나 같은 경우도 그렇고 대부분 대학교 응원단장 출신이지만, 반드시 다 그렇지만은 않다. 프로응원단장을 하고 싶어 아르바이트로 시작해서 지금 프로응원단장이 되어 있는 분들이 상당히 많으며, 하고자 하는 열정만 있으면 누구라도 프로응원단장이 될 수 있다.

지금은 프로응원단장이 응원뿐만 아니라 SNS 등을 통해 많은 것을 할 수 있는 세상이다. 만약 프로응원단장이라는 꿈이 있다면 망설이지 말고 도전해보기 바란다. 아마도 누구도 갖지 못할 소중한 추억이 될 것이다. 그러기 위해 체력을 잘 만들어야 하며, 그 무엇보다 스포츠에 대한 열정과 팬들을 위해 봉사할 수 있는 마음만 가지면 그 꿈은 꼭 이뤄질 것이다.

The World of Sports Marketers 1-14

공동의 목표를 두고
서로 다른 색깔을 가진 부서가 협력해
효과를 극대화한다

프로필

이 름 : 고형승

소 속 : 야마하골프 홍보팀 부장

이 력

(現) 야마하골프 홍보팀 부장
(前) 골프다이제스트 콘텐츠팀 팀장
(前) 한국여자프로골프협회 전략마케팅팀 과장

1 스포츠와 미디어

컨버전스convergence와 시너지synergy라는 용어가 있다. 최근 기업에서 자주 쓰이는 말이다. 공동의 목표를 두고 서로 다른 색깔을 가진 부서가 협력해 효과를 극대화한다는 뜻이다. 여기서 중요한 점은 각 영역의 색은 그대로 유지한 채 최고의 결과를 도출해내야 한다는 것이다. 적당히 버무려서 이 맛도 저 맛도 아닌 음식을 세상에 내놓으면 아무도 눈길조차 주지 않는 것처럼 본연의 맛인 정체성은 흔들림이 없어야 비로소 그것을 최고의 궁합이라 하겠다.

스포츠와 미디어라는 영역이 결합한다는 건 아주 의외의 조합은 아니다. 다만 각자의 색이 무척 강한 영역이라는 데는 반문의 여지가 없다. 역사를 따져보면 스포츠가 한참 형님뻘이겠지만, 그 영향력만 놓고 본다면 동생인 미디어도 못지않다.

1980년대 중반까지만 하더라도 국내 체육 관련 학과에서 미디어를 접목해 가르치는 경우는 극히 드물었다. 소위 전문가라고 할 수 있는 이가 국내에는 그리 많지 않았기 때문이고, 스포츠와 미디어를 지금처럼 밀접하게 결합하여 생각하지 못한 이유도 있었다. 그때까지만 해도 어울리지 않는 별개의 영역이라고 생각했다.

그러다가 우리나라에서 열린 제10회 서울아시안게임(1986)과 제24회 하계 서울올림픽(1988)을 거치면서 그 인식이 차츰 변화하기 시작했다. 전 세계로 송출된 방송에 관심을 두게 되었고, 자국으로 속보를 타전하기 위해 분주히 뛰어다니는 언론사 기자와 PD, 카메라 스태프 등이 조명되기 시작했다. 또 주요 경기 앞뒤로 붙는 광고나 경기장에 설치된 광고판 가격이 회자하기도 했다.

1990년대 중반까지는 축구와 야구, 농구, 배구 등 국내 구기 종목의 인기와 별개로 마이클 조던이 뛰던 미국 프로 농구(NBA)와 프로레슬링(현재의 WWE) 등이 중계되며 해외 스포츠에 관한 관심도 높아졌다. 1990년대 후반에는 박찬호(MLB_야구)와 박세리(LPGA투어_골프)가 참가한 경기를 시청하기 위해 TV 앞으로 모이곤 했다. 이후 2002년 한일 월드컵을 거치면서 해외로 진출한 박지성과 이영표, 안정환 등의 플레이를 보며 응원을 이어갔고, 당시 너도나도 유럽 축구에 관해 전문가 못지않은 지식을 뽐내곤 했다.

그러면서 자연스럽게 관심을 두게 된 것이 바로 중계권이었다. 올림픽이나 월드컵 때만 되면 팬들은 어떤 방송사가 중계권을 가지고 갈 것인지 주목하기 시작했다. 적게는 수십억 원에서 많게는 수백억 원이 오가는 중계권 협상을 위해 국내외 전문가들은 밤낮으로 전화기를 붙들고 살다시피 했다. 2020년 팬데믹 시대에 한국야구위원회 KBO 중계권을 미국 스포츠 전문 케이블인 ESPN이 사들인 이례적인 일도 있었다.

이처럼 스포츠와 미디어는 떼려야 뗄 수 없는 관계로 발전했다. 오히려 떼어놓고 생각하는 게 더 이상할 정도가 됐다. 각자의 색이 강한 두 영역이 적절하게 잘 어우러졌다. 이것이 바로 최고의 컨버전스와 시너지라 하겠다. 결국, 대학교에 스포츠와 미디어를 결합한 과목이 하나둘씩 등장했고 이제는 그와 관련한 일을 하고자 하는 이도 점차 늘고 있다.

스포츠 미디어를 크게 두 영역으로 나눈다면 알려지기 위한 일을 하는 사람과 알리는 일을 하는 사람으로 나눠볼 수 있다. 이것은 필자의 경험에 의해 나눈 것이니 지극히 개인적인 의견이다. 쉽게 말해 홍보(알려지기 위한 일)를 하는 직업군에서 일하는 사람과 언론(알리는 일) 분야에서 일하는 사람으로 나눌 수 있다. 그럼 지금부터 두 영역에서 일하는 사람에 관해 자세히 설명하겠다. 홍보와 언론에 포커스가 맞춰져 있지만, 그 바탕에 스포츠가 깔려 있음을 미리 밝혀둔다.

2 홍보인이 되기 위해서는 무엇이 필요할까?

"술은 잘 마셔요?"

요즘 같은 시대적 분위기라면 면접 보러 가서 절대 들을 수 없는 질문이다. 하지만 불과 몇 년 전까지만 해도 홍보팀 직원을 뽑을 때 임원이 하는 단골 질문 중 하나였다. 글을 어느 정도 쓰는지 물어보거나 평소 대인관계가 원만한지를 물어보는 게 아니라 술이라니. 그것은 업무 영역이 아닌 아주 사적인 영역이어서 "느그 아부지 뭐 하시노?"라고 물어보는 영화 속 한 장면과 다를 바 없이 눈살이 찌푸려지는 순간이다.

시계를 20세기로 돌려보자. 당시 그 질문에 "잘하지 못합니다"라고 답한다면 최종 합격자 명단에 포함되지 않을 가능성이 크다. 만약 "소주 한두 병 정도 합니다"라고 답하면 그때야 비로소 업무와 관련한 질문을 들을 수 있다. 그리고 "지금껏 취한 적은 없습니다"라는 답변을 내놓는다면 면접 이튿날이 첫 출근일이 될 것이다.

사실이냐고? 뭐, 약간의 과장은 있지만 크게 다르지 않았을 것이다. 다른 부서가 아닌 홍보팀 직원을 뽑는 면접이었으니 말이다. 과거 홍보라고 하면 먼저 떠오르는 단어 중 하나가 바로 술이었다. 술은 필수이고 현란한 탬버린 연주와 흥을 돋우는 노래 실력은 선택 사항이던 시절이 있었다. 또 매일 상대해야 하는 사람이 언론사 기자나 PD였으니 그 까다로운 입맛을 맞추기 위해서는 개그맨 이영자 못지않게 맛집을 수첩에 빼곡히 적어놔야 했다.

접대 문화가 사라지기 전 이야기다. 2016년부터 시행된 「부정 청탁 및 금품 등 수수의 금지에 관한 법률(김영란법)」은 회사의 홍보 패턴과 시스템을 변화시키기에 충분했다. 하지만 지금이라고 크게 달라진 것은 아니다. 술 대신 커피나 홍차가 그 자리를 대신했을 뿐 홍보팀 직원은 하루에 절반을 전화 아니면 어느 동네, 어떤 카페의 분위기가 좋은지 검색하는 게 부지기수다. 홍보 업무를 하고 싶다면 자신이 사람과 어울리는 데 어려움을 느끼고 있지는 않은지 먼저 파악해 볼 필요가 있다. 홍보팀 업무의 절반은 사람을 상대하는 일이기 때문이다.

'홍보(弘報)'는 널리 알린다는 뜻을 내포하고 있다. 아주 단순하게 생각해보자. 좋은 물건이 하나 있다. 무척 탐나는 물건이고 세상 모든 사람이 그것의 진가를 알아줬으면 좋겠다. 그럼 '정말 매력적인 물건이 여기 있다'라고 세상에 알려야 한다. 그렇게 알리는 일이 홍보다.

널리 알리기 위해서는 사람이 많이 모인 장소에서 큰 목소리로 외치면 된다. 사람을 직접 만날 수 없다면 글로 알리면 된다. 글로 표현하는 것이 번거롭고 어려운 일이라면 그림이나 사진 또는 영상으로 보여주면 된다. 크게 외치는 사람, 글로 알리는 사람, 이미지로 알리는 사람이 바로 홍보를 하는 사람이다.

그는 자신이 알리고자 하는 물건을 가장 잘 알고 있는 사람이며, 가장 잘 표현할 수 있는 사람이다. 그러므로 그 물건을 잘 포장해 세상에 알려줄 적절한 플랫폼을 찾을 수 있는 적임자이기도 하다. 이 부분이 무척 중요하다. 적절한 플랫폼 찾기. 요즘처럼 미디어 종류가 다양하고 홍보 루트가 각양각색인 시기에 커플 매치하듯 적합한 방법을 찾아내기란 여간 어려운 일이 아니다.

다재다능하다면 직접 글도 쓰고 카메라도 돌리고 편집까지 완벽하게 해내겠지만, 전문가 수준으로 구현해낼 수 없다면 다른 사람의 도움을 받는 것이 좋다. 이와 관련해 전문적인 일을 하는 기자나 작가, 감독 등이 존재하며 그들의 힘을 빌리면 된다. 다시 말해 홍보하고자 하는 물건을 아주 합리적인 비용으로 핵심 타깃을 공략할 수 있는 플랫폼을 찾아내는 것이 우선이다.

회사는 이런 업무를 제대로 처리할 수 있는 사람이 필요하고 그를 홍보 전문가라고 지칭하며 우대한다. 홍보를 주 업무로 하는 직원은 앞서 언급한 그 물건을 생산해내는 업체나 브랜드를 알리는 역할도 해야 한다. 또 내부에서 일하는 구성원(임직원)을 알리는 업무도 있다. 그뿐만 아니라 위기가 발생하면 그것을 어떻게 관리하고 대응해야 하는지에 관한 매뉴얼을 만들고 이에 따라 회사가 하나의 창구를 통해 소통할 수 있도록 만들어야 한다.

알려야 하는 물건을 스포츠로 대체하면 해당 홍보 전문가가 해야 할 일이 된다. 스포츠 분야의 홍보 전문가는 각 기업 홍보팀에 들어가 이와 관련한 업무를 할 수도 있고, 스포츠 구단이나 협회(연맹) 등에 들어가 프런트로서 근무할 수도 있다. 또 대회를 기획하고 운영하는 스포츠 매니지먼트(이벤트) 업체에 들어가 홍보 업무를 하기도 한다.

3 언론인이 되기 위해서는 무엇이 필요할까?

홍보를 하는 사람과 그 일을 대신 전문적으로 대행해주는 사람(언론사, 광고회사 직원)은 악어와 악어새처럼 상생해야 한다. 서로의 니즈에 의해 움직이기 때문이다. 홍보인은 기자에게 중요한 정보를 제공하는 취재원이 된다. 친분을 쌓아야 하는 관계이지만, 또 너무 가깝게 지내는 건 서로에게 좋지 않다. 적정한 거리를 유지하며 소위 '밀당(밀고 당기기)'을 잘해야 한다.

언론인의 무기는 대중에게 알리는 커다란 스피커다. 그 크기는 여러 종류이고, 도달 범위 역시 제각각이다. 이 스피커가 바로 앞서 언급한 플랫폼이다. 언론사는 여러 플랫폼을 구축하고 있다. 지면만 가지고 있는 언론사도 있고 지상파나 케이블, 인터넷이나 SNS 등 다양한 플랫폼을 가지고 있는 언론사도 있다.

이 플랫폼을 이용하려는 업체가 홍보 전문가를 통해 협상을 시도한다. 물론 홍보팀이 아닌 영업팀이 움직이는 경우도 있지만, 여기서는 따로 다루지 않겠다. 플랫폼을 이용하는 비용도 천차만별이다. 결국, 플랫폼의 규모와 종류 그리고 영향력에 따라 기자의 손끝이나 입에서 나오는 글이나 말에 무게가 실린다. 그리고 그것은 여론을 특정

한 방향으로 흐르게 할 수도 있을 만큼 강력하다.

언론의 분야는 무척 다양하다. 종이신문이나 인터넷신문, 잡지 등에 글을 쓰는 기자(에디터)와 칼럼니스트, 마이크를 들고 현장에서 뉴스를 전하는 방송 기자, 카메라를 이용해 찰나의 순간을 잡아내는 사진 기자 등이 있다. 또 방송사 PD를 비롯한 제작 스태프, 광고기획사의 감독이나 작가 등도 있다. 그리고 아주 핫한 영역인 1인 미디어를 운영하는 콘텐츠 크리에이터가 있다. 중계권 관련 업무를 하는 전문가(주로 변호사가 많다)도 있다.

언론인이 갖춰야 하는 역량 중 모든 직업을 관통하는 것이 하나 있다. 그것은 바로 글 쓰는 능력이다. 자신이 촬영하고 편집한 영상에 자막을 입히는 일도 글 쓰는 것과 관련이 있다.

'글 쓰는 일? 난 절대 잘하지 못할 거야!'

아마 이 글을 읽고 있는 독자 중 열에 아홉은 이런 생각을 한 번쯤 해봤을지도 모르겠다. 글을 쓴다는 것에 관한 막연한 두려움을 가지고 있는 이가 의외로 많다.

살면서 글이라곤 초등학교 다닐 때 몰아서 쓰던 일기와 군대 훈련소 시절 처음이자 마지막으로 쓴 부모님 전 상서, 100일째 만남을 기념해 쓴 닭살 멘트 가득한 연애편지, 대학교 다닐 때 여기저기 검색을 통해 짜깁기한 리포트, 그리고 구직 사이트에 언제 올려놓았는지도 기억이 가물가물한 자기소개서 정도가 전부일 텐데 어색하고 막연한 게 어쩌면 당연하다.

그렇기에 글을 쓰는 것을 더 어렵게 생각하고 언론이라는 직군에 관심을 전혀 기울이지 않게 됐는지도 모르겠다. 하지만 우리가 초등학교 때 배운 육하원칙에 의해 글을 작성하면 그것이 기사가 된다. 대부분 기사는 첫 문장 안에 모든 내용이 함축되어 있다. 한 문장만 읽더라도 무슨 일이 일어났는지 알 수 있어야 한다. 반대로 보도자료를 쓰는 홍보 전문가도 첫 문장에 모든 내용을 집어넣어야 기자의 눈에 띌 가능성이 크다.

스포츠 전문 기자는 해당 종목과 선수를 직접 취재하며 다양한 소식을 대중에게 알리는 역할을 한다. 기자는 팩트를 기반으로 기사를 작성해야 하며, 사회 정화 기능에 큰 축을 담당하고 있다는 사실을 인지하고 있어야 한다. 요즘처럼 악성 댓글 문제가 심각한 시기에 잘못된 기사로 그 누구도 피해를 보는 일은 없어야 할 것이다.

언론에 종사하는 관계자는 사물을 비틀거나 뒤집어보는 습관이 있다. 이면을 들여다보려는 것은 제대로 검증하기 위함도 있지만, 다른 시각으로 상황을 분석해 누구도 다루지 않은 아주 특별한 기사를 내보내고자 하는 기자의 습성 때문이기도 하다. 그러다 보니 가끔 특종을 따내려는 과잉 경쟁으로 취재원이 오히려 피해를 보는 사례도 늘고 있다. 기자의 윤리 의식이 그 어느 때보다 강조되는 이유이기도 하다.

특히 요즘처럼 누구나 콘텐츠를 만들어 올릴 수 있는 시대에는 사실 여부는 물론 저작권이나 초상권 등 법적 문제가 발생하지 않도록 세심한 주의를 기울여야 한다.

▲ CNN과 인터뷰

▲ SPOTV 골프 프로그램 출연(왼쪽)

▲ 골프의 전설 잭 니클라우스(가운데)

▲ 프로 골퍼 유소연과

▲ 기사 작성 중

▲ 프로 골퍼 안신애와

▲ 프로 골퍼 이보미와

The World of Sports Marketers 1-15

스포츠 브랜드 이야기

프로필

이 름 : 서일한

소 속 : 경기대 교수

이 력

(現) 한국체육학회 그린스포츠 공인위원회 위원장

(前) 한미약품 영업 · 마케팅 팀장 · 부장

1 스포츠비즈니스란?

비즈니스는 비즈니스다. 필자는 한미약품을 23년간 다니면서 스포츠비즈니스를 했다. 필자가 만난 분들은 병원의 원장님이 대부분이다. 이분들과 의학 전문지식을 논한다는 것은 어불성설이다. 그러기에 필자는 원장님들과 친분을 쌓기 위해 스포츠 활동을 많이 했다. 골프, 테니스, 축구, 스키, 수상스키, 스키캠프, 여름철 해양 레저스포츠 등 다양한 스포츠비즈니스를 실시했다. 결과적으로 필자는 한미약품에서 병원 영업을 하며 스포츠비즈니스를 통해 항상 최상위권 영업실적을 낼 수 있었다. 스포츠비즈니스는 권장할 만한 비즈니스다.

2 탤런트가 되어라

한미약품은 대한민국 최고의 제약회사다. 하지만 필자가 입사하던 1996년 당시만 해도 상아제약과 업계 매출 17위, 18위를 다투던 중소제약회사였다. 필자는 1996년 한미약품에 입사하여 첫 분기 성적으로 전국 1등을 했다. 2002년 팀장이 되면서부터 영업·관리·마케팅·기획 업무를 동시에 해야 했다. 여름에는 휴양지에서 해양스포츠를 했고, 겨울에는 동계스포츠로 스키학교를 운영했다. 2004년 4월 5일자 「여약사」 신문에 우수 영업사원 인터뷰 기사도 나왔다. 한미약품을 다니면서 기억에 남는 이벤트로는 2002년 동대문구 팀장 시절 설날에 실시한 거래처 세배드리기 이벤트가 있다. 거래처에 가서 정

▲ 대한축구협회 1급 심판 자격증(1996.3)

성 어린 선물과 함께 지난 1년에 대한 고마움으로 한복을 입고 팀원들과 함께 전 거래처를 돌며 세배드리기를 실시했다. 이 이벤트는 세월이 지나 지금도 많은 제약회사가 따라 하고 있다. 당시만 해도 월화수목금금금을 외치며 열심히 일하던 시절이다.

내가 팀장을 하던 시절에는 팀원을 뽑는 데 있어 팀장의 재량권이 상당 부분 있었다. 나는 사람을 뽑을 때 몇 가지 원칙이 있었다. 첫째, 집이 거래처와 가까이 있어야 한다. 둘째, 자신감이 있어야 한다. 셋째, 긍정적인 마인드가 있어야 한다. 넷째, 하고자 하는 마음이 있어야 한다. 다섯째, 상대에 대한 배려가 있어야 한다. 나머지 제품지식은 배우면 되고, 가르치면 된다.

필자는 한미약품을 다니며 초기에는 약국 영업을 했고, 이후에는 의원 영업 팀장을 거쳐 국내 영업 기획팀에서 부장으로 한미약품을 마쳤다. 국내에는 삼성바이오로직스, 셀트리온, 유한양행, 녹십자 등 좋은 제약회사들이 많이 있다. 요즘은 바이오시밀러가 대세이다 보니 삼성바이오로직스와 셀트리온이 온 나라를 들썩이고 있다.

한미약품은 2015년 3월 다국적 제약회사 릴리에 HM71224 기술수출을 통해 7억 6,500만 달러(한화 약 8,600억 원)를 시작으로 2015년 8조 5천억 원 상당의 기술수출 7건을 하게 된다. 한미약품은 지금도 매출액의 20% 이상을 기술개발에 투자하고 있다. 1년에 2천억 원이 넘는 돈을 기술개발에 투자하고 있는 셈이다. 아직도 20개 이상의 신약 파이프라인을 가지고 있다. 단연코 대한민국 최고의 제약회사라 할 수 있다. 2020년 8월 4일 한미약품은 미국 MSD와 1조 원 규모의 'NASH(비알코올성지방간염)치료제'로 개발제조 및 상용화하는 라이선스 계약을 체결했다고 밝혔다. 바이오 신약 개발에 탁월한 기술을 보유한 회사임이 다시금 입증되었다. 기술개발에 투자를 많이 하다 보니 직원 복지에서는 일류 수준이 아니다. 점차 직원 복지는 좋아지리라 생각한다. 이 책을 읽는 취업준비생들은 한미약품 입사를 깊게 고민해볼 필요가 있다. 머지않아 대한민국을 넘어 세계 최고의 기업 반열에 오를 수 있는 회사이기 때문이다.

▲ 2002년 한미약품 최우수 팀장

▲ 한미약품 변화와 효율상

3 스포츠 브랜드

브랜드의 유래

브랜드brand는 고대 노르웨이어 'brandr(불타는 나무)'에서 유래했다. 중세 유럽에서 불에 달군 쇠를 가축에게 지져 소유주를 표기했는데, 이때 쓰인 불타는 'iron stick'을 brand라 했고 이렇게 찍힌 낙인도 자연스럽게 brand가 되었다. 인류가 탄생한 후 구석기시대와 신석기시대를 거치면서 처음에는 사냥을 했고, 유목민 생활을 하며 가축을 기르게 되었다. 이후 정착 생활을 하면서 기르는 가축은 더 늘어나게 되었다. 처음 몇 마리일 때는 가축의 소유주를 알 수 있었지만, 그 숫자가 수백 수천 마리가 되다 보니 서로 분별하기가 쉽지 않았다. 그러다 보니 결국에는 소유권 분쟁이 일어나게 되었다. 사람들은 그때부터 나무와 쇠에 표식을 새긴 후 불에 달구어 가축의 엉덩이 또는 특정 부위에 자기들만의 표식을 하게 되었다. 이렇게 시작된 브랜드는 가문을 상징하는 표식으로, 국가를 상징하는 표식으로 발전했으며, 오늘날에 와서는 '브랜드'라는 이름으로 정착했다. 이제 사람들은 브랜드를 말하기보다는 에르메스, 루이비통, 샤넬을 이야기하고 스포츠 브랜드로는 나이키, 아디다스, 뉴발란스, 언더아머를 이야기한다.

21세기에 들어와서는 '옷을 입는다', '가방을 들고 다닌다'라는 표현보다는 '브랜드를 입고, 브랜드를 들고 다닌다'라는 말이 더 어울리는 것 같다. 사람들은 옷에 대한 실용도보다는 어떤 브랜드의 옷을 입었는지, 핸드백은 어떤 브랜드를 들고 나왔는지에 관심이 있다. 그러다 보니 각 기업은 브랜드의 가치를 높이기 위해 더 많은 광고를 하고 홍보에 열을 올리고 있다.

기업에 브랜드가 여러 가지 있는 것보다는 똘똘한 브랜드 1개가 더 효과적일 수 있다. 선택은 'Yes'가 아니라 'No'라고 해야 할 때가 있다. 집중해야 할 한 가지만 빼고 나머지 아이디어는 버릴 줄도 알아야 한다. 따라서 브랜드에서는 확장의 법칙보다는 축소의 법칙을 더욱 강조하고 있다.

스포츠 브랜드의 태동과 발전

스포츠 브랜드로 현재까지 남아있는 브랜드는 1895년 조지프 포스터Joseph Foster에 의해 설립된 리복Reebox이 있다. 1900년 이후 각국에 스포츠 브랜드들이 생겨나면서 현대적 스포츠산업의 틀이 갖춰지기 시작한 시기다. 이러한 배경에는 올림픽과 함께 제1차 세계대전 종식 이후 미국 시민사회에서 스포츠와 건강에 대한 관심으로 인한 스포츠의 대중화에 기인한다. 또한 현재의 스포츠 브랜드가 이 당시에 다수 태동한다. 1902년 뉴발란스New balance, 1914년 브룩스Brooks, 1924년 다슬러Dassler 등이 연이어 창립되어 스포츠산업을 발전시킨다. 다슬러 기업은 스포츠산업에 우위를 보이게 된다. 그 이유로는 히틀러의 지원으로 인한 스포츠신발 독과점 제조, 제2차 세계대전 종전 후 주둔한 미군 스포츠 신발 지원과 함께 미국계 기업의 소홀한 스포츠 판매전략 때문이었다. 1920년 이후는 스포츠의 대중화로 인해 대량 생산이 이루어지던 시기다. 1948년 다슬러 기업은 형 루돌프의 푸마Puma와 동생 아디의 아디다스로 분리되는데, 이 중 아디다스가 시장을 선점하게 된다. 이러한 배경에는 아디다스의 제품 우수성, 가격경쟁력, 독자적인 마케팅이 있었다. 가장 중요한 점은 아디다스가 엘리트 선수 및 협회 중심으로 대중의 수요를 확대시키는 마케팅 전략을 구사한 것이다. 아디다스는 주로 엘리트 축구 선수와 협회, 국제 경기를 통한 마케팅 경로를 선점하는 전략으로 소비자를 유혹했다. 이 전략은 선수에서 스포츠 애호가, 대중으로 이어지는 수요 연결고리를 정확하게 포착한 특유의 스포츠마케팅이었다. 당시 아디다스의 선수 마케팅이 이후 스포츠마케팅 전략에 귀감이 되었다는 데 시대사적 의미가 있다.

　1970년대는 초반에 나이키가 등장하여 10년 사이에 아디다스 중심의 시장질서가 무너지는 과정을 겪는다. 나이키는 1970년 후반 미국 조깅 붐에 대비한 제품 특화 전략으로 아디다스 중심의 시장을 깨고 새로운 브랜드로 각광을 받았다. 당시 나이키는 와플 틀로 밑창을 찍어내는 저렴한 단가의 대중 중심 생산 체제를 중요시했고, 이러한 경향은 조깅 신발로 미국 및 유럽시장을 점유한다. 이러한 배경에는 나이키의 창립자 필립 나이트Philip Knight의 아디다스와 차별화된 신발 제조에 대한 포부가 있었다. 이 시기 브랜드 간 경쟁의 핵심은 아디다스의 엘리트 선수 중심의 구매 판촉 전략의 퇴보와 차별화된 나이키의 대중화 전략의 성공이었다. 나이키는 스포츠 대중의 기호를 직접적으로 확인하는 전략으로 스포츠 대중화 마케팅을 펼쳤다. 또한 나이키는 극동아시아로 생산기지를 이동하여 동양인의 기호 확인과 비용구조 혁신을 꾀했다. 이를 통해 나이키는 견고한 대중 관계 마케팅을 구축하고 시장을 독점하게 되었다.

　1980년대는 리복의 등장으로 나이키와 아디다스 중심의 시장 구도가 삼각편대를 이루는 시기를 맞이한다. 1982년 리복은 신발시장의 동력을 마련한다. 리복은 여성 소비자를 겨냥한 피트니스 신발을 만들어 시장 수요를 확대해나갔다. 이로써 리복은 1982년 미국 시장에 진출한 지 5년 만에 나이키를 꺾고 세계 스포츠화 시장 1위를 달성한다. 이에 나이키와 아디다스는 다양한 반격 전략을 세운다. 가장 선풍적 전략은 나이키의 스타 브랜드마케팅 전략이었다. 이전 아디다스의 엘리트 선수 중심의 판촉 전략을 응용하여 이른바 '에어조던

Air-Jordan'을 제시했다. 나이키는 NBL 농구 스타 마이클 조던을 자사 농구화 신개발품인 '에어'와 연계한 전략을 펼쳤다. 이 전략은 스포츠 스타를 부각하여 나이키 제품을 절묘하게 각인시킴으로써 수요자의 마음을 움직인 스포츠마케팅이었다. 이에 나이키는 1985년 시장을 다시 선점하기 시작했다. 이 시기는 스포츠 빅브랜드 간의 경쟁 속에서 우위가 바뀌는 혼란기였다.

1990년대부터는 나이키가 전반적인 시장 우위를 차지한 가운데 스포츠 브랜드에서 고전하던 아디다스와 푸마가 새로운 이미지 변화를 통해 다시 재기의 발판을 잡아간 시기였다. 특히, 아디다스는 주로 1990년대 들어 지배 체계를 안정화하고 생산 및 비용구조를 혁신하여 시장 확보에 주력하게 된다.

유럽 브랜드 기업 중심의 경영 구조 혁신은 나이키 시장 주도에 변화를 일으킨다. 1990년대가 되면서 조금씩 스포츠 유형이 다양화되었고, 이는 스포츠 및 여가 활동의 다양화로 이전의 특정 엘리트 스포츠 및 조깅 중심의 스포츠 시장을 변화시켰다. 또한 소비자는 거대 스포츠 기업의 마케팅 전략과 생산 스타일에 식상해하기 시작했다. 특히, 1997년 나이키의 아시아 하청공장 근로자에 대한 저급한 처우가 세계적 경제 문제로 부상하면서 소비자의 선호도는 급격히 달라졌다. 이 시기는 엘리트 선수들이 선호하는 스포츠 브랜드를 일반인들도 선택한다는 스타 브랜딩 전략이 실효성을 잃어가고 새로운 마케팅을 요구하는 과도기로 간주해볼 수 있다.

1998년 이후 스포츠 업계는 기능성과 디자인, 패션성을 모두 고려한 다양한 소비자 라이프스타일과 정보IT산업의 융합을 통한 지식산업으로 변화된다. 아디다스는 스포츠신발에서 종합 스포츠 용품화(스포츠웨어, 장비)로 시장을 확대했고 아디다스만의 독창적 디자인을 고안하는 등 차별화를 보였으며, 푸마도 패션성을 강조한 스포츠 라이프 스타일로 개별 영역을 만들었다. 최근에는 '케이스위스K-Swiss' 등 신규 브랜드가 새롭게 부상하여 스포츠 브랜드 수요 다양화에 따라 패션 중심으로 특화되고 있다. 이들 스포츠업체는 스포츠신발과 IT를 연계한 참신한 마케팅 전략도 제시하고 있다.

아디다스

스포츠 브랜드를 논하자면 아디다스 브랜드 역사를 먼저 알아야 한다. 지난 한 세기 동안 시대의 변화와 함께했기 때문이다. 아디 다슬러는 1900년 독일의 작은 마을에서 출생했다. 아디다스adidas는 독일에 본사를 둔 스포츠용품 제조 기업으로 1948년 아돌프 다슬러Adolf Dassler가 설립했다. 브랜드명은 자신의 애칭인 아디Adi와 성 다슬러Dassler를 결합한 '아디다스adidas'로 지어졌다. 세계 최초로 고무바닥에 여러 개의 스파이크가 달린 축구화를 개발한 아디다스는 스포츠화뿐 아니라 가방, 시계 등 다양한 스포츠 관련 상품들로 그 영역을 확장하며 세계적인 브랜드로 성장했다. 아디다스그룹은 리복Reebok과 테일러 메이드Taylor Made를 소유하고 있으며, FC 바이에른 뮌헨FC Bayern Munich의 지분 9.1%도 갖고 있다.

1920년 운동에 대한 열정이 강하고 자신 역시 운동선수였던 아돌프 다슬러는 너무 쉽게 닳아버리는 운동화 대신 내구성이 강한 운동화를 만들고 싶어 스무 살 때부터 어머니의 세탁실에서 혼자 트레이닝화를 만들기 시작했다. 1924년 제1차 세계대전 참전 후 집에 돌아온 형 루돌프 다슬러Rudolf Dassler가 동생의 신발 사업에 동참해 둘은 같은 해 '다슬러 형제 신발 공장Gebrüder Dassler Schuhfabrik'을 설립했다. 1925년 아돌프 다슬러는 직접 손으로 스파이크를 박은 러닝화와 가죽 징을 박은 축구화를 개발해 특허권을 갖게 되었다. 이 신발들은 트랙과 필드에서 뛰어난 성능을 과시했는데, 특히 아돌프 다슬러의 스파이크 러닝화가 처음 빛을 본 것은 1928년 암스테르담올림픽에서였다. 리나 라드케Lina Radke 선수가 이 신발을 신고 여자 800m 달리기에서 세계 최고 기록으로 금메달을 목에 걸었다. 또한, 1936년 베를린올림픽에서는 독일 국가 대표 선수들 대부분이 아돌프 다슬러가 만든 운동화를 신었고, 독일 올림픽위원회는 다슬러 형제의 신발을 신겠다는 선수들의 요구에 따라 다슬러 형제 신발 공장에서 스포츠화를 공급받았다. 아돌프 다슬러가 당시 최고의 육상 스타인 미국의 제시 오언스Jesse Owens에게 자신의 운동화를 보여주기 위해 바이에른에서 베를린Berlin에 있는 선수촌까지 직접 차를 몰고 찾아갔다는 일화는 유명하다. 아돌프 다슬러는 제시 오언스에게 자신의 스파이크 러닝화를 보여주며 경기에서 신어줄 것을 간곡히 요청했다. 결국 제시 오언스는 이 스파이크 러닝화를 신고 100m, 200m, 400m 계주와 멀리뛰기 종목에서 모두 금메달을 획득해 베를린올림픽 최고의 스타가 됐다. 제시 오언스가 신었던 다슬러 형제의 신발은 전 세계의 이목을 집중시켰다. 이때부터 세계 각국의 선수들이 다슬러 형제의 운동화를 신길 원했고, 제2차 세계대전이 발발하던 1939년까지 다슬러 형제는 매년 20만 켤레 이상의 운동화를 판매했다. 이처럼 승승장구하던 다슬러 형제는 제2차 세계대전 이후인 1947년 각자의 길을 가기로 결정한다. 루돌프 다슬러는 1948년 자신의 이름을 내건 '푸마 슈퍼브릭 루돌프 다슬러Puma Schhfabrik Rudolf Dassler'라는 신발회사를 세웠고[이는 나중에 푸마Puma의 전신이 된다], 1948년에는 에밀 자토팩 선수가 런던올림픽에서 5,000m 육상경기에 출전하여 그의 신발을 신고 금메달을 획득하는 쾌거를 이루기도 했다. 아돌프 다슬러는 이듬해인 1949년 50여 명의 직원과 함께 자신의 애칭인 아디Adi와 성 다슬러Dassler를 결합한 '아디다스adidas'로 회사명을 바꿨다. 아디다스는 1954년 스위스 월드컵에서 또 한 번 전 세계의 주목을 받았다. 서독 대표 팀은 아돌프 다슬러가 만든 축구화를 신고 출전했다. 서독은 유고슬라비아와 오스트리아를 꺾고 결승에 진출했다. 헝가리 팀이 워낙 막강했기에 서독의 우승을 점치는 이들은 드물었다. 하지만 경기 당일 변수가 생겼다. 경기가 벌어진 베른Bern에 폭우가 쏟아진 것이다. 경기 시작 이후 연속 두 골을 넣어 주도권을 잡은 팀은 헝가리였지만, 폭우로 인해 그라운드가 진흙탕으로 변해가면서 축구화 바닥의 스터드Stud(징)를 교체할 수 있는 축구화를 신은 서독 팀이 힘을 내기 시작했다. 전반전이 끝나고 스터드를 교체한 서독의 경기력은 후반전으로 갈수록 더 살아났다. 2 대 2 동점이던 후반 39분 헬무트 란Helmut Rahn이 결승골을 넣으며 헝가리를 무너뜨렸다. 서독의 승리이자, 아디다스 기술의 승리였다. 후에 이 일화는 「베른의 기적The Miracle Of Bern」이라는 영화로도 만들어졌다.

사업이 점차 확장되자 아디다스는 1997년 동계 스포츠용품 제조사인 살로몬Salomon을 인수했고, 회사 이름을 '아디다스 살로몬adidas

Salomon'으로 변경했다. 하지만 2005년 살로몬 사업 부문을 핀란드의 아머 스포츠Amer Sports에 매각하면서 회사명을 다시 아디다스로 변경했다. 2006년 리복을 인수해 북미 시장 점유율을 끌어올린 아디다스는 2011년에는 아웃도어 전문 브랜드 파이브텐Five Ten과도 합병했다.

아디다스는 글로벌 브랜드 컨설팅업체인 인터브랜드Interbrand가 선정하는 '글로벌 100대 브랜드Best Global Brands 100'에 2001년부터 2013년까지 해마다 랭크되고 있다.

아디다스는 창업 초기부터 현재까지 끊임없는 제품 개발과 함께 선수들과의 파트너십을 통해 스타 마케팅을 전개해왔다. 리오넬 메시, 데이비드 베컴 등의 세계적인 축구 선수뿐 아니라 NBA 시카고 불스Chicago Bulls의 데릭 로즈Derrick Rose와 휴스턴 로키츠Houston Rockets의 제러미 린Jeremy Lin, 수영 선수 이안 소프Ian Thorpe 등 수많은 스타 선수들을 후원하고 있다. 축구 분야에 마케팅 비용을 가장 많이 쓰는 아디다스는 데이비드 베컴과 1,890억 원의 종신 계약을 체결했고 '베컴 축구화'로 불리는 프레데터 라인을 판매 중이다. 또한 매년 70억 원에 달하는 계약을 체결하는 리오넬 메시의 축구화 '아디제로 F50' 역시 높은 판매고를 올렸다. 아디다스는 2011년 한 해 마케팅 비용으로만 전체 매출의 13%에 달하는 2조 5천억 원을 썼는데, 이에 대해 아디다스의 하이너 회장은 이렇게 말했다.

"소비자는 서비스가 아닌 제품을 사는 것이다. 언제나 최고의 제품을 사려는 고객에게 아디다스 제품의 성능을 알리는 최고의 방법은 스타 마케팅이다."

나이키

1962년 나이키의 공동창립자 필 나이트와 빌 바우어만은 오리건대학교에서 스승과 제자의 인연으로 만났다. 필 나이트는 육상선수였고, 빌 바우어만은 필 나이트를 가르치는 육상코치였다. 이들은 선수들의 기록을 더 높일 수 있는 운동화를 찾기 위해 노력했다. 필 나이트는 일본의 오니츠카타이거[현재의 아식스ASICS]를 방문하여 미국 내 판매권을 얻어냈다. 필 나이트는 빌 바우어만 코치와 함께 블루리본스포츠를 설립한다. 창업 자본으로 1천 달러, 주문비로 약 650달러를 투자한 이들은 반드시 성공한다는 마음가짐으로 미국 13개 주의 운동장을 직접 방문하며 운동화를 판매했다.

이후 블루리본스포츠는 오니츠카타이거로부터 독립을 선언했다. 기존의 브랜드명을 '나이키'로 변경하고, 독자적인 브랜딩을 시작했다. 1979년 나이키는 리복의 등장으로 위기를 맞게 된다. 당시 여성들은 에어로빅에 큰 관심을 가졌고 스타일, 패션, 편안함을 강조한 리복을 선호했다. 리복은 진지한 나이키와는 달리 가볍고 편안한 이미지로 여성들에게 다가갔으며, 5년간 40배 이상의 판매고를 올리며 나이키를 위협했다.

1971년 새로운 브랜드인 나이키의 로고 디자인을 고심하던 필 나이트는 포틀랜드 주립대에서 그래픽 아트Graphic Arts를 전공하던 캐롤린 데이비슨Carolyn Davidson에게 디자인을 맡겼다. 캐롤린 데이비슨은 몇 가지 디자인을 고안해 제시했고, 필 나이트는 그리스-로마 신화의 승리의 여신인 니케nike의 날개에서 영감을 받아 제작한 로고를 최종 선택했다. 이 로고 디자인이 나이키의 트레이드마크가 된 스우시Swoosh다. 당시 필 나이트는 캐롤린 데이비슨이 디자인한 스우시가 마음에 꼭 들지는 않았지만, 멕시코 공장에서 회사 로고가 결정되지 않아 신발을 생산하지 못하던 상황이어서 그나마 괜찮다고 생각한 디자인을 선택했다고 한다. 당시 캐롤린 데이비슨이 스우시 로고를 만들고 받은 돈은 단돈 35달러다. 시간당 2달러로 계산했다고 하니 17시간 30분 만에 만든 로고다. 나이키의 브랜드가치는 2018년 미국 포브스가 발표한 자료에 따르면 320억 달러의 가치로 의류 부문 2위를 차지했다.

나이키는 1980년대 중반 미국 시장에 불어온 에어로빅 열풍을 예측하지 못해 에어로빅 슈즈를 출시한 리복에게 선두자리를 내주었다. 이에 나이키는 새로운 돌파구를 찾고자 1984년 NBA 시카고 불스Chicago Bulls 소속이던 신예 선수 마이클 조던Michael Jordan과 농구화 및 의류에 대한 후원 계약을 체결했다. 1985년 나이키는 마이클 조던을 위해 에어 조던 원Air Jordan 1을 개발했는데, 마이클 조던이 에어 조던 원을 착용하고 화려한 플레이를 선보여 운동화 판매율이 크게 증가했다. 마이클 조던이 은퇴할 즈음해서 나이키는 또 다른 대형 스포츠 스타와 나이키 모델 계약을 체결한다. 1996년 골프 선수 타이거 우즈와 5년간 4천만 달러 계약을 맺었고, 2001~2006년까지 계약을 연장했다. 2013년에는 연간 2천만 달러에 타이거 우즈와 재계약하여 화제를 모았다.

나이키가 우리나라에 처음 들어온 건 1974년 부산에 위치한 삼화고무라는 업체에서 OEM(주문자상표부착방식) 생산 첫 계약을 맺으며 시작했다. 당시만 해도 나이키는 이름 없는 중소기업 수준이었다. 하지만 삼화고무에서 수많은 나이키 자체 신발을 생산하면서 오늘날 세계적 기업으로 성장한 나이키의 기초를 마련했다는 평가를 받고 있다. 우리나라 사람들은 영리하고 손기술이 좋아 삼화고무를 시작으로 여러 업체에서 나이키 신발을 만들게 되었는데, 그 영향으로 그 당시 부산지역에서는 나이키 운동화 이름을 다 알고 있었다고 한다. 한국에 나이키가 들어온 시점은 1980년대 초반으로 부유층 자제들부터 나이키 신발이 보급되었다. 이후 1984년 개봉된 영화 「터미네이터 1」에서 마이클 빈이 신고 나오면서 젊은이들의 로망이 되어 한국에 널리 보급되었다. 이후 마이클 조던의 활약으로 나이키는 성수기를 맞이하게 된다.

스포츠 브랜드는 1984년 LA올림픽을 기점으로 급속하게 상업화로 진입하게 된다. 우리나라도 1980년대에 스포츠 브랜드의 전성기를 맞이하게 된다. 아디다스, 나이키를 시작으로 푸마, 미즈노, 아식스, 휠라, 엘레쎄 등이 성행했고 한국에서는 1986년 아시안게임과 88올림픽으로 그 어느 때보다 스포츠 브랜드가 성행했다. 국제상사 프로스펙스의 성공적인 시장진입 이후 코오롱 액티브, 삼성의 라피도, 니코보코, 죠다쉬 등이 스포츠 브랜드로 이름을 알렸다. 나이키와 관련된 이야기로 2003년도 재선을 앞둔 조지 부시 대통령이 아프리카 5개국을 순방했을 때, 한 미국 언론이 아프리카 현지 시민을 상대로 미국에 대한 설문조사를 했다고 한다. '조지 부시'라는 이름을 아는 사람은 거의 없었던 반면 '나이키'와 '코카콜라'에 대해서는 모르는 사람이 없었다고 한다.

스위스의 알프스

알프스 하면 사람들은 스위스를 떠올린다. 하지만 스위스는 알프스의 10분의 1 정도만 소유하고 있다. 알프스의 10분의 3을 소유한 나라는 오스트리아다(스위스 13.2%, 오스트리아 28.7%). 사실 알프스 땅을 소유한 나라는 프랑스, 모나코, 리히텐슈타인, 스위스, 오스트리아, 독일, 이탈리아, 슬로베니아 등 8개국이다. 알프스의 최고봉 몽블랑은 프랑스 영토이지만, 스위스에서 몽블랑의 진정한 아름다움을 감상할 수 있기에 사람들은 몽블랑이 스위스에 있다고 생각한다. 실제로 알프스 꼭대기에 있는 기차역 융프라우나 알프스 최대 빙하 알레치는 모두 스위스에 있다. 이와 같이 스위스는 알프스를 상징하는 랜드마크를 가지고 있으며, 또한 알프스의 아름다움을 스위스에서 느낄 수 있기에 알프스 하면 스위스가 떠오르는 것이다. 브랜드 또한 마찬가지다. 나이키 로고인 스우시를 보면 우리는 나이키를 떠올리게 되고, 승리의 여신 니케를 통해 나이키 운동화를 신고 뛰면 승리할 수 있다는 확신을 갖게 되어 사람들은 나이키를 찾는다. 아디다스의 로고인 '삼선'도 마찬가지다. 아디다스의 로고인 삼선을 보면 아디다스를 떠올리게 되고, 사춘기에 접어든 중·고생들은 다리가 길어 보이는 삼선 아디다스 트레이닝복을 챙겨서 수학여행을 다녀오곤 한다. 알프스를 떠올리면 스위스를 연상하게 되는 현상과도 같다.

언더아머, 룰루레몬

젊은 여성들이 자신의 몸매를 뽐내기 위해 레깅스 차림으로 다니는 모습을 길거리에서 어렵지 않게 볼 수 있다. 이런 현상에서 의류 브랜드의 트렌드를 알 수 있다.

　레깅스 붐의 중심에는 미국의 언더아머와 캐나다의 룰루레몬 브랜드가 선도적인 역할을 하고 있다. 언더아머는 1996년 메릴랜드대 미식축구 선수였던 케빈 플랭크가 만든 회사다. 언더레이어 기능성 의류의 흥행으로 사세를 키운 후 적극적인 방송, 스포츠 스타 마케팅으로 북미 시장에서 나이키와 아디다스 다음가는 스포츠 기업으로 성장했다. 2014년 미국의 스포츠 브랜드 시장에서 아디다스를 제치고 매출 2위가 되었고, 2015년 언더아머의 모델 스테판 커리의 활약으로 시그니처인 '커리 1'이 엄청난 인기를 얻게 된다. 2017년 창업자가 트럼프 지지 선언을 하면서 언더아머는 매출 하락의 길을 걷기도 했지만, 2018년 총 수익 52억 달러를 기록했다.

　룰루레몬은 1998년 캐나다 밴쿠버에서 칩 윌슨에 의해 설립된 기능성 스포츠웨어 브랜드다. '룰루레몬'이라는 브랜드명은 100명을 상대로 브랜드 이름 20개와 로고 20개를 설문조사하여 선택되었고, 선택된 로고 디자인은 스타일라이즈된 알파벳 'A'다. 룰루레몬의 주식 상장은 2007년 이루어졌으며, 3억 2,700만 달러를 얻었다. 2008년에는 스타벅스의 전 공동경영자 크리스틴 데이가 룰루레몬의 최고경영자 자리를 맡았다. 2013년 포춘지가 선정한 가장 빠르게 성장하는 회사 목록에 3회 연속으로 선정되었다. 한국에는 2016년 청담동에 아시아 최초의 플래그십 스토어 매장이 생겼다. 룰루레몬은 요가바지, 요가복, 요가 매트 등을 판매하고 있으며 온라인 스토어와 전 세계에 460개 매장을 갖춘 브랜드로 성장했다. 룰루레몬은 2019년까지 여성 요가 의류 브랜드로 알려져왔지만, 제품군과 마케팅 전략을 조정하며 점차 남성 고객을 확보하고 있다. 한국에서는 오프라인 매장 내 스튜디오에서 요가 수업과 식단 짜는 법, 명상 및 호흡법 등 체험 클래스를 무료로 제공하고 있으며, 2020년 초부터 홈 튜토리얼과 라이브 클래스 등 요가 수업을 온라인으로 제공하고 있다.

4 2004년 4월 5일자 「여약사」 신문 기사

우리나라 스포츠산업은 1997년 외환위기 이후 일부 국내 브랜드가 국내 사정에 적합한 제품을 선보였으며, 중소 스포츠 아웃도어업체들도 등산용 스포츠제품으로 위기를 극복해나가고 있다. 이들 업체의 전략 핵심은 기존 빅브랜드가 진출하지 않은 틈새를 공략하여 시장을 확대해가는 것이다.

필자는 경희대학교 테크노 경영대학원에서 스포츠 브랜드 관리론과 스포츠 이벤트 기획론을 강의하고 있다. 필자가 생각하는 브랜드는 "브랜드 자체가 회사이고, 브랜드 자체가 제품이며, 나 자신이 브랜드가 되어야 한다"는 것이다. 나 자신의 브랜드는 고가인가, 사치품인가, 정직한가, 신뢰감이 있는가, 사람들에게 믿음을 주는가, 남들이 따라 하고 싶은가, 갖고 싶은가, 사람들이 같이하고 싶은가 생각해보아야 한다.

스포츠 브랜드 시장은 지난 40여 년간 나이키, 아디다스의 절대 2강 독주 속에 리복의 선전이 있었고, 2000년대에 들어서면서 뉴발란스, 언더아머의 선전과 데상트의 약진이 있었다. 한국 시장에서는 프로스펙스와 르까프가 스포츠 브랜드로 명맥을 유지하고 있다.

　아디다스가 전통의 스포츠 브랜드라 하면 나이키는 혜성처럼 등장하여 왕좌에 오른 스포츠 브랜드다. 10년 뒤에도 나이키와 아디다스가 정상의 자리에 있을 것이다. 하지만 30년 뒤에도 나이키와 아디다스가 스포츠 브랜드의 정상에 있을 것인가 묻는다면 필자는 그렇지 않을 거라고 대답할 것이다. 영원한 브랜드는 없다. 한국의 스포츠 브랜드업체들은 이것을 간과해서는 안 된다. 소비자는 어떤 제품을 선호할까? 품질이 좋고, 디자인이 좋고, 가격이 싸면 무조건 구입할까? 그렇지만은 않다. 브랜드 파워가 없으면 사람들은 고민하게 된다. 지금도 늦지 않았다. 우리만의 고유 정서를 브랜드화하여 세계시장에 내놓는다면 한국에서도 세계 최고의 스포츠 브랜드를 만들 수 있다는 게 필자의 오랜 생각이다. 이 책을 읽는 젊은이들이여, 당신들이 주인공이다. 한국에서 세계적인 스포츠 브랜드를 창출해보자.

5 기업 면접 팁

자신감을 가지고 대답하라

　한미약품 입사 당시 필자는 얼굴에 큰 상처가 있어 취직이 불가능했다. 면접하시는 임원분들이 모두 0점을 주었을 때 당시 영업이사이신

분이 필자를 강력하게 추천했다는 말을 들었다. 그분은 필자의 자신감 넘치는 답변이 맘에 들어 뽑았다고 하셨다.

그 기업에 대해 상세히 알아보고 면접에 임하라

한미약품에 입사하는 후배들 가운데는 다양한 유형의 사람들이 있다. 그중 면접이 끝나고 나가기 전 발언권을 얻어 엘리트 한미인 10가지 덕목을 말하고 나가는 친구들이 있다. 물론 합격 대상자들이다.

본인이 가고 싶어 하는 회사나 업계의 선배들을 찾아봐라

그들은 여러분보다 먼저 그 길을 지나간 사람들이다. 정확한 지표를 알려줄 수 있는 사람들이다.

면접 시 입사 후 비전과 포부를 구체적으로 말하라

이때 숫자를 넣어 말하면 신뢰도가 높아진다.

면접 시 대답할 때는 자신이 하고 싶은 말보다는 상대방이 듣고 싶은 말을 하라

목표를 향해 한발 한발 걸어가다 보면 언젠기는 그 목표에 도달할 거라 믿는 1인입니다. 너무 조급히 생각하지 말고 여러분이 가장 잘할 수 있는 일을 고민해보시고 도전하시기 바랍니다. 여러분의 현재와 미래를 응원합니다.

발레 열정으로 '아트포츠(Artports)' 장르를 개척한
아트마케터

프로필

이 름 : 조윤혜

소 속 : 남서울대학교 교양대학 교수

이 력
- (現) (사)밝은사회국제클럽 한국본부 부총재
- (現) (사)한국체육학회 문화예술분과위원 위원장
- (現) (주)비바츠아트그룹 대표
- (現) 비바츠예술매니지먼트 예술감독

1 '발레'는 내 인생의 '희열'이었다

나는 '긍정'이라는 말을 아주 좋아한다. 흔히 긍정이라는 단어는 궁극적으로 성공이나 이른바 출세와 연결 짓고는 한다. 하지만 냉정한 의미로 긍정의 자세가 반드시 성공을 전제로 하지는 않는다. 그저 사전적 의미로 내게 주어지는 순간순간의 '어떤 생각이나 사실 따위를 그러하거나 옳다고 인정'하는 것이다.

그런 기본적인 마음으로 나는 이런 생각을 해왔다. '누구에게나 자신에게 주어진 인생은 놀이동산의 롤러코스터와 같다.' 그래서 산의 정상에 오르려면 높고 낮은 수많은 산등성이를 오르락내리락하며 오로지 위를 향해 힘들지만 발걸음을 내디뎌야 한다.

'발레'는 내 삶의 목표로서 올라야 하는 정상이었다. 어릴 적부터 오로지 발레 하나에 인생을 걸었다. 그러니 기쁠 때도, 힘들 때도, 아니 포기하고 싶을 때도 있었다. 마치 롤러코스터처럼.

하지만 발레는 해가 비추나, 비가 오나 내 인생의 버팀목이었고 내 삶 여정의 나침반이었다. 곧 어떤 여건이나 환경 속에서도 내게 발레는 생활을 건강하게 하는 영양제였다. 또 때때로 마음의 쓰라림을 치유하는 치료제이기도 했다.

세계적인 신화학자인 조셉 캠벨이 인생을 어떻게 살아가야 할 것인가에 대해 말했다. 한마디로 "자신의 희열을 따르라 Follow your bliss" 라는 것이다. 그렇게 되면 자신이 계획하지 않아도 기회의 문이 열리게 된다는 것이다. 나는 그 말을 믿는다. 내가 한평생 발레에 모든 것을 쏟은 것은 바로 그것이 내게는 희열이었기 때문이다.

희열, 아니 발레에 도취되어 나 자신을 잊고 황홀경에 빠지게 하는 그 엑스터시를 좇아 한길만을 달려온 세월이다. 그게 어느덧 40년을 넘는다. 그 긴 세월 동안 발레예술로 모든 걸 이루어보겠다는 한결같은 생각이 나를 휘어잡았다. 바로 그 온전한 마음을 담아 '비바츠'를 나의 예술 활동의 키워드로 설정했다.

2 발레지도자로 점지되다

나는 현재 비바츠예술매니지먼트 대표 겸 비바츠발레앙상블의 단장으로 있다. 앞서 언급한 대로 비바츠에는 깊은 뜻이 오롯이 담겨 있다. VivArts는 'Viva'와 'Arts'를 합성한 말이다. 직역하면 '예술로 승리를!'이라는 의미를 내포하고 있다.

크게는 '(발레)예술을 통한 행복과 기쁨'이라는 비전을 담고 있다. '비바츠는 곧 조윤혜'라는 긍정적인 자기암시. 이런 자기최면을 통해 나는 어제도 오늘도 발레만을 부여잡고 내 인생을 뚜벅뚜벅 걸어나가고 있다. 그 행보는 내일도 변함없을 것이다.

나는 어려서부터 발레를 배우기 시작했다. 무엇보다 여린 감성에 발레무용수들의 유려한 곡선을 그리는 동작에 끌렸다. 그런데다가 선생님들이 발레에 맞는 체형을 갖췄다는 칭찬이 동기부여가 됐다. 그때부터 발레리나가 되기 위한 싹이 움텄던 걸까. 아니면 발레지도자로 점지되었던 것일까.

학창 시절부터 발레를 터득한 나는 결국 대학에서 전공으로 발레를 택하게 됐다. 그러면서 그것이 인생의 희열이 되어 뒤에 대학 강단에서 후진을 양성하게 되는 기회를 맞았다. 흔히 예술을 전공하게 되면 고도의 정신세계에 묻혀 창의적 순수예술에만 몰입하게 된다.

그러다 보니 사회적 통념이나 풍조와는 거리를 두게 된다. 또한 사람들과의 원만한 관계 유지도 쉽지 않다. 나 역시 예외는 아니었다. 발레에 심취한 학교 때부터 졸업 후 발레 활동에 몰두하다 보니 원숙한 사회적 기량이 부족하다는 것을 깨닫게 되었다.

이런 여건 때문에 예술을 전공한 사람들이 사회에 진출했을 때를 상상하면 동병상련을 느낀다. 스스로 갈고닦은 기예나 역량을 발휘할 기회를 개척하는 것이 용이하지 않다. 대학은 학문의 전당이기는 했지만, 사회적 활동 기반을 닦는 데는 한계가 있다. 나도 이것을 체험했다.

3 미래 신진예술가에게 길을 터주어야

인류 역사를 통해 위인들은 예술을 최고의 가치로 정의했다. 이 예술을 우리는 일상에서 누리기도 하고, 예술 공연의 주체가 되기도 한다. 2000년대 초반 웰빙이 사회적 관심이 되면서 예술은 여유 있는 삶을 누리는 촉매 역할을 해왔다. 철학자 아리스토텔레스는 "예술의 목적 또는 효과는 카타르시스에 있다"라고 했다.

그러나 예술을 전공으로 해 사회적 활동 영역으로 삼아야 하는 무대예술가들에게는 여간 힘든 도전이 아니다. 현실적으로 사회적 인프라가 갖춰져 있지 않기 때문이다. 무엇보다 학교 교육에서 예비 예술 활동가로서 실질적인 현장 체험 중심의 학습 기회가 부족하다. 여기에 예술 멘토링과 코칭 프로그램이 많지도 않다. 당연히 예술 전공 학생들이 졸업 후 사회생활에 뛰어들면 냉엄한 현실과 맞닥뜨리게 되어 있다. 곧 예술 분야 정착에 어려움을 겪는다.

나는 이런 실정을 일선에서 직접 뛰면서 지켜봤다. 그러면서 고등교육 과정을 마친 졸업생들의 진로가 언제나 마음에서 떠나질 않았다. 그래서 '예술 분야 사회인으로 정착하기 위해 필요한 게 무엇일까?'를 골똘히 생각하게 됐다. 바로 '예술경영'이나 '아트매니지먼트'였다.

그 중요성은 아무리 강조해도 지나치지 않다는 것을 뼈저리게 느꼈다. 발레를 전공한 학생들이 상아탑을 떠나 실전 예술인practitioner으로 탈바꿈할 수 있는 훈련이 필요하다는 것을.

한마디로 발레 전공 학생들이 사회에 진출하며 부딪히는 장벽을 극복하는 것이 우선이었다. 또한 예술적 학문과 생활적 예술의 간극을 좁히는 것도 크나큰 숙제였다. 나는 발레 전공자들의 선배이자 인생의 지도자로서 무언가 해야 한다는 강박감을 갖게 되었다.

그들이 졸업 후 사회에 나와 발레 기량을 펼쳐 보일 수 있는 무대가 많지 않다. 이러한 현실이 그들을 볼 때마다 내 마음을 짓누르고 있었다. 발레를 평생의 사명이자 업(業)으로 삼아온 나에게 말이다.

이것이 2008년 공연기획사 창업에 도전하게 된 동력이었다. 그 어려운 관문을 뚫고 대학에 들어가 발레를 갈고닦은 학생들에게 미래로 나아갈 길을 터주자. 바로 주저하지 않고 발레교육과 공연기획의 기치를 들게 된 이유다.

4 전국을 종횡무진하는 전천후 아트마케터

발레는 서양의 대표적인 예술 장르다. 발레는 몸동작 마디마디와 섬세한 율동 하나하나를 통해 인간이 내면을 표출하는 정교한 예술행위다. 그래서 러시아의 대문호였던 알렉산드르 푸시킨은 "발레는 인간의 영혼이 빚는 춤"이라 했다.

이렇듯 훌륭한 예술 분야이지만 예술도 하나의 상품이다. 그만큼 소비자가 되는 관객과 무대에서 만날 때에야 참다운 가치를 발휘한다. 공연기획사는 이런 예술작품을 직접 제작하여 일선 공연주최자에게 판매해야 한다. 이를 '예술마케팅'이라 한다.

사실 한국의 공연기획사 사정은 환경이 갖춰진 선진국의 매니지먼트 시스템과는 다르다. 한마디로 한국에서 공연기획사를 꾸려간다는 것은 녹록지 않다. 역사적 깊이도 덜한데다 사회적 인식도 아직 얕다.

그렇지만 창의적인 지식과 지혜를 총동원해 예술을 '팔아야' 한다. 예술을 매개로 사업을 한다는 것은 보기보다 어지간한 열정과 노력 없이는 안 된다. 예술기획자를 일컬어 '아트마케터 Art Marketer'라 한다.

나는 예술의 기획이란 '생(生, live)'을 만들어 전달하는 것이라 정의한다. 그런 만큼 기획 전문가는 스스로 생각이나 행동이 살아서 꿈틀대고 있어야 한다. 공연은 혼자만의 힘으로는 되지 않고 팀워크, 곧 협력을 통한 협업 과정을 통해 달성된다고 생각한다. 살아 움직이는 기획이야말로 관람객의 공감을 이끌어내고 감동을 가져다줄 수 있다.

나는 비바츠예술매니지먼트를 설립해 공연작품을 직접 기획·제작했다. 경영자이자 예술감독까지 역할을 도맡은 것이다. 나만의 색깔을 담은 차별화된 콘텐츠 작품을 제작해서 전국의 문예회관과 지역축제를 찾아 나섰다. 더 나아가 문예회관을 관할하는 지방자치단체의 문을 두드리며 발레공연의 마케터로 발품을 아끼지 않았다.

때로는 불쑥 찾아간 지자체 관료들로부터 냉대를 당하기도 했다. 하지만 나는 더욱 용기와 기백을 살려 발레를 설득시키는 데 혼신을 힘을 쏟았다. 지금까지 지역의 단체장, 관장, 공무원, 담당자 등 문화예술 네트워킹을 위해 전국을 찾아 나선 것만도 수백 회가 넘는다.

5 새로운 콘셉트의 '아트포츠' 융합공연 개척

비바츠예술매니지먼트가 자랑하는 대표적인 기획작품으로는 'LED 비바츠 태권발레'를 꼽을 수 있다. 이 공연은 발레와 태권도가 융합된 댄스뮤지컬이다. 화려한 LED 조명 의상을 입은 발레리나와 박력 넘치는 태권도 무예인들이 역동적이며 몽환적 분위기를 연출한다.

서양의 대표적 장르인 발레와 한국을 상징하는 태권도를 아우르는 예술과 스포츠의 '융합'!

언뜻 보기에 어울릴 것 같지 않은 요소들로 이룬 환상의 조합이었다. 나의 역발상적인 기획 의도가 효과를 내 관중의 탄성을 자아내게 한 것이다. 동서양의 비현실과도 같은 예술과 스포츠의 합치, 곧 '아트포츠Artports'라고나 할까. 요즘 시쳇말로 '찐 케미'를 보여줬다.

나는 이 작품을 온 가족이 함께 즐길 수 있는 '패밀리 퍼포먼스'로 방향을 잡았다. 가족 간의 유대가 흐려지는 세태에 화합과 단합과 사랑을 나누는 자리가 되도록 역점을 뒀다. 특히 우리 사회 소외계층을 기억했다. 그래서 사회에서 유리된 기저층을 찾아가 예술의 향기를 나누는 사업을 펼쳤다. 나는 이런 사업이 다른 어떤 공연보다 더 가치 있는 것으로 여겼다.

이 작품은 2016년부터 2019년까지 문화체육관광부 우수작품으로 선정되는 쾌거를 이뤘다. 전국을 순회하며 실시한 공연이 100회를 넘었다. 가는 곳마다 인기공연 1위를 달성하며 전석 매진이 되는 기록을 세울 정도였다.

발레와 태권도의 무대 만남은 한국의 IT 강국 일면도 널리 알리는 계기가 됐다. 디지털로 연출된 LED 의상은 공연의 새로운 경지를 열었으며, 무대의 역동성도 높였다. 그러다 보니 유아 및 아동 교육 현장에서 발레와 태권도에 대한 선호도가 굉장히 커진 것으로 나타났다.

한편 공연을 기획하면서 스토리텔링도 중시했다. 어린이들에게 친숙한 곰 인형 테디베어를 무대 전면에 등장시킨 것이다. 태권도를 하는 곰 인형 '테르테'와 발레를 하는 '테리나'를 주인공으로 내세워 어린 관객의 흥과 관심을 끌어올렸다.

이들이 태권도와 발레를 배워서 힘이 세지고 커져서 악당들을 물리치는 이야기로 풀어냈다. 그렇게 해서 평화롭고 이상적인 세상을 만든다는 권선징악 내용으로 교훈적인 메시지를 전달하는 효과를 얻었다.

6 전국 순회공연과 문화복지 작품으로도 각광

예술과 스포츠가 한데 어우러진 아트포스 'LED 비바츠 태권발레'는 전국 문예회관과 지역축제로부터 참신한 기획이라는 평가를 받았다. 발레, 태권도, 아크로, IT미디어, 애니메이션 등 아트테크가 총동원된 것이 특색이었다.

현란한 LED 빛의 잔치 속에 화려한 무희들의 몸동작에 곁들인 태권도의 파워풀한 퍼포먼스는 언제나 객석을 휘어잡았다. 그동안 이 작품은 방방곡곡문화공감사업, 예술지원파트너사업(메세나), 방송진흥공모사업, 동(童)동(動)동(洞)문화놀이터사업, 신나는예술여행–특수학교 순회사업 등에 참여했다.

이는 한국문화예술위원회, 한국문화예술회관연합회, 서울문화재단, 메세나협회 등 각 문화예술 공공기관이 주관하는 우수프로그램 및 소외지역 문화복지 공연작품으로 선정된 결과다. 비바츠예술매니지먼트는 지금까지 전국 각 지역에서 1천 회에 가깝게 다양한 공연과 교육프로그램을 펼쳐왔다.

이 외에 2015년 글로벌관광융복합산업연합회GCTIF가 수여하는 '융복합콘텐츠 부문 럭셔리 어워즈'를 수상하기도 했다. 이 상은 다문화시대 환경에서 사회문화체계의 트렌드에 부합해 작품 제작에 창의적 역량을 발휘한 것을 인정한 것이다.

전국적인 활동 네트워크를 구축하면서 갖는 소회도 많다. 문예회관 관련 지역 단체장들을 직접 만나기가 쉽지 않다는 점이다. 하지만 일단 예방해서 왜 지역에서 예술공연이 필요한지를 말씀드리면 이해해주신다. 그때가 힘은 들어도 가장 보람을 느낀다.

예술은 그들의 관심과 성원 없이 자생하기가 쉽지 않은 풍토를 갖고 있다. 그럼에도 '도전하지 않고는 아무것도 얻을 수 없다'라는 확고한 신념을 가져왔다. 이제는 나의 열정에 감동한 지역 공연장들과 축제 전문가들이 먼저 공연을 초청하는 기회도 늘어났다. 비바츠예술매니지먼트와 비바츠발레앙상블의 존재감이 지역공연계에 부각되기에 이른 것이다.

▲ 2017. 7. 24 공연전시 매거진 올댓아트

▲ 2017. 7. 20. KOPIS 공연예술통합전산망

▲ 2017~2019년 전석 매진 공연장

▲ 2017. 12. 18. KBS1 TV 월요기획
2017. 12. 11. KBS뉴스 인터넷 기사 발췌

7. 'VivArts'의 발레 열정을 행복과 기쁨으로!

나는 세기적인 무용가였던 마사 그레이엄을 가장 존경하는 인물 중 한 사람으로 꼽는다. 그것은 그의 말이 바로 나를 지탱해주는 추동력이 되고 있기 때문이다.

"위대한 무용수는 기교로 위대한 것이 아니라 열정으로 위대한 것이다."

 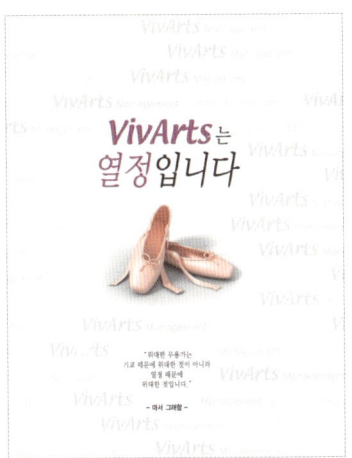

나는 열정을 믿는다. 언젠가 우리 공연을 보러 온 한 외국인이 나에게 던진 말이 떠오른다. '볼 오브 파이어(ball of fire, 대단한 열정가)'. 나는 내가 열정이 넘친다고는 생각하지 않는다. 그런데 주위에서는 그렇게 치켜세워주고 있으니 더 노력하라는 채찍이라 여긴다.

어쨌든 직접 발로 뛰어보면 국내 공연시장이 얼마나 열악한지 알 수 있다. 하지만 나는 이에 굴하지 않을 것이다. 비바츠예술매니지먼

트는 21세기 트렌드에 맞춰 항상 새로운 장르에 도전해나갈 것이다.

2020년 6월 MBC와 OBS를 통해 태권발레단이 소개되었다. 그뿐만 아니라 유튜브와 SNS를 포함해 다양한 플랫폼에도 널리 소개됐다. 이것은 내가 발레라는 한 분야에만 평생 매진한 결실이다. 나아가 시대에 맞춘 융복합 장르를 개척한 도전 정신의 산물이기도 하다.

이제 지금까지 쌓아온 성과에 더해 중국 등 세계시장에 진출하기 위한 전략도 마련해볼 계획이다. 그래서 첨단 디지털 시대에 맞는 'K-culture'의 선봉에 서는 것도 이루고픈 꿈이다. 월트 디즈니는 "무엇이라도 꿈을 꿀 수 있다면 그것을 실행하는 것 역시 가능하다"라고 하지 않았는가.

더더욱 아트테크가 접목된 새로운 개념의 융합interdisciplinary 공연을 선보여 나가리라. 그리고 관객을 찾아 부단히 전국을 뛰어다닐 것이다. 내가 신어왔던 다 닳은 토슈즈처럼 전국 어디라도 신발이 닳을 때까지 힘껏 나아갈 것이다.

이 멋진 열정은 나의 전유물이 아니다. 공연 현장과 강단에서도 발레와 함께 활동하는 모든 사람에게 열정을 함께하려고 한다. 다시 한번 '발레예술로 행복과 기쁨을 위해!'

8 '덕업일치'로 뉴밀레니엄 시대에 도전하자!

지금까지 내가 발레를 중심에 두고 활동해온 얘기만 했다. 한마디로 발레를 삶의 활력이자 목적지로 정해 달려온 긴 시간을 풀어놨다. 흔히 청소년 때인 초·중·고등학교 시절까지는 예능을 과외활동으로 하다가 나의 재능을 발견하기도 했다.

과외로 익혀왔던 예능에 확고한 뜻이 서게 되면 비로소 대학을 지원하며 자신의 전문영역이 된다. 나아가 미래 인생의 좌표로 설정되는 법이다. 앞서 말했듯이 나는 어릴 적부터 선생님들로부터 발레에 대한 '끼'를 인정받아왔다. 그래서 진로를 결정해 당연히 대학에서 본격적으로 발레를 연마하게 됐다.

경희대학교. 아마도 운명의 신이 내게 예비해준 학문의 전당인 셈이다. 내 학력과 경력이 일관되게 경희대를 중심으로 엮여 있다. 거기서만 배우고 지금껏 전공 관련 교육활동을 해오고 있으니 말이다. 그러니 이 어찌 천명이 아니랴 싶다. 경희대 무용과 졸업, 경희대 교육대학원 무용교육 석사, 경희대 체육대학원 스포츠마케팅 체육학 박사, 경희대 후마니타스 칼리지 겸임교수 등.

경희대는 문화복지사회 건설을 위해 유능한 지도자를 양성하는 기본 정신이 있다. 바로 '창의적인 노력, 진취적인 기상, 건설적인 협동'

이다. 그것이 어쩌면 내가 발레 리더십을 쌓아가는 데 도전 정신이 되었는지 모른다. 그래서 나는 후진들을 육성하면서도 이런 정신을 언제나 핵심 가치로 삼고 있다.

1949년 5월에 설립된 경희대가 표방하는 정신은 70여 년이 흘러 이제 초첨단 시대를 맞고 있다. 그런데 지금 더욱더 절실한 개인적·사회적 덕목이 되었다. 경희대에서 잔뼈가 굵은 나로서는 그 정신이 내 인생관이자 사업관이기도 하다. 창의성·도전성·협동성을 바탕으로 더불어 도전하며 노력해나가는 것이 성공으로 나아가는 길임을 믿는다.

오로지 발레라는 예능에만 매진하다 보면 원만한 인격체를 도야하기가 쉽지 않다. 그래서 발레 아티스트일지라도 폭넓은 지식과 경험을 쌓아야 한다. 그래야 균형 잡힌 사회인이 될 수 있다. 특히 지금과 같이 사회문화적 변화의 흐름이 빠른 시기에는 다양한 역량을 길러야 한다. 내가 지금도 끊임없이 노력하고 학습하려는 이유다.

뉴밀레니엄 시대 젊은이들이여! 그대들은 모든 분야가 갈수록 경쟁이 치열해지는 시대를 살고 있다. 그런 만큼 정직과 성실한 자세를 갖춰 열정적으로 도전해야 한다. 만약 그대가 발레인이라면 덕업일치의 단역이 아닌 주인공이 되겠다는 굳은 의지로 미래로 나아가야 한다. 그러면 승리의 여신은 그대들을 향해 미소를 띠며 다가오게 되리라.

The World of Sports Marketers 1-17

"스포츠 마케터는 싹쓰리다!!
스포츠마케터는 기획자이자 행정가다.
아이디어를 기획하고 제안하며 기획된 이벤트를
현장에서 준비하고 사소한 자리 배치부터
마무리 보고서 작성까지, 말 그대로 하나부터 열까지
해내야 하는 만능형 싹쓰리 인간이어야 한다."

프로필

이 름 : **정아람**

소 속 : 장안대학교 생활체육과 교수

이 력
(現) 대한체육회 교수정책자문위원
(現) 경기도체육회 인사위원
(前) 한국체육학회 사무국장
경희대학교 체육대학원 스포츠산업경영 박사

주요 저서
– 스포츠 원리
– 스포츠 경영학
– 스포츠용품 산업
– 스포츠미디어커뮤니케이션
– 광고&PR

나는 스포츠 분야에 20년을 몸 담고 있는 불혹의 여성이다.

스포츠 행정가이자 연구원이자 교수로 불리기도 한다.

다시 말하자면 오랜 시간 한 우물을 파지는 못했지만, 여러 가지 업무를 다양하게 경험해본 사람, 즉 만능형 인간이라는 뜻도 된다.

이렇게 나 자신에 관한 얘기를 쓰기에는 너무 미숙하고 결승점까지 가기엔 아직 절반도 못 간 갈 길이 먼 미생이지만, 나보다 더 미숙한, 이제 출발점에서 가슴 터질듯한 열정을 가지고 출발신호를 기다리고 있을 과거의 나와 같은 미생들을 위해 이 글을 시작하겠다.

1 본 투비 스포츠우먼

직업적인 선수는 아니셨지만 다양한 운동을 섭렵하며 아마추어 대회에 나가실 정도로 운동을 생활화하셨던 부모님의 영향을 많이 받았다. 내 인생의 첫 번째 선물도 부모님이 주신 롤러스케이트였다. 이 사실도 아마 우연은 아닐 것이다.

타고난 피지컬부터 스포츠 쪽으로 운명처럼 이끌렸다고나 할까? 180이 넘는 아버지와 170의 신장을 자랑하는 어머니 사이에 태어나 초등학교 때부터 또래 중 가장 컸던 나는 체육 선생님의 권유로 방과 후 높이뛰기를 몇 번 연습하고 학교 대표로 나간 대회에서 덜컥 2등을 했다. 그 이후 운동을 지속적으로 하지는 못했지만(일단 공부부터 하고 운동은 취미로 하자는 부모님의 조언으로), 이때부터 이미 인지하지 못한 미래가 펼쳐지고 있었는지도 모르겠다. 현재 180이 조금 안 되는 키의 나는 나를 처음 본 사람에게도 스포츠업계에 있을 거라는 짐작을 불러일으키지만, 어렸을 때 역시 또래 친구들보다 많이 컸다.

그런 여러 가지 이유로 나는 스포츠를 생활화하며 좀 더 공부하고자 하는 욕심이 생겼고, 대학 진로 역시 체육학을 선택하여 전공했다. 대학 재학 중 스포츠산업이라면 엘리트 체육이 전부라고 여겨지던 시절, 선수 트레이너를 하겠다며 사설 협회에 등록해서 선수 트레이너 연수 과정을 듣게 되었다. 그 한 달간의 연수 중에 '스포츠경영 및 선수 관리'라는 강의를 듣고 내 인생의 전환점을 맞게 되었다. 같은 스포츠 분야였지만 방향이 완전히 바뀌게 된 것이다. 이때부터 스포츠경영과 마케팅을 공부하기 위해 자료를 수집하고 대학원 공부를 시작하게 되었다.

석사 공부를 하면서 스포츠마케팅 분야에서 살아남으려면 영어는 필수라는 지도교수님의 조언으로 졸업과 동시에 어학 공부를 위해 캐나다 토론토로 무작정 길을 나섰다.

2 실무의 첫 경험

어학원에서 기본적인 공부가 끝난 다음 비즈니스 학교에서 글로벌 비즈니스 코스를 마친 후 IKEA에서 일할 기회를 얻게 되었다. AD marketing manager assistance로 6개월 정도 일했는데, 그때 사실 글로벌 기업에서 일을 배워볼 수 있다는 생각에 굉장한 기대와 열정을 가지고 첫 출근을 했다. 11월의 첫 출근길, 무릎까지 쌓인 눈을 보면서 버스를 타고 1시간가량 가는 동안 현장 경험이 없었던 나는 '광고 마케팅 부서는 얼마나 굉장한 일들을 할까? 나는 또 어떤 일을 해보게 될까?'라는 기대감이 가득했던 거 같다.

    그렇지만 그 생각은 얼마 가지 않아 산산이 부서졌다. 지금 생각하면 참 몰라도 너무 몰랐던 애송이 시절이었다. 나의 첫 실무는 예상과는 거리가 멀었다. 전략회의 및 아이디어 회의를 주로 하며 머리를 짜내 기획하는 업무가 대부분일 거라는 예상과 달리 대부분 기본적인 DM 발송부터 회원 주소록, 이메일 업데이트 정리 및 이벤트 안내 발송, 행사 준비 및 설치, 방송 광고를 위해 디자인된 제품 위치와 각도에 맞춰 구성하기 등 기획이 20~30%라면 그것을 준비하고 진행하는 일들이 70% 이상을 차지했다. 물론 한국에서도 못 가본 방송국을 제 집처럼 들락거리면서 재미있는 경험도 많이 했지만, 큰 기대감을 품고 있었던 만큼 실망감도 컸다. 하지만 결실이라는 것은 많은 준비과정을 통해 잠깐 빛을 발한다고나 할까?

    결과물을 위해 준비하는 70%가 모든 것을 결정한다.

3 연구원으로서의 나

업무가 익숙해질 때쯤 한국행을 결정하고 돌아왔다. 이후 박사를 졸업하고 스포츠융합콘텐츠연구소 수석연구원으로 활동하며 기업이나 지자체와 많은 프로젝트를 진행해왔고, 주된 업무는 제안서 작성 실험 및 설문 혹은 이벤트(행사) 운영을 포함한 보고서 작성이었다. 떠올려보면 프로젝트가 시작되면 집에 못 들어가는 게 일상이었던 그때가 정말 힘들었지만, 어느 때보다 실무에 대해 많이 배운 시기였던 것 같다.

그중 기억에 남는 에피소드를 얘기해보려 한다.

첫 번째로 보험공단과 진행한 실업팀 창단과 관련한 프로젝트였다. 이 프로젝트는 보험공단에서 진행하는 실업팀 창단에 관한 타당성 조사연구로 종목 선정, 예산 등도 산출해야 하는 연구용역이었다. 프로젝트 기간이 촉박한 상황에 당시 상주하고 있던 연구원마저 턱없이 부족했던 시기로 프로젝트에 가동될 수 있는 인력이 나를 포함해 단 두 명이었다. '과연 이게 가능할까?'라는 생각도 잠시, 쪽잠 자며 4일 만에 제안서를 만들어 제출하고 계약을 성사시켰던 작업이 기억에 남는다. 당시 보험공단은 고령사회로 접어들면서 늘어나는 보험료를 효과적으로 낮추기 위해 국민생활스포츠를 활성화하고 근본적인 원인을 해결하고자 실업팀 창단을 서두르고 있었으나, 여러 가지 이유로 여론의 뭇매를 맞던 상황이라 어느 때보다 질 좋은 연구를 진행해야 했고, 나름대로 성과가 좋았다. 결국 여러 가지 이유로 실업팀 창단은 무산되었지만, 돌이켜보면 뿌듯했던 연구용역이었다.

두 번째 프로젝트는 지금의 한국스포츠정책과 학원과 진행했던 인재 양성 프로젝트였다. 이 프로젝트는 3년간 10억 원의 예산을 지원받을 수 있는 대학원 전문 인재 양성 지원사업으로 입찰만 받게 된다면 많은 인재에게 도움이 될 수 있는 욕심 나는 프로젝트였다. 그런데 제안해보자는 논의가 기한이 4일밖에 남지 않은 상황에서 결정되어 당일부터 바로 작업에 돌입해야 했다. 게다가 주말이 포함된 4일이라 함께할 동료를 찾기도 어려운 상황이었는데, 눈앞이 캄캄해진다는 말이 무엇인지 이때 제대로 느껴봤던 것 같다. 주말 동안 집에서 후배들이 자료수집을 도와주었고, 하루씩 나와서 도와주는 동료들도 있어서 가능했다. 물론 여기서 가장 중요한 핵심은 정확한 가이드라인과 콘셉트가 회의를 통해 도출되니 짧은 기간의 작업이었지만 컨트롤타워 역할을 하며 집중도 있게 완성해낼 수 있었다. 역시 제안서의 핵심은 명확한 설계와 콘셉트 그리고 자료수집이었다. 결국 성공적으로 계약을 체결할 수 있었다. 덕분에 장학금과 많은 프로그램 지원금을 받으며 공부하는 학생들을 볼 때마다 무척 뿌듯하고 나름의 보람을 느끼곤 했다.

되짚어보면 문서작업에 대한 수많은 노하우를 이때 모두 얻었지만, 그보다 중요하다고 생각되는 것은 근성 그리고 동료 혹은 계약자와의 관계 조율 능력이라고 생각된다. 모든 일은 고통이 따른다. 큰 일일수록 더욱 그렇다. 고통 뒤에 오는 짜릿한 성취감은 말로 표현할 수 없다.

"일의 쾌감은 고됨을 잊게 한다." - 호라티우스

4 행정가로서의 나

나는 한국산업경영학회 사무국장으로 2년, 한국스포츠산업협회 사무국장으로 3년간 근무했다. 이 시기에 나는 서류작업과 보고체계, 인간관계 능력치의 정점을 찍었다.

사무국장으로서의 주요 업무는 행정처리, 학술대회(포럼) 및 행사 기획, 운영, 스폰서와의 협상과 조직 내 인간관계 조율이다.

학회나 협회의 업무는 비슷하면서도 다르다. 우선 다른 점은 운영

▲ 스포츠비즈니스 포럼에서

주체다. 한마디로 학회는 학문을 하는 학자들이 모여 운영되는 단체이고, 협회는 주로 현장에서 움직이는 사람들에 의해 운영되는 단체라고 설명할 수 있겠다.

비슷한 점을 들자면 이 단체들은 주기적으로 학술대회나 포럼을 개최하여 새로운 학문이나 트렌드를 교류하면서 스포츠산업의 전반적인 흐름을 파악하고, 인적 네트워크를 만들어가는 것이 주된 목적이라 하겠다.

첫 번째 업무

행정작업

학회와 협회는 행정업무가 매우 중요하며, 기본적인 회계처리, 행사계획 및 보고서, 임원회의, 학술대회 보고와 연말에는 정기총회와 회계감사 등 기본적인 행정업무가 있다. 그 외에 한국스포츠정책과학원이나 문체부 혹은 학회의 경우 한국체육학회의 지원을 받아 진행되는 행사가 있으면 계획서 및 결과보고서를 제출하고 감사 준비를 한다.

한국스포츠산업협회에 처음 입사하여 근무를 시작했을 때 겪은 1년간의 일은 지금도 기억에 많이 남아 있다. 한국스포츠산업경영학회 사무국장을 경험한 터라 한결 가벼운 마음으로 시작했다. 그런데 '최순실 사건'이라는 복병을 만나게 될 줄이야! 내가 입사하기 3년 전, 협회가 승마 관련 포럼에 연루되어 있었던 것이다. 감사통보를 받고 3년 전 서류를 들춰보았으나 없는 서류가 대부분이었고, 당시 담당자들의 말에 따르면 위의 지시였다는데, 위에서 내려온 지시를 입증할 만한 증거가 없었다.

오랜 감사를 끝으로 얻은 교훈은 "모든 진행사항은 문서로 남긴다. 내 사전에 절대 구두로 진행되는 일은 없다!!!"

두 번째 업무
학술대회(포럼) 및 행사 기획, 운영

매번 진행되는 행사이지만 트렌드에 민감하게 반응하며 추이를 살펴 주제를 선정하고 그에 맞는 강사를 섭외한 후, DM 정리 및 홍보 자료 발송에서부터 행사장소 및 인쇄물, 장소 구성, 인원 배치, 시나리오 작성 등 기획부터 진행, 행사장 정리, 결과보고서와 보도자료 배포까지 모든 업무가 이에 포함된다. 모든 행사와 운영에는 항상 실수가 생기기 마련이다. 완벽하게 생각대로 진행되는 행사는 본 적도 들어본 적도 없다. 언제 어떤 일이 발생할지 모르는 현장에서 가장 필요한 건 순간적인 대처와 의연함이 아닐까?

세 번째 업무
스폰서 및 조직 내 관계 조율

사실 스폰서를 잡는 것은 임원들이 큰 역할을 하지만, 그 이후의 역할은 사무국에서 진행한다. 세부적인 사항에 대한 협상과 조율이 매우 민감하게 진행되며, 서로의 친밀함이 작용하는 중요한 순간이기도 하다. 또한 조직 내부에서 일어나는 보이지 않는 감정 분열과 대립 혹은 안건에 대한 이견이 있을 때는 사전에 조율하거나 서로의 의견을 고려하여 안건을 제시하기도 한다.

"인성도 스펙이다. 면접관의 눈엔 그것이 보인다"

박사를 졸업한 후 현장에서 업무 경험을 쌓으면서 동시에 대학교에서 강의를 해왔으며, 지금은 강단에서 그리고 연구를 위해 책상에 앉아 많은 시간을 보내고 있다.

나에게 또 다른 기회가 찾아올 수 있고, 어떤 현장에 속해서 일하게 될지는 아무도 모른다. 늘 준비하며 즐길 뿐이다.

스포츠산업 분야는 매우 복잡하게 얽혀있고 연결되어 있다. 모든 일은 사람에서 시작해서 사람으로 끝난다. 그 일이 무엇이든 간에 조화를 이루지 못하면 견디기 어렵고 기회를 얻기도 힘들다. 관계를 중시하고 외향적인 성격과 자신감은 그 무엇보다 중요하다고 생각한다.

아마도 많은 친구들이 스펙을 쌓기 위해 무던히 노력하지만, 이 부분을 간과하는 경우를 많이 보았다. 면접 심사관으로서 내 경험을 돌이켜보면 스펙은 비슷하다. 단지 면접에서 대화를 오래 나눠보면 성향이나 성품이 보인다. 이 부분이 주관적인 점수차를 내는 중요한 포인트였던 것 같다. 물론 스펙에서 뒤처진다면 할 말은 없다. 전쟁 같은 취업시장에서 그리고 진급시장에서 살아남는 사람은 스펙도 중요하지만, 인성이 큰 부분을 차지한다는 걸 간과해선 안 될 것이다.

"리더십에 대한 토론은 반드시 능력과 경쟁에 관한 이야기로 시작되지만, 반드시 한 개인의 인격과 성실성에 대한 이야기를 하는 것으로 끝이 난다." - 론 시몬스

진짜 프로스포츠마케터가 되고 싶다

프로필

이 름 : **조민제**

소 속 : ㈜케이엔코리아 상품기획팀장

이 력

(現) 케이엔코리아 상품기획팀장
(前) NC다이노스 마케팅팀 과장
(前) 한국야구위원회 야구발전실행위원회 매니저
한양대학교 글로벌스포츠산업학과 박사과정
경희대학교 체육학 석사(스포츠산업경영 전공)

1 프로스포츠마케터가 되기까지

운명 같은 첫 경험

학창 시절 난 여느 남자아이들처럼 야구, 농구, 축구 하는 걸 좋아했고, 김병현, 우지원은 내가 응원하는 스타였다. 그저 공놀이에 신났고, 스타의 경기를 보는 게 행복했다. 그렇게 스포츠팬으로 살았다.

그러다가 대학 어학연수로 뉴욕에서 처음 접한 양키스 스타디움에서의 경험은 단순히 내 인생의 첫 메이저리그 직관이 아니었다. 그야말로 인생의 전환 포인트였다. 경기 전의 열기, 티케팅, 경기장 시설, 컨세션, 팀스토어, 경기 후 많은 인파 등 모든 것이 새로운 경험이었다.

그렇게 프로스포츠 경기가 아닌 프로스포츠 산업에 대해 큰 관심을 갖게 되었다.

무엇을 해야 할까?

그러다가 프로스포츠 구단에서 일하고 싶다는 막연한 목표가 생겼다. 난 운동선수도 아니고, 경기 관람 말고는 아무런 경험이 없는데 무얼 준비해야 할까?

귀국해서 스포츠산업에 관심을 갖고 할 수 있는 일을 찾다 보니 때마침 '스포츠경영관리사'라는 자격증이 생긴다고 한다. 무작정 사설 교육기관에 등록해 프로스포츠를 비롯해 스포츠산업의 다양한 내용을 매우 흥미롭게 배워갔다. 자격증을 취득하면 어디서든 일할 수 있을 것 같다는 기대감은 벽에 부딪혔다. 대한민국에서 스포츠 관련 일자리는 생각보다 많지 않았다. 대학 동기들은 모두 대기업을 쫓아 취업의 길로 뛰어들었지만, 그때 나에게는 오로지 프로스포츠 구단뿐이었다.

그때의 마음가짐은 '서두르지 말고, 내 꿈을 위해 수련의 시간을 갖자'였다.

스포츠마케팅에 대해 지식, 견문을 넓히고자 대학원에 진학했다.

다양한 경험

대학원에서의 2년은 힘들기도 했지만, 다양한 경험을 통해 많은 것을 얻었다.

대학원 연구실에서 연구 외적으로도 지도교수님 덕분에 스포츠산업 분야에서 많은 일을 경험할 수 있었다. 프로스포츠 구단이 목표이긴 했지만, 여러 스포츠산업 분야에서의 다양한 경험은 매우 소중했다.

여러 지자체 용역을 통한 지자체의 스포츠 시설 현황 및 지자체에서 생각하는 스포츠산업에 대한 인식을 배울 수 있었고, 생활체육지도자 자격증 연수원에서 근무하며, 정말 다양한 종목의 생활스포츠산업에 대해서도 간접적으로 학습을 했다. 또한 2006년 도하아시안게임 방송 제작 지원 스태프로 참여하며 스포츠미디어, 스포츠방송중계시스템에 대해서도 배울 수 있었다. 그리고 가장 중요한 경험은 나의 관심사에 대해 연구주제를 선정하고, 논문을 작성한 것이다. 논문을 작성하는 과정은 정말 연관된 다양한 분야를 연구해야 하는 힘든 시간이었지만, 그 과정을 통해 자연스럽게 많은 지식이 쌓여갔다.

모든 경험을 나열할 수는 없지만, 학문적 연구 외에 다양한 스포츠 분야에서의 경험은 대한민국 스포츠산업을 여러 관점에서 바라보고 이해할 수 있는 능력이 되었다.

축구 구단 프런트 경험

대학원에서 얻은 경험치를 바탕으로 축구단 프런트로 입사할 기회를 얻었다. 비록 시작은 인턴이었지만, 3개월 후 정직원이 된다는 기대감으로 정말 열심히 했다.

　모든 신입사원이 그렇듯이 사회의 첫 경험은 힘들기도 했지만, 프로스포츠 산업에서 일할 수 있다는 것 자체에 감사했다.

　프로축구구단의 운영 규모는 생각했던 것보다 너무 작았다. 하지만 그런 상황 덕분에(?) 구단의 지역마케팅, 티켓, 상품화 세일즈까지 단기간에 많은 경험을 할 수 있었고 즐거웠다. 그런데 마음 한켠에 2% 부족함이 있었다.

　1998년 방콕아시안게임 중국전에서 김병현의 8명의 타자 연속 탈삼진, 그리고 그의 투구폼, 메이저리그 활약이 가슴 속에 박혀 있던 나에게는 야구에 대한 아쉬움이 있었던 것 같다.

야구인

그렇게 프로축구구단에서의 짧은 경험을 마치고, 정말 운명같이 새로운 기회가 찾아왔다. 프로야구리그 운영을 관장하는 KBO의 야구발전실행위원회라는 새로운 조직에서 일할 수 있게 되었다.

　야구발전실행위원회는 프로야구산업 발전을 위해 인프라, 제도,

미디어, 마케팅 분야 전문위원님들과 함께 대한민국 야구산업 발전을 위해 많은 일을 수행했다.

소규모 야구장부터 프로야구를 위한 야구장까지 야구장 건립을 위한 가이드를 제시한『야구장 건립 매뉴얼』, 전국 야구장 현황을 소개한『전국야구장백서』책자 발간부터 고양국가대표야구장 건립, 익산 야구장 등 전국 야구장 인프라 확대까지 다양한 일을 했다. 또한 독립리그 출범을 위한 독립구단 창단 및 프로리그 확대를 위한 제9구단 창단 지원까지 한국야구 저변 확대를 위해 너무나도 재미있는 일들을 했고, 그중 제9구단 창단 지원업무와 인연이 되어 대한민국 프로야구 아홉 번째 심장인 NC다이노스의 창단 멤버로 합류하게 되었다.

2 프로스포츠구단 마케팅

스폰서십, 광고 세일즈

프로구단에서 마케팅팀은 구단 살림을 위한 수입을 담당하는 역할을 한다. 그 수입원 중 가장 큰 비중을 차지하는 것이 스폰서십, 광고 수입이다. 구단이 보유하고 있는 자산(경기장, 유니폼, 선수, 티켓, 상품 등)을 최대한 활용한다. 야구장 곳곳, 선수가 착용하는 유니폼, 구단 홈페이지 배너 등 스폰서의 수요가 있는 모든 영역을 활용해 판매한다. 스포츠구단이 세일즈하는 광고 매체 외에도 기업들이 광고할 수 있는 광고 매체는 너무 많다. 전통적인 방송 광고부터 최근 온라인, SNS 등 새로운 매체들은 계속해서 생겨나고 있다. 프로구단 또한 스폰서의 니즈를 충족시킬 수 있는 광고 매체를 개발하고, 프로구단이 보유한 광고 매체에 관심을 가질 수 있는 새로운 스폰서를 계속해서 발굴하는 노력을 해야 한다.

티켓 세일즈

스폰서십만큼 수입의 큰 비중을 차지하는 것이 티켓 판매다. 많은 스포츠팬은 경기를 관람하기 위해 티켓을 구매한다. 티켓을 팔기 위한 세일즈 활동에는 개인 팬을 대상으로 한 시즌티켓 세일즈도 있을 수 있고, 기업이나 단체를 대상으로 한 B2B 영업활동도 포함된다.

티켓의 가격을 책정하는 것 또한 중요하다. 다른 모든 상업활동에서도 마찬가지인데, 가격은 기업의 이윤을 생각하기도 해야 하지만, 그 가치를 소비자가 공감해야 한다.

프로스포츠 티켓은 경기라는 무형의 상품이기 때문에 가치 변동이 크다. 구단의 충성도, 구단의 성적, 요일, 날씨, 상대 팀, 주요 선수의 부상 여부 등에 따라 항상 다르다.

그 모든 요인을 감안해 가격을 책정해야 한다. 기존에는 대부분 요일(주중, 주말)로 나누어 가격을 책정했다면, NC다이노스는 주중경기도 과거 입장객 수 데이터까지 고려하고, 상대 팀까지 고려하여 동적 가격 책정Dynamic Pricing 정책을 시도했다.

상품화사업

또 다른 수입원으로는 구단의 자산(팀 로고, 선수, 마스코트 등)을 활용한 상품화사업이다. 팬들은 구단의 충성도를 표출하기 위해 굿즈를 구매한다. 구단은 선수가 착용하는 유니폼, 모자부터 구단의 마스코트를 활용한 액세서리, 팀, 선수를 응원하기 위한 응원도구까지 다양한 상품을 판매한다.

상품화사업 초기에는 구단의 로고만 달아도 판매되었지만, 이제는 팬들도 점차 똑똑해져 상품가치 판단의 기준이 높아지고 있다. 충성도에 따라 차이는 있지만, 이제는 팬이라고 그냥 상품을 구매하지 않는다.

NC다이노스는 신생 구단인 만큼 팬층이 두텁지 못해 전통 인기 구단들에 비해 매출이 높지 않았지만, 상품의 캐릭터를 활용한 디자인 개선과 새로운 상품 개발을 통해 많은 야구팬으로부터 큰 호응을 얻었다.

팬 증대 마케팅

주요 수입원 중 큰 비중을 차지하는 티켓, 스폰서십 세일즈는 많은 관중이 기반이 되어야 한다. 그래서 경기장에 많은 관중이 오도록 하기 위해 다양한 활동을 한다. 팬 확보를 위한 여러 마케팅 활동 중 대표적인 것이 지역마케팅이다.

모든 프로스포츠 구단은 연고지를 기반으로 한다. 야구는 거의 매일 경기가 열리기 때문에 접근성 측면에서 지역 팬을 많이 늘려야 한다. 특히 수도권이 아닌 지방을 연고로 하는 구단들은 수도권에 비해 지역 팬이 더 중요하다.

특히 NC다이노스는 신생구단이어서 미래의 잠재적 팬이 될 수 있는 어린이들을 대상으로 많은 활동을 했다. 치어리더와 선수들이 지역 내 학교를 방문하여 야구와 응원을 가르쳐주는 애프터스쿨 프로그램, 엄마, 아빠와 함께 야구장 그라운드에서 1박 2일 캠핑 프로그램 등의 이벤트를 진행했다.

그뿐만 아니라 지역 내 구단을 알리고, 긍정적인 브랜드 이미지를 구축하기 위해 유소년 야구팀 후원, 지역 내 기업, 단체 협약 등 지역 내에서 할 수 있는 모든 활동을 한다.

장기적인 관점에서 신규 팬 확보를 위해 지역마케팅을 한다면, 경기장에 온 팬들이 재방문할 수 있도록 경기 중에도 다양한 이벤트, 프로모션 활동을 한다.

가장 기본적으로 한국프로야구의 핵심 요소인 응원을 재밌게 할 수 있도록 신나는 응원문화를 만들기 위해 노력하고, 전통적인 경품 이벤트, 참여 이벤트부터 경기 전 그라운드에서 캐치볼도 하고, 경기 후에는 베이스를 직접 돌아보는 그라운드 체험 프로그램까지 다양한 이벤트, 프로모션을 기획한다.

3 대한민국 스포츠산업의 발전을 위해

새로운 시도

내가 생각하는 스포츠마케팅은 스포츠Sports 시장Market에 활력을 불어넣는 일이라고 생각한다. 그렇기에 언제나 새로운 것이 필요하다. 팬(소비자) 또한 항상 새로운 것을 원한다.

계속해서 완전히 새로운 것을 만들어내는 것은 거의 불가능하다.

누군가 언젠가는 시도해봤을 것이다. 그래서 계속해서 트렌드를 파악하고, 스포츠에 적용할 수 있는 타 산업의 성공사례를 취하는 것도 방법이다. 이렇듯 새로움을 위해 마케터는 언제나 연구하고, 관찰하는 자세가 필요하다.

마케팅의 목적은 세일즈

새로운 시도에는 비용이 따른다. 어떤 이는 마케팅을 한다면 돈을 써서 무언가 있어 보이는 일을 해야 한다고 잘못 생각하는 경우가 있다. 마케팅의 궁극적인 목적은 결국 돈을 버는 것 Make money이어야 한다. 시장에서 이슈화되는 것도 중요한 마케팅 활동이 될 수 있지만, 그 이슈를 결국 수입과 연결할 수 있는 마케터가 진짜 마케터다.

프로스포츠산업 발전을 위한 사명감

최근 코로나로 인해 경기장에 관중이 입장하지 못하고 있다. 이로 인해 구단뿐만 아니라 연관된 많은 사람이 어려움을 겪고 있다. 앞으로도 관중 없는 경기장에서 선수들만 경기하는 모습으로 바뀔 수 있다. 그런 모습이 지속되면 프로스포츠 구단의 존폐도 우려된다.

스포츠마케터라면, 앞으로 코로나와 같이 예측하지 못한 외부요인에 대해서도 항상 고민하고, 대한민국 스포츠산업이 발전할 수 있도록 본인이 몸담고 있는 분야에서 사명감을 가져야 할 것이다.

The World of **Sports** Marketers

The World of Sports Marketers 1-19

마케팅을 잘하려면 인플루언서가 되어야 한다

프로필

이 름 : 이동건

소 속 : ㈜한국스포츠매니저먼트협회 대표

이 력

(前) 경희대, 동국대, 서울과학기술대, 한림성심대 강사
(前) 경희대학교 테크노경영대학원 겸임교수
경희대학교 체육대학원 체육학 박사(스포츠마케팅)

1 스포츠마케팅이란 무엇인가? 이제는 인플루언서다

> influence 미국·영국 ['ɪnfluəns] 영국식 ★★
> 1. 영향
> 2. 영향력
> 3. 영향(을 미치는 사람/것)

인플루언서influencer는 인스타그램이나 유튜브 등에서 수십만, 수백만에 이르는 팔로워를 보유한 일반인을 지칭하는 신조어다. 개인, 기업, 협회, 동호회, 단체 등 SNS 사용자가 급증하면서 인플루언서의 영향력이 전방위적으로 확대되고 있다. 그럼 여기서 한 가지 질문, SNS를 통해 무엇을 알리려고 할까?

인플루언서가 만들어내는 콘텐츠의 유형은 다양한데, 그중에서도 브이로그 형태가 인기가 높은 편이다. 일상의 모습, 제품에 대한 선수의 장단점에 공유하고 소통한다는 측면에서 소비자에게 친근감을 느낀다.

◀ 필자의 페이스북

영국 매체 '더 선'은 "세계에서 가장 섹시한 운동선수가 다시 훈련을 시작했다"고 보도하는등 세계적으로도 그의 외모에 대한 인기가 크다는 것을 알 수 있습니다.

그러자 슈미트를 향한 관심과 함께 그녀의 SNS 팔로워 수는 폭발적으로 증가했는데요. 2020년 5월11일 오전 기준 슈미트는 인스타그램 78만 6000, 페이스북 1만2000으로 약 80만명의 SNS 팔로워를 보유하고 있다네요.

◀ 인플루언서의 예(SNS)

    인플루언서의 영향력이 커지면서 이들이 추천하는 이미지나 제품이 직접 작용하여 브랜드의 상거래 시장의 규모도 커지고 있다. KB금융지주 경영연구소에 따르면 2015년 5억 달러(한화 약 5,900억 원)였던 인플루언서 마케팅의 글로벌 시장규모는 2020년 100억 달러(한화 약 11조 8,500억)로 성장할 것으로 예상된다.

    이처럼 개인, 기업, 협회, 동호회, 단체 등이 나를 알리고, 제품을 알리고, 종목을 소개하고 변화하는 스포츠마케팅에는 얼굴이 있다는 것이다.

    인플루언서의 등장은 미디어 환경의 변화와 연관이 깊다. 유튜브, 인스타그램 등 새로운 미디어가 TV를 대체하고 있다. 특히 유튜브 이용 시간이 급격하게 증가하는 추세다. 와이즈앱이 스마트폰 사용자 40만 명을 대상으로 조사한 결과 2019년 8월 한 달 동안 한국인이 유튜브를 이용한 시간은 460억 분이다. 카카오톡 220억 분, 네이버 170억 분에 비하면 유튜브의 시대라고 해도 지나치지 않을 수치다. 인플루언서가 주는 신뢰성과 친근함, 자신의 라이프스타일을 가감 없이 보여주고 소통을 강조하고 제품을 직접 보고 듣고 써보고 장단점을 솔직하게 평가한다. 장점만 나열하는 기업 광고에 지친 소비자는 인플루언서가 주는 정보에 더 솔깃할 수밖에 없다.

▲ 인플루언서의 유형

인플루언서의 '진정한 팬'이란, '당신이 만드는 건 뭐든지 사주는 사람들'로 인플루언서의 뜻과도 조금은 다르다고 할 수 있다.

① 매년 진정한 팬 1명당
   평균 100달러의 수익을 낼 수 있을 만큼 충분한 작품을 만들고

② 팬들과의 직접적인 관계 맺음을 통해 중간 수수료 없이 팬이 낸 100달러를 모두 가져갈 수 있다.

이 두 가지 기준을 충족하면 해마다 10만 달러(한화 약 1억 원)를 벌 수 있어 경제적 자유까지는 아니더라도 생활을 꾸려나가기 충분하다는 논리다. 그리고 1천 명의 팬은 100만 명의 팬보다 훨씬 실현 가능한 목표다.

경제적인 부문 외에도 골수팬들을 기쁘게 해주는 것 또한 매우 즐겁고 기운을 북돋워주는 일이기도 하다.

지금도 늦었다고 생각하지 않아도 된다! 이렇듯 각 플랫폼의 특성에 맞게, 그리고 각 플랫폼이 지닌 장점을 파악하여 적절히 활용하면 효율적으로 자신의 영역을 넓혀갈 수 있다.

① 네이버 블로그

영향력이 예전만 못 하지만 장점은 명확하다. 국내 최대의 포털을 등에 업고 있어 언제나 유의미한 트래픽을 확보할 수 있다. 홈페이지가 없어도 대안으로 쓰기 좋은 채널이다.

② 유튜브

현 시점의 유튜브는 누구도 부인할 수 없는 최고의 플랫폼이다. 가장 높은 점유율과 많은 트래픽을 확보했을 뿐만 아니라 확산 속도가 엄청난 곳이다. 하지만 영상과 편집을 다룰 수 있어야 하므로 약간의 진입장벽은 있다고 할 수 있다.

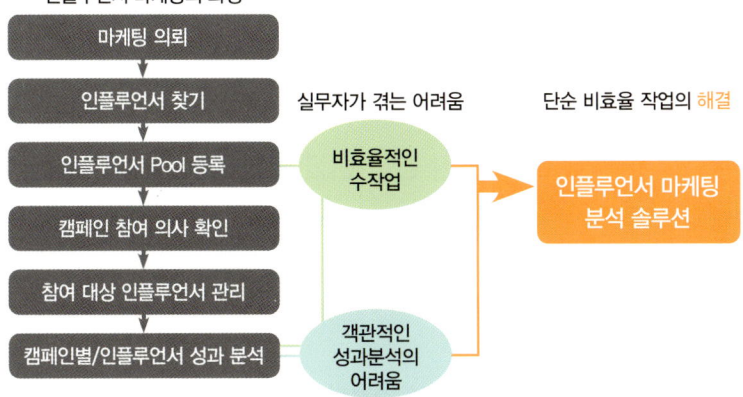

▲ 인플루언서 마케팅 과정

인플루언서의 마케팅 솔루션(Beta)

flow	마케팅 실무자	인플루언서	리포트/기능
마케팅 기획	✓		• **캠페인 등록** 대표 이미지, 캠페인 기간 등 진행할 캠페인 정보를 입력하여 관리합니다.
인플루언서 찾기	✓		준비 중입니다.
인플루언서 Pool 등록	✓		• **인플루언서 개별/대량 등록** 보유하고 있는 인플루언서 정보들을 등록합니다. 인플루언서별 채널, 영향력, 카테고리 정보를 입력하여 캠페인에 적합한 인플루언서를 선택할 수 있습니다.
인플루언서에게 캠페인 제안	✓		• **캠페인별 인플루언서 참여요청** 이미지, 문구 등 캠페인 상세 정보를 포함하여 인플루언서에게 캠페인 참여 요청 메일을 보낼 수 있습니다.
캠페인 참여 수락/거절		✓	캠페인 정보를 확인하여 캠페인 수락 여부에 쉽게 응답할 수 있습니다.
참여 대상 인플루언서 관리	✓		• **인플루언서의 캠페인 참여 응답 현황** 캠페인별 수락/대기/거절 인플루언서 현황을 확인힐 수 있습니다.
노출순위 모니터링	✓		• **분석 리포트 > 네이버 노출순위** 등록한 키워드로 검색 시, 네이버에서의 콘텐츠 노출순위와 경쟁사 콘텐츠의 노출순위까지 확인할 수 있습니다.
인플루언서/캠페인별 콘텐츠 분석	✓		• **분석 리포트 > 인플루언서 포스팅 URL** 각 콘텐츠별 공유/스크랩 수와 상세 URL을 확인할 수 있습니다.
	✓		• **분석 리포트 > 게시물별 유입 검색어** 네이버에서 어떤 검색어를 통해 콘텐츠로 유입되었는지 알 수 있습니다.
인플루언서/캠페인별 성과 분석	✓		• **분석 리포트 > 인플루언서 리포트** 캠페인/인플루언서의 콘텐츠마다 기기별 노출 수와 링크 클릭/댓글/공감 수를 확인할 수 있습니다.

③ 페이스북 / 인스타그램

활용방식이 조금 다르지만, 바이럴마케팅을 만들어내기 가장 효과적인 플랫폼이다. 다른 어떤 곳보다 공유가 활발하게 일어나는 곳이다. 그래서 OSMU one source multi use / OCMP one contents multu platform 전략을 구현하고자 한다면 필수적으로 활용해야 하는 채널이다.

이처럼 잘나가는 인플루언서 마케팅은 코로나19로 인해 비대면(언택트) 마케팅 열풍이 불면서 '마케팅의 꽃' 타이틀을 더욱 확고히 하고 있다. 기업들은 오프라인 마케팅을 할 수 없는 상황에서 유행을 넘어 하나의 문화로 자리한 비대면 마케팅을 강화하며 돌파구를 찾기 시작했다.

이 과정에서 대비 효과가 탁월하고 비대면으로 마케팅이 이뤄지는 '인플루언서 마케팅'이 대세이자 필수 마케팅으로 자리매김했다.

요즘은 '마케팅 시대'라고 불릴 만큼 오프라인보다는 온라인에서 많은 분이 활동하고 있다. 인플루언서를 통해 나만의 콘셉트를 가져 보길 바란다. 가성비나 품질보다 콘셉트가 화두가 되는 시대다. 자신만의 개성 있는 인플루언서가 되어 직관적인 미학, 순간적인 느낌, 가볍고 헐거운 콘셉트에 빠르게 대응해보기 바란다. 구구절절 설명하는 기승전결 이야기 구조보다 한눈에 알아보며 호응받을 수 있는 콘셉트로 다가가면 된다. 콘셉트는 자신만의 특별한 것이라면 무엇이든 가능하지만, 디지털 세대가 바로 반응하는 것은 짧고 재미있는 내용이다. 이제 자기만의 콘셉트를 가지고 고객, 주변 사람들과 수

평적으로 커뮤니케이션해야 한다. 논리적이고 이성적인 이해보다 가벼운 터치와 직관적인 감성이 소비자의 마음을 열 수 있다. 지금부터 자기만의 콘셉트를 가지고 인플루언서가 되어보기 바란다!

Part 2
스포츠교육업

2-1	샤샤정	㈜샤샤정 헌드레드/샤샤필라테스 대표이사
2-2	서원식	주중 한국태권도시범단 단장
2-3	정은순	유소년농구 지도자
2-4	김선희	더스페이스 힐링댄스 대표
2-5	박지윤	㈜AIO Pilates 대표이사
2-6	김형우	블랙이글스 아이스하키 클럽 감독
2-7	최서윤	필라테스 퍼스널 트레이너
2-8	윤주영	윤이콕아카데미 대표

The World of Sports Marketers 2-1

피트니스 마케터라면 샤샤하라

프로필

이 름 : **샤샤정**(정현아)

소 속 : ㈜샤샤정 헌드레드 /
샤샤필라테스 대표이사

이력
(現) 오산대학교 건강재활과 겸임교수
경희대학교 체육학 박사

저서 및 역서
- S라인 보디혁명 필라테스
- 샤샤정의 20분 알파벳 필라테스
- 아동청소년을 위한 필라테스
- 자세개선을 위한 티칭 필라테스
- 3D 그림으로 정확하게 배우는 필라테스 매트 운동
- 3D 그림으로 정확하게 배우는 필라테스 리포머 운동

방송
- 생활건강TV 샤샤정의 닥터 필라테스
- YTN 헬로웨더
- SBS 생활경제
- KBS2 여유만만
- MBC 기분 좋은 날 그 외 다수

전시 활동
- 제6회 오늘전(2020)
- 제5회 오늘전(2019)
- 한일교류전 제25회 청신미술회전(2018)
- KIAF ART SEOUL
- 샤샤정 개인전(칸타빌레)
- 제3회 토포하우스 누드크로키
- 제2회 누드로전
- 제4회 오늘전
- 제1회 토포하우스 누드크로키(2017)

여러분의 몸을 지휘하는 보디컨덕터 샤샤정입니다.

'보디컨덕터'라는 단어가 생소하죠?

몸이라는 뜻의 '보디body'와 지휘자라는 뜻의 '컨덕터conductor'의 합성어로 내가 만든 이름이다. 샤샤정 하면 스타 트레이너, 스포츠트레이너로 알고 있는데 초·중·고 시절 태권도 겨루기 선수로 플렉스 했던 태권도선수 출신이다. 임선 감독님 제안으로 태권도 영화「태권파이터」에 단역으로 출연한 경험과 태권도 사범, 종합 체육시설(유아체육, 수영강사, 에어로빅 등) 강사 그리고 사설 경호원까지 다채로운 경력에다 2000년도 우리나라 피트니스계의 센세이션을 일으킨 '캘리포니아 휘트니스센터' 퍼스널트레이닝 전문 회사에서 퍼스널트레이너 '샤샤'라는 닉네임으로 시작한 것이 지금의 브랜드로 자리할 수 있었다.

현재 ㈜샤샤정헌드레드 내 샤샤필라테스와 SPPTShasha Pilates Personal Trainer아카데미를 운영하고 있다. 토탈보디 컨디셔닝 전문 센터로 2007년 국내 최초 필라테스 퍼스널트레이닝 시스템을 도입하여 압구정 본점, 2010년 당시 국내 최대 규모인 정자 직영점, 2012년 압구정 로데오 직영점, 2016년 옵티멈 스포츠클럽 내 샤샤필라테스 입점으로 4곳을 운영했고 현재는 압구정 본점과 분당 정자 직영점을 운영한다.

토탈보디 컨디셔닝이 가능한 각 분야의 경력자와 SPPT 최우수 이수자로 구성되어 고객의 니즈에 맞는 단기간의 특화된 관리에서부터 장기적인 건강 관리까지 고객의 건강을 책임관리 하는 곳이다.

1. 성공신화 마케팅전략_나를 브랜딩하라

회사 설립 전 캘리(캘리포니아 휘트니스센터)에서 6년간 근무했다. 이곳은 국내 생활체육지도사 자격이 있어도 미국의 NSCA, ACE 등 운동자격을 갖춘 교육자의 프로그램으로 트레이닝 이론과 실기 교육 테스트를 통과해야 퍼스널트레이너로 일할 수 있었다. 트레이닝 방법과 새로운 코칭론 등 유익한 점도 많지만, 더 귀한 성장은 '샤샤'라는 브랜드로 고객관계관리CRM 마케팅 전술을 익힌 것이다. 한 센터당 트레이너만 40명이 훌쩍 넘는 이곳에서 당당히 '샤샤'라는 트레이너가 매월 매출 1위를 놓치지 않았으며, 최고 7천만 원 이상의 기록으로 아시아 톱 트레이너로 명성을 날리고 입사 후 초고속으로 승진 기회를 차지할 수 있었다.

캘리에서 필라테스 종목을 개설한 계기는 마케팅 측면에서 본다면 기존 프로그램에 싫증나 있는 소비자에게 외국 유명 연예인들이 즐겨한다는 새로운 운동 종목 도입이 필요했고, 경영 측면에서도 수익 창출 구조의 변화가 필요한 시기였다.

나는 그 자리에 총책임자로 선출되었고 행동력을 보이기 위한 관문이자 실무 경영관리의 첫걸음이었다. 당시 아시아 톱을 달렸던 내가 필라테스 파트에도 당연히 놀라운 매출을 올릴 거라는 상사들의 기대를 저버리고 고작 30세션 2개의 계약(당시 약 300만 원)뿐이었다. 나의 능력 20분의 1 정도였으니 스스로의 낙심도 컸고 매우 고된 시기였다.

회원들에게 '필라테스'라고 말하면 필라댄스로 듣던 무지한 환경이었다. 필라테스 고객유치를 위해 마케팅과 운영전략을 전면 수정했다. 말을 멋스럽게 해서 고객 유치를 한 것이 아니라 트레이너가 가져야 할 수준 있는 코칭과 고객의 니즈에 적합한 응대와 설득이 매출의 결과임을 깨닫고 필라테스 운동개발과 코칭법부터 연구하고, 운동 후 피드백을 기반으로 프로그램을 수정 보완해서 몇 가지 툴을 정하고 유치할 고객 타깃층을 어디에 둘 것인지를 결정했다. 많은 시행착오를 겪고 필라테스 선두주자로 당당하게 설 수 있었던 이유는 바로 틈새시장 공략 비법이었다.

마케팅 전략은 캘리 회원의 70% 이상은 PT를 받고 있었고, 나머지 30%의 회원들 대상으로 센터 입장 시 룰렛돌리기와 럭키드로 게임을 하며 작은 운동 소품을 증정하는 이벤트로 필라테스를 홍보했다. 또한 기존 PT 휴회 회원들과 종료 회원을 대상으로 필라테스 수업을 대체할 수 있도록 제안했다. 운영 측면에서는 1순위로 VVIP(평생회원권)에게만 무료 오리엔테이션을 제공했고, 기존 PT 세션(수업료) 가격보다 필라테스 PT 가격을 10% 인상하여 판매했더니 결과는 상상 이상의 매출을 올릴 수 있었다. 마치 베블런 효과처럼 소비자 심리를 자극한 사례다. 무에서 유를 창조한 성공의 신화를 일으킨 셈이다. PT 시설의 10/1도 안 되는 필라테스 시설(장비)에서 매출은 놀라울 만큼 상승곡선에 이르렀고, 협소한 작은 공간에서 시작해 건물 한 층 전체를 필라테스 존이 장악해버렸다.

스타 마케팅도 매출에 미치는 영향이 매우 컸다. 인기 연예인의 몸매관리법으로 대중에게 필라테스라는 운동이 알려지고 모기업 유명인사의 건강관리법으로도 소개되면서 이색적인 운동으로 방송 소재로 이용되었다. 나 또한 다양한 매체와 TV 프로그램에 출연하여 필라테스 운동법을 소개하고 PR하는 활동이 많아지면서 방송 보고 찾아오는 신규고객층이 점점 많아졌다.

신문의 칼럼 연재와 우리나라 최초의 기구 필라테스 이용법 『S라인 보디혁명 필라테스』를 출간할 기회도 얻었다. 이로 인해 나의 가치를 인정받는 퍼스널 브랜딩의 시작을 알렸다.

2 지역, 타킷층의 경험 수준을 고려한 운영과 트레이닝 전략

필라테스라는 종목으로 사업을 선택한 배경

필라테스는 몸과 정신 상태를 강하게 만들어주는 운동이며 유연하고 정확한 움직임은 도전적이지만, 몸과 마음을 이어주기에 충분하며 필라테스를 함으로써 몸의 형태가 역동적으로 변화된 것을 느낄 수 있다. 궁극적으로 무리한 노력과 힘을 들이지 않고도 아름다운 몸을 만들어준다는 것이 특징이다.

국내 외 많은 스타가 몸매관리 비법으로 필라테스를 꼽고 있는 이유도 있지만, 비즈니스로 선택할 수 있었던 계기는 특화된 전문성을 서비스하는 전문센터를 만들고 싶었다. 지금은 개인 스튜디오가 많아졌지만, 15년 전부터 대세 사업이 될 거라는 선견지명이 있었다.

박리다매의 대형센터들이 한창이던 시기에 2007년 프라이빗 1:1 스튜디오를 오픈했다.

첫 번째 전략_오감의 감성적 가치

필라테스의 메커니즘으로 토탈보디 컨디셔닝센터로 나만의 특별한 공간을 찾는 대상자를 타깃으로 했다. 2007년 옥주현 요가센터에 샵인샵으로 샤샤필라테스가 설립되었고, 내부홍보는 개개인에 대한 정보를 바탕으로 DM$_{direct\ marketing}$ 관리, 고객과의 커뮤니케이션이라는 명분하에 이미 월 회원권을 내고 그룹 요가 강습을 받는 기존회원 중에 일명 VVIP만 선정하여 1:1 필라테스 퍼스널트레이닝을 경험하게 하고 개인 운동 플랜을 제시해주었다. 그랬더니 월 회원권보다 10배 이상의 가격임에도 99%의 가입 성공률을 보였다. 마치 명품가방의 리미티드 에디션 판매 같은 프리미엄 전략술을 방불케 했다.

이후 독립된 장소인 압구정동에 1층(약 100평) 규모의 카페형 인테리어로 단일 종목 대형 전문센터로 국내에서 처음 시도했고, 도심 속에서도 휴(休)를 느낄 수 있는 운동 공간을 제공하기 위해 탁 트인 전경 뷰와 카페형 운동 공간을 설계했다.

(1) 시각적인 측면

몸에 집중할 수 있는 운동공간(프리웨이트 존과 기구 존, 유산소 존) 배치와 휴식공간을 분리했다. 1층의 장점을 살려 통유리창 외부에 차를 마실 수 있는 테라스를 조성했다(오픈하고 1년 동안은 카페라고 착각한 워크인 비율이 20% 정도). 실제 2008년 당시 커피전문점 시장이 확산되던 시기였다. 커피산업이 왕성했던 터라 실제로 유명하다는 카페들을 찾아다니고 지역과 관계없이 주말이면 카페투어에 시간을 투자했다. 아늑하면서 깨끗한 카페형 콘셉트를 원했고, 그래서 현직에 있는 카페 디자이너에게 의뢰했다.

(2) 청각적인 측면

경쾌하고 리드미컬한 음악은 운동수행 능력에 도움을 준다는 연구결과도 있다. 플로어는 경쾌한 음악을 선정하여 트레이닝 중 힘찬 에너지를 갖도록 하고, 상담실과 샤워실에는 잔잔하고 차분한 클래식과 경음악으로 심신의 안정을 도울 수 있는 환경으로 만들었다. 그래서 음향시설도 거금을 들여 최고급 제품으로 설치했다.

(3) 후각적인 측면

디퓨저와 방향제를 사용해 깨끗한 공간 이미지를 만들 수 있지만, 땀분비가 일어나는 운동공간에는 강하고 화학적인 향보다는 쾌적한 공기와 청정함을 유지할 수 있는 생화(꽃과식물)가 신의 한 수다. 매주 월요일에 꽃시장에서 직접 꽃을 구입하고 센터에 정성스럽게 장식한다. 꽃의 향기뿐만 아니라 사계절 아름다운 자연이 주는 힐링 공간 자체가 된다.

(4) 미각적인 측면

다양한 물과 복합음료를 판매하고 있다. 운동 후 수분 섭취를 생활화하고 운동 목적에 따라 음료를 골라 먹는 재미도 쏠쏠하다. 한 조사에 따르면 성인 기준 1일 물 섭취량이 1리터도 채 되지 않는다고 한다. 각양각색의 음료는 수분 섭취를 습관화하기에 도움을 준다.

(5) 촉각적인 측면

운동 중에 사용하는 타월과 샤워타월을 분리 제작했다. 샤워 후 보디를 감싸는 질 좋은 극세사 타월은 운동 후 상쾌함을 배로 느끼게 해준다. 그리고 누구나 필라테스 기구를 만져보고 이용할 수 있는 1:1 무료체험을 통해 다양한 소재로 만든 도구들이 건강을 가져다줄 거라는 확신도 덤으로 얻게 했다.

두 번째 전략_소비자 행동의 특성 이해

나만의 특별함을 찾던 시기에 프라이빗한 공간에서 서비스를 받는다는 것은 매슬로Maslow의 욕구 단계설을 퍼스널스튜디오의 관점에서 재해석하면, 고객은 1:1 필라테스 퍼스널트레이닝 받는 자체에 목적을 두는 것이 아니라 궁극적으로 그곳을 통해 욕구를 충족하고자 한다고 볼 수 있다. 또한 고객마다 현재 달성하고자 하는 욕구의 단계는 상이하나 결국 고차원의 욕구를 추구하고 있으므로 고객이 현재 어느 단계의 욕구를 추구하는지를 파악하는 것은 경영자의 몫이라 할 수 있다.

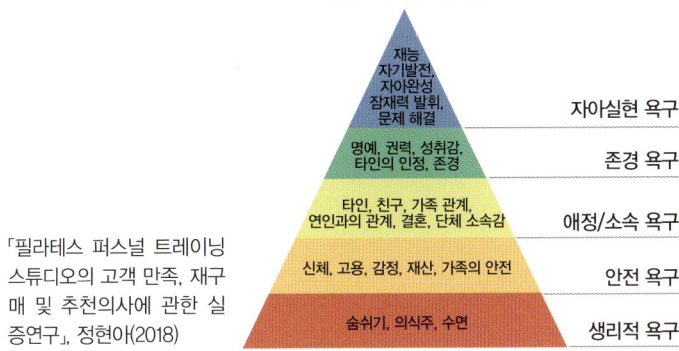

▶ 「필라테스 퍼스널 트레이닝 스튜디오의 고객 만족, 재구매 및 추천의사에 관한 실증연구」, 정현아(2018)

세 번째 전략_토탈보디 케어 전문가들로 구성

트레이너들의 영업력을 고취시키기 위해 집중적인 교육을 실시했다. 회원들의 특성을 고려하여 빠른 결과와 다양한 목적을 달성할 수 있는 고객 응대와 서비스 질 향상에 총력을 기울였다. 그리고 전공 분야도 다양한 트레이너들로 구성했다.

프로그램 연구 개발과 지도법에 도움이 되는 강사 초청 세미나와 자체 스터디 시간도 매월 실행하고 자기계발에 도움이 되는 외부교육비 지원도 아끼지 않았다.

토탈보디 컨디셔닝센터로서 트레이너의 수업내용은 단순 필라테스 단일 프로그램이 아닌 다양한 스포츠를 교육받고 경험하도록 했다.

센터를 경영하면서 트레이너의 급여 및 수익 체계를 끊임없이 수정 보완했다. 그 당시 트레이너의 직업군이 불안정하고 근로 개념이 없던 시기였으므로 함께할 후배들(트레이너)에게는 복리후생은 물론 탄탄한 급여 체계 시스템을 만들어주고 싶었다. 대기업이 아닌 개인 사업자로 출발한 회사에서의 트레이너 급여 수준은 대기업 부장급 이상의 월급이었다. 각 지점 매출 1억 원 이상의 성과를 올린 결과 매니저급 이상(커미션 제도와 능력별 차 등)은 월 800만 원에서 1천만 원 이상의 급여를 받았다.

약 5년 전부터는 삶의 균형이라는 의미인 워라밸work-life balance과 여러 가지 라이프스타일을 고려하여 사무직원을 제외한 트레이너는 개인 사업자 형태로 계약했다.

3 한국의 대표적인 필라테스 퍼스널 트레이닝 스튜디오가 될 수 있었던 비결은 무엇인가?

밴드왜건 효과란?

편승 효과(便乘效果) 또는 밴드왜건 효과bandwagon effect는 어떤 선택이 대중적으로 유행하고 있다는 정보가 그 선택에 더욱 힘을 실어주는 효과를 말한다(Google 위키백과).

(1) '누구나, 무조건 1:1 무료체험' 기회를 주었다

필라테스 운동의 특징과 이점을 알리기 위해 선택한 마케팅은 무료체험이다.

현대인이 운동의 필요성을 느끼는 이유 중 가장 큰 비중을 차지하는 게 다이어트다.

하지만 좌식생활과 잘못된 자세로 통증이 생기고 근골격계질환이 늘어나면서 통증 케어로 변화되고 있다는 점을 고려하여 필라테스는 사람들에게 매력적인 경험이 될 거라는 확신이 있었기에 과감히 실행했다.

1:1 필라테스 트레이닝에 효과가 드러나면서 소문이 나기 시작했다. 우리가 알고 있는 바이럴마케팅Viral Marketing에 대한 기존고객의 만족도가 높아지면서 대대적인 유행처럼 지인들을 소개하는 샤샤(샤샤필라테스)의 프로모션 기획이었다. 매월 콘셉트의 키워드를 설계하고 홍보하며 꼭 해당 월에 해야 혜택을 받을 수 있는 희소성 있는 전략이 포함되어 있었다. 고객이 원하는, 즉 소비심리를 적재적소에 잘 녹여냈다.

경제환경과 2007년 ACSMAmerican College of Sports Medicine 전 세계 40개국의 피트니스 분야 종사자를 대상으로 한 설문조사를 분석한 것으로, 전 세계 피트니스 동향을 파악하기 위한 목적으로 피트니스 트렌드를 활용한 덕이라 본다.

2007년 케이블방송에서는 기존 정규방송과 다른 버라이어티 프로그램으로 리얼리티한 사실을 그대로 방송하는 형태가 흥행했다. 당시 채널 스토리온 리얼 다이어트 프로그램「다이어트워」에 출연하여 화제가 되었다.

「다이어트워」한국판 사이먼 코웰의 독한 훈련과 독설, 카리스마 있는 트레이너로 내 이름이 온라인상에 알려지기 시작했다. 사이먼 코웰은 미국 예능 서바이벌 리얼리티쇼「아메리칸 아이들」의 대표적인 독설 심사위원이다. 이후 특정 연예인 관리법 소개와 건강 관련 방송 프로그램을 진행할 기회들이 쏟아졌다. 방송의 효과는 필라테스를 매개로 퍼스널트레이닝의 가치와 체계적인 운동 프로그램으로 건강한 이미지를 구축할 수 있었다.

방송의 힘은 대단하다. 운영하고 있는 센터에 문의 전화로 1:1 무료체험을 대기하며 기다리는 수준까지 올라왔으니 말이다. 그래서 기존 개인 수업은 하지 않고 '프리데이'라는 날을 지정하여 1:1 무료체험만 하는 날을 정했다. 화려해 보이는 노출광고도 집중했지만, 뭐니 뭐니 해도 트레이너 교육에 집중했다. 진정성 있는 트레이너의 실무교육과 인성교육이 제일 우선 밑받침되고 고객의 니즈에 적합한 트레이너 매칭까지 이 세 박자가 잘 맞춰졌다 해도 과언은 아니다. 온라인광고는 방송과 블로그SNS 활용에 비중을 두고 오프라인 광고는 상상 이상의 거대한 투자도 아끼지 않았다.

초두효과(저게 뭐야? 시선 사로잡기)

(1) 시선 사로잡기_아낌없이 광고비에 투자하라

셀럽들의 선호도 1위 필라테스

알만한 사람은 알아본다는 최상의 고객만을 유치하기 위해 과감히 중장기적 측면에서 지면광고는 기본으로 실행하고 지하철 전광판 광고를 프레임 1개당 월 400만 원 광고비로 압구정역(H백화점 입구)과 로데오역(G백화점 입구), 그리고 분당 정자역 입구 3곳에 설치했다. 조금은 도발적이면서 몸매가 드러나는 동작 사진이었고 누구나 한 번쯤은 사진 앞에 1초 시선을 멈추게 하는 게 나의 목표였다. 사진 속 필라테스 기구 '캐딜락'은 눈에 보이지 않을 것이다. 유연성을 과시하듯이 다리

◀ 샤샤 전광판

를 앞뒤로 찢고 있는 동작이 머릿속에 저장되기만 바랄 뿐이었다.

압구정역에는 고수익을 얻고 있는 마케팅 전광판 업체들이 수두룩하다. 이들의 타깃은 모두 성형외과에 포커스를 두고 있었고, 매월 400~500만 원 하는 대형 광고판에 홍보할 수 있는 산업은 의료분야라고 확신했다. 그래서 운동센터가 할 거라는 기대는 예상치 못했던 시기였을 때, 시각적 광고 마케팅이 필요하다고 판단하여 거금을 들인 사례다.

한 장의 사진에 대한 소비자의 반응은 참으로 다양했다.

저게 뭐야?
TV에서 연예인이 했던 운동 같은데~ 나도 따라 해보고 싶다~
멋지고 아름다운 건강미에 도전해볼까?
남자들도 하는 운동일까?

각기 다른 반응이지만 샤샤(샤샤필라테스)의 마케팅 전략은 바로 높은 브랜드 인지도로 소비자의 궁금증을 유발하고 시시때때로 방송에서 소개하는 필라테스를 보면 소비자의 구매욕구를 자극하기에 충분한 광고 사진이었다.

누구나 건강에 대한 관심이 높다. 다이어트도 늘 숙제처럼 남아있는데, 막상 운동을 선택할 때는 어떤 운동이 좋을지 고민이 백만 개로 선택 장애가 오기 마련이다.

그런데 그 시점에 출퇴근하는 지하철역에서 본 이 사진이 생각나면서 '샤샤필라테스'를 기억해낸다.

마치 목이 말라 편의점에 들어가서 탄산음료를 찾을 때 수많은 브랜드의 음료를 보다가 이미 내 기억 속에 자주 봤던 광고의 이미지가 떠오르면서 자연스럽게 손이 가는 현상과 매우 비슷한 경우라고 본다.

고액의 전광판 광고는 소비자의 호기심을 유발하기에 충분했고, 운동을 하고 싶어서 소비자가 '1:1 필라테스 퍼스널 트레이닝 세션'을 구매할 시점에 브랜드를 알아보는 의사 결정 과정에 큰 영향을 미친 결과다.

실제 무료체험을 포함해서 회원 가입 시 방문 경로 결과의 1순위 (전광판 광고)를 차지했다.

무엇보다 마케터로 다양한 채널을 연구 분석해서 좋은 결과로 이끌어낸 성공 사례다.

자발적인 셀럽들이 마케터

다양한 방송 활동을 하면서도 경영과 실무(트레이닝)를 직접 소화했다. 유명인사와 톱 연예인들을 직접 트레이닝하면서 몸매를 관리해온 노하우를 바탕으로 신체 부위별 라인을 찾아주는 시크릿 운동법 『하루 20분 샤샤정의 알파벳 필라테스』(연예인 몸매 만드는 시크릿 운동법)를 출간했다. 누구나 쉽게 따라 할 수 있는 매트와 쉽게 구입할 수 있는 소도구인 탄력밴드와 짐볼 이용법으로 구성했다.

출판사 측에 또 다른 시도를 과감히 제안했다.

QR코드를 책에 삽입하여 동작을 영상으로도 쉽게 접할 수 있도록 구성했다. 눈으로 보는 그림책으로 끝나지 않고 직접 동작을 바로 따라 해보는 행동 지침서로 활용되었다.

연예인들의 시크릿 운동법이 공개되면서 SNS뿐만 아니라 그들의 라이프를 소개하는 프로그램 촬영 장소로 샤샤(샤샤필라테스)를 활용하는 기회도 생기고 센터를 간접적으로 노출시켜 자연스럽게 홍보해주는 마케터 역할을 톡톡히 해주었다.

내가 출연한 방송도 예외는 아니다.

SBS 생활경제「1분 튼튼」은 압구정 본점 센터에서 아침 현장 수업이 이루어진 동 시간에 리얼하게 방송촬영을 진행했다.

YTN 헬로웨더「샤샤정의 헬로보디 필라테스」는 분당 정자 직영점 GX룸에서 촬영했다. 방송국 스튜디오만큼 조용한 공간이라 활용도가 높았다.

생활건강TV「샤샤정의 닥터 필라테스」는 로데오 직영점에서 촬영했다. 이곳은 2개 층을 복층으로 만들어 층고가 높아 지미집 카메라로 생동감 있는 촬영도 가능했다.

지금도 셀럽들이 마케터로 활약이 대단하다. 인스타그램에서 운동하는 사진을 직접 올리며 샤샤필라테스를 태그 걸고 때때로 담당 트레이너 이름을 지목하며 PPL 간접광고처럼 자연스럽게 사업장을 자랑해주는 날이면 어김없이 회사계정과 개인 인스타그램 팔로우 수가 자동으로 늘어나고 센터의 문의 건수도 2배 이상 증가한다는 사실이다.

그만큼 소비자도 다양한 마케팅 수단을 잘 알고 있으며, 포장된 광고인지 리얼한 실화인지 예민하게 받아들이고 반응한다는 점이다.

여기서 잠깐, 회사를 경영하면서 흔히 말하는 연예인 마케팅 계약(특정 금액을 지불한 공식적인 계약)을 한 연예인은 단 한 명도 없다는 것이다. 상업적으로 연예인과 사진을 찍고 업장에 비치하는 데 몇백만 원이 들고 사인 한 장 조건에 무료로 해당 비즈니스에 관련된 현물을 줘야 한다는 마케팅업체도 있다고는 하지만, 샤샤(샤샤필라테스)를 다니는 연예인 특혜는 정상 세션가에 고작 10% 감면해주는 게 전부다. 그럼에도 이들이 충성고객이 되는 이유는 신뢰와 믿음이 바탕이 되어 실력 있는 지도법과 즉각적인 운동 효과의 결과가 아닐까 생각한다. 현재 셀럽들과 유튜브 활동을 함께하면서 마케터 활동을 활발하게 하고 있다.

4 필라테스 스튜디오를 준비하는 사람들에게

첫 번째, 정확한 사업목표 없이 마케팅을 유행처럼 따라 하다 보면 개중에 나에게 맞는 방법도 찾을 수 있겠지만, 실패감을 먼저 맛보는 경우가 발생한다. 사업의 특징과 특성을 고려하고 그 제품의 영업력을 키우는 것이 경쟁력이다. 수많은 정보와 경험 사례들이 넘쳐나는 요즘 유행을 따라 이것저것 휘젓고 다니면 좌절감에 빠지기 쉽다.

두 번째, 영업 전략만 습득하여 일시적으로 매출을 올렸다고 그것이 진정한 실력은 아니다. 운이 좋았던 날을 고수라고 착각하지 말아야 한다. 한 분야에 고집스럽게 도전하고 꾸준히 연구해보자. 10년이면 누구나 인정 받는 전문가가 될 수 있다.

세 번째, 많은 현장 경험도 중요하지만 슬기로운 직장생활을 하기 위해 한 곳에서 최소 2~3년의 경력을 쌓도록 해보자. 회사의 노하우를 나의 툴로 재해석하고 평가하는 기회가 될 것이며, 이런 경험을 바탕으로 벤치마케팅할 수 있는 자산이 된다.

6 스포츠마케터는 생각하지 않는다. 지금 바로 실행한다.

팔로우 무브먼트flowing movement **흐름**
노래하듯 나의 몸을 지휘하라.
스포츠와 아트, 융합예술 플랫폼을 구상하고 있다.

그림을 통해 신체 움직임과 건강한 삶의 가치를 알리는 기획전을 해보고 싶다.

요즘 코로나19 사회적 거리 두기로 사람들이 소심해지고 삶의 무게를 느끼면서 심신의 불안함을 호소하는 일들이 많아졌다. 그래서 안정을 위한 위로와 해방감을 누릴 수 있는 플랫폼 사업을 구상했다.

구체적으로 더 연구가 필요하지만, 대략 내용은 그림을 통해 잃어버린 회복 탄력성을 되찾는 비즈니스가 될 것이라 기대해본다.

우리에겐 "자신의 의지로 오롯이 내 영혼과 몸에 집중하여 움직이는 시간이 필요하다. 심부의 에너지를 외부로, 외부의 에너지를 심부로 보내는 과정이 있어야 한다. 우주 에너지의 흐름 속에 동화되어 노래하듯 자연스럽게 움직여보자. 기술의 발달로 편리함에 집착하느라 잃어버렸던 인간이 추구하는 본질의 행복감, 안정감, 해방감을 느낄 수 있을 것이다."

– 2018 샤샤정 개인전 프롤로그 중에서

2018 샤샤정 개인전 「칸타빌레」

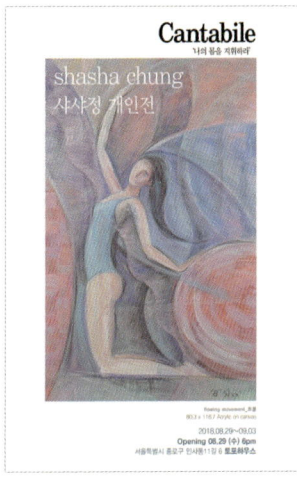

◀ 2018 샤샤정 개인전 「칸타빌레」

마케터의 학문적 연구는 기초가 되고 체계적인 현장경험은 경력이 된다. 마케터는 건강한 몸과 마음이 기본이 되어야 하며 지금 당장 자신의 몸부터 마케팅하자. 건강한 몸을 유지하는 것은 필수다.

"건강한 신체는 원하기만 해서는 결코 얻을 수 있는 것이 아니며, 많은 돈으로도 살 수 없는 아주 값진 것이다."

― 조셉 필라테스(Joseph Pilates)

실패하지 않는 지속적인 사업 아이템은 바로 '나'다. 피트니스 산업은 시대와 고객의 지식수준 향상에 따라 빠르게 변화하기 마련이다. 내가 발전하면 내가 가는 길이 유행이 되더라.

내 인생과 태권도

프로필

이 름 : 서원식

소 속 : 주중 한국태권도시범단 단장

이 력

(現) 북경 원식국제문화유한공사 법인대표
(現) 태권도인재 한·중 유학지원센터 대표
(現) 중국한국인회총연합회 체육국장
(現) 한·중 원식태권도관 총관장

1 나에 대한 질문

나는 베이징에 오기 전에 사실 한국에서는 태권도로 나름 성공한 이력을 갖고 있다. 한국에서 이미 영예의 박사학위도 취득했고, 태권도장도 여섯 군데를 운영하고 있었다. 유년 시절을 떠올려보면 이렇게 되기까지 과연 '내가 어떻게 여기까지 왔지? 하는 생각이 들 정도로 정말 어렵고 험난한 여정이 있었다. 가끔은 내가 왜 한국에서의 성공한 이력을 뒤로하고 먼 타국에 와서 처음부터 다시 시작하고 있는지 스스로 질문하기도 한다.

아마도 이 질문에 대한 답은 이제부터 여러분께 들려줄 이야기 속에서 찾을 수 있지 않을까 생각한다.

어쩌면 재미있고 어쩌면 지루한 이야기가 될 수 있지만, '어린 시절 넉넉지 못한 가정환경에서 공부도 못하고 자라온 아이가 이렇게 생각하고, 실천하고, 역경을 극복하면 성공할 수도 있구나'라고 생각하고 여러 후배님들이 읽어주었으면 하는 바람이다.

2 공부는 뒷전, 혼자였으면

어린 시절 내 모습을 떠올려보면, 항상 뛰어놀기를 좋아했고, 명랑했지만 수줍음이 많았으며, 꽤 내성적이었던 것 같다. 노는 것에 정신이 팔려 초등학교 시절부터 중학교까지 시험이 끝나고 나면 부모님께 성적표를 갖다 드리는 게 제일 걱정일 정도로 학업성적은 초라했다. 공부 때문에 부모님께 혼나고, 그러고 나면 또 형들에게 공부 좀

하라고 잔소리를 들으며 얻어맞기도 하고…. 이 시절에는 공부하라는 소리가 제일 듣기 싫었다. 내가 입던 옷들도 모두 큰형과 작은형이 입던 것을 물려받아 입기만 했다. 그래서 그때는 형들이 없는 친구들을 보면 참 부럽다는 생각도 했다. 지금은 세상에 그 어떤 사람들보다 든든한 형들과 동생이 어린 시절에는 함께 어울려 놀 때를 제외하고는 그저 막연하게 싫었던 것 같다.

3 후회와 자살 충동 그리고 은사님과의 운명적 만남

초등학교와 중학교 시절 신경 쓰지 않았던 학업성적으로 인해 고등학교 시절에는 다른 친구들과 달리 주간이 아닌 야간에 고등학교(그 당시에는 주간고등학교와 야간고등학교가 있었다)를 다녀야 했다.

동네에서 친하게 지냈던 친구들은 모두 주간고등학교에 진학하게 되었는데, 나 혼자만 야간고등학교에 진학하게 되어 친구들에게 수모를 당한 적도 있었다. 친구들이 학교 수업을 끝마치고 집으로 돌아올 때쯤 나는 그제야 학교에 가야 했으니 길에서 서로 등하교하며 마주치는 친구를 만날 때면 너무도 창피하고 부끄러웠다. 중학교 때까지 친하게 지냈던 어떤 친구는 야간고등학생이라고 무시하면서 빈정거리기도 했다. 그래서 그런 친구들을 피하고자 고개를 지나치게 숙이기도 하고, 또 인적이 드문 길로 등교할 때가 많았다.

그 당시 나에게는 이런 일들이 아주 큰 상처였는지 고등학교 1학년을 마칠 때까지 혼자서 울기도 하며, 좌절도 하고, 때로는 자살하고 싶다는 충동을 느끼곤 했다. 매일 우울한 생활 속에 그동안 공부를 열심히 하지 않았던 생활에 많은 후회를 하고 자책해봤지만, 소용이 없었다. 부모님이나 형제들, 그리고 친구들에게도 말하지 못한 설움이었다.

그러던 중 중학교 1학년 시절 담임 선생님이신 고 김태연 선생님을 만났는데, 그때 선생님은 망가진 내 모습을 꾸짖으시기보다 따뜻한 격려를 해주시며 "인생은 마라톤과 같다"라는 의미 있는 말씀과 함께 용기를 북돋아주셨다. 내가 살아온 시간과 삶을 마라톤으로 비교하면 42.195km 중 불과 몇 km밖에 뛰지 않았다는 말씀이었다. 언제든 순위가 바뀔 수 있고, 초반에 늦은 사람들이 먼 거리를 뛰어서는 앞선 사람들을 이길 수도 있다는, 해보지도 경험해보지도 않고서는 절대 포기해서는 안 된다는 말씀이었다. 선생님의 말씀은 나에게 정말 큰 힘과 용기가 되었다.

고등학교 2학년이 되면서 차츰 공부에 시간을 더 할애하고 규칙적인 생활을 하려고 노력했다. 조금씩 나아지기는 했지만, 만족할 만한 정도는 아니었다. 그러면서 공부와 함께 유년 시절 마냥 좋았던 운동을 시작했다. 처음에는 학교 운동장에서 철봉과 평행봉을 하다가 매일 아침 혼자 동네 뒷산에 가서 구보도 하고 그곳에 비치된 여러 종류의 운동기구들을 하다 보니 자연스럽게 몸도 단련되고 체력도 좋아졌다. 산에 올라가 운동을 하다 보면 사람들의 시선이 나에게 집중되는 것을 느끼기도 했다. 누구에게서 관심을 받는다는 것을 느껴보지 못했던 나는 점차 운동에 더욱 관심을 갖게 되었다.

그러면서 앞으로의 내 인생을 계획하기 시작했다. 비록 고등학교는 야간에 진학하여 친구들에게 소외당하고 무시당하는 설움을 받았지만, 내가 잘할 수 있는 운동을 열심히 해서 대학만큼은 꼭 4년제 대학을 가겠다는 강한 의지를 갖게 되었다. '도전! 그래, 도전해보자!' 라고 스스로 수없이 많은 다짐을 했다.

4 어머니의 눈물 그리고 쌈짓돈

태권도를 접하게 되고 체육대학 입학이라는 목표를 갖게 된 것이 이 시기였다. 나는 그저 운동만 좋아했지 특별하게 체계적으로 할 수 있는 운동 종목을 알지 못했다. 도복을 입고 검은 띠를 매고 다니는 아이들을 보며, 활동적이고 역동적인 태권도가 나와 잘 맞겠다는 생각에 가족을 설득하여 태권도장을 한 달만 다닐 수 있게 해달라고 조르기 시작했다. 하지만 도장을 보낼 수 없는 가정형편에다가 공부나 더 열심히 하라는 아버지, 그리고 형들도 반대했다.

어머니는 아무 말씀도 안 하시고 계시더니 어느 날 나를 조용히 부르셨는데, 눈물을 주르륵 흘리시는 것이었다. 머리를 쓰다듬어주시고 꼭 안아주셨다. 어머니 생각에는 안간힘을 쓰며 무엇이라도 해보겠다며 혼자 산에서 운동하는 내 모습이 안타까웠나 보다. 게다가 땀을 많이 흘리는 내게 맛있는 고기반찬도 제대로 못 해주시는 것도 마음이 아프셨고, 특히 가난 속에 나를 낳으셨을 때 건강 악화로 젖도 못 먹이고 쌀죽을 먹여 키워왔던 가슴 아픈 예전 일을 가슴에 품고 계셨던 걸 알게 되었다. 어머니께서는 몰래 모아두신 쌈짓돈을 건네주셨다. 부족하지만 한번 해보라고….

5 태권도와의 인연

그래서 나는 뒤늦게 태권도와 인연을 맺을 수 있게 되었다. 어려운 살림에 나를 지원해주시는 어머니께 정말 감사했고, 내게 해주신 말씀과 격려는 너무나 감동을 주었다. 정말 열심히 해야겠다는 생각뿐이었다. 당신의 아들이 많이 부족해서 지금은 야간고등학교에 다니고 있어 동네 사람들에게도 많이 창피하셨을 텐데 그런 내색도 전혀 없이 언제나 따뜻하게 위로해주시는 어머니셨다. 그래서 나는 정말 열심히 운동해서 2년제 대학이 아닌 4년제 대학에 꼭 합격하여 어머니를 기쁘게 해드리자는 각오로 태권도에 매달렸다.

남들보다 늦게 태권도를 시작한 만큼 두 배, 세 배의 노력을 했던 것 같다. 아침에는 산에 올라 배웠던 수련내용을 복습하고 오후에는 학교에서도 열심히 공부했다. 밤이 되면 어김없이 도장에 나가서 새로운 태권도 동작과 품새를 익혔다. 검정 띠를 먼저 매고 있던 나이 어린 후배와 동갑내기 친구들이 도장에서 거만하게 행동하기도 하고 나를 우습게 보기도 했다. 어떤 때는 그런 후배나 친구들과 싸우고 싶은 마음도 있었지만 꾹 참았고, 그저 쌀죽 먹던 힘까지 모아서 열심히 수련했다. 비록 다른 학생들보다 늦게 운동을 시작하게 되었지만, 남들에게는 없는 뚜렷한 목표와 다짐이 있었다. 이미 나는 그 목표를 향해 도전을 시작한 것이었다.

6 4년제 대학에 입학하다

그렇게 우여곡절 끝에 입학한 대학 4년은 나 자신을 한 단계 끌어올릴 수 있는 시기가 되었다. 대학진학이라는 큰 목표를 달성한 이후, 나는 체육인으로서 꼭 성공해야겠다는 두 번째 다짐을 했다. 내 전공은 체육학이었지만, 태권도에 대한 배움의 열망은 여전했다. 더욱 체계적인 태권도 지도 방법을 배우기 위해 그 당시 태권도학과 부전공을 신청했다. 체육학과 태권도학과를 병행하려니 참으로 힘들었다. 학과 수업 시간이 중복되지 않게 하려고 8교시까지 식사 시간도 없이 꽉 짜인 강의를 들어야 했고, 그로 인해 식사도 못 할 때가 많았다. 운동은 운동대로 공부는 공부대로 남들보다 2배를 하려니 괜히 부전공했나 하는 생각도 자주 들었다. 게다가 부전공 강의 때는 태권도학과 학생들이 내가 같은 전공의 학생이 아니라는 이유로 일부러 소외시키거나 심하게는 왕따도 시켰다. 또 태권도 겨루기 시간이 되면 어떤 학생은 나를 싸움 상대 대하듯이 아주 거칠게 공격했다. 이렇게 힘들고 외로운 시간이 계속되었지만, 나는 결석 한 번 없이 수업 시간에 다른 학생들보다 더 일찍 강의실에 도착했고, 더욱더 열심히 강의에 집중했다. 나는 절대 포기하지 않았다. 계획한 목표대로 느리지만 꾸준히 실천했다. 중학교, 고등학교 시절 배고픔에 그리고 좌절감에 아무것도 하지 못한 상황에 비하면 너무나 행복하고 즐거운 생활이라고 나 자신을 응원했다.

    시간이 지나면서 나를 배타적으로 대하던 태권도학과 동기들과도 아주 친해졌다. 내 진심을 알아주기 시작하면서 그들과 많은 교류의 장을 만들게 되었고, 그런 고마움에 나는 항상 웃고 솔선수범하려고 노력했다. 이런 과정을 거치면서 덕분에 체육학과 전공과 함께 태권도학과 부전공을 이수할 수 있었던 같다.

7 두 번째 도전 그리고 학사장교와 나

대학 생활과 운동… 이 모든 것이 너무나 좋아서 나는 대학교 1, 2학년에 다른 남학생들처럼 군대에 가지 못했다. 점차 고학년이 되면서 군대를 '장교'라는 지휘관으로 복무할 수 있는 제도를 알게 되었다. 그래서 대학 생활의 두 번째 도전을 준비했다. 대학 졸업 이후 학사장교가 되어 3년간 장교로서 군 복무를 해보자는 것이었다. 장교 복무를 통해 전역하고 나서 훌륭한 체육지도자가 되기 위한 정말 좋은 훈련이 될 수 있을 것이라 생각했다. 대학에서 배운 체육학과 태권도학을 사회에서 여러 사람에게 지도하고, 또한 다른 전공자들과 교류할 좋은 기회라 확신했다.

병사들을 지도하고 지휘하는 장교가 되기 위해서는 20주라는 긴 시간 동안 후보생으로서 더 많은 훈련과 교육을 이수해야 했다. 20주 과정 중에는 태권도가 필수 교육과정으로 지정되어 있었는데, 이 기간에 '태권도 1단', 즉 유단자가 되지 못하면 임관을 하지 못하게 되는 엄격한 제도가 있었다. 태권도가 다른 동기들에 비해 익숙했던 나는 생각지도 못하게 이곳에서도 후보생들을 도와가며 태권도를 지도하고 봉사하게 되었다. 후보생들에게 큰 구령 소리와 함께 시범 식으로 열심히 태권도를 가르쳐주었다. 그러나 일부 운동신경이 없는 후보생들은 아무리 열심히 가르쳐도 제자리걸음만 하는 것이었다. 낙오자가 나오지 않도록 나는 더욱 신경을 써서 지도했다. 임관 하루 전까지 함께 운동하여 노력한 끝에 한 명의 낙오자 없이 모두 승단시킬 수 있었다. 참으로 보람을 느꼈다. 누군가에게 도움을 줄 수 있다는 것이 너무나 좋았고, 나 스스로가 대견스러웠다. 이때의 지도 방법이나 태권도 교육에 대한 열정이 지금의 나를 만드는 데 일조하지 않았나 싶다. 당시 내가 마지막까지 도움을 주었던 후보생들은 아직도 그때의 해프닝을 서로 이야기하며 웃을 수 있는 좋은 친구들이 되었다.

8 공부 그리고 태권도 사범의 길로 들어서다

나는 군 복무를 하면서 제대 후의 진로에 대해서도 준비했다. 다음 목표는 대통령 경호실에서의 근무였다. 특수훈련과 체력단련으로 다져진 나였기에 우발적인 상황에서도 대통령을 가까이서 경호할 수 있다는 자신감 하나만을 갖고 청와대 대통령 경호실을 지원했다. 제대하기까지 두 번 지원했지만 모두 합격하지 못했다. 내가 여러 가지로 부족한 게 많았던 것 같았다. 결국, 부족한 공부를 더 하면서 새로운 직업을 찾기로 마음을 먹었다.

그래서 대학원 석사과정에 입학하게 되었다. 제대하기까지 열심히 저축해서 모아온 1천만 원 중 일부는 등록금에 사용했다. 마침 사회에서 알게 된 강동구 길동에 있는 모 태권도 관장님이 내가 전역하게 된 것을 알고 나에게 도움을 요청하셨다. 도장에 사범이 필요하다는 것이었다. 앞으로의 등록금도 나 스스로 해결해야 해서 아르바이트를 결심했다. 그래서 어머니께서 싸주신 도시락 두 개를 갖고 매일 아침 길동으로 출근했다. 10여 년 동안 수련생 100명이 넘어본 적이 없던 태권도장이었고 당시 관원은 약 75명이었다. 관장님은 나에게 월급을 100만 원 주신다고 했다. 그리고 100명에서 1명이 초과할 때마다 인센티브 1만 원씩을 주기로 했다. 도장 내의 환경은 특별한 게 없었고 서류는 출석부 외에는 아무것도 찾아볼 수 없었다. 그동안의 태권도 수업도 계획에 의한 교육이 아니라 상황에 따라 그저 막연한 태권도 교육이었다.

　도장 주변의 환경은 아파트 대단지 내였기 때문에 부모와 학생들이 접근하기 좋은 최상의 상가였고, 초등학교와 유치원까지 단지 주변에 갖춰져 있어 열심히 노력만 하면 가능성 있는 태권도 시장이었다. 비록 사회에서의 사범 생활은 처음이었지만, 나는 자신감이 충만했다. 그래서 수련생 150명 이상을 목표로 도전하기로 마음을 먹고 비장한 각오로 그동안 대학에서 그리고 군 장교 때 배운 행정 경험 등을 바탕으로 월간·주간·일간 교육, 가정통신문, 학생 수준표, 관심 관원 관리 등 몇 가지를 정리했고, 계획에 의한 교육 프로그램으로 교육목표를 변경했다. 그리고 스스로 아파트 단지를 찾아서 직접 광고지도 뿌렸다. 태권도 수업은 마치 군대 소대원들에게 교육하는 것처럼 나의 큰 구령 소리에 맞춰서 함께 함성 지르고 땀 흘리며 서로 열정적으로 아이들과 운동했다. 그래서인지 어머니께서 두 개 싸주신 도시락이 항상 부족할 정도로 금방 배고팠다.

　그 당시 너무도 바쁘게 보내는 하루하루가 즐겁고 행복한 시간이었다. 약 3개월이 지났을까 수련생들이 증가하기 시작했다. 아이들 역시 태권도에 큰 흥미를 느껴 학교 갔다 와서 태권도장에 가고 싶어 태권도 시간을 기다릴 정도였다. 그래서 이유를 알고자 나를 찾아오는 부모들도 꽤 있었다. 그래서 나중에는 광고가 필요 없을 정도로 소개로 찾아온 신규등록이 많았다. 일주일에 두 번 야간에 다니는 대학원 생활도 있어 나에게는 아주 벅차기도 했지만, 수업에 한 번도 빠지지 않았다. 7개월쯤이 지나서였다. 드디어 내가 목표로 했던 수련생 150명이 넘었다. 그리고 8개월째는 월급을 150만 원 넘겨받았다. 정말 헤아릴 수 없는 기쁨이 나에게 다가왔다. 노력한 만큼 얻어지는 대가였는지 감격스럽기만 했다.

9 또 다른 도전 그리고 성공

그동안 지도했던 8개월의 사범 경험은 내 직업을 바꾸는 전환점이 되어버렸다. 정들었던 학생들과 아쉬운 이별을 해야 했다. 작은 공간이라도 내가 직접 경영하고 싶었다. 그래서 새로운 목표를 정했고, 다시 도전하게 되었다. 새로운 자리를 찾는 것이 결코 쉬운 일이 아니었다. 여러 번 발품 끝에 결국 나는 도봉구 쌍문동에 약 30평쯤 되는 지하 건물을 임대하여 새로운 터전을 마련했다. 자금 마련에 어려움이 있었는데, 주변분들의 큰 도움으로 돈을 빌릴 수 있었다.

그래서 제1관을 1994년 12월 12일에 정식 오픈했다. 그 지역에서 내 태권도장만 지하였다. 그러나 8개월 동안 열심히 알차게 사범 실습을 해온 경험이 있었기에 자신감이 있었다. 그래서 200명 이상을 목표로 굳은 각오로 도전했다. 역시 강한 의지를 갖고 노력한다면 안 되는 게 없는 것 같다. 신규 오픈한 지하 도장에서도 약 3개월이 지났을 때부터 학부형들의 우리 체육관 추천이 많아졌다. 멀리에서 내 도장에 등록하기 위해 찾아오려는 사람들도 있었다. 수업 시간도 많이 늘었다. 새벽 6시부, 아침 9~12시 유아 체능 교실, 오후 2시, 3시

30분, 5시, 6시 30분, 8시, 마지막으로 9시 30분~10시 30분까지 수업을 마치고 차량 운행에다 청소까지 마무리하면 밤 12시 넘어서야 겨우 휴식을 취할 수 있었다. 워낙 바쁜 하루를 지내다 보니 하루에 두 끼를 먹는 게 고작일 때가 많았다. 심지어 일과 시간에는 배달시킨 짜장면 먹을 시간이 없어 못 먹고 버릴 때도 종종 있었다. 비좁은 사무실에 이불을 펼쳐놓고 잠을 잤다. 그래도 나는 힘들기보다는 바쁜 하루가 보람되고 즐거웠다.

그러던 중 나에게 엄청난 일들이 발생하기 시작했다. 여름철 장마가 다가왔는데, 부실 공사였는지 체육관 바닥에 방수공사가 제대로 되지 않아서 물이 바닥을 뚫고 올라오더니 조립식 매트 위로 물이 고이기 시작한 것이다. 건물주인에게 사실을 알렸지만 방법이 없다는 말만 되풀이하고, 나갈 테면 나가라는 식의 답변뿐이었다. 어쨌든 많은 학생을 멀리 옮겨갈 수도 없었고, 또 주변에는 옮겨갈 만한 비어 있는 상가도 없었다. 최선의 방법은 폐신문지를 최대한 수거하여 조립식 매트 밑의 바닥에 깔고, 마른 신문지를 수시로 갈아 끼우며 걸레로 닦아주는 일을 반복했다. 비가 오는 밤 시간에는 잠도 한숨 못 자고 시간마다 신문지와 걸레로 스며 나오는 물을 닦아내며 고생한 일들이 생생하다. 이로 인해 손에 시멘트 독이 퍼져 피부병이 생기기도 했다. 게다가 비가 아주 많이 온 어느 날, 결국 빗물이 범람해서 체육관이 물에 잠기고 말았다. 동사무소의 도움으로 양수기를 구해서 물을 빼내고 건조시켰지만, 이미 사용할 수 없는 물건들이 많았다. 그래서 건물주인에게 도움을 청해보았지만 야속하게도 완전히 무시당했다. 세입자의 서러움을 이곳에서 알게 되었다.

▲ 서울원식태권도 승급심사

나는 빨리 훌훌 털어버렸다. 비록 어려움이 있었지만, 물건도 새로 구입하고, 열심히 청소하며 아이들이 깨끗한 환경에서 운동할 수 있도록 더욱 심혈을 기울였다. 정말 기적이었다! 작은 지하 공간의 태권도장이었지만, 하루에 200명이 넘는 학생들과 땀 흘리며 운동할 수 있었다. 은행을 자주 찾아서 저축도 할 수 있었고, 3년간 꾸준히 저축하고 모아둔 돈으로 그동안의 빚을 모두 갚았다. 또, 2000년도에는 중랑구 신내동에 2호관을, 2002년도에는 방수가 안 되어서 여름마다 말썽을 피웠던 도봉구 쌍문동 지하의 태권도 1호관을 새로 짓는 건물 5층에 분양받아 확장 이전할 수 있었다. 또 같은 연도에 성동구 응봉동의 새로운 아파트 단지에 3, 4호관을, 2005년도와 2006년도에는 도봉구 창동에 5호관과 6호관을 차례로 오픈할 수 있었다.

10 체육계와 인연을 맺다

2004년도에는 스포츠산업 CEO 과정의 총무직을 맡으면서 체육계에 훌륭한 분들을 비롯한 각 계층의 성공하신 분들과 정말 폭넓은 인간관계를 맺을 수 있게 되었다. 그로 인해 우리 태권도장에서는 두 달에 한 번씩 실시하는 정기 승급심사 행사에 스포츠 영웅 및 각 계층의 성공하신 분들을 초빙하여 직접 그분들의 경험을 교훈으로 관원들에게 참된 스포츠 정신과 강한 의지 그리고 할 수 있다는 자신감을 심어주기 위한 특별 프로그램도 병행할 수 있었다. 또한, 2005년부터는 한미 태권도 문화교류 프로그램을 준비했고, 실제로 미국에 있는 태권도장들을 직접 찾아가 자매결연을 했으며 한미 태권도 문화교류를 미국 현지에서 하계 1개월, 동계 3개월 동안 홈스테이와 태권도 교류, 관광, 영어 공부를 병행하는 프로그램을 실시하게 되었다. 이때 한·중·미 태권도 문화교류를 위한 글로벌 프로그램 구축을 위한 본격적인 중국 도장 진출을 계획하게 되었다.

11 중국을 가다

나는 한국에서의 성공적인 도장사업을 밑바탕으로 중국 진출을 위한 결심으로 2008년도에 혼자서 중국으로 떠났다. 그 당시 나는 중국이 머지않아 세계태권도 시장의 중심이 될 것이라고 감히 장담했다. 그 말을 증언해주듯이 이미 전 세계 태권도 인구의 제1위 국가가 중국이고, 전 세계 태권도 유품자 중 약 20%가 중국인이다. 현재도 중국에서 태권도의 인기는 정말 대단하다!

처음 중국에 갔을 때는 한국과 너무나도 다른 중국의 문화가 낯설었고, 더구나 말 한마디 하지 못하는 상태에서 분위기에 적응하는 것이 가장 어려웠다. 게다가 3년간 가족과 함께하지 못하는 것이 가장 힘들었다. 나를 많이 보고 싶어 하는 우리 아이들과 함께 있어 주지 못함에 늘 미안하기만 했다.

사업진출을 위해 중국에 온 대다수 사람 중 실제로 중국에서 오랜 시간 동안 생활했지만 기본적인 생활회화조차 어려워 사회에서 만난 중국인으로 인해 곤란한 상황에 처하는 경우가 종종 있었다고 들었다. 그것은 중국을 제대로 알지 못한 당연한 결과라 생각했다. 이곳 중국에서 빨리 적응하고 안정적으로 생활해나갈 수 있는 방법은 무엇보다 언어를 익히고 중국 친구를 많이 만드는 것이라고 생각했다. 그래서 중국어 전문대학교 단기 속성반에서 선생님들의 도움을 받아가며 그 어느 때보다 열심히 공부했다.

베이징의 칭화대와 베이징대는 중국 대학의 상징으로 중국 사람들이 이 대학에 입학하려면 낙타가 바늘을 통과해야 할 정도로 너무나도 들어가기 어려운 최고 명문 학교다. 나는 이 대학에 입학할 수 있다면 그곳에서 좋은 인간관계도 만들고 신뢰를 쌓아가며, 또 중국 사회를 경험하면서 하나하나 일을 추진해나갈 수 있을 거로 생각했다. 또 내가 목표로 한 중국 진출도 충분히 가능할 것으로 생각했다. 그래서 나는 칭화대학교 입학을 목표로 입학 정보를 적극적으로 찾기 시작했다. 중국어는 가장 기본이기에 중국어 공부를 잘할 수 있는 모든 방법을 찾아서 정말 열심히 공부했다. 그 결과 당시 구 HSK(중국어 수준 평가) 7급을 취득했다. 약 1년 만에 7급을 취득한다는 것은 중

문학 전공자들도 결코 쉬운 일이 아니었다.

12 칭화대 박사과정 입학, 그리고 104년 역사상 외국인 첫 영예 박사학위를 취득하다

중국어를 한마디도 하지 못하는 40대 초반의 내가 짧은 시간에 정말 놀라운 성적을 거두었다. 그만큼 노력 없이 이룰 수 없다는 증명이리라! '역시 노력하면 안 되는 게 없구나' 하고 다시 한번 깨달음이 있었다.

다행히 입학 기본조건을 갖추고 좋은 중국 친구를 사귀기 위한 첫 번째 목표로 칭화대학교 체육부 박사과정에 입학하게 되었다. 칭화대학교의 수업 진행은 당일 토론 제목을 정하고 토론 형식의 수업으로 중국어 또는 영어로만 진행하여 언어능력이 부족한 나에게는 학교 수업 시간이 갈수록 정말 어렵기만 했다. 동학들은 친절했고, 지도교수는 엄격했으며, 유학생이라도 만학도라고 넘어가주지 않았다. 그러나 나는 잘 알아듣지 못하는 학술토론과 강의 내용으로 혹시나 수업 분위기에 방해되지 않을까 하는 걱정이 들었다. 그래서 교수님들께 이메일 편지를 썼다. 유학 생활의 어려움, 특히 토론발표에 대한 도움을 호소했다.

다행히 유학생을 이해해주셨는지 교수님들은 토론 제목도 미리 알려주시고, 따뜻한 응원의 글로 답장까지 해주었다. 밤새 자료를 찾아 정리하고, 내 귀와 입은 잠시도 편히 쉴 틈이 없었던 것 같다. 만학의 주인을 만나 때아닌 고생을 몇 배로 더 해야 했으니 말이다. 그렇게 해서 겨우 완성한 수업 준비로 긴장을 안고 어렵게 학업을 따라갔다. 더듬거리고 발음까지 정확하지 않았기에 경청하는 동학들은 견디기 힘들었을 것이다. 고맙게도 끝까지 경청해주고 발표가 끝날 즈음에는 늘 따뜻한 응원과 격려의 박수를 보내왔다. 그로 인해 그들과 더 두터운 신뢰와 우정을 쌓게 되었다.

어려운 한 학기가 지나가고 나서 내가 정말 바라던 좋은 일이 생겼다. 박사 지도 교수님께서 선택과목 중 태권도 교양과목이 있었는데, 유학생인 나에게 칭화대 학생들에게 태권도를 강의할 수 있는 영광의 기회를 주셨다. 그래서 나는 1년 동안 본과생 2개 반과 석·박사생 2개 반 100명이 넘는 중국 학생들에게 한국의 문화인 태권도를 전파하며 한중교류와 함께 두터운 우정을 다질 수 있었다.

2016년도에는 칭화대 체육부 박사과정 7년 만에 104년 역사상 외국인 첫 영예 박사학위를 취득했고, 졸업과 동시에 칭화대 교수님의 적극적인 추천으로 베이징대학교에서도 태권도 교양과목을 강의할 수 있는 영광을 안게 되었다.

그래서 현재까지 베이징대와 칭화대에서 약 1천 명의 학생이 내 태권도 수업을 수강했고, 그들과 사제 간의 우정으로 중국 최고 명문

▲ 2016년도 칭화대 박사과정 학위 수여식

대학의 인적 재산을 갖게 되었다. 역시 아무리 어려운 일이 있더라도 진실하게 꾸준히 노력하면 좋은 기회를 얻는 그런 성취감인 것 같다.

◀ 베이징대 태권도 강의 기말고사 후 기념

◀ 칭화대 태권도 강의 기말고사 후 기념

13   중국에서의 또 다른 시작(元植태권도장을 열다)

2011년도에는 중국의 최상류층을 상대로 베이징 왕징에 元植태권도장 제1호관을 개관했다. 개관식에는 대학교 교수님과 동학들… 그리고 내게 태권도 수업을 받아온 석·박사생 반들도 참석하여 축하해주었다. 중국 베이징 생활 3년 만에 밤잠을 설쳐가며 만든 첫 작품이었기에 나에게는 아주 큰 의미가 있었다. 물론 생각해보면 그간의 중국 생활 중에서 가장 힘들었던 시기가 아니었을까? 칭화대학교 체육부 박사과정…. 게다가 가족 모두 중국으로 이사한 지 얼마 안 되었던 해…. 모든 것이 낯설고 어색해 아이들은 불만도 많았고, 모든 일 하나하나에 내가 없이는 안 되던 때였다. 3년 만에 어렵게 중국에서 합친 우리 가족의 베이징 생활 또한 하루하루가 정말 긴장의 연속이었다. 법인 설립부터 元植태권도 1호관 개관 과정은 한국에서 태권도 체육관 경험이 많았던 터라 큰 문제가 없을 것으로 생각했다. 그러나 그것은 오산과 착각이었다. 물론 특별한 도장을 만들기 위해 남들보다 마땅히 더 힘들 수밖에 없었겠지만, 중국에서 체육관 운영은 여간 복잡하고 어려운 게 아니었다. 외국인 신분이었던 나에게는 더욱더 그랬다. 설마 내가 밥 굶을 걱정을 하게 될 줄은 정말 꿈에도 몰랐다. 장소 구하기도, 사범을 섭외하는 것도, 태권도를 홍보하고 관원을 모집하는 것도 그 모두가 속된 말로 맨땅에 헤딩하기였다. 4년이 지나 그런 헤딩이 더 이상 아프지 않을 때쯤 다행히 조금씩 주변이 밝아지기 시작했다. 도장 개관 후 9년이 지난 지금은 元植태권도 1호관은 이미 확장했고, 태권도 수련생도 점차 안정적이다. 베이징에 2관, 3관도 계획했으나 요즘 코로나19 때문에 7개월째 문을 닫고 있다. 조금 걱정되는 마음도 있지만, 그래도 이 위기를 잘 극복하면 뭔가 더 잘될 것 같은 느낌에 자신감은 충만하다. 위기가 기회라는 말처럼 멈춤이 아닌 성장의 기회로 만들기 위해 더 연구하고 노력해서 이 글을 읽고 계시는 모든 분께 꼭 좋은 소식을 전해드리겠다. 元植태권도 2호관, 3호관을 위해….

◀ 베이징원식태권도
1주년 기념

14 중국 속의 태권도 그리고 나의 끝없는 도전을 위하여

스포츠마케팅은 파는 게 아니라 가르치는 것이다

나는 내세울 것도 없고 자랑할 것도 없다. 그저 철없던 소년이 어머니의 눈물과 사랑으로 인생의 전환점을 찾게 되었고, 그로 인해 부족했던 나 자신을 채워가며 끊임없는 도전 속에 오늘도 나의 길을 가고자 할 뿐이다. 태권도를 좋아하고 가르침을 실천하고 한국에서의 작은 도전을 바탕으로 또 다른 도전의 길을 가고 있다. 중국이라는 낯선 환경 속에서 중국인에게 태권도 정신을 가르치고 알리고자 노력하고 있다. 자국 무술에 자긍심이 강한 중국인에게 한국인의 정신을 가르치고, 그들 가슴속에 태권도 속의 효와 예절을 심어주려고 한다. 그것이 바로 스포츠 정신을 일깨우고 진정한 도전 정신을 깨닫게 해주는 것이라 믿기 때문이다. 그리고 태권도의 위상 제고와 국제화에 이바지할 수 있는 그날까지… 지금까지 그래온 것처럼 나는 계속 파이팅할 것이다!!!!

The World of Sports Marketers 2-3

최고의 농구 센터
정은순이 전하는 인생 포인트

프로필

이 름 : **정은순**

소 속 : 유소년농구 지도자
　　　　(2004~)

이 력
(前) 2000 시드니올림픽 남북 첫 공동기수
2018 경희테크노대학원 스포츠경영학과 석사

1 엘리트 선수로 가는 길

누구나 그렇듯이 첫 느낌이 중요한데, 나 또한 농구공을 처음 잡았을 때 어색함 없이 익숙한 감각으로 공을 만지게 되었다.

초등학교 3학년 추운 겨울, 포장이 되어 있지 않은 흙먼지 위에 특별활동으로 농구를 알게 된 것이 지금의 나를 있게 했다. 초등학교 3학년이던 나의 신체 조건과 공을 만지는 잠깐의 모습을 보고 가능성을 알아본 당시 초등학교 농구 감독은 바로 우리 집으로 와서 농구선수가 되기를 권했다.

초등학교 농구 감독은 무엇을 보고 나에 대해 확신이 있었을까?

지금과 같은 과학적인 데이터도 없이 그분의 눈썰미 하나로 농구를 시작했다. 분명히 초등학교 농구 감독은 과학적인 데이터는 없었지만, 나름의 지도자 경력을 가지고 나의 신체적인 조건과 공을 만지는 모습을 보고 가능성이 크다는 것을 감지했을 것이다.

단지 다른 사람보다 키가 조금 크다는 이유로 농구를 시작했다고 생각했는데, 유소년농구를 가르치다 보니 '단지'라는 생각은 내 오산이었다는 것을 알게 되었다. 초등학교 때 감독은 나름 머릿속에 자신의 데이터를 갖고 나를 선택하여 농구장에 서게 했다는 것을 인정하지 않을 수 없다.

내가 지도받을 때와 비교해볼 때 지금은 대부분 지도자들이 석사와 박사까지 공부하며 초·중·고 엘리트 학생들에게 농구 기술뿐만 아니라 멘탈, 심리, 인권 부분까지도 지도할 수 있는 능력을 키우는 시대로 바뀌고 있다.

나 또한 초등학교 때 사랑의 매라는 이유로 가해진 구타를 받아들이며 농구를 하려면 그런 과정을 거쳐야 한다고 착각하며 지냈다.

현시대를 살고 있는 엘리트 선수들의 모습은 지난 세대 선수들에게는 상상도 하지 못했던 여러 가지 일들에 대한 뉴스를 보게 된다. 스포츠인으로서 인권과 멘탈 그리고 선수의 모든 환경에 맞춰서 기술을 지도하기는 상상 이상의 어려움을 극복해야 한다고 본다.

나는 초등학교 때 사랑의 매를 이겨내면서 분명히 이로운 것이 있었다. 조금 늦을 뿐이지 결국은 해낼 수 있다는 생각도 들지만, 사랑의 매는 바로바로 나의 재능을 현실로 만들기도 했다.

우리나라는 세계적으로 아주 작은 나라다. 그럼에도 올림픽 출전 성과는 어느 큰 선진국에 비해서도 뒤지지 않은 성과를 지금까지 얻어왔다.

인권 보장과 선수 보호는 분명히 받아야 할 선수들의 권리다. 그렇다면 좀 더 선수들에게 영광을 안겨주고 싶은 지도자들의 노력을 선수들이 발맞춰 따라와야 한다. 예를 들어 심리적으로 인격을 존중하며 기술을 가르치려는 지도자의 교육을 사적 감정이나 지도자가 가지고 있는 스포츠에 대한 열정 외에 선수 또한 사적 감정을 갖지 않으며 냉철하게 공적인 입장으로만 지도를 받아들여야 한다고 생각한다. 그랬을 때 인격적으로 서로 대화가 될 것이며, 지도자가 기대한 만큼 선수의 기량이 바로 나타나지 않아도, 여러 번 같은 말을 할지라도 초심을 잃지 않고 기술을 가르칠 수 있을 것이다.

지도자는 선수가 받아야 하는 지도 외에 다른 생각을 할 때, 다른 감정이 선수에게 유입될 때, 지도자의 생각을 인정하지 않는 느낌을 받을 때 그 선수를 어떻게 컨트롤해야 하는지를 공부하고, 선수는 각

종목 지도자들의 영역을 벗어난 생각이나 감정을 개입해서는 안 된다고 본다.

지난 1980년대부터 2000년 초 세대는 지도자와 선수 간의 관계에서 지도자와 선수가 자기 분야 영역을 알지 못한 채, 또한 서로에게 도움이 되는 존재인지 불신이 되는 존재인지 알지 못한 채 관계가 유지된 것으로 보인다.

현재 엘리트 체육의 심리와 멘탈 부분에서 몇 단계 도약하는 과도기를 잘 넘기되 우리가 지금까지 만들어놓은 성과에 못 미치면서 선수의 인권을 보장하며 지도하는 것이 정말 선수를 위한 길인가 고민해야 한다.

인권과 심리, 멘탈 그리고 여러 가지를 컨트롤하면서 우리나라가 가져온 올림픽의 성과, 아시안게임의 성과를 계속 유지할 수 있어야 하며 사랑의 매 없이 행복하게 스포츠를 즐기며 유지할 수 있도록 공부하는 스포츠인이 되어야 한다.

2 성장기, 넘치는 것보다 모자란 것이 낫다

나는 중학교 2학년 때 청소년 국가대표가 되면서 가정 경제에 동참하기 시작했다.

당시 동방생명(현 삼성생명)과 가연고를 맺으며 대기업 직원이 된 것이다. 모든 사람의 시선에는 잘나가도 너무 일찍 잘나간다는 우려가 생길 만큼 일찍부터 선두로 나서기 시작했다.

신체 상태는 성장판이 닫히지 않은 상태였고, 1980년대 지도자들과 비교할 때 중·고등학교 지도자는 과학적으로 나의 미래를 바라봐 주었다. 관절에 무리가 가는 체력운동은 열외가 되었으며, 농구공을 가지고 즐기며 중학교 시절을 보낼 수 있었다.

그런 성장 과정에서 청소년 대표로 발탁되어 월급을 받게 되어 주위 동료들의 부러운 시선을 느끼며 지내던 중 고1 때 88올림픽 대표선수로 발탁되어 태릉선수촌에 입촌하게 되었다. 선수촌 생활이 시작되고 나보다 7년 많은 바로 위 선배와 많게는 11년 차이 나는 고참 선수와의 선수촌 생활이 생각보다 몸에서 받아들이지 못했다.

올림픽을 한 달 앞두고 갑상선 항진증으로 퇴촌하게 되었고, 너무 좋아하며 돌아온 학교 분위기는 너무 잘난 나를 바라보는 친구, 선배, 후배의 날카로운 시선이 나를 기다리고 있었다.

시대를 앞서가던 나의 지도자조차 병을 얻어 나온 한 명의 제자이기보다 큰물에서 지내다 온 나를 고운 시선으로 보지 않았다. 설상가상 나의 농구 실력은 갑상선 질환이 생기기 전부터 가끔 학교에 와서 친구들과 손발을 맞출 때 이미 선수촌에 들어가기 전보다 기량이 떨어진 상태였다. 내 가능성을 보고 이런저런 혜택을 주며 대형 선수로 키우려던 모든 농구인의 기대와 어긋난 길로 빠르게 퇴보하고 있었다.

그 시절 지금과 같은 인권, 멘탈, 심리상담 전문가의 도움이 접목되었다면 나의 재능을 알고 키우려 한 이들의 생각대로 갈 수 있지 않았을까 하는 아쉬움이 남는 부분이다.

프로농구 박지수 선수의 경우, 고1 때 심리상태 그리고 인권 등 여러 가지를 생각하며 대표선수에 발탁하는 모습을 보면서 아직 체계가 형성되진 않았지만 노력하는 과도기임을 느낄 수 있었다.

현재 엘리트 스포츠의 과도기가 성공적으로 정착되는 시점은 엘리트 선수들이 학업을 마치면서도 여러 세계대회에서 지금까지처럼 성적이 유지되었을 때 진정으로 정착될 것으로 보인다.

3   극복과 성과

1990년 베이징아시안게임

갑상선 항진증을 극복하고 출전한 첫 국제무대가 1990년 베이징아시안게임이었다.

스무 살 막내였던 나는 정말 선배들에게 어떻게 하면 도움이 될까만 생각한 열일곱 살 88올림픽 때와는 달리 많은 생각의 성장을 이루며 선배들의 활약에 도움이 될 수 있는 식스맨 역할에 푹 빠져 몸으로 뛰는 시간보다 머리로 뛰는 시간이 많은 하루하루를 보내며 중국과의 결승전에서 이미지 트레이닝을 계속한 결과물을 얻게 된다.

치열한 접전 끝에 센터인 선배 선수의 휴식 시간을 마련하기 위한 교체 맴버로 투입되었고, 나는 수도 없이 머릿속에서 내 역할을 상상하고 있었기에 자신 있게 당시 내 역할에서는 큰 5득점을 기록하며 선배들에게 힘을 실어 중국을 이기고 금메달을 따는 데 조금이나마 기여할 수 있게 되었다.

엘리트 선수들은 누구나 생각보다 자주 극복해야 하는 순간들이 많이 찾아온다. 극복해야 하는 순간순간마다 그 안에서 최대한 할 수 있는 것을 찾아내 실행에 옮기는 것이 극복하는 데 도움이 된다는 것을 경험했다.

88올림픽 때는 내 영역에서 무엇을 하며 극복해야 하는지를 찾지 못했지만, 1990년 베이징아시안게임에 출전할 때는 갑상선 항진증이라는 병을 극복하면서 얻은 것이 '마인드 컨트롤'이었다. 이 부분은 32세에 은퇴하기 전까지 엘리트 선수로서 한발 앞서 나가는 데 가치관이 되었고, 신체를 관리하는 데도 큰 영향을 미쳤다.

나의 심리를 컨트롤하며 내가 할 수 있는 영역을 뛰어넘지 않고 경기에 임하는 내 태도는 컨디션이 좋을 때는 기록 면에서 월등하게 좋았고, 컨디션이 나쁠 때는 안 좋은 기록을 만들기도 했다. 하지만 나는 컨디션이 안 좋은 영역에서도 40분간 코트장을 누볐고, 그렇기에 기록에는 상관없이 한 경기 한 경기 평가는 꾸준하게 유지될 수 있었다. 186cm의 큰 키에도 수술을 한 번도 하지 않았으며, 가벼운 부상 외에는 큰 부상 없이 선수 생활을 마무리할 수 있었다.

인생을 살면서 사사로운 크고 작은 일들을 겪게 되는데, 안 좋은 쪽으로 크게 보이고 느낄지라도 반드시 그 속에 장점과 값진 경험이 숨어 있는 것을 찾는 것이 인생에서 즐거움을 찾는 방법이 아닐까 하는 생각이 든다.

4 농구 경기 40분

고등학교 졸업 후 첫 성인 무대에서 큰 슬럼프가 있었다. 고1 때인 88올림픽에서 갑상선 항진증을 이겨내고 재기하면서 인정받았던 나는 성인 무대 첫 대회에서 전 경기에 골 밑에서도 골을 성공시키지 못할 정도로 모든 사람의 기대에 실망스러운 모습을 보여줬고, 나 스스로도 가능성과 나에 대한 자신감이 바닥에 떨어졌다.

고1 때 갑상선 항진증으로 건강관리법을 터득한 것처럼 스무 살 성인 무대를 망친 첫 대회로 나는 더 큰 것을 얻을 수 있었다.

그것은 내가 그토록 사랑하는 농구는 혼자 하는 것이 아닌 5명, 더 크게는 벤치 선수들과 함께 12명이 한마음으로 원팀이 되어야 내 숨은 재능이 발휘된다는 것이다.

선수들 간의 소통, 배려 등이 필요하고 행동으로 옮겨야 내가 사랑하는 농구를 좀 더 잘할 수 있다는 깨우침이 있었을 때, 그 부분은 일찌감치 초·중·고에서 이론적으로 배워야 하는 것이 아닌가 생각한다.

그때 내가 동료들과 소통했던 방법은 책을 읽고 영화를 보는 등의 아주 작은 노력에 불과했다. 이때부터 농구를 잘하려면 운동뿐만 아니라 다른 부분들, 즉 소통과 배려하는 데도 교육이 필요하다는 생각이 들었고, 은퇴할 때쯤인 1998년 대학교에 들어가야 한다는 생각을 했다. 그 후 2000년 시드니올림픽 때까지 농구코트 안에서 화합하며 큰 부상 없이 인정받으며 매 경기를 치를 수 있었다.

그 후 수많은 경기를 하면서도 은퇴 전까지 긴장의 수준은 다르지 않았고, 경기가 시작될 때의 느낌과 그 안에서 풀어가는 재미는 중독이 되어가는 듯했다.

1쿼터 3분이 지날 때쯤 긴장이 풀리며 집중도가 상상 이상으로 높아졌으며, 수많은 관중 소리가 들리지 않을 만큼 우리 팀 벤치의 코치, 감독, 선수와의 소통에 집중했다. 그렇게 1쿼터를 집중도를 높이며 긴장을 풀고 상대 선수의 컨디션도 파악하며 나의 컨디션이 어느 정도인지, 내가 얼마만큼 오늘 경기에 내 실력을 발휘할 수 있는지 알아차리며 1쿼터는 마무리된다.

    2쿼터는 체력이 충분하기 때문에 나의 실력을 가장 잘 끌어낼 수 있는 쿼터다. 너무 체력이 좋아 오히려 자제해야 하는 능력이 필요하다. 4쿼터에서 승부를 쉽게 결정지으려면 3쿼터에서의 활약으로 정해진다. 3쿼터를 확실하게 잡지 못하면 아무리 실력 차이가 나는 팀이라도 4쿼터에서는 어려워질 수밖에 없다.

    공부할 때와 운동할 때도 2보 전진을 위해 1보 후퇴해야 하는 것처럼 엘리트 선수로 활약해야 할 때 모두가 아는 것처럼 타이밍을 맞추는 것은 매우 중요하다. 우리 운동선수들은 타이밍이 안 맞으면 안 된다는 것을 어떤 종목이든 알 수 있다. 그것은 스포츠에만 적용되는 것이 아니다. 그 타이밍은 우리가 살아가는 이 사회에서도 아주 중요한 역할을 한다는 것을 누구나 느끼고 있다.

    즉, 초년에는 내가 가야 할 인생의 방향을 잡기 어렵다. 방향을 쉽게 잡기 위해 우리는 초·중·고를 의무적으로 공부하며 마무리하게 되는데, 이때 스포츠인은 그 방향을 스스로 좁혀 의무적인 공부의 중요성을 모르고 지나게 되고, 성인이 되어서 새롭게 고민하기 시작한다.

    1쿼터, 2쿼터, 3쿼터, 4쿼터에서 반드시 해야 할 것이 정해져 있다는 것을 알기까지 참 많은 시간이 걸렸다. 우리는 이 부분을 엘리트 스포츠를 하는 아이들에게 인생의 1, 2, 3쿼터로 반드시 해야 할 부분을 놓치지 않게 길을 제시할 의무가 있다.

    1990년 인성여고를 졸업한 후 나에게 더 이상의 학업은 존재하지 않을 것이라 믿었다. 전성기 7년을 보낸 후 1998년 운동선수로서 마무리해야 할 때가 왔다는 내 몸 안의 신호를 받았을 때, 다른 길을 생각하게 되었고 그것이 학업이 되었다.

1998년 용인대에 입학하여 2002년 졸업한 후 스스로 공부했다는 자부심을 갖고 10년을 보낸 다음 또 다른 경험을 위해 학업이 또다시 필수로 다가왔다.

2017년 경희대학교 대학원 입학과 졸업 순서를 밟은 후 내가 갈 수 있는 길은 폭이 넓어졌고, 무엇보다 성취감이 컸으며, 선수 때와 같이 자존감이 올라섰다.

나는 지금 인생의 3쿼터를 보내는 중이다. 1쿼터 때 하지 못한 것을 2쿼터, 3쿼터에 하려니 버거움도 느끼긴 한다. 하지만 지금이 승부를 결정짓는 4쿼터가 아닌 것에 감사하다.

5 스포츠인의 더 큰 영역

학업에 다시 관심을 보이며 실천에 옮길 때쯤 2000년 시드니올림픽 여자농구 선수로 출전하게 되었고, 개회식 3일 전에 첫 남북 공동입장 남쪽 대표로 선발되었으며, 학업과도 연결 지을 수 있었다.

첫 남북공동 기수가 된 후 스포츠로 인해 우리나라가 수년 내에 통일될 수도 있겠다고 생각하면서 큰 희망을 가졌으나 현실은 생각만큼 빠르게 진행되지 않았다. 기대는 10회의 공동입장을 하는 것으로 그쳤고, 평창동계올림픽에서 아이스하키 단일팀까지 만들어지니 다시 기대를 품고 있다.

이제는 여러 명의 스포츠인이 남북 단일팀과 남북 공동입장 기수라는 경험을 갖고 있다. 이런 현장의 경험을 살려 코트 안에서의 경험뿐만 아니라 코트 밖의 경험을 살려 더 큰 무대로 나가기 위한 준비가 필요하다.

성적 위주의 스포츠 엘리트 양성이 아닌 개인의 인격 그리고 인권을 지키는 데 목적을 두고 자연스럽게 지금의 성과를 유지할 수 있는 연구를 스포츠 현장의 경험을 가진 엘리트들이 때를 놓치지 않고 연구할 수 있게 이끄는 것이 대한민국 체육에 종사하는 모든 사람의 과제라고 보고 지금이라도 제대로 방향을 잡고 노력해야 한다.

6 이 글을 읽는 분들에게

농구로 인정받았던 정은순보다 시드니올림픽 첫 공동기수 정은순, 그리고 1998년부터 2018년까지 대학교와 대학원을 졸업한 정은순이 나 스스로 훨씬 자랑스럽다.

농구는 태어날 때부터 하나님께 받은 재능이다. 잘할 수밖에 없는 것을 내가 노력해서 잘했다고 생각하며 20대를 보냈지만, 20대 때 놓쳤던 학업을 늦었지만 30대부터 실천했다는 데 점수를 크게 주고 싶다.

나와 같이 엘리트 스포츠인으로 인정받는 모든 선수가 인정받고 잘하는 것을 즐기면서 다른 방향도 발전시킬 수 있는 타이밍을 놓치지 말고 돌아볼 수 있는 자세를 가지며, 지금이 전부라고 생각하는 스포츠인으로서의 여유도 누릴 수 있기를 바란다.

많은 경험을 통해 현세대를 살고 있는 지도자들은 자신이 놓친 부분과 아쉬웠던 것들을 지금 선수 생활을 하는 후배들은 놓치지 않도록 초·중·고 그리고 대학교, 20대 성인 스포츠인까지 시행착오를 덜 겪게 하기 위한 현장에서의 분주한 움직임이 반드시 필요하다고 본다.

언론을 통해 스포츠인이 연루된 사건들을 접할 때마다 때를 놓쳐 배우지 못하고 스스로 인권을 찾지 못한 안타까운 사건들이라고 생각한다. 가해자라고 나오는 선수, 지도자들 그리고 피해자라고 나오는 선수, 지도자들 또한 학업을 놓칠 수밖에 없었던 사실에 체육계에 몸담고 있는 모든 사람의 책임이라고 보여지므로 지금부터라도 책임 분담을 가져서 실천해야 더 젊은 학생들이 스포츠에 거부감 없이 발을 들이게 하는 발판이 될 수 있으며 체육계의 무궁한 발전을 이룰 수 있을 것이다.

나는 여자농구선수로서 농구만 사랑한다고 생각한 적도 있었지만, 지금은 모든 스포츠를 사랑하는 한 사람으로 체육계의 발전을 위해 무진 애쓰고 있는 모든 사람에게 응원을 아끼지 않을 것이며, 나 또한 체육계 발전을 위해 힘쓸 것이다.

▲ KBS 2회 한국체육 100년 특집 다큐멘터리

◀ 신문기사

2-4

어제의 시장 데이터를 관찰하고 내일을 예측해서
현재의 방향을 잡아 소비자를 선도한다

프로필

이 름 : 김선희

소 속 : 더스페이스 힐링댄스 대표

이 력
(現) 경희대학교 테크노경영대학원 겸임교수
(現) 경희대학교 무용학 석사·체육학 박사
(現) 한국체육학회 문화예술분과 부위원장

1 스포츠마케팅이란?

사람의 마음을 살피고 공감하는 것

2 내가 살아온 길, 춤추는 인생

엄밀히 말해서 나는 마케터가 아니다. 박사과정으로 스포츠마케팅을 공부했지만 인간의 심리에 더 관심이 많아 현재는 소비자의 심리와 구매결정요인, 소비의 과정이나 패턴 등을 연구하고 대학원에서 소비자 행동을 가르친다. 이런 나는 어릴 적 워낙 체격이 작고 몸이 약했지만, 담임선생님 손을 잡고 하교하는 길에서 하도 춤을 춰서 내 또래 아이를 둔 초등학교 앞 떡볶이집 사장님이 '춤추는 꼬맹이'라고 부를 정도였다. 그럼에도 실제로 무용을 전공하고 시간이 지나면서 어느덧 춤에 대한 순수한 열정보다는 예술창작에 대한 무게감, 연습의 고통, 사회구조적인 예술계의 고단함 그리고 결정적으로 내 능력의 한계를 느끼면서 나의 몸과 마음의 완전한 고갈을 인정하게 되었다. 결국 이런저런 핑계를 대면서까지 대학과 대학원을 졸업하고 십수 년을 몸담은 무용단을 벗어나 뒤도 돌아보지 않았다. 털끝만큼도 미련을 두지 않은 듯…. 지금 생각해보면 그 후 몇 년 동안 무대를 떠나 너무도 자유롭다고 느끼면서 스스로 또 다른 행복을 찾고 있었는지 모르겠다.

그러나 결론부터 이야기하자면, 나는 결국 나의 춤으로 돌아왔고 늘 춤추듯 살고 싶다. 무대에 서서 예전처럼 공연을 위한 춤을 추는 것이 아니라 내 인생을 춤으로 행복하게 만들어나가는 것, 그리고 더 많은 사람이 춤과 무용에 대해 거부감이나 막연한 거리감을 느끼지 않게 만들고 싶은, 춤이 주는 충만함을 더 많은 사람이 한 번쯤은 함께 느낄 수 있기를~. 아이러니하게 들리겠지만, 이것이 내가 마케팅을 열심히 공부하고 배워나가는 이유다. 내 인생에서 가장 소명을 느끼는 일이자 충만함이 묻어나는 사람다운 마케터로서의 역할은 우리의 삶처럼 수천수만 가지의 방향을 가지고 있다고 해도 과언이 아니다. "세상은 넓고 할 일은 많다"던 고 김우중 회장의 말처럼 무용만 하다가 고개를 들어 마케팅이라는 것에 눈을 뜨니 더 넓은 세상이 보이고, 아직도 하고 싶고 해야 할 많은 일이 있다는 것을 깨닫는 순간 또 하나의 행복이 아닐 수 없었다. 덕분에 대한민국 문화교육대상과 세계 신지식인 국회교육위원회 표창도 받을 수 있었던 것도 이 무렵이니 말이다.

놀이터의 주인이 놀이기구가 아니라던 어느 신문의 칼럼처럼 시장에서의 주인도 기업이나 판매자가 아닌 시장을 찾는 누구나가 다 주인이 될 수 있는 시대다. 단순히 상품 이미지를 넘어 상품 영상과 판매 분석값, 그리고 판매자와 소비자의 쌍방향 평가 등 다양한 상품 관련 데이터가 실시간으로 전송되고 거래된다. 많은 사람이 이미 소비자이면서 다양한 유형으로 판매활동까지 동시에 진행하고 있다. 이것은 소비자와 판매자 사이를 오가며 경계를 허물어버렸다 Sell+Consumer는 얘기인데, 어쩌면 굳이 마케터가 필요할까 싶은 의문이 들기도 하지만 요즘처럼 SNS를 통한 개인 대 개인P2P 상거래가 많아진 시장에서 더 섬세하게 투입되어야 하는 것이 바로 마케팅이 아닐까 생각한다.

특히 내가 공부한 스포츠마케팅 영역은 정말 다양하다. 스포츠용품을 판매하는 일부터 우리가 흔히 볼 수 있는 스포츠를 이용한 광고나 스포츠 중계권과 관련한 사업, 스포츠 이벤트, 선수 관리 등이 모두 스포츠마케터가 하는 일이다. 그러다 보니 스포츠마케터가 종사하는 단체도 다양하고, 스포츠 의류 및 용품 회사, 스포츠 관련 조직 및 협회, 스포츠마케팅 전문 기획사나 기업 내 스포츠마케팅팀, 프로 스포츠 단체, 스포츠 미디어, 종합 광고대행사까지 스포츠마케터로서의 직장도 참 다양하다.

이런 많은 것 중에서 내가 할 수 있는 일을 무용과 연관 지어보자면, 공연을 기획하고 연출하는 등의 스태프로서 무용 작품과 무용수 그리고 무대를 돋보이게 하고 공연에 대해 좋은 이미지를 만들어 인지도를 높이고 결국 더 많은 사람에게 공연을 관람하게 하는 일이겠다. 대부분 무용 공연은 아트센터나 예술의 전당, 국립극장 등과 같은 실내공연장에서 이루어진다. 벌써 20년이 훌쩍 지난 일이지만 찾아가는 공연 예술 무대를 마련해서 지하철 역사에서 공연한 적이 있다. 9시 뉴스에도 나올 만큼 당시로서는 상당히 획기적인 발상이었고 충분히 성공적이었다. 지금 생각해보면 이런 과정이 모두 마케팅이었던 셈이다. 여전히 대부분 사람들로부터 외면당하는 입장인 무용 공연의 경우 마케팅 전략이 얼마나 절실한지 새삼 느끼게 한다. 같은 마케터 일이라도 누군가 아이디어를 내고 또 누군가 실행에 옮겨야 하는 것처럼 다각적으로 하나하나 면밀히 접근해야 한다. 당연히 혼자서 다 하기엔 쉽지 않고 여럿이 해도 반드시 성공할 수 있는 건 아니다. 그런데 내가 한창 무대에 설 무렵에는 그런 분업이 전혀 이루어지지 않았을 때였다. 특히 자금 지원이 없는 개인 공연이나 크고 작은 발표회 때는 혼자서 예술감독부터 안무, 무용, 분장, 때론 의상과 무대연출 그리고 기획, 홍보까지 감당해야 하는 경우도 있었다. 듣기만 해도 얼마나 비효율적이고 무지막지한 일이었는지 한숨 섞인 웃음이 날 지경이다. 아직도 예술가들 혹은 그와 비슷한 창작 작업을 하는 많은 사람이 겪는 힘겨운 현실이기도 해서 안타깝지만, 만약 내가 한창 춤에만 몰두하고 있을 그 당시 '마케팅'이라는 개념을 알았더라면 훨씬 더 공연의 질이 좋았을 거라고 확신한다.

3 내가 살아갈 길, 춤추게 하는 마케터

어떻게 보면 마케팅과 춤이 무슨 관계가 있을까? 그리고 춤추던 내가 어떻게 마케팅이란 걸 공부하게 되었을까? 얼핏 들으면 아이러니하고 어울리지 않을 것 같지만, 그 안을 들여다보면 참 많은 것이 닮아있다. 마케팅을 경제 개념이라고만 생각한다면 오산이고 오해라고 감히 말할 수 있을 것 같다. 춤이 춤추는 사람의 '영혼의 움직임'이고 그런 영혼의 움직임을 통해 보는 사람에게 공감을 이끌어내고 감동을 주는 작업이라면, 마케터 역시 사람의 공감을 이끌어내고 감동을 주어야 한다는 점에서 보면 말이다. 춤이나 마케팅 둘 다 쉽지 않지만 결국은 사람. 대상에게 집중해야 한다는 것, 대상에게 최선을 다해야 한다는 것. 그 어려운 걸 해냈을 때 춤추는 사람도 마케터도 진정한 행복을 맛볼 수 있다는 점에서도 닮은 점을 찾을 수 있다.

최근 노쇼 사태로 많은 논란이 된 축구선수 호날두가 과거에 한 말 중에 "과거의 후회와 미래의 희망 속에 현재의 기회가 있다"라는 말처럼 마케터는 어제의 시장 데이터를 관찰하고 내일을 예측해서 현재의 방향을 잡아 소비자를 선도해야 하는 사람이라고 생각한다. 그래서 강의할 때 내가 간혹 하는 말이 있다. 마케터는 양치기 목동이 되어야 한다고. 물론 "늑대가 나타났다"라고 소리 지르는 이솝우화의 양치기 소년이 아니다. 첫째, 양치기 목동은 양이 무엇을 원하는지 어디로 가고 싶은지 가장 빠르게 파악한다. 그리고 가장 좋은 곳으로 안내한다. 둘째, 양에게 끌려다니지 않는다. 새롭고 더 좋은 곳으로 앞장서서 길을 만들어준다. 셋째, 가장 중요한 것은 양에게 이로운 것을 먼저 생각하고 사랑하는 마음을 가진다. "고객님, 사랑합니다"로 시작하는 멘트는 그냥 나온 말이 아니다. 목동이 자신이 원하는 것과 자신만의 이익을 좇다 보면 때로는 양을 위험에 빠뜨리게 되거나 양들이 뿔뿔이 흩어져버릴 수도 있을 테니까. 이렇게 소비자에게 마케터는 있는 듯 없는 듯하지만, 양에게서 시선을 떼지 않고 집중하는 양치기 목동 같은 역할을 하는 사람이어야 한다고 생각하기 때문이다.

또 하나, 사람의 감정이 메마르면 눈물도 메마르듯 몸의 근육도 빳빳하게 굳어버린다. 춤을 배울 때 몸을 유연하게 하는 것부터 시작하는 것처럼 마찬가지로 마케팅도 유연한 융통성을 발휘해야 한다. 그리고 춤 연습을 계속하다 보면 스스로 호흡과 움직임의 적정한 포인트를 감지할 수 있게 되면서 경직되어 있던 몸이 부드럽게 움직이는 것을 느낀다. 이런 현상은 무용뿐만 아니라 노래든 그림이든 운동이든 혹은 독서든 강의든 그게 어떤 작업이든 일정한 고비를 넘기고 나서 그야말로 '자연스러움'에 가까울수록 호흡이라는 것에 집중한다. 호흡이라는 것은 생명력이다. 어떤 일이 가로막혀 애쓸 때도 우리는 숨 고르기를 한다. 그리고 나면 다시 회복할 수 있는 기운이 생겨나듯이 숨이라는 것은 언제든 누구에게나 가장 결정적인 힘을 발휘하게 하는 놀라운 작용을 한다. 마케터와 소비자의 경계가 모호해진 요즘 서로가 서로에게 일방적으로 밀어붙이기만 한다면 뒤엉키고 말 것이니 숨 한번 고르고 갈 시간이 필요하지 않을까 싶다.

춤꾼도 사람, 관객도 사람, 마케터도 소비자도 모두 사람이다. 서로가 서로에게 필요한 존재, 그래서 공존하는 사이. 꼭 붙어있어 똑같은 존재가 아니라 일정한 거리를 두고 있지만 멀리 떨어질 수 없는 사이. 그 거리는 숨 쉴 틈이 있는 그런 사이이면서 숨 쉬는 공간은 같은 사이여야 더 좋은 사이다. 차원이 같은 공간 말이다. 최근 흔히 쓰는 말로 클래스. 클래스의 사전적인 의미와는 조금 다르지만, 클래스가 같아야 소통이 제대로 이루어진다. 춤꾼은 관객, 마케터는 소비자와 클래스를 같이해야 공감을 얻어낼 수 있다. 클래스가 같으면 서로의 감정을 좀 더 빠르게 파악할 수 있고, 이해할 수 있다. 희로애락은 가장 평범한 듯하지만 미묘하게 심오한 감정은 모두 생명이 있는 것들에게만 허락되는 것이다. 생명이 있는 것들은 모두 숨을 쉬고 숨을 쉬지 않는 것들은 이미 죽었거나 원래부터 생명이 없던 것들이다. 마케팅도 생명이 없는 것들은 가치가 떨어진다. 어쩌면 사건과 사물에 스토리텔링을 입히는 것도 같은 이치인 것 같다. 스토리텔링이라는 유기적인 작업을 통해 생명을 입히는 순간 그 가치는 본래의 것보다

배가 된다. 그리고 감동을 가져다준다.

무용이란 몸짓으로 표현된 언어를 통해 관객과 소통하는 것이고 참으로 어려운 작업이다. 마찬가지로 마케터로서 또 하나 갖춰야 할 필수적인 기술 또한 의사소통 기술이 아닐까 생각한다. 그것이 글쓰기든 말하기든 솔직하게 전달하는 것. 마케터는 포장을 잘해야 한다고 누군가는 말하기도 하지만, 내 생각은 좀 다르다. 포장에 혹하는 심리 또한 무시할 수 없지만 오래가려면 솔직한 것만큼 그 자체로 가치 있는 것도 없어 보인다. 연기가 아니라 진짜로 무용수가 숨이 턱까지 차오르도록 힘들게 춤출 때 관객에게 더 큰 감동을 주고, 성악가가 자신의 몸속에 있는 숨을 완전히 내뱉을 때까지 긴 호흡으로 노래할 때 관객에게 더 큰 감동을 준다. 춤추게 하는 것은 영혼과 정신이지 기교가 아니라던 이사도라 던컨의 말처럼 마케팅 역시 마케터가 시장의 흐름을 먼저 읽고 온몸으로 열과 성을 다해 숨 가쁘도록 뛸 때 감동한 고객을 춤추게 하지 않을까.

4 마케터는 물건을 파는 사람이 아니라 마음을 사는 사람이다

무용수는 춤을 춰서 보는 사람의 마음을 움직이는 사람이다. 그런데 같은 춤사위라도 보는 사람마다 그 춤을 보고 달리 느끼고 다르게 해석한다. 이때 분석을 통한 이해도 중요하지만, 더 중요한 것은 느낌이다. 정답이 아니라 각자의 느낌이 중요한 것은 소비자도 그렇다. 물론 마케터는 분석하고 이해하는 과정이 필요하지만, 거기서 끝난다면 소비자에게 주목받을 수 없다. 춤에 대한 느낌이 천차만별이듯 소비자의 마음 또한 각양각색이고, 그런 소비자의 마음을 움직이기 위해 어느 하나 소홀할 수 없는 것은 공연의 그것과 매한가지다. 대부분 2~3일로 끝나는 무용 공연에 몇 달을 연습해서 무대에 올리는데도 무용수의 표현력만이 아니라 공연장의 위치와 교통, 공연 시간과 티켓 가격, 작품, 무대장치, 음악, 시나리오, 의상, 분장, 조명과 스태프, 편의시설까지 그 외에 수많은 것을 기획하고 연출하는 것에 소홀할 수 없다. 이 모든 것에 최선을 다해 관객의 마음을 움직이고 감동을 준다면 그 공연은 성공적이라고 할 수 있다. 마케팅에서 말하는 제품, 유통, 가격, 촉진, 사람들, 서비스 전달과정, 물리적 환경 7P과 소비자의 혜택, 소비자의 기회비용, 편리성, 커뮤니케이션4C 외에도 라이프스타일을 분석하고 수없이 많은 세심한 배려를 통해 소비자의 마음을 움직이고 마음을 얻는다면 마케터로서 성공이라고 할 수 있다. 포커스는 마음에 있다. 돈을 좇다가 사람을 잃는 경우를 너무 많이 보았다. 나 역시 돈에 얽혀 잃은 사람이 있지만, 사람을 잃는 건 최대의 손실이라는 것을 매번 느낀다. 마케터는 『손자병법』에 나오듯 상하좌우 주변을 살필 줄 알아야 하고 싸워서 이기기보다는 싸우기 전에 현명하게 싸움을 예방하고, 서로 윈윈할 줄 아는 지혜가 필요하다. 그렇기에 마케팅은 무대에서 혼자 돋보이고 싶은 욕심만으로 다른 무용수를 살피고 배려하지 못해서 공연 전체가 낭패를 보는 것과도 닮았다.

　우리나라 속담에 "먼 친척보다 가까운 이웃이 낫다"라는 말이 있다. 자주 만나고 자주 이야기를 나눌수록 서로 소통할 거리도 많아진다. 그러니 자주 보고 서로 살피며 소통하고 동고동락할 수 있는 사이가 어쩌다 만나 이야깃거리조차 없이 서먹한 친척보다 마음을 나누기가 좋다. 결국 물리적 거리가 심리적 거리에도 영향을 미친다는 이야기인데, 요즘엔 1~2m 남짓밖에 되지 않는 아파트 옆집이나 앞집의 현관문과 30cm도 채 되지 않는 콘크리트 벽 하나 사이에 어마어마한 심리적 거리 장벽이 세워져 있다. 내가 사는 모습이 그렇고 내가 아는 많은 사람이 별반 다르지 않다. 그런 이웃으로 살아가도 전혀 불편하지 않거나 오히려 장점이라고 여겨지기도 하지만, 한편으로 안타까운 마음이 드는 것은 어쩔 수 없다. 최근 비대면 사회로 접어들면서 집단적인 우울 증세를 우려하는 기사를 보았다. 경기는 더 침체되어가고 있지만 온라인상의 판매율은 급증하면서 그 어느 때보다 활황기다.

　누군가는 이야기한다. 마케팅은 돈이라고. 스포츠를 돈과 연결 지어 판을 키우는 거라고. 그런데 나는 좀 다르게 생각한다. 마케팅에 대해 알면 알수록 사람을 알아야 하고, 사람을 위해야 하고, 사람다워야 한다는 거다. 그런 점에서 마케터는 더 섬세해야 하고 촉이 빨라야 한다고 느낀다. 비단 마케팅만의 문제가 아닌 것 같다. 사회가 첨단화되고 과학과 관련한 모든 학문이 눈부신 발전을 이루면서 아이러니하게도 더 크게 부각된 것이 바로 인문학이다. 결국엔 사람이라는 것. 사람에게 집중하고 사람에게 좋은 것을 찾는 것, 사람을 위한 것이 사람만을 위한 것이 아니어야 하고, 나를 위한 것이 나만을 위한 것이 아니어야 한다는 것을 이해한다면 돌고 돌아 모두를 좋게 하는 것이다. 결국 무용수가 감정을 전달하기 위한 표현력을 기르려면 자신의 감정이 풍요롭고 충만해야 하는 것처럼 마케터가 할 일의 첫걸음이자 마지막까지 명심해야 할 덕목은 다름 아닌 마음의 풍요다. 시장에서 단순히 물건을 사고파는 데는 졸부든 아니든 돈만 있으면 상관없지만, 마케터와 소비자, 사람과 사람이 마음을 주고받으려면 다른 사람의 마음을 살 만큼 내 마음이 부자가 되어야 하니까.

5 피하지 말라, 세상에 공짜는 없다

춤을 추면서 너무도 당연시했던 것 중 하나는 부상이었고, 다른 하나는 경제 관념 자체가 없는 거였다. 사회구조적인 부조리함도 없지 않았지만, 예술가는 배고프다거나 배가 고파야 예술이 나온다는 말도 안 되는 소리를 당연시하며 고쳐보려고 맞서지도 않았다. 서른이 훌쩍 넘어서도 경제적으로 독립하지 못했고, 지원금이 있어봐야 공연은 하면 할수록 손해나는 장사(?)였다. 내가 알던 무용은 원래 그랬다. 관계자들이나 전공자들, 아주 간혹 정말 독특한 취향(?)을 가진 사람이 아니면 돈을 내고 정기적으로 무용 공연을 보는 사람이 없었기 때문이다. 더욱이 제값에 티켓을 구매해서 보는 사람은 아예 없었다고 해도 과언이 아니다. 가끔 신문 기사를 통해 보는 무용 공연의 상황은 10여 년이 지난 지금도 그때와 크게 다르지 않은 것 같다. 지금 생각해보면 제 무덤을 제가 판 걸 수도 있다는 생각이 든다. 그런 현실을 늘 피하고 외면하려고만 했지 한 번도 바꿔보려고 시도해보지 않았다. '내가 그때 포기하지 않고 계속 시도했더라면 지금보다는 내 후배들이 좀 더 나은 환경에서 춤출 수 있지 않았을까?' 하는 생각이 들 때 미안한 마음과 함께 잘못된 상황을 외면하고 동조했던 나의 비굴함이 부끄럽다. 그런 미안함과 부끄러움이 지금 나를 공부하게 하고 도전하게 하는 계기가 되어 감사할 따름이다. 전혀 다를 것 같은 마케팅을 공부하면서 참 잘했다고 느낀 것도 춤을 좋아했기 때문이고 춤을 지금도 사랑하기 때문이다. 어떤 방식으로든 도움이 될 것이라고 믿으니까. 무용 공연시장의 열악함을 알기에 더 나은 마케팅이 필요한 것이고, 아니 그냥 필요한 정도라기보다는 절실하게 필요하다고 생각하니까 내가 지금 이렇게 매진하고 있는 것인지 모르겠다.

또 하나, 사람이 살면서 누구나 느끼는 것 중 하나가 하는 일이 힘든 것보다 사람 때문에 힘들다는 것이다. 마케팅에 대해 여기저기 따라다니면서 배우고 느낀 점 중 하나가 바로 관계다. 거래가 아닌 관계를 맺는 것. '관계마케팅'이라는 것이 주목받을 만큼 기업이나 마케터는 소비자와의 관계가 중요하다는 것이니 말이다. 관계를 맺고 유대를 강화하는 이런 과정들은 우리가 친구를 사귈 때 좋은 상황일 때는 얼마든지 좋은 친구가 되지만, 힘든 상황에서 좋은 친구가 되기는 쉽지 않은 것을 안다. 그럼에도 그 쉽지 않은 걸 해냈을 때 진정한 친구가 되는 것처럼 마케터도 소비자가 불만족하거나 공급자를 힘들게 하는 소비자일수록 외면하지 말아야 한다는 것을 또 한 번 되새긴다. 그래야 진짜 좋은 마케터가 될 수 있을 테니까. 춤이든 마케팅이든 어렵고 힘든 것을 외면하지 않을 때 더 큰 힘이 생기는 법이니까. 그리고 거기엔 어떤 방식으로든 보상이 뒤따르니까 해볼 만하다. 농담 반 진담 반으로 늘 하는 말처럼 "세상에 공짜는 없다". 차라리 포기하면 모를까 외면하기만 하고 바라는 것은 도둑놈 심보와 무엇이 다를까?

6 아무나 못 해도 누구나 하는 마케팅

춤을 추는 것도 마케팅을 공부하는 것도 또 하나 닮은 점은 둘 다 많은 사람이 낯설고 어렵다고 느낀다는 거다. 너무나 맞는 말이다. 나 역시 한때는 춤을 20년 동안 하루도 쉬지 않고 연습했고 지금은 마케팅에 대해 5년을 공부하고 있는데, 그 어느 것 하나 제대로 아는 척하기 쉽지 않은 걸 보면, 하면 할수록, 알면 알수록 어렵고 힘든 분야인 것은 확실하다. 춤도 마케팅도 분명히 아무나 할 수 있는 것은 아니다. 그런데 더 확실한 것이 있다. 발레리나 강수진만큼 훌륭하게 춤추지 못했고 고 최승희 선생처럼 역사에 남을 무용수도 아닌 내가 누구보다 춤을 사랑하듯 숫자에 약하고 계산에는 더 약한 내가 마케팅에 매력을 느껴 여전히 포기하지 않고 공부하고 있다는 것은 관심이 있다면 누구나 할 수 있다는 것이다. 나는 어렵다고 느끼지만, 한편으로 생각해보면 낼모레면 50인 나도 하는데, 더 젊고 더 똑똑하고 더 많은 것을 보고 배운 누군가에게는 어쩌면 속된 말로 '껌'일지 모른다고. 고 정주영 회장의 명언처럼 중요한 것은 해보는 것. 그리고 사람을 존중하고 긍휼히 여길 줄 아는 마음이 있다면 금상첨화가 아닐까 생각한다. 내가 아는 마케팅의 모든 것은 돈과 연관 지어서가 아니라 사람과 관계 지어서 풀어나가야 한다는 것이기에 상대의 마음을 살피고 공감할 준비가 되어 있는 열린 마음을 가진 사람이라면 누구나 할 수 있다.

결국은 춤도 마케팅도 우리가 사는 세상을 더 풍요롭고 아름답게 만드는 데 꼭 필요한 것이 아닐까.

나는 스포츠 비즈니스를 시작한다

프로필

이 름 : **박지윤**

소 속 : ㈜AIO Pilates 대표이사

이 력
(現) 대한필라테스연맹 상임이사
경희대학교 체육학 박사

자격증 및 기타 사항
- Ellie Herman Pilates Full Certified Instructor
- Balanced Body Full Certified Instructor
- Teching Certificate
- Lolita San Miguel Pilates Full Course 수료
- Polester Pilates Mat 수료

저서
- 필라테스 아나토미 501
- 필라테스올인원
- AIO 필라테스 매뉴얼
- 면역 필라테스
- 필라테스 포맨

2003년 필라테스를 시작으로 수많은 자격증과 연수를 했으며, 약 15년 동안 필라테스 지도자로 활동했다. 필라테스를 하는 사람들만큼 필라테스를 잘하는 사람은 없을 것이다. 즉 필라테스의 모든 것을 알고 느끼고, 필요함 그리고 간절함까지. 필라테스를 너무 잘 알고 있는 나는 필라테스의 교육 사업 이외 필라테스의 모든 것을 함께할 수 있는 비즈니스를 하고 싶다. 그래서 2020년 'AIO 필라테스'라는 브랜드를 시작했다. 클래식과 모던의 조화로운 AIO 교육 매뉴얼과 패션, 뷰티 제품을 함께하며, 이를 준비하는 과정을 들려주고자 한다.

2019년 경희대학교 체육대학원 박사과정을 시작으로 스포츠 비즈니스에 입문했다. 수업과 동기들 모임을 통해 생각이 빠른 속도로 변하기 시작했다.

그리고 지도교수님은 나의 자격증을 보시면서 말씀하셨다. "평범한 사람 중에 열심히 살아온 사람… 이제 실천으로 해도 참 좋을 거

▲ AIO 필라테스

▲ AIO 필라테스 대표 원장

같아." 가슴이 쿵 했다. 그리고 주위를 둘러보니 나를 제외한 모두가 현실과 소통하는 삶을 살고 있었다. 매 학기마다 성장한 내 생각이 점차 용기가 되었고 대학원 과정은 나의 비즈니스 준비 단계였던 것 같다. 2020년 7월 현재 스포츠 비즈니스는 현실이 되었고, 나의 비즈니스 준비과정을 주제로 이야기를 하고자 한다.

1 자가면역질환을 가진 필라테스 지도자

무용을 전공하여 대학에 입학했다. 하지만 잘못된 다이어트와 많은 움직임으로 면역력이 저하되고 급기야 대학교 3학년 때 류머티즘 관절염이 시작되었다. 초기라서 통증 빈도가 적어 괜찮을 것이라 생각하고 춤에 빠져 살았던 시절이 있었다. 결국 27세 나이에 온몸의 마비 증세와 신체 절반을 움직일 수 없었을 때 비로소 춤을 포기하고 진로를 변경하여 지도자의 길로 그리고 건강해질 수 있는 움직임에 관심을 가지기 시작했다. 2003년 필라테스를 시작으로 2005년 미국

▲ 필라테스 지도자

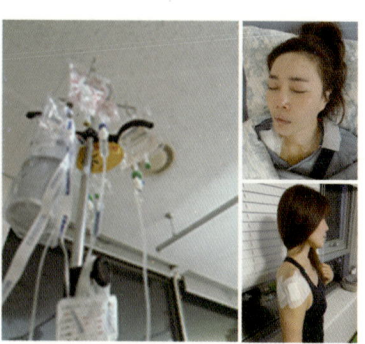
▲ 자가면역질환 필라테스 지도자

LA에서 필라테스 워크숍 교육을 통해 지금까지 필라테스를 하고 있다. 나는 자가면역질환을 가지고 있다. 열심히 하면 그리고 많이 움직이면 면역력이 저하되어 염증 수치가 높아지는 고통과 합병증을 가지고 있지만, 움직임을 연구하는 사람이다.

필라테스란?

조셉 후버투스 필라테스 Joseph Hubertus Pilates에 의해 만들어진 운동법이다. 그는 선천적으로 약하게 태어난 탓에 류머티즘과 천식 그리고 구루병을 앓았고 약한 호흡기로 힘들어했다. 몸과 마음의 완전한 조화, 즉 마인드컨트롤에서 시작해 근육 운동으로 진행하고 있다. 현재는 수많은 병원과 재활센터, 필라테스 전문센터, 피트니스 그리고 스포츠팀이 있는 대학교 등에서도 재활로 인정받고 있다.

필라테스 운동법의 원리

① 호흡 Breath

호흡은 필라테스의 핵심요소다. 호흡은 긴장된 근육을 이완시켜 최적의 신체 조건이 되도록 한다.

② 집중 Concentration

조셉은 우리의 몸과 정신을 집중시켜야 한다고 강조했다. 운동하고 있는 순간 내내 몸의 정렬과 안정화에 집중한다.

③ 조절 Control

필라테스는 '컨트롤로지 Contrology'라고 부를 만큼 모든 동작은 조절을 통해 이루어진다.

④ **중심** Center

모든 움직임이 중심에서 시작하는 원리로 코어Core, 즉 파워하우스를 의미한다.

⑤ **정확성** Precision

정확한 자세와 정확한 호흡, 적은 반복에도 정확한 효과를 끌어낼 수 있다고 했다.

⑥ **흐름** Flow

동작을 수행하는 동안 자연스럽게 지속되도록 움직임의 연속성이 있어야 한다.

2 스포츠 비즈니스 16년을 준비했다

어쩌면 나는 아주 소심하고 겁쟁이였는지도 모르겠다. 나의 신체적인 결함으로 현장이 아닌 생각으로 비즈니스를 한 것일까? 그저 항상 공부했다. 그것도 자격증 공부를 위한 삶을 살았다. 지금은 어떤 자격증이 있는지도 모른다. 때로는 어딘가에 있을, 즉 없어진 것도 있고 수료만 한 것도 있다. 자격증은 쌓여만 갔다. 상상 속에서는 스포츠 비즈니스를 한 번도 시도한 적이 없다. 그저 아직 나는 준비단계라고 생각했다. 자격증 과정을 16년 했다. 이것은 비즈니스가 아닐 수 있을지 몰라도 현재 나는 이를 토대로 현장에서 소통을 시작했기에 이건 비즈니스다.

자전거 타는 것은 책을 보고 가능해

자전거 타기를 누가 책을 보고 가능하다고 할까? 아마도 현실과 상상이 다름을 알고 당연히 현실에서 시작할 것이다. 하지만 나는 얼마 전까지 현실로 나오는 것을 그저 상상으로만 했다. 책으로 하는 경험이 많아질수록 비즈니스를 잘하기 위한 노력이라고 한 것인지도 모르겠다. 자전거를 타고 오솔길을 가는 상황만 있다면 얼마나 단조로운가. 하지만 현실은 너무나 많은 상황과 환경이 있다는 것을 나도 잘 알고 있었다. 책을 보며 자전거 타기 상상력은 내가 최고. 하지만 언제까지나 혼자만 가능했던 이 상황을 이제 여러 사람과 함께 소통하고 싶다. 현실에서도 자전거를 탈 수 있을 거란 작은 용기의 시작이다.

수많은 자격증과 이수증

지속적인 자격증과 교육 과정의 이수는 교수님 말씀대로 평범함 속에서 열정의 삶으로 생각한다. 한 분야에서 수없이 교육을 듣고 이수하고 자격증을 취득하기를 반복했다. 자격증이 늘어나면서 자격증 종이 분량이 늘어나고, 이제는 자격증이 한 권의 책이 되었다. 이제 생각의 정리는 자격증을 발행할 수 있는 책이 되었다. 나는 자격증을 토대로 12권 분량의 자격증 과정 책을 집필했다. 수많은 시간과 노력의 결과라고 생각한다. 또다시 지난주부터 자격증 과정을 시작했다. 더 좋은 결실을 위함이다.

과제를 하면서 마케터의 꿈을 준비하다

대학원 과제는 마케팅의 현장 이야기를 해야 하는 연속이었다. 스포츠 비즈니스 사례들과 경험 그리고 미래의 스포츠 비즈니스 설계를 하는 과정이었다. 나는 더욱이 유사 전공자이고 스포츠에 관심도 없는 사람이었다. 그래서 나는 1학기 시작부터 3학기 말까지 단일 주제 필라테스에 대한 사례들을 중심으로 매 학기 과제를 준비했고, 과제를 발표하는 순간순간 비즈니스를 하는 마케터였다. 과제 발표 이후 교수님들의 칭찬은 생각의 전환이 되었고, 두 번의 수석 결과는 용기가 되어 비즈니스를 준비했다. 앞으로의 이야기는 나의 비즈니스 준비과정과 에피소드를 담고자 한다.

2020	1학기	GPEIM73900	광고 & PR	05	전공선택	등급	3	100	4.3	A+	정아람
		GPEIM81000	스포츠 조직행동론	05	전공선택	등급	3	100	4.3	A+	한진욱
		GPEIM83500	스포츠사회환경론	05	전공선택	등급	3	100	4.3	A+	김태형
		GPEIM70100	논문지도	43	논문지도과목	논문(대학원)	0			P	김도균
			종합시험(전공)	45	전공시험(전공과목)		0			P	

▲ 대학원 기간 동안 마케터의 꿈을 준비하는 우수한 성적표

3. 생각이 결정된 순간 스포츠마케터의 시작

언젠가부터 나는 참 긍정적인 사람이더라. 슬퍼도 화가 나도 때로는 억울해도 긍정의 힘을 유지했고, 긍정은 감사함으로 그리고 마음의 편안함을 주었다. 긍정의 힘은 나의 비즈니스 초반부에 역시 내부의 안정화로 연결되었다.

브랜드의 힘

대학원 수업 중에 종종 세계 브랜드 매출 1~50위, 선호도 1~50위에 대한 이야기를 들으면서 상상했다. 내가 준비한 모든 것을 하기 위해서는 나의 브랜드가 있어야 한다고 생각했고 디자이너와 마케팅회사, 출판사, 그 외 많은 분의 도움으로 탄생했다. 그 시작을 필라테스 센터 상호로 준비했다. 필라테스의 모든 것을 담고자 한다. 서양에서 시작한 필라테스를 내 브랜드에서 세계로 나아가고자 하며, 운동의 정통성을 유지하며 포스트모던의 시각을 함께 어우르는 교육 이외에 필라테스 패션 뷰티를 함께하고 싶었다.

나의 브랜드 AIO Pilates

나의 브랜드 AIO Pilates를 소개한다. 필라테스의 All In One, 필라테스의 모든 것을 이야기하고자 한다. 본질적인 AIO 의미는 다음과 같다.

Artistic	Initiative	Originality
예술에 가까운 몸 그리고 몸을 만드는 예술을 의미	대한민국 그리고 아시아 필라테스의 기준이 되고자 함을 의미	가장 본질적인 필라테스 정신을 추구하고자 함을 표현

색상은 블랙 그리고 화이트로 모던하면서 클래식하고 심플하면서도 럭셔리한 가장 본질적인 강렬한 대비를 나타낸다. 심볼 디자인은 필라테스 동작의 방향성과 대칭성을 포인트로 하여 필라테스의 동적 그리고 정적 균형미를 시각적으로 표현했다.

▲ AIO 필라테스
  브랜드 로고

대학원 과제 준비를 하면서 비즈니스를 꿈꾸며 실천한 것이 있다. 그동안 많은 자격증을 토대로 AIO만의 교육 프로그램을 정리했고, 지도자를 양성할 수 있는 매뉴얼을 완성했으며, 자가면역질환으로 고생하는 나 같은 사람을 위한 면역 필라테스 프로그램까지 완성했다.

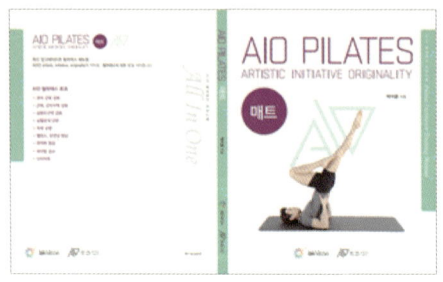 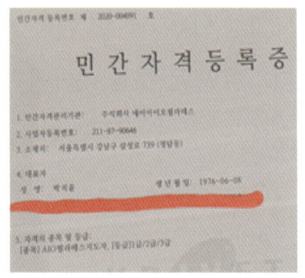

▲ AIO 필라테스 지도자 자격증 매뉴얼   ▲ AIO 필라테스 민간자격등록증

또한 교육뿐만 아니라 패션 뷰티에 관심 있는 나는 각종 제품을 샘플로 모으고 만들어보다가 2020년 초반 AIO를 시작으로 하나씩 실현시킨 것이 있다. AIO 디자인으로 제품을 만들고, AIO만의 향기를 위해 향기를 만들었고, 가맹 사업을 꿈꾸며 내부 인테리어와 소품 하나하나까지 디자이너와 함께 정성을 들였다.

▲ AIO 필라테스 브랜드 패션 뷰티 관련 제품

 그리고 지금 교육 프로그램과 제품을 보급할 방법을 준비하고 있다. 이제 마케터로 스포츠 비즈니스의 첫걸음을 시작한다. 이야기가 다소 평범해 보일 수도 있지만, 스포츠마케터가 되기 위한 준비과정을 좀 더 자세하게 메모한 것으로 준비를 시작하는 사람들과 공감대를 나누고 싶다. 생각과 상상하던 것을 실현하기까지 많은 시간이 필요했고, 무엇보다 생각이 바뀌기까지 매우 어려웠다. 그래서 이제 나 스스로를 평범한 사람이 아니라 자칭 특별한 스포츠마케터라고 말하고 싶다.

2-6

안 본 사람은 많아도
보기만 하면 빠져드는 아이스하키의 매력

프로필

이 름 : **김형우**

소 속 : 블랙이글스 아이스하키
       클럽 감독

이 력
(現) 대학연맹 심판이사
(現) 대한아이스하키 심판 부위원장

나는 아이스하키 선수로 출발하여 현재 아이스하키 지도자로 불철주야 아이스하키의 매력에 빠져 사는 사람이다.

현재 블랙이글스 유소년 아이스하키 클럽을 창단하여 10년째 감독을 맡고 있다. 아이스하키는 우리나라에서는 비인기 종목이지만, 미국에서는 미식축구, 야구, 농구 등과 함께 4대 스포츠로 대접받고 있으며, 동계올림픽에서 가장 주목받는 최고의 스포츠다.

우리나라에서도 일단 아이스하키를 접한 사람들은 그 매력에서 빠져나오기가 어려운데, 그것은 아마도 아이스하키가 가지고 있는 마력 때문일 것이다.

나 역시 어린 시절 접한 아이스하키의 매력에 빠져 선수로서 대학 시절까지 보내고, 실업팀에서도 활동했다. 은퇴한 이후에는 잠시 다른 일을 했지만, 얼마 지나지 않아 다시 얼음판으로 돌아오게 되었다. 2010년 지금의 블랙이글스 유소년 아이스하키팀을 창단해서 선수 출신의 다른 지도자들처럼 열심히 아이들을 가르치고 대회에 나가 우승도 하는 등 지도자의 길을 걷고 있다.

한 팀의 지도자로서 10년의 세월을 보내는 사이, 우리나라는 동계올림픽을 잘 치러냈고 여러 동계 종목에서도 괄목할 만한 성적을 이루어냈다. 특히 아이스하키는 올림픽을 앞두고 여자 단일팀이 결성되었고, NHL 출신의 감독을 영입하는 등 뜨거운 붐을 일으키며 관심의 대상이 되었다. 그렇지만 아직 국내에서 아이스하키는 전형적인 엘리트 스포츠로만 인식되고 있고, 중학교부터 대학교, 그리고 프로팀까지 단계별로 소수의 팀만이 운영되는 상황이어서 야구나 축구처럼 저변 확대가 쉽지 않다.

이러한 여건에서도 초등학생과 성인 클럽팀은 몇 년 사이에 빠르게 성장하고 있다. 아이스하키의 매력과 잠재적인 성장 가능성을 알아보는 분들이 클럽팀을 만들고, 전문 방송 채널까지 만드는 등의 붐이 조금씩 조성되고 있다. 현장에서 뛰는 지도자로서 참으로 뿌듯한 일이 아닐 수 없다.

현장에서 아이들을 가르치는 지난 10년 동안 아이스하키의 발전과 성장을 위한 새로운 길들을 끊임없이 고민하고 모색해왔다. 그러한 고민 과정에서 스포츠마케팅의 필요성과 체계적인 접근을 고민하는 계기가 생겼다.

1 새로운 기회가 시작된 국제대회 참가

팀을 창단하고 열심히 아이들을 가르치던 중에 이런저런 계기로 지금은 작고하신 하얼빈 아이스하키협회 회장님과 인연이 만들어졌다. 그 인연으로 2012년 아이들과 함께 국제 교류전인 하얼빈 아이스하키 대회에 참가하게 되었다.

아이스하키협회 등의 제한된 루트를 통해 참가하는 국제 대회가 아닌 사회적 관계를 기반으로 한 대회 참가는 새로운 기회가 되었다. 이 대회에서 만난 또 다른 인연인 중국 칭다오의 링크장을 운영하는 대표는 우리 팀을 자신의 링크장에서 열리는 대회에 초대해주었으며, 우리 팀은 이 대회에서 준우승이라는 성과를 거두었고, 그 결과 우리는 칭다오 대회보다 더 큰 규모의 베이징 대회에 초대받는 기회를 얻었다.

베이징 대회는 제법 규모도 크고, 1주일이라는 긴 기간 동안 대회에 참가하게 되어 단순히 대회만 참가하는 일정에서 약간의 변화가 필요했다. 그리하여 베이징에서 매일 열심히 시합을 치르고, 남는 시간은 중국이라는 거대한 나라의 수도를 경험할 수 있는 다양한 체험 프로그램을 준비했다.

단순히 스포츠만 경험하는 수준에서 외국의 문화와 유적을 경험하는 프로그램의 추가는 신선한 경험이기도 했다. 책으로만 읽고, 그림으로만 보던 베이징의 문화, 역사, 유물들을 경험해보는 시간은 아이스하키 선수라고 해서 누구나 경험할 수 있는 일은 아니었다.

나는 이것이 아이스하키를 하는 아이들과 부모들에게 제공할 수 있는 새롭고 유익한 경험이 될 것임을 확신했다. 앞으로 이들에게 더 많은 경험의 기회를 만들어주기 위해서는 이 프로그램을 활성화할 계기가 필요할 것으로 생각되었다. 그리하여 더 많은 아이들이 참가하고 그 과정에서 아이들에게 새로운 문화와 체험 기회를 갖게 할 방법을 고민했다. 이런저런 고민을 하던 중 주먹구구식의 개인적인 네트워크만으로는 한계가 있다고 생각했고, 이를 극복하기 위해 2017년 대학원에 진학하여 스포츠마케팅 공부를 시작했다. 결국 더 많은 기회를 창출하고, 이를 더 많이 경험하고 공유할 방법은 마케팅의 접목이라고 확신했다.

2 모르는 사이 스포츠마케팅 준비가 착착

우리 팀은 꾸준히 중국 대회에 참가하고 더 좋은 성과와 더불어 더 큰 대회에 참가할 기회들을 얻어냈다. 물론 동계올림픽을 개최하는 한국의 위상이 빛을 발한 부분도 있고, 다음 동계올림픽을 개최하는 중국의 필요성도 함께 상승작용을 일으켜 더 많은 기회가 쇄도했다.

이 무렵 많은 국제 대회 주최 측은 이미 여러 대회에 참가한 이력과 성과를 보여온 나에게 연락해왔고, 초대받은 모든 대회에 나갈 수 없는 상황들로 인해 주변의 다른 팀들에게 대회 참가를 연결해주었다. 마치 국제 대회 참가를 연결해주는 에이전시 같은 역할도 하게 된 것이다.

그러던 중 우리는 2018년 7월 중국 선전에서 열린 대회에 참가하게 되었다. 이 대회는 아이스하키의 전설 웨인 그레츠키가 주최하는 중요한 의미가 있는 대회로, 베이징동계올림픽을 기념해서 열렸다. 당시 중국은 동계올림픽을 앞두고 엄청난 기세로 아이스하키 종목을 육성하기 위해 집중 투자하던 시기이기도 했다. 선전에서 열린 제1회 웨인 그레츠키컵 대회에는 중국의 내로라하는 강팀뿐만 아니라 태국, 홍콩 등 각국 유소년 대표팀들이 참가했다. 이미 여러 차례 국제 대회에 참가해서 좋은 성과를 낸 나는 이 의미 있는 대회에 직접 참

◀ 아이스하키의 전설
웨인 그레츠키를 만난 아이들

◀ 웨인 그레츠키의 초청으로
중국에서 열린 NHL팀들의 경기를
직접 관람하는 아이들

가 신청을 했고, 우리 팀은 열악한 원정 경기 환경에서도 좋은 기량을 펼치며 치열한 경쟁을 뚫고 2위라는 우수한 성적을 이루어냈다.

또한 우리 팀의 우수한 실력은 태국에서 참가한 팀의 호감을 얻게 되었고, 그들은 나에게 특별한 제안을 해왔다. 그해 12월 파타야에서 열리는 대회에 우리 아이들을 자기 팀의 용병으로 파견해 달라는 것이었다. 그 팀에는 헝가리 출신의 감독이 있었고, 나중에 알게 되었지만 우리 아이들 외에도 여러 나라의 좋은 선수들이 함께 뛰고 있었다. 이전처럼 한 팀으로 참가하는 것이 아니라 해외의 다른 팀에 외국의 아이들과 섞여 게임을 하면서 기량을 쌓고, 또한 여러 나라에 친구를 만들 기회이기도 했다.

나는 직감적으로 유소년 아이스하키에 새로운 전환점이 될 수 있다는 것을 알았다.

3 아이스하키 스포츠마케팅이라는 새로운 도전

2018년 12월, 선수 4명을 데리고 새로운 도전의 시작점인 파타야로 향했다. 태국의 파타야에서 열리는 4:4 국제 대회였다. 정규 아이스링크장보다 조금 작은 링크장에서 열린 이 대회는 링크장 크기를 고려하여 4:4로 게임이 진행되었다. 좀 더 작은 링크장에서 4:4로 펼쳐진 시합은 기존의 대회보다 더 박진감 있고 승부의 방향을 쉽게 예측할 수 없는 특별한 재미가 있었다. 우리 팀의 선수들을 용병으로 초청한 태국 팀은 우승을 갈망하고 있었다. 결국 우리 선수들은 이들의 간절한 소망을 이루어주었다. 그들은 환호했고, 그 결과로 특별한 인연이 시작되었다.

2019년 3월 대회에 태국 팀은 또다시 우리 선수들을 용병으로 초대했다. 이번 대회는 싱가포르에서 열렸다. 우리는 이번에도 기꺼이 달려갔다. 그런데 이전까지는 미처 몰랐던 특별한 점을 발견하게 되었다. 이 대회들은 우리나라와는 많이 다른 방식으로 진행되고 있었다. 우리나라의 유소년 아이스하키 대회는 클럽을 중심으로 대회가 진행된다. 선수들은 소속된 각 클럽의 일원으로 대회에 참가한다. 요즘에는 팀 간 이적이 비교적 자유롭지만, 기본적으로는 소속된 한 팀의 일원으로서만 대회에 참가할 수 있다.

그런데 이들은 달랐다. 동남아시아에서 열리는 대회답게 주로 동남아시아 각국의 팀들이 참가했다. 싱가포르 팀, 태국 팀, 홍콩 팀, 인도 팀 등 여러 팀이 있었다. 그런데 그보다 더 눈에 띄는 것은 참가한 선수들의 면면이었다. 싱가포르, 태국, 홍콩, 대만, 인도뿐만 아니라 미국, 러시아, 영국, 호주, 핀란드, 한국 등 국적이 아주 다양했다. 더 재미있는 것은 그들도 우리처럼 원래부터 동남아시아의 어떤 팀에 소속된 것이 아니라 용병으로 대회에 참가했다는 것이다.

우리 선수들은 우리를 초청한 태국 팀이 아닌 싱가포르 팀과 인도 팀의 멤버로 참가했다. 지난번 파타야 대회 때 엄청난 기량으로 애를 먹인 상대 팀 골리가 이번에는 같은 팀이 되었다. 선수들은 신기하기도 했고, 엄청 무서웠던 그 골리가 이번에는 친구로 느껴진다고 했다. 대회에 참가한 우리 선수들은 2007년생들로 국제 나이로 11세에 해당하여 U12와 U14 두 리그에 참가했다. 재미있는 것은 U12와 U14의 팀이 달라서 U12에서 같은 팀이었던 친구들을 U14에서는 적으로 만나기도 했다. 한국에서는 상상도 할 수 없는 일이었다.

우리 선수들은 자연스럽게 복잡한 나라 출신으로 구성된 선수들 속에서 커뮤니케이션해야 했다. 그들의 감독은 헝가리 출신이었으며, 코치는 태국 사람이었다. 신기하게도 그들은 서로 의사소통할 수 있었으며, 쉽사리 친구가 되어갔다. 선수들끼리 말과 손짓으로 나누는 대화와 장난은 나에게 새로운 사명감을 불러일으켰으며, 숙명 같은 나의 길을 발견하는 느낌이었다.

몇 년 동안 수차례 팀을 이끌고 나갔던 국제 대회에서는 그저 대회에만 참가하고, 그 지역의 몇몇 의미 있는 곳을 탐방하고 돌아오는 획일적인 형태의 경험일 뿐이었다. 그런데 이번 대회에 참가한 선수들은 외국 선수들과 섞여 그들의 문화와 언어, 행동 방식을 더 가까이서 체험할 수 있었다.

나는 이러한 경험을 더 많은 선수에게 나누어주어야겠다는 사명감을 느꼈다. 그러기 위해서는 더 많은 대회에 참가할 수 있는 네트워

▲ 태국의 방콕에서 열린 국제 대회의 태국 팀 용병으로 참가한 아이들

크를 만들어야 했고, 더 많은 사람에게 이러한 기회를 알려야 했다. 그러기 위해서는 스포츠마케팅이 필요하다는 사실을 점점 더 절실히 깨달아가고 있었다.

4 그들 속으로 들어가는 스포츠마케팅을 꿈꾸다

2019년 우리의 도전은 조금씩 더 빛나는 성과들로 이어지고 있었다. 중국에서 열리는 여러 유소년 아이스하키 대회 중에서도 큰 대회로 손꼽히는 대회로는 Ctv컵이 있다. 이 대회는 중국 내에서는 지역 예선을 거친 정예 팀들만 참가한다. 경기는 치열했으며, 중국의 수준은 그사이 더 높아져 있었다. 또한, 참가하는 다른 나라 팀들도 수준이 만만치 않았다.

중국 팀들의 우승을 위한 열망과 텃세, 술수는 상상을 초월했다. 예선에는 보이지 않던 또래라고는 도저히 믿기지 않은 엄청난 덩치의 선수들이 결승에 갑자기 나타났다. 심판들의 편파 판정도 노골적이었다. 그럼에도 우리 팀은 우승을 이뤄냈다. 선수들이 자랑스러웠고 몇 년의 노력이 조금씩 결실을 이루어가고 있다는 확신이 들었다. 우승은 지금의 경험들이 옳다는 것을 확신하게 했고, 좀 더 많은 기회를 더 많은 선수에게 나눠야겠다는 굳은 사명감이 불타올랐다.

그러던 중에 기대하지 않은 즐거운 일(?)이 터졌다. 애초에 우리 선수들을 초대했던 태국 팀의 보스가 우리 선수들을 자신의 집으로 초대한 것이었다. 이번에는 태국의 방콕에서 열리는 국제 대회에 우리 선수들을 용병으로 초대하면서 아예 모든 일정을 함께하는 특별한 제안을 해온 것이다.

단순히 해외 시합에 나가 그 나라를 탐방하는 차원이 아니었다. 그들 속으로 들어가는, 이전까지는 상상도 하지 못한 정말 특별한 경험이자 기회였다.

2019년 5월의 끝자락에 우리는 태국의 한 가정으로 향했다. 선수들은 함께 자고, 함께 일어나서 밥을 먹고, 그들의 삶을 보고, 이국의 아이들과 함께 뒹굴었다.

대회는 일주일간 지속되었다. 이번에도 각국에서 온 각양각색의 선수들과 각기 다른 언어로 소통하고 몸짓으로 대화하며 대회에 임했다. 지난번 싱가포르 대회에서 같은 팀의 든든한 동료였던 친구는 상대 팀의 강력한 디펜스 플레이어로 나타났다. 지난번부터 같은 팀의 든든한 골리로 함께한 친구는 멀리 인도에서 오늘 비행기 편이 맞지 않아 첫날 게임에는 함께하지 못하기도 했다.

상대도 되지 않을 우월한 체격의 유럽, 미국, 러시아 출신의 선수들과도 몸으로 부대끼고, 작지만 빠른 태국 선수들과도 경쟁했다. 몇

▲ 친구가 된 한국, 인도, 대만, 태국, 중국의 아이들

차례 대회에 참가하면서 이제는 제법 낯익은 선수들과 대회 관계자들을 보면서 지난 시간이 떠올려지기도 했다.

선수들은 시합이 없는 시간에는 태국, 싱가포르, 대만 출신의 아이들과 수영을 하거나 총싸움을 하고, 함께 모바일 게임을 했다. 어느새 친구가 된 아이들은 서로의 식사를 챙기고, 먹을 것을 나누며, 연락처를 교환했다.

우리 선수들을 자기 집으로 초대했던 태국 가족은 12월에 한국을 방문했다. 그들은 우리 팀의 한 선수 집에 일주일간 머무르면서 한국을 느끼고 배워갔다.

아이들뿐만 아니라 두 가정의 가족 모두 멀리 떨어져 각자의 삶을 살아가고 있지만, 진한 우정을 나누는 친구가 되었다.

5 우물 밖으로 뛰쳐나가는 스포츠마케팅을 꿈꾸며

우리나라에는 최근 폭발적으로 성장한 유소년 아이스하키 클럽 시장과 달리 중학교부터는 아주 소수의 팀만이 운영되고 있다. 6~7개 정도의 중학교 팀, 그만큼의 고등학교, 대학교 팀이 운영되고 있을 뿐이다. 그러다 보니 평창동계올림픽을 계기로 고조되었던 아이스하키에 대한 관심은 신기루처럼 사라져가고 있다. 아이스하키를 통한 교류와 글로벌한 경험을 더 많이 만들고자 스포츠마케팅을 시도하고 있는 나로서는 이러한 현실에 통탄하지 않을 수 없다.

그런 면에서 그간 경험한 동남아시아의 아이스하키 열기는 나에게 많은 가능성과 기대를 갖게 한다. 동남아시아의 아이스하키 링크장은 대부분 원형의 쇼핑센터 맨 아래층 중앙에 위치하고 있어 층별로 쇼핑 중인 쇼핑객이 자연스럽게 대회를 구경하고 관심을 가질 수 있는 구조다.

동남아시아 각국은 아이스하키에 아주 열악한 환경이다. 무더운 기후와 비싼 장비 탓에 저변 확대가 쉽지 않아서 엘리트 스포츠로 성장하지 못하고 있다.

비록 몇 개 안 되지만 중학교, 고등학교, 대학으로 이어지는 엘리트 스포츠가 육성되는 우리나라와 달리 동남아시아 국가들은 거의 클럽 스포츠로 운영되고 있다. 그래도 아이스하키에 대한 사랑과 열정은 엄청나다. 일 년 내내 꾸준히 대회가 열리고, 대회 소식을 SNS로 전하며, 온라인으로 생중계도 해준다.

더 넓게 경쟁하고 성장하기 위해 여러 나라의 팀이 함께하고 있으며, 각국에서 경쟁적으로 국제 대회를 개최하여 세계 각국의 좋은 선수들을 초대해서 팀을 이루고 있다. 우리나라보다 열악한 환경과 낮은 저변을 국가 간, 팀 간 경계를 허물어 극복하고 있다.

선수들은 무조건 특정한 팀에 소속되어 경쟁하지 않는다. 대회와 지도자에 따라 자유롭게 참가할 팀을 결정해서 여러 다른 팀으로, 각기 다른 구성으로 대회에 참가하고 함께 어우러져 성장하고 있다. 그들은 국적에도 얽매이지 않고 온전히 스포츠를 만끽하고 경쟁을 즐긴다.

그런데 올해 2월 스위스 로잔에서 열린 동계 유스올림픽에서 동남아시아의 하키 경기와 비슷한 방식의 경기가 종목으로 채택되어 깜짝 놀랐다.

3-on-3 NOC 토너먼트 대회가 그것이다. 유스올림픽 주최 측은 각국을 대표하는 선수들을 선발하여 대회에 참가시켰다. 선수들은 자기 나라를 대표하여 참가했지만, 그 나라의 대표로 시합하는 것은 아니었다. 각국에서 모인 선수들을 국적에 상관없이 8개의 새로운 팀으로 구성했다. 선수들은 새롭게 구성된 팀에서 이국의 선수들과 동료가 되어 시합을 치렀다. 그렇게 예선을 거치고 결승전을 치르는 동안 처음에는 어색하고 단합하지 못하던 선수들은 점차 한 팀이 되어 갔다. 더 나은 팀으로 성장한 어느 팀은 결승에 진출하여 우승의 기쁨을 누렸다. 올림픽에서 우승한 팀에 속한 선수들은 각자의 출신국에 금메달을 선사했다. 즉, 우승한 팀의 멤버들이 각자의 나라에 금메달을 선물하는 방식이다. 스포츠의 경쟁과 인류의 화합이 하나의 가치로 결합하는 멋진 장면이었다.

이는 내가 이루고자 하는 아이스하키 스포츠의 모습이며, 이것을 위해 내 마음속에는 스포츠마케팅을 더 적극적으로 펼치고자 하는 사명감이 자리 잡게 되었다.

6 스포츠마케팅이 필요한 이유

급속히 팽창한 유소년 아이스하키 시장에 비해 중학교 이후 급격히 줄어드는 아이스하키 시장은 아마도 중학교부터는 진로를 결정해서 엘리트 스포츠를 하거나 그 외의 다른 길을 본격적으로 모색해야 하는 한국의 교육 현실과 무관하지 않을 것이다.

아이스하키를 하는 것이 단순히 튼튼한 체력을 기르고, 건강한 정신을 깃들게 하는 데 그치는 것이 아니라 글로벌 시대에 각국의 새로운 친구를 만나 그들과 경쟁하고, 체험하고, 함께 일상을 나누는 소중한 경험의 수단으로 포지셔닝하는 것이 앞으로 대한민국 아이스하키의 미래라고 생각하는 나에게 스위스 유스올림픽의 3-on-3 NOC 토너먼트는 한 줄기 빛과 같은 해답처럼 느껴졌다.

스포츠마케팅을 통해 이러한 기회를 더 알리고, 더 많은 기회를 만들어가고자 한 걸음 한 걸음 내디뎌온 시간이 어느덧 10여 년이 되었다. 2019년에는 중국과 동남아시아뿐만 아니라 러시아, 핀란드 등의 팀, 지도자들과 교류를 늘려 시합에 참가하고 그들을 초대해서 경험을 더욱 확대했다.

지금까지 1인 에이전시처럼 움직이며 글로벌 아이스하키 프로그램을 소개해온 나의 스포츠마케팅은 조금 더 큰 걸음으로, 큰 보폭으로 전진할 준비를 하고 있다.

오늘도 나는 코로나가 끝나면 일상으로 돌아가 외국의 친구들을 만나고 그들과 함께 새로운 아이스하키 패러다임을 만들어나갈 날을 착착 준비하고 있다.

The World of Sports Marketers 2-7

남을 가르치기 전에 나를 먼저 가르치자
스스로 얻은 것이야말로 비로소 나의 것이 된다
자신의 인생의 책임자가 되자

프로필

이 름: **최서윤**

소 속: 필라테스 퍼스널 트레이너

이 력
(現) 이든 필라테스&자이로토닉(필라테스 퍼스널 트레이너)
(現) 샤샤필라테스(필라테스 퍼스널 트레이너)
(前) 에어로빅 체조(경기 에어로빅) 선수
경희대학교 교육대학원 체육교육 석사

주요 저서
-「요가 및 필라테스 지도자 이미지가 커뮤니케이션 능력 및 수련자의 만족도에 미치는 영향」(석사논문, 2017)

1. 나는 "싱싱한 웰니스 스프레더(Wellness Spreader)"다!

돈을 벌기 위해 그동안 내가 해본 일들은 어떤 것들이 있을까 생각해 봤다.

'운동을 가르치는 일'뿐이었다. 흔한 알바 한 번 안 해보고 다양한 일을 해보지 못하고 한 가지 일만 해온 것은 어쩌다 가끔 조금의 아쉬움으로 느껴질 때도 있지만, 그만큼 그 한 가지 일에 대한 확신과 자신감이 있었던 것 같다. 요가 강사로 내 생애 첫 일을 시작하면서 헬스 트레이너, 그룹 엑서사이즈GX 강사, 그리고 현재 필라테스 강사로 자리 잡을 때까지 오로지 운동을 가르치는 일로만 밥벌이를 한 지 딱 10년 차다. 한 가지 일이라고 칭하긴 했지만, 운동을 가르치는 일에는 여러 가지 운동 프로그램과 다양한 트레이닝 방법이 있기에 나름 '피트니스계의 멀티 강사'로서 자부심을 갖고 있다. 축구로 따지면 '피트니스'라는 광활한 필드 위에서 종횡무진 필드를 누비며 센터백과 윙포워드를 동시에 소화하는 미드필더 같은 멀티 플레이어 역할과 감히 비교해본다.

◀ 필라테스 퍼스널 트레이너로서의 일상

20대 중·후반까지 에어로빅체조 선수로서 대학 생활을 병행하면서 열심히 훈련하고 시합을 뛰었다. 학사를 졸업함과 동시에 선수 생활을 그만뒀는데, 그 당시엔 혹여나 내가 다시 선수 생활을 할 일은 전혀 없을 거라 확신하고 잘 마무리했다. 하지만 그 후 교육대학원에 진학해 체육교육학 석사를 시작했음에도 선수 시절이 너무 그리워 결국 다시 선수 생활을 재개했다. 그만큼 운동과 시합장이 너무 좋았다. 힘들어도 그때 그 감정, 시합 준비할 때 죽기 살기로 힘들었던 훈련, 시합 때 보상처럼 다가오는 벅참과 감동, 같이 훈련하는 선수들과의 끈끈한 소속감 등 모든 것이 그리웠다. 결국 다시 선수 생활을 조금 더 하고 몇 번의 시합을 더 뛰고 나서 마무리를 지었는데, 그때 확실히 깨달은 것은 내가 운동과 스포츠를 아주 많이 좋아한다는 것이었다. 스포츠를 관람하는 것, 내가 직접 하는 것, 스포츠에 대한 뉴스, 스포츠에 대한 이야기(토론과 비평), 스포츠와 관련된 상품, 스포츠 스타, 스포츠를 반영한 예능 오락프로그램 등 스포츠가 들어가는 모든 것에 관심이 있고 흥미를 느꼈다. 나중에 내가 학생, 선수 신분이 아닌 완벽한 사회인이 된다면 스포츠와 관련된 일을 해야겠다는 생각이 그때 처음 들었다.

▲ 에어로빅체조 선수 시절 시합 중 모습
 (제8회 대한체육회장배 전국에어로빅체조대회)

◀ 선수로서 마지막 시합이었던, 2014년 제95회 전국체전 여자 개인전 전라남도 소속 선수단 카드

　화려했던 선수 생활을 마치고 본업인 석사과정으로 돌아와 내가 졸업한 체육대학 스포츠지도학과 조교로 일하면서 매일같이 학과사무실로 출근했다. 선수 생활 은퇴 후, 갑자기 시간적인 여유가 많아져 처음으로 학교라는 곳에 오랫동안 있을 기회가 많았고, 그러면서 자연스럽게 학교라는 곳에 애정이 생기기 시작했다. 교육대학원을 다니며 한 달간 중학교에 교생실습을 나갔는데, 운동을 많이 가르쳐 보긴 했지만 성인들만 가르치다가 만 12~14세 학생들을 가르치려고 하니 신선한 당혹스러움을 느꼈다. 그때 깨달은 것은 나에게 트레이닝(또는 운동이나 체육) 받는 사람의 연령과 특성, 장소에 따라 내 말투, 표정, 복장, 목소리 톤 등을 매번 그 사람에게 맞춰 다르게 해야 한다는 것이었다. 교생 기간은 아주 잠깐이었지만, 그때가 석사 4기쯤이었으니 슬슬 졸업 후 진로에 대해 진지하게 고민할 때였다. 중·고등학교 교사가 되어야겠다는 확고한 뜻은 없었지만, 교생실습을 통해 그동안 선수로서는 배울 수 없었던 또 다른 어떤 많은 소중한 가르침을 배웠다.

▲ 교생실습 시절 금호여중 1-1반 학생들과 마지막 수업 날

    석사를 졸업함과 동시에 현재 직장이기도 한 이곳에서 필라테스 강사를 시작했다. 정말 이제 이 일을 본업으로 삼아 정착할 생각에 열심히 일하면서 경력을 하루하루 쌓는 와중에도 틈틈이 시간을 잘 활용해야겠다는 생각이 들었다. 취업과는 별개로 필라테스 관련 세미나, 그룹스터디, 개인 운동은 항상 놓아서는 안 된다고 생각했다. 운동을 가르치는 사람에게 가장 중요한 것은 '경험'이다. 더 중요한 것은 말하는 스킬인 '티칭 경험'보다는 몸을 어떻게 써야 하는가 하는 '운동 경험'이 강사의 수업에서 훨씬 큰 영향을 미친다. 운동을 많이 가르쳐본 사람보단 운동을 많이 해본 사람이 결과적으로 운동을 더 잘 가르칠 수 있다. 그렇기에 트레이너와 강사들은 운동을 게을리 해선 안 된다. 스포츠 강사라는 직업은 직업 특성상 타인에게 외적으로 보이는 모습이 상대적으로 많고 그만큼 중요한 부분을 차지하기에 끊임없이 운동을 통한 자기관리가 필요하며, 운동에 대한 관심과 감각을 잃어버려선 안 된다. 흔히 대부분 알고 있는 스쿼트도 10명의

트레이너가 이 동작에 대해 설명한다면 10명 모두 다르게 설명할 것이다. 각자의 개인적인 견해는 있을 수 있으나 사실에 근거한 해부학적 이론을 토대로 기본 지식을 벗어나지 않는 선에서 회원들에게 혼란을 주지 않게 설명할 수 있어야 한다. 요즘은 회원들도 트레이닝받을 때 '열이면 열, 백이면 백' 트레이너가 시키는 운동을 마냥 수동적으로 받아들이려고 하지 않는다. 이 운동을 왜 해야 하는지, 이 운동이 나에게 왜 필요한지, 이 운동이 어디 근육에 좋은 동작인지 알고 싶어 한다. 그리고 그러한 부분에 대해 회원들도 분명히 인지하고 받아들인 후 운동해야 한다. 내가 회원을 트레이닝시키는 그 한 타임 안에 회원이 원하는 운동 목표 충족, 적절한 운동감, 운동 의지 상기, 운동의 필요성, 운동에 대한 궁금증을 모두 해결해주려면 운동에 대한 이론과 피부로 느껴지는 직접적인 운동감, 조리 있게 말할 수 있는 티칭 스킬 등을 꾸준히 업그레이드시켜 변화하고 발전할 수 있어야 한다. 그리고 트렌드에 맞춰 빠르게 받아들이고 바꿔나갈 줄 알아야 한다.

▲ '웰니스 스프레더'로서 꾸준히 운동하는 모습

나는 '싱싱한 건강 전도사'로서 사람들에게 트렌드에 맞는 운동 프로그램으로 건강한 운동을 시켜주는 직업을 갖고 있다. 트레이너라는 직업은 요즘 AI(인공지능)가 크게 발전하면서 앞으로도 계속해서 주목받을 것으로 비치는데, 인공지능이 아무리 발전한다 하더라도 건강 분야까지 넘보기엔 어느 정도 한계가 있을 것이다. 예를 들어, 알약 한 알로 기초대사량이 단숨에 500kcal 오른다거나, 체지방이 하루아침에 5kg 감소하는 꿈같은 일은 거의 불가능할 것이다. 그렇기에 운동과 건강 분야는 앞으로도 계속해서 독립적으로 떠오르는 분야로 자리매김할 것으로 예상해본다. 따라서 운동을 가르치는 스포츠 강사라는 직업 또한 독립적인 대체 불가능한 직종으로 여겨질 것으로 감히 생각해본다.

스포츠 강사로 10년간 일하면서 다른 건 몰라도 '운동의 필요성'을 절실하게 깨닫게 된 이후로 '운동은 평생이다'라는 것을 깨달았다. 운동은 로봇이 대신해줄 수 없고 그렇기에 나 스스로 내 몸을 직접 움직여야 한다. 따라서 아무리 인공지능이 발달한다 하더라도 자의에 의한 건강관리는 필수가 될 것이다. 그리고 언제 어디서나 넘치는 에너지로 사람들 개개인에게 필요한 운동뿐만 아니라 건강한 습관(건강한 자세, 건강한 식습관 등)까지 알려주고 전파하여 많은 사람을 정신적으로 육체적으로 건강하게 해주고 싶은 것이 나의 현재 목표이자, 이 일을 평생 직업으로 선택하게 된 이유다. 오로지 한 우물만 파는 성격에 성인이 되고 나서 지금까지 체육, 스포츠, 운동 관련된 일밖에 해보지 않았지만, 그만큼 시간 낭비 없이 전문가로서의 입지를 남들보다 조금은 빠르게 자리 잡을 수 있었다. 현재 스포츠 강사로서 매일 매시간 다양한 회원들을 만나는 것도 흥미롭고 일대일로 트레이닝하면서 한 타임 레슨의 소중함도 값지게 느낀다. 스포츠를 좋아하고 운동에 대한 필요성과 흥미를 크게 느끼는 나로서는 트레이너가 천직이라고 항상 느끼며, 앞으로도 전 세계 인구가 모두 운동하는 날이 오기를 바라며 하루하루 열심히 싱싱한 건강 전도사로서 입지를 굳혀보려 한다.

2 스포츠 관련 직업에 종사해서 '잘나가는 직업'을 가질 수 있을까?

에어로빅 체조선수였던 나는 스포츠 선수들만 입학할 수 있는 스포츠지도학과 학부를 다니며, 다양한 종목의 선수들과 함께 대학 생활을 했다. 스무 살 한창 패기 넘칠 때, 동기들 모두 각자 자신들만의 종목에서 1등 한 번은 해본 친구들이었기에 나 또한 마찬가지로 내 운동 종목에 대한 엄청난 자부심과 소위 말하는 '운동부심'이 있었다. 그때는 내 운동 종목이 제일 멋있고 제일 힘들다고 생각했지만, 시간이 지나고 생각해보니 운동 종목 간의 훈련법, 운동 과정 등은 아예 달랐다. 다시 말하면 스포츠는 종목 간에 서로 비교 대상이 될 수 없으며, 종목 간의 우위 또한 없다는 것을 알았다. 나의 대학 생활에서 동기들이나 선후배, 심지어 교수님 몇몇 분을 포함해 내 주변 사람들 대부분이 선수 출신이었기에 각기 다양한 스포츠에 대한 생생한 경험을 들을 수 있었다. 꼭 이러한 것들 때문인지는 모르겠지만, 이로 인해 스포츠에 대한 나의 관심이 확실히 나날이 커져갔다. 점점 다양

▲ 제94회 전국체전 에어로빅체조 경기 직후 5인조 팀원들과 함께(5명 중 가운데가 필자)   ▲ 에어로빅 체조 시합에서 획득한 메달들

한 스포츠 종목들에 대해 알고 싶어졌고 궁금해지기 시작했다.

스포츠에 대한 나의 시선은 점차 바뀌어갔다. 예전엔 스포츠에 대해 '이건 이 종목이 더 멋있다', '이 종목은 재미가 없다'라는 평가 형식으로 접근했다면, 지금은 스포츠에 대한 시선이 관대해지면서 스포츠에 접근하는 생각이 '이 스포츠는 이런 면이 저 스포츠랑 다르다', '왜 이 스포츠엔 이런 룰이 있지?'라는 관심의 의문 형식으로 바뀌어갔다.

선수 출신 학생들은 대부분 학부를 졸업하면 대개 비슷한 고민에 빠지게 되는데, 일반적으로 '나의 선수 경력을 살리느냐 마느냐'라는 고민이 가장 먼저 떠오를 것이다. 대학생 때는 입학을 위해 또는 재학이나 기존 팀을 유지하기 위해 나의 의지와 상관없이 선수 생활을 계속 해야 했다면, 졸업 이후엔 선수 생활과 영원히 안녕할 절호의 기회이기도 하다. 하지만 선수 출신 학생들 대부분은 지금껏 해오던 자신의 전공을 버젓이 두고 다른 새로운 일에 선뜻 도전하려고 하지 않는다. 같은 선수 출신 선배로서 크게 공감하는 부분이다. 그렇다면 가장 우선적으로 생각해봐야 할 것은 내가 사회에 나가서 구체적으로 어떤 일을 시작할 것인가를 생각하기 전에 '하고 싶은 일을 할 것인가, 잘하는 일을 할 것인가'에 대해 먼저 생각해보면 좋을 것 같다.

내가 하고 싶은 일이 잘하는 일이라면 참 좋겠지만, 현실은 그렇지 않은 경우가 많다. 이 선택에 대해 사실 지금도 과연 어떤 것이 맞는 것인지 다시금 생각해보곤 하지만, 정답은 없다. 둘 다 쉽게 포기할 수 없는 중요한 부분이다. 하지만 그 와중에도 그래도 내가 지금 잠깐 반짝 좋아하고 잘하는 일보다는 길게 오랫동안 꾸준히 할 수 있겠다 싶은 쪽을 우선순위로 선택해보길 바란다. 어떤 일을 오랫동안 할 수 있다는 것은 그 일에 대한 애정과 자신감이 어느 정도 뒷받침되어 있다고 볼 수 있다. 그렇게 한 가지 일을 직업으로 삼아 꾸준히 유지하고 노력하다 보면, 그 안에서 조금씩 변화하고 더 발전해보려고 하는 자기 모습을 발견하게 될 것이다. 그것이 곧 나의 일, 나의 직업을 스스로 값어치 있게 만들어나가는 것이다. 어떤 직업을 갖게 되건 내가 선택한 직업에 대한 모든 기준을 스스로 만들어나가면 좋겠다. 그것이 진정 이 시대를 즐기며 이른바 잘나가는 사람의 모습이 아닐까.

3 '스포츠마케팅'이란 '메이크업(Make up)'이다

내가 생각하는 스포츠마케팅이란 '메이크업'이다.
나의 손끝에서 나오는 한 번의 터치와 움직임으로 나의 전체 이미지를 좌우한다.

요즘은 중·고등학생들도 인터넷을 보며 쉽게 따라 할 수 있는 메이크업은 어떻게 보면 대중에게 그리 어렵지 않은 개념으로, 그만큼 대중적인 성격으로 우리의 일상생활에 부담 없이 등장한다. 그렇다면, 메이크업에 대한 특성을 잠시 살펴보자.

　내 생에 처음 화장했던 때를 생각하면, 첫 도전은 매우 어렵고 두려웠다. 내가 드디어 성인이 되어가고 있다는 설렘과 긴장 속에 내 손끝에서 나가는 터치 한번이 부담되고 무서웠다. 한 번 잘못 그리면 걷잡을 수 없이 뻗어나가면서 내 의지와 전혀 상관없는 결과물이 나올 수 있다. 그러면서 그 결과물에 대한 사람들의 시선을 매우 크게 의식하게 되고, 실수 후에는 소심하게 움직이게 된다. 그렇기에 모든 메이크업엔 정해진 기본 순서가 존재하며, 기초화장부터 탄탄하게 시작해야 그 이후의 색조 화장이나 포인트 화장을 예쁘고 자유롭게 표현해낼 수 있다. 하지만 화장하다가 실수했다고 해서 크게 낙심할 필요는 없다. 수정화장이 있기 때문이다. 쉽게 지우고 다시 밑그림을 그리면 금방 복구할 수 있다. 또한 자신이 좋아하는 색깔이나 강조하고 싶은 부위가 있어서 그 부분을 너무 강조해버리면 오히려 상대에게 부담감을 주고 역효과를 불러일으킬 수 있기에 그 부분에서는 과하지 않아야 하며 더욱더 신중해야 한다. 메이크업은 한 가지 부위에도 여러 가지 방법이 존재한다. 예를 들면, 눈 부위에 대한 메이크업도 시크한 스모키 아이섀도, 상큼한 과즙 아이섀도가 있는 것처럼 한 부위를 표현하더라도 매일 여러 가지 다양한 방법으로 표현할 수 있다.

　스포츠마케팅을 '메이크업'이라는 특성에 빗대어 표현해보겠다. 스포츠마케팅 또한 단어 자체는 생소하고 어렵고 무겁게 느껴질지 모르지만, 실제 우리 일상생활에 자연스럽게 등장하고 있다. 스포츠마케터가 되고 싶은데, 첫 도전은 당연히 어렵고 두려울 것이다. 처음 한 번 손대기가 무섭겠지만, 막상 한번 손을 대고 나면 그려지는 선에 맞춰서 내 손은 자연스럽게 다음 선을 그리기 위해 움직이고 있을 것이다. 스포츠마케팅에도 수많은 카테고리와 어마어마한 마케팅 방법이 있다. 그것을 이론으로 다 터득하고 확실하게 알고 접근한다는 것은 극히 드문 경우일 것이고, 어떻게 보면 그건 욕심일 수 있다. 스포츠마케팅에 대해 잘 몰라도 된다. 하면서 배우는 것이고, 해보면 해볼수록 늘 것이다. 그러다 보면 나만의 얼굴(스포츠마케터로서의 면모)을 점점 찾게 될 것이다. 갓 스무 살이 되어 처음 메이크업을 해본 20대 여성보다 그동안 여러 메이크업을 해보며 시행착오를 겪으면서 다양한 메이크업을 시도해본 노련한 30대 여성의 얼굴이 더 자연스러울 것이다. 이처럼 '하는 법'을 잘 몰라도 가이드라인이나 주변 사람들의 추천이나 피드백, 그리고 나만의 시행착오를 통해 얼마든지 발전시켜나갈 수 있고 도전할 수 있다. 다시 말하면 수학처럼 최종적으로 값이 떨어지는 명확한 답이 있는 것이 아니라 자신만의 기준으로 답을 만들어나가는 것이다.

또한 공통적으로 스포츠마케팅이나 메이크업은 트렌드에 민감하다. 시대에 따라 트렌드는 변화한다. 메이크업도 유행을 탄다. 내가 하는 대로, 내 손이 뻗어나가는 대로 하나씩 차근차근 만들어나가면서 나만의 이미지를 완성시켜가다 보면 나 스스로 발전하고 있는 또 다른 나를 보게 될 것이다. 물론 그 과정에서 몇 번의 시행착오와 수정이 있을 것이다. 트렌드에 맞춰 알맞게 변화할 수 있는 나만의 영역들을 찾아보고, 매일 아침에 일어나면 세수하고 로션을 바르고, 내 얼굴에 맞는, 내 모습에 맞는, 내 스타일에 맞는 나만의 루틴이 있는 것처럼 '내 얼굴(모습)'을 멋지게 표현할 수 있는 마케팅 업무를 찾아보고 예쁘게 가꿔나가보자makeup!

4 '영업(營業)'을 '영업(永業)'으로, 젊은이들이여 '영업(Young-up)'하라!

스포츠마케터로서 현재 필라테스센터에서 회원들에게 운동을 가르치면서 매일 '영업(營業)'을 실천하고 있다. 이 일을 한 지 벌써 10년 차로 나는 이 일을 '영업(永業)'으로 삼게 되었다. 마케팅에 대해 어렵게 생각하지 말자. 한 달 차 병아리 강사였던 나도 수업을 하는 것 자체가 스포츠마케팅을 실현하고 있었다. 내가 실제로 겪은 스포츠마케터로서의 스포츠마케팅 업무와 사례들을 보고 스포츠마케터를 꿈꾸는 젊은이들Young이 자신감을 갖고 사기를 높이는Up 계기가 되길 바라며 몇 가지 마케팅 사례를 소개해본다.

첫째, 현재 필라테스 강사로서 매일 하고 있는 대표적인 스포츠마케팅 업무는 필라테스 레슨이다. 스포츠 자체의 마케팅으로 운동 자체를 상품화하여 회원들에게 필라테스 수업이라는 상품을 제공한다. 상품은 소비자에게 있어 품질과 트렌드에 민감한 부분이기에 매번 똑같은 상품을 제공하지 않고, 소비자에게 재구매 의욕을 이끌 수 있게 수업을 다양하고 흥미롭게 항상 업그레이드할 수 있어야 한다.

둘째, 필라테스 레슨을 상품화하여 판매하는 것이 가장 기본적인 스포츠마케팅이라면, 나 스스로를 상품화할 수도 있다. 나는 선수로서 스포츠인이었고, 지금은 운동을 가르치는 스포츠 강사다. 그렇기에 나 자신을 상품화하는 것도 가능하다. SNS를 통해 나의 기본 약력과 프로필을 제시하고 DM Direct Message이나 내가 근무하는 곳의 연락처나 주소를 통해 또는 건너건너 소개를 통해 레슨 문의를 받고 있다. 현재 내 인스타그램 계정을 팔로우하는 사람이 4천 명 이상이며 실제로 현재도 SNS를 통해 프로모션 내용을 문의한다거나, 체험수업 문의가 들어오고 있다. SNS가 빠르게 확산되고 있는 요즘 스스로를 스포츠 상품화할 수 있다는 것은 아주 유용하다.

◂ 개인 SNS 계정 인스타그램 프로필을 통한 DM 경로

◂ 홍보물로 개인 명함과 원데이 일대일 무료레슨 바우처 쿠폰 묶음과 그 밖의 판촉물

셋째, 한 필라테스 회사의 직원으로서, 주 업무는 아니지만 현 회원들에게 적절한 프로모션을 소개한다거나, 졸업한 회원들에게 TEL 작업을 하는 방법도 있다. 또한 직접적인 맨투맨 방법으로 전단지나 물티슈, 부채, 초콜릿 같은 판촉물을 배포하는 원초적인 마케팅도 있다.

▲ 외부 홍보 & TEL 홍보 작업 일지대장
▲ TEL 작업 상세내용 기록 대장

넷째, 예전에 에어로빅체조 선수 시절 여러 단체에서 시범경기 초청을 받은 적이 있다. 2010 광저우아시안게임 때 축구, 태권도, 배구, 럭비 4개 경기장에서 오프닝 시범을 보였는데 그때 단체에서 상하의 반팔, 반바지, 긴팔, 긴바지, 가방, 운동화 등을 제공받았고, 경기장 내에서는 항상 제공받은 상품을 착용하고 다녀야 했다. 2012년에는 뉴발란스 업체에서 행사가 있어 시범경기 초청이 있었는데, 시범경기를 하는 내내 뉴발란스에서 제공해준 운동화를 신고 했어야 했다. 이러한 것들이 선수를 활용한 스포츠마케팅이라고 볼 수 있다.

▲ 2010 광저우아시안게임 에어로빅체조 시범단 모습

▲ 에어로빅체조 시범단 뉴발란스 협찬 단복

▲ 뉴발란스 협찬 반팔 트레이닝복

5 지금 바로 실천 가능한 '가장 쉬운 일'부터 찾아보자!

당신은 스포츠마케팅에 대해 자신 있게 알고 있다고 할 수 있는가. 스포츠마케팅의 수많은 카테고리를 모두 인지하고 막힘없이 설명할 수 있는가. 결론부터 말하면, 잘 몰라도 된다. 이론은 물론 중요하지만, 실제 현장의 중요성은 그 배가 될 것이다. 다시 말해 내가 실제로 초보 스포츠마케터로서 할 수 있는 일들에는 어떠한 것들이 있는지 먼저 알아보자.

가장 먼저 해볼 것은 '제일 쉬운 일부터 찾기'다. 곰곰이 생각해보고 지금 바로, 내일 당장 실천 가능한 일들을 우선순위로 자유롭게 기록해보자. 단순해도 괜찮고 쉬워도 좋다. 가장 중요한 것은 그 어떠한 스포츠마케팅 업무든 상관없으니 당장 내일 내가 실천 가능한 현실적인 업무를 찾아야 한다는 것이다. 백문이불여일견이라 했다. 실제 현장에서 경험하고 느껴본다면, 책으로 공부할 때 느꼈던 의문점이나 스포츠마케터로서 각자 품고 있던 많은 궁금증을 스스로 해결할 기회가 되어 새로운 깨달음을 얻을 수 있을 것이다. 또한 타인을 통해 얻은 깨달음보다 내가 직접 피부로 느끼고 겪어서 얻은 깨달음은 천지차이다. 가만히 있으면 기회도 오지 않을뿐더러 아무도 먼저 선뜻 가르쳐주지 않는다. 하물며 내가 스스로 해보지 않으면 후에 기억에 남지 않는다. 작은 마케팅 업무부터 찾아보자. 경험이 하나둘 쌓이다 보면, 스포츠마케팅에 대한 나의 배경지식과 안목이 나도 모르게 어느새 넓어지면서 그에 따른 스포츠마케팅에 대한 인식이 조금씩 변화되는 것을 알게 될 것이다. 가끔 이론에 대한 두려움을 느끼는 젊은 꿈나무들이 많은데, 무지함은 경험을 통해 얼마든지 발전시킬 수 있으니 걱정하지 않아도 된다.

가장 중요한 것은 '경험'이다. 더 자세하게 표현하자면 '내가 겪은 경험'이다. 남이 겪은 경험은 나의 것이 아니다. 현장에서 보고 듣고 느낀 경험은 매우 중요하며, 나에게 가장 비싼 인생 과외 수업이 될 것이다. 내가 할 수 있는 작은 스포츠마케팅 업무부터 지금 당장 찾아보자. 그마저 생각이 잘 나지 않는다면 원초적인 것부터 시작해도 된다. 거창한 목표는 허공에 떠 있는 구름과 같다. 현실적인 계획을 세우는 것이 가장 현명하다. 돈 잘 벌고 잘나가는 미래의 성공한 내 모습만을 생각하며 행복한 최고의 시나리오를 꿈꾸기보다는 반대로 최악의 시나리오를 간과해선 안 된다. 그렇다고 부정적인 생각을 하라는 것이 아니다. 현실을 직시할 줄 알아야 하고 받아들일 자세와 마음가짐이 꼭 필요하다는 것이다.

    스포츠마케터가 되기 위해 꼭 거창한 무언가가 있어야 하는 것은 아니다. 스포츠마케팅과 관련된 수많은 업무 속에서 내가 할 수 있는 일을 스스로 찾을 수 있어야 한다. 그러다 보면 생각지도 못한 스포츠마케터로서 직업의 가지들이 무수하게 펼쳐질 것이다. 초반에는 업무의 가짓수를 늘리기보다는 한 가지 일에 몰두하며 차근차근 발전해나가길 바란다. 그리고 한발 더 나아가 화려한 계획에만 그치지 말고, 반드시 실천으로 옮기는 준비된 자세로 모든 일에 임하는 초보 스포츠마케터가 되길 기대한다.

국가대표 스포츠마케터

프로필

이 름 : **윤주영**

소 속 : 윤이콕아카데미 대표

이 력

(現) 윤이콕TV(채널 운영자)
(現) 유튜브 크리에이팅 마케터[윤이콕TV]
(前) 대한민국 배드민턴 국가대표
경희대학교 체육대학원 스포츠산업경영 박사 수료

1 스포츠 비즈니스란?

스포츠를 통해 얻을 수 있는 가치를 창출하여 사람들에게 전하는 것

2 국가대표 출신 스포츠마케터

필자는 유튜브라는 플랫폼을 통해 배드민턴의 가치를 전하고 용품 및 콘텐츠를 제작·판매하고 있으며, 2020년 10월 '윤이콕아카데미'라는 국내 최초 유소년 배드민턴 아카데미를 설립하여 운영하고 있다. 유튜브 및 사업을 하기 전 16년 정도 배드민턴 선수 생활을 했으며 국가를 대표하여 국제대회 경험도 있는 국가대표 출신의 마케터다.

    유튜브를 운영하면서 배드민턴용품 PPL 및 브랜디드 광고를 진행하고 있으며, 현재 '라임트리'라는 MCN 회사와 협업하여 마케팅을 진행하고 있다. PPL은 기획한 콘텐츠에 브랜드 제품을 의도적으로 노출하는 방식의 마케팅이고, 브랜디드 광고는 브랜드의 제품을 협찬받아서 콘텐츠 안에서 제품을 리뷰하거나 제품을 사람들에게 알리는 광고 활동이다. 필자는 현재 두 가지 마케팅을 모두 진행하고 있으며, 주로 배드민턴용품 관련 문의를 많이 받고 있다.

    운동밖에 몰랐던 내가 유튜브 크리에이터가 되어 마케팅을 할 거라고는 상상도 하지 못했다. 은퇴 후 스포츠마케팅 공부를 하고 싶었고 스포츠 관련 일을 하고 싶었지만, 유튜브를 통해 마케팅을 하게 될 줄은 상상조차 못 했다. 세상이 빠르게 변하고 있고, 스마트폰의 보급으로 인해 플랫폼 혁신이 일어나면서 새로운 방식의 마케팅이 많이 생

겼고, 그중 하나가 유튜브 인플루언서 마케팅이라고 생각한다.

위에서 말했듯이 세상은 계속 변화하고 그에 따라 사람들의 성향도 변하기 때문에 마케터는 트렌드를 빠르게 파악하고, 사람들의 변화에 민감하게 반응하며 시대를 앞서는 생각을 해야 한다. 필자가 운영하는 유튜브 채널은 배드민턴 교육 채널이지만, 구독자가 늘어나면서 배드민턴 관련 브랜드에서 연락이 왔고, 브랜드는 자사 제품 마케팅을 의뢰하기 시작했다. 처음에는 '이것도 스포츠마케팅인가?'라는 의문이 들었지만, 위에서 언급한 스포츠마케팅의 정의처럼 스포츠마케팅은 정말 넓은 범위를 포함하기 때문에 유튜브를 통해 스포츠 브랜드를 마케팅하는 것도 스포츠마케팅에 포함된다고 생각한다.

유튜브를 통한 스포츠마케팅이라는 것이 지금까지의 방식과는 다르게 생소할 수 있지만, 앞으로는 유튜브 또는 다른 SNS를 통한 마케팅 시장이 더욱 커질 거라고 확신한다. 지금 이 글을 읽고 있는 분 중에서 스포츠마케터가 되고 싶은 사람이 있다면, 본인이 할 수 있는 것을 먼저 생각한 다음 스포츠마케팅과 어떻게 연관 지어서 마케팅을 할 수 있을지를 생각한다면, 새로운 분야에서의 스포츠마케터로 활동할 수 있을 거라고 생각한다.

지금부터 필자가 배드민턴 국가대표에서 스포츠 크리에이팅 마케터가 되기까지의 과정을 간단하게 소개하려 한다.

스포츠마케터, 결과보다는 과정을 만들어가는 사람들

처음 스포츠마케팅 세계에 발을 들인 것은 2018년 8월, 한 스포츠마케팅 회사에 인턴으로 취직하면서였다. 스포츠마케팅뿐만 아니라 배드민턴을 그만두고 새로운 분야에 발을 내디딘 것 자체가 처음이었기 때문에 첫 출근 전날 설레어서 잠을 못 잤던 것이 아직도 생생하다.

◀ 브리온 컴퍼니
임우택 대표님과 함께

필자가 회사에서 근무하면서 처음으로 진행한 스포츠마케팅은 사회인 야구 대회 기획이다. 보통 이런 대회를 '스포츠 이벤트'라고 하는데, 필자가 속한 회사에서 매년 개최했던 야구 대회를 특별한 야구 대회로 기획하라는 업무를 받게 되었다. 그렇게 해서 처음으로 진행한 스포츠 이벤트 기획은 '브리온 게임원컵 고척스카이돔 챔피언십'이라는 사회인 야구 대회였다.

간혹 스포츠마케팅을 단순하게 스포츠용품을 판매하는 것이라고 생각하는 분들도 있지만, 이 프로젝트를 기획 및 진행하면서 스포츠 이벤트 기획이야말로 스포츠마케팅의 꽃이라는 것을 알게 되었다. 스포츠 이벤트 기획을 성공적으로 한다면 그 이벤트 안에서 여러 가지 가치가 창출되기 때문이다. 스포츠 이벤트를 기획해본 경험이 없었기 때문에 막막했지만, '기존에 없던 새로운 콘셉트의 사회인 야구 대회'라는 콘셉트를 가지고 차근차근 대회를 기획했다.

◀ 일하는 모습의 나. 스포츠 이벤트 기획 작업은 생각보다 고단하다.

그 당시 재밌는 아이디어가 많이 떠올랐다. 기억에 남는 아이디어는 '사회인 팬 야구 대회'였다. 각자 본인이 응원하는 프로팀 팬들이 모여서 팀을 만들고 팀별로 경기를 진행하는 방식의 대회다. 자신이 응원하는 팀의 팬들끼리 모여서 팀을 만들고 함께 다른 팀 팬들과 경기를 진행한다는 것은 정말 흥미로운 기획이었지만, 아이디어를 진행하는 과정이 복잡하고 실현 가능성이 낮아서 결국 진행되지 않았다. 하지만 이 경험을 통해 좋은 스포츠 이벤트의 시작은 여러 아이디어를 창출하는 것으로부터 시작된다는 것을 배웠다.

또한 스포츠마케터는 창의적이어야 한다는 것도 함께 배울 수 있었다. 두 번째 아이디어는 사회인 야구 최강전이었다. 기존의 여러 사회인 대회와는 다르게 사회인 대회 우승 경험이 있거나 게임원 리그에서 승률이 높은 팀만 선별하여 토너먼트를 진행하는 방식이었다. 기존 대회와 차별성이 있으면서 화제성도 갖춰진 기획이었기에 순조롭게 진행되어 실제 대회로 이어졌다.

사회인 야구 최강전을 기획하고 진행하는 도중 인턴 기간이 끝나서 마지막까지 함께하지 못했지만, 함께 스포츠 이벤트를 기획한 동료들이 결국 내가 처음에 기획한 대로 대회를 개최하는 것을 보면서 가슴이 뜨거워지는 것을 느꼈다. 내가 상상한 아이디어가 현실이 되는 것을 눈앞에서 경험하는 것은 정말 행복했다. 현재 내 아이디어로 시작한 '브리온 게임원컵 고척스카이돔 챔피언십'은 매년 가을 열리고 있으며, 사회인 야구 팀들에게 권위 있는 대회로 알려져 있다.

솔직히 말하면 대회 준비과정이 쉽지만은 않았다. 경기장 예약부터 대진표 구상, 참가 신청 방식 등 대회에 참가하는 입장에서는 생각해보지도 못한 작은 준비사항들이 모두 스트레스로 다가왔지만, 대회가 개최되는 것을 본 순간 그런 과정들이 너무나 소중하게 느껴졌다.

대개 사람들은 결과만 생각한다. 올림픽 금메달 딴 선수들을 보면 올림픽 금메달을 따는 그 영광의 순간만을 생각하고 그 과정을 생각하지 않는다.

하지만 운동선수 출신인 나는 안다. 한 선수가 메달을 따기까지 어떤 과정을 겪는지, 얼마나 많은 노력을 했는지. 마찬가지로 스포츠 마케터도 같다. 사람들은 어떤 대회를 보면 그 대회라는 결과만 보고 그 뒤에서 대회가 만들어지기까지 마케터들의 노력과 과정을 보지는 못한다.

스포츠마케터로 생활하는 것은 겉으로 드러난 화려한 모습과 결과보다 뒤에서 과정을 만들어나가는 일이라는 것을 스포츠마케팅 회사에서 인턴으로 일하면서 배웠다. 만약 스포츠마케터가 되기를 희망하시는 분이라면 이러한 점을 미리 알고 과정을 만들어나가는 것의 가치를 이해한다면 더욱 멋진 결과를 가져올 수 있다.

▲ 브리온 회사 동료들과 풋살 경기. 스포츠마케팅 회사이다 보니 스포츠 이벤트가 많았다.

▲ 2018년 프로야구 신한은행 프로모션 진행 모습

유튜브를 통한 스포츠 이벤트 기획

2019년 5월, 늦은 밤 생각에 잠겼다. 어떻게 하면 '나'라는 브랜드를 사람들에게 알릴 수 있을까? 이런 퍼스널 브랜딩에 대해 고민하고 있었고, 늦은 밤 갑자기 유튜버가 돼야겠다고 생각했다. 유튜브를 통해 나라는 사람을 알리고 나의 가치를 더 높이기로 결심했다.

그날 나는 밤새 유튜브 편집하는 방법을 공부했고, 날이 밝자마자 서점으로 뛰어가 유튜브 관련 책 두 권을 사서 그날 바로 다 읽었다. 유튜브에 관한 지식이 전혀 없었고 잘된다는 보장도 없었지만, 유튜브를 통해 나 자신을 브랜딩할 수 있다면 또 다른 방법으로 스포츠마케팅을 할 수 있을 거라고 확신했다. 채널의 성격은 배드민턴 교육에 관련된 채널이었고, 콘셉트는 고학력 국가대표 출신이 알려주는 배드민턴이었다.

하지만 알려지지 않은 일반인이 유튜브로 구독자를 끌어들이고 사람을 모으는 것은 결코 쉽지 않았다. 열심히 촬영하고 업로드했지만, 조회 수 및 구독자는 생각보다 저조했다. 무언가 돌파구가 필요하다고 느낀 나는 스포츠 이벤트를 기획하기로 결심했다. 사회인 야구 대회를 기획해본 경험을 바탕으로 여러 아이디어를 먼저 생각했고, '은퇴한 전 국가대표와 현역 고등학생 선수와 경기하면 누가 이길까?'라는 주제의 스포츠 이벤트를 기획했다. 그리고 승리 팀과 스코어를 미리 예상하고 맞히는 사람에게는 라켓 및 배드민턴용품을 사은품으로 증정하는 이벤트를 기획했다.

반응은 폭발적이었다. 이벤트 홍보를 하자마자 스코어에 대한 예상 댓글이 달리기 시작했고, 조금씩 내 채널을 구독하는 사람들이 많아졌다. 사람들이 폭발적인 반응을 보인 이유는 우선 이벤트 기획이 참신했고, 이벤트에 사람들이 쉽게 참여할 수 있었기 때문이다. 누가 이길지 예측해서 맞히면 상품을 받을 수 있었기 때문에 정말 많은 사람이 이벤트에 참여했다. 이벤트 한 달 전부터 홍보하며 댓글을 확인했고, 이벤트 당일 경기는 유튜브 라이브를 통해 전국에서 실시간으로 시청할 수 있게 했다. 이벤트에 참여한 사람들은 내 채널에서 본인이 이길 거라고 예측한 팀을 응원하면서 즐겁게 경기를 감상했다.

내가 이벤트를 한다는 것을 알게 된 몇몇 브랜드는 용품을 협찬해 주었다. 나는 협찬받은 유니폼을 착용했고, 협찬받은 브랜드를 홍보하면서 이벤트를 진행했다. 그날 나는 사람들에게 관심 있는 이벤트를 기획한다면 자연스럽게 스포츠용품 브랜드의 마케팅을 할 수 있다는 것을 배웠고, 회사가 아니고 개인이라도 스포츠마케팅이 가능하다는 것을 알았다. 또한 '유튜브'라는 플랫폼을 이용하면 기존의 방식과는 다른 방법으로 스포츠마케팅을 할 수 있다는 것 또한 배웠다. 그날이 내가 처음으로 유튜브 스포츠 크리에이팅 마케터로 첫발을 내디딘 순간이라고 생각한다.

유튜브를 시작하기 전에는 스포츠마케팅을 하려면 스포츠마케팅 회사에 입사해야 가능하다고 생각했는데, 유튜브 채널을 개설하면서 나도 개인적으로 스포츠마케팅을 진행할 수 있다는 것을 배울 수 있는 소중한 경험을 했다. 독자들도 나처럼 스포츠마케팅을 너무 어렵게만 생각하지 말고 각자 좋아하는 스포츠 이벤트를 기획하거나 지금 당장 할 수 있는 아이디어를 생각하고 실행에 옮긴다면 개인이 충분히 스포츠마케터로 활동할 수 있다고 생각한다.

▲ 배드민턴 교육 유튜브 '윤이콕TV'

이런 관점에서 본다면 스포츠마케터로서의 능력 중 창의력을 빼놓을 수 없다고 생각한다. 하지만 창의력이 없다고 걱정할 필요는 없다. 내가 스포츠마케팅 회사에서 인턴으로 근무한 당시의 팀장님은 "창의력은 경험과 비례해서 높아진다"라고 하셨다. 결국 많은 경험이 스포츠마케터에게는 경쟁력이고, 경험이 없다면 지금부터라도 스포츠 이벤트나 스포츠마케팅 관련 행사에 가서 기획자의 입장에서 바라보는 연습을 하기를 추천한다. 올림픽을 보면서, 축구 경기를 보면서, 야구장 앞에서 진행하는 이벤트를 보면서, 스포츠마케터의 관점에서 이런 것들을 바라본다면 간접 경험을 통해 경험치가 쌓이고 그것이 하나의 경쟁력이 되어 스포츠마케터가 되는 데 큰 도움이 될 거라고 믿어 의심치 않는다.

유튜브 브랜디드 광고 '셔틀콕을 알려라'

이벤트 및 다양한 노력으로 구독자가 1만 명이 넘자 많은 회사에서 연락이 왔다. 배드민턴 관련 브랜드부터 다른 스포츠 종목의 브랜드, MCN 회사(유튜브 소속사) 등 수많은 연락을 받았다. 이제 나의 채널로

마케팅이 가능해진 것이다.

하지만 힘들게 키운 채널을 마케팅 용도로만 활용한다면 내가 처음에 생각했던 채널의 성격과 맞지 않기 때문에 신중하게 검토했다. 가장 처음 계약을 맺은 브랜드는 배드민턴용품 브랜드였다. 론칭한 지 얼마 안 된 신생 브랜드였고, 계약을 맺을 당시 채널 구독자도 많지 않았기 때문에 서로 함께 성장하자는 취지에서 계약했다.

브랜드는 내가 콘텐츠를 찍을 때 필요한 용품을 제공하고, 나는 그 용품을 입고 촬영만 하면 됐다. 정확한 수치는 모르지만 내 채널을 통해 그 브랜드 인지도는 정말 많이 올라갔고, 매출로 이어지는 결과를 낳았다. 그냥 단순하게 옷을 입고 영상을 찍었을 뿐인데 브랜드 인지도가 높아지고 용품이 팔리는 상황이 너무 신기했다. 또한 영상 댓글로 용품에 대한 정보를 묻는 구독자도 생겼고, 구매 링크를 함께 올려달라는 구독자도 생겼다.

유튜브 인플루언서 광고가 얼마나 좋은 마케팅 방법인지, 유튜브라는 플랫폼이 얼마나 대단한 플랫폼인지 다시 한번 느낄 수 있었다. 그 후로 여러 용품 및 브랜드 광고를 유튜브 채널을 통해 진행했다. 그중 하나가 셔틀콕 광고다. 이 광고는 내가 위에 설명한 브랜디드 방식으로 진행됐는데, 내가 직접 셔틀콕을 홍보하는 콘텐츠를 기획, 제작하고 광고비를 받는 형태로 진행됐다.

이런 브랜디드 광고를 진행할 때 중요한 포인트는 타깃 설정이다. 내 채널을 주로 보는 사람이 누구이고, 내가 광고하는 제품 및 브랜드와 성격이 맞는지를 확인해야 한다. 내가 진행한 제품은 셔틀콕인데, 20~30대에 특화된 셔틀콕이었다.

내 채널을 구독한 시청자는 20~30대 구독자가 많았기에 좋은 효과를 볼 수 있을 거라고 생각하여 광고 진행을 결심했다. 처음 진행한 브랜디드 광고이다 보니 어떻게 진행할까 고민을 많이 했다. 그러다가 내가 직접 셔틀콕을 사용해보고 후기를 시청자에게 전하기로 결심했다.

그리고 객관성과 신뢰성을 확보하기 위해 채널 및 브랜드와 관련 없는 사람을 초대하여 내가 광고하려는 셔틀콕을 정확하게 리뷰했다. 결과는 대성공이었다. 그 영상은 9천 명 이상의 조회 수를 기록했고, 정확한 수치는 모르지만 조회 수 대비 구매전환율이 높았다고 담당자를 통해 전해 들었다. 또한 이 광고를 통해 셔틀콕의 홍보뿐만 아니라 매출 증가로 이어지는 효과를 거두자 브랜드는 내게 다른 브랜디드 광고를 제안하기도 했다.

한 분야의 인플루언서가 되는 것은 그 분야에서 마케터가 될 수 있다는 것을 의미한다는 것을 배웠다. 나는 '유튜브'라는 플랫폼을 통해 배드민턴 인플루언서가 됐고, 내 채널을 시청하고 구독한 구독자가 많아짐에 따라 자연스럽게 마케터로서 활동하게 됐다. 나는 후에

▲ 유튜브를 통한 브랜디드 광고!

MCN 회사와 계약하여 스포츠용품뿐만 아니라 더 넓은 영역에서 마케터로 활동하게 됐으며, 그로 인해 경험이 쌓이면서 마케터로서 계속 발전하고 성장하고 있다.

3 '스포츠마케터는 누가, 어떻게 되는 거지?'

위의 질문은 내가 은퇴하면서 항상 머릿속에 맴돌던 질문이었다. 선수 생활 은퇴 후 제2의 삶을 멋지게 살아가고 싶었고, 내가 속한 스포츠 분야에서 마케터가 되어야겠다고 다짐했다. 하지만 어디서, 어떻게 출발해야 하는지 몰랐고, 그것을 가르쳐주는 사람도 없었다. 무작정 들어간 대학원에서는 실무보다는 학문적으로 접근했기에 스포츠마케터가 무슨 일을 하는지, 어떻게 될 수 있는지 몰랐다.

다행히 나는 스포츠마케팅 회사 인턴 경험을 하면서 스포츠마케터의 삶에 대해 알게 되었지만, 나와 같은 질문과 고민을 하는 젊은 친구들이 많을 거라는 생각을 항상 가슴 한편에 묻어두었다. 지금 이 글을 읽는 많은 사람이 스포츠마케팅에 관심을 갖고 있거나 스포츠마케터가 되고 싶어 한다고 생각한다. 필자는 스포츠마케터가 아니지만, 스포츠마케터가 되고 싶어 하는 분들에게 스포츠에 대한 열정을 잃지 않는다면 어떻게든 기회를 만들 수 있을 거라고 격려와 조언을 전하고 싶다. 나는 유튜브 크리에이팅 마케터로 활동 중이지만, 내가 유튜브를 통해 스포츠마케팅을 하게 될 줄은 정말 꿈에도 몰랐다.

필자가 잠이 오지 않아 생각에 잠긴 그날 밤, 나 자신을 브랜딩하기 위해 시작한 유튜브를 통해 내가 원했던 스포츠마케터가 된 것처럼 여러분도 자신이 지금 당장 무엇을 할 수 있는지 생각하고 실행으로 옮긴다면 스포츠마케팅은 범위가 넓어 어떤 방법으로든 스포츠마케터가 될 수 있다고 생각한다. 또한 스포츠를 통해 가치를 창출하는 방법은 수백, 수천 가지라고 생각한다. 마케터들은 지금까지 있었던 이벤트를 따라가는 것이 아닌 새로운 방법, 새로운 아이디어를 통해 이벤트를 기획하고 있어 스포츠마케팅에 정답은 없다고 생각한다.

여러분이 그저 스포츠를 통해 가치를 창출하고 사람들에게 알릴 수만 있다면, 여러분이 하는 일이 스포츠마케팅이고 여러분이 바로 스포츠마케터다. 스포츠마케팅 전문가에게 스포츠마케팅을 정의해달라고 부탁하면 각자 다른 답변이 나온다. 즉, 스포츠마케팅은 한 사람에 의해 정의할 수 없고 앞으로도 정의되지 않을 것이다. 여러분이 만들어가는 길이 스포츠마케팅의 길이다.

이 글을 읽은 많은 분이 새로운 방법으로 스포츠의 가치를 널리 알리고 마케터로 활동하는 모습을 볼 수 있기를 진심으로 희망한다. 그렇게 된다면 필자가 아무것도 몰랐던 스포츠마케팅 회사 인턴 당시 기획한 스포츠 이벤트가 실현되었을 때의 벅차오르는 감정보다 더 큰 감동을 느낄 거라 생각한다.

필자는 이 책을 통해 다른 방법으로 스포츠마케팅을 하려 한다. 그리고 앞으로 또 다른 새로운 방법을 찾아 스포츠마케팅을 진행할 것이다.

Part 3
스포츠시설업

- **3-1** 김수미 ㈜대한피트니스전문가협회 회장
- **3-2** 김복민 피트니스마케팅연구소 소장
- **3-3** 윤원규 폴리그라스 대표이사
- **3-4** 박형준 이지커뮤니케이션 대표이사
- **3-5** 정권철 MR법인 대표(건축, 인테리어)

피트니스,
사람 중심의 미래 산업!

프로필

이 름 : 김수미

소 속 : ㈔대한피트니스전문가협회 회장

이 력

(現) 서클즈 대표이사
(現) 피트니스 전문가 교육 기업, 서클즈(CKLZ) 대표이사
(前) 한양여자대학교, 동덕여자대학교 겸임교수
경희대학교 체육대학원 체육학 박사(스포츠학)

주요 활동

- 스포엑스 공동 개최 콘퍼런스 서클즈(CKLZ) 피트니스 컨벤션 주관
- 2016 대한피트니스전문가협회 창립
- 국내외 우수 피트니스 프로그램, 트렌드 소개 및 도입
- 1996~1998 KBS, SBS 스포츠 에어로빅 국제대회 해설위원

1 피트니스 비즈니스란?

피트니스를 찾는 모든 사람의 몸과 마음을 트레이닝으로 가장 Fit하게 만들어주는 일

2 사람이 자산이자 가치인 피트니스 산업, 피트니스 전문가를 교육으로 가치 있게 만들다

1994년부터 피트니스 클럽 경영을 시작하여 일에 대한 열정과 시장의 기회로 작은 성공을 이루었고, 국가대표 에어로빅 선수와 지도자의 경험을 바탕으로 피트니스라는 산업에 필요한 운동 전문가를 교육하는 아카데미 사업들을 진행해왔다. 그룹 엑서사이즈GX가 활성화된 시기에는 수많은 피트니스 지도자를 양성해오면서 피트니스 업계의 수많은 사람과 네트워크를 가지게 될 수 있었다. 2008년부터는 강남에서 대형 피트니스 클럽을 경영하며 커리어에 큰 변화를 맞이하게 된다. 운영의 변수로 인한 어려움으로 운동 지도만이 아닌 검증된 지식과 방법론, 그리고 기업가적 관점이 피트니스업에서도 필요함을 절실하게 느꼈고, 에어로빅 선수 생활을 하며 다녔던 미국, 호주, 일본의 피트니스 컨벤션이 왜 그렇게나 성황을 누리고 있었는지 다시금 깨닫게 되었다.

2013년 국내 피트니스 산업에서 빠진 영역인 '피트니스 컨벤션'이라는 개념을 국민체육진흥공단에 제안서를 제출하여 서울국제스포츠레저산업전SPOEX의 동시 개최 행사로 승인받아 국내 최초의 피트니

스 컨벤션을 개최하게 되었다.

작은 성공과 이후 겪게 된 어려움, 실패 속에서 얻은 깨달음과 배움, 새로운 비전을 보게 된 도전까지!

시대적으로 주목받고 있는 피트니스, 영세한 커뮤니티에서 성장 가능성이 높은 산업이 되는 과정을 사회경제적 배경을 경험에 녹여 함께 이야기하고자 한다.

3 피트니스, 무한한 가능성의 산업

사회 초년생, 사장이 되다

열정 하나면 못할 것이 없었다

에어로빅 국가대표 선수 생활을 하며 겪은 에어로빅장, 헬스장의 매력과 그곳에서의 경험은 "피트니스센터를 해보고 싶다"라는 의지를 매우 강하게 갖도록 만들었다. 부산에서 대학 시절을 보낸 내게 서울은 매우 낯선 곳이었다. 하지만 이런 의지는 사회 초년생이 겁도 없이 상경하여 강남 신사동 한복판에 피트니스를 열게 만들었고, 의지와 열정, 그리고 다행히도 사회적 기회가 사업의 위험성을 뛰어넘을 만큼 컸기에 우호적이고 좋은 고객, 충분한 사업적 성장, 석사와 박사 공부까지 이어갈 수 있는 지식적 성장의 원동력이 될 수 있었다.

'잘되는 사업'을 하다 보니 이젠 운영해서 먹고사는 것 이외의 것들이 눈에 보이기 시작했다. 국가대표 선수 생활을 하며 자주 다닌 해외의 다양한 피트니스 교육과 행사들, 그리고 상업화된 피트니스 프로그램들이 생각났고, 우리나라에는 그 무엇도 제대로 도입된 것이 없다는 것을 깨닫게 되었다. 물론 지금은 피트니스라는 산업이 성숙하고 성장할 수 있는 사회경제적 배경과 시기들이 있고, 이 시기에 맞는 레포츠의 형태들이 갖추어짐을 알게 되었지만, 당시에는 '제대로 개발된 피트니스 프로그램'이 없다는 것이 더욱 크게 와 닿았고 느껴지던 바였기에 피트니스 프로그램을 지도하는 전문 지도자 육성과 프로그램 보급이 중요한 일이라고 생각했다.

더 잘되는 피트니스 클럽, 그리고 더 인정받는 지도자를 위해 에어로빅댄스를 기반으로 하는 KAFA Korea Aerobic Fitness Association의 창립 멤버로 합류하게 되었다. 걸음마 단계였지만 피트니스 전문가를 양성하고 사업을 발전시키는 데 기여하는 일을 함에 기쁨과 보람을 느낀 시기였다. 1990년대 후반에서야 우리나라에 외국의 기업형 피트니스가 처음으로 도입되었고, 시대적 흐름은 프로그램을 갖춘 피트니스 클럽과 피트니스 지도자를 더욱 많이 찾도록 만들었다. 이런 흐름이 언제까지나 계속되었다면 행복했겠지만, 세상은 그렇게 내 마음대로만 돌아가지 않았다.

대형 피트니스 클럽, 비싸게 치른 수업료

열정만으로는 부족하다

2000년대 초반에는 캘리포니아, 발리 피트니스 클럽 등 외국의 기업형 피트니스 센터가 호황을 누리고 있었다. 기존의 호텔 피트니스 멤버십 서비스의 콘셉트를 더 젊고 활기차게 재해석한 피트니스 클럽들은 IMF 금융위기 직후인 사회 상황을 고려했을 때도 상상 이상의 호황을 누렸고, 때마침 증폭된 외모와 다이어트에 대한 관심이 비로소 피트니스를 일부 마니아층이 아닌 건강과 외모를 관리하고자 하는 누구나 할 수 있는 것으로 바꾸게 했다.

시대적 상황은 '피트니스'라는 업종에 유리하게 바뀌어가고 있었고, 마침 도입된 PT(퍼스널트레이닝) 개념과 '건강과 외모를 위한 지출'에 호의적으로 변한 국내 정서는 '사업에 있어 새로운 도전을 하기에 적기'라는 생각을 하도록 만들어주었다.

'중심지인 번화가에 랜드마크가 될 수 있는 피트니스 클럽을 만들자'라는 부푼 꿈은 공격적으로 사업을 이끌어나가도록 만들었고, 어느덧 2008년 8월 강남역 인근에 1,200평 규모의 피트니스 클럽을 오픈하게 되었다.

다양한 매체와 기존 클럽 고객의 성원과 관심에 힘입어 개업 초기에는 화제가 집중되었고, 외국계 피트니스 클럽의 영업 구조들을 도입하며 공격적인 성장을 이룰 수 있게 되었다.

그동안 연구해온 선진화된 그룹 피트니스 프로그램, 스포츠 과학 콘셉트가 적용된 트레이닝룸, 휴식과 회복을 위한 고객 라운지까지 이전에 꿈꾸고 그려온 구조를 실현했다.

과거와 같이 열정으로, 그리고 끊임없는 도전과 탐구라면 이기지 못할 일들이 없을 것이라 생각했지만, 사회경제적으로 2008년은 불안함 그 자체였다.

모두 잘 알다시피 2008년은 서브프라임모기지 사태로 미국발 글로벌 금융위기가 시작된 해였다. 전 세계적인 경기 침체가 시작되었고, 당연히 우리나라도 예외는 아니었다.

2008년 전후로 확장에 대한 꿈을 갖게 해준 외국계 피트니스 클럽들은 '먹튀'로 일컬어지는 부도덕한 행동으로 사업을 철수하며 회원권도 환불해주지 않고 사라져버렸고, 그 뒤를 따르던 국내의 대형·중형 피트니스 클럽들 또한 같은 수순을 밟게 되었다.

피트니스 클럽에 대해 호의적이던 수많은 사람은 이제 피트니스를 '믿을 수 없는 곳'으로 정의하는 심리적 장벽이 생겨났고, 심지어 이때부터 한국소비자원에서는 피트니스 회원권 거래의 피해를 최소화하는 '안전거래 가이드'를 발행하기 시작했다.

물론 '일부의 만행'이었기에 기업가로서의 책임을 다하면 적어도 우리 고객의 인식은 개선할 수 있겠지만, 진짜 큰 문제는 위축된 소비 심리였다. 필수재가 아닌 레포츠, 특히나 피트니스 회원권은 금융위기 상황 속에서는 가장 먼저 포기해야 할 것이었다.

열정으로 꿈을 실현하기 위해 만든 규모와 시설들은 비용 구조를 감당할 수 있는 기존의 사업장과는 다르게 비효율적인 비용 구조를 갖게 되었고, 위기 상황에서 이 비용 구조를 컨트롤할 방법을 찾기란 매우 어려운 일이었다. 비용을 컨트롤하기 위한 사업적 구조를 먼저 생각해야 했으나, 열정과 의지가 오히려 이런 시각을 방해했다. 인건비를 떨어뜨리면 서비스의 품질이 떨어지고, 프리랜서 트레이너를 쓰면 비용은 절감되지만 통제력을 상실하게 되어 몇 년간 어려운 줄다리기를 이어가며 매우 값비싼 사장 수업료를 지불하게 되었다.

이전에는 하지 않던 고민이 시작되었고, 예기치 않게도 이런 고민은 커리어에 가장 가치 있는 변화를 가져다주게 되었다.

발상의 전환, 피트니스도 기업의 논리가 필요하다

피트니스에 필요한 생산성 개념

재미있는 사실은 경영 환경에 어려움을 겪으면서도 이를 극복할 새로운 방법을 찾는 과정에서 즐거움을 느끼게 되었다는 것이다. 같은 어려움을 겪는 주변 피트니스 경영자들의 입장이나 문제를 듣게 되었고, 이 문제들을 해결할 수 있는 합리적인 방안은 경영자 자신의 훈련 수준임을 절실하게 깨닫게 되었다. 나 스스로도, 그리고 함께 같은 길을 걸어온 수많은 피트니스 경영자들은 대부분 현장에서 고객을 지도하는 보람을 느꼈기에 피트니스 클럽을 운영하게 되었다. 그렇기에 '피트니스'에 대한, 피트니스 지도자로서의 열정은 충분했지만 '피트니스 경영자'로서 사업을 배우고, 사업에 대한 관점을 갖추는 면에서는 부족할 수밖에 없었다. 사업 구조의 문제점들을 파악하다 보니 박사과정에서 배웠던 매니지먼트 이론들과 마케팅 구조가 왜 그렇게 돌아가는지 불현듯 깨닫게 되었다.

기업을 운영함에 있어 성공을 위해서는 구성원 개개인이 높은 생산성을 갖춰야 함은 당연한 전제였다. 그렇기 때문에 교육 아카데미 활동을 통해 우수한 지도자를 양성하고, 이들을 '생산성이 높은 인재'로 만드는 데 헌신하고 이에 따른 보람을 느꼈다. 대학에서 강의할 때도, 지도자들과 이야기를 나눌 때도 '더 나은 인재'에 대한 생각을 가졌지만, 부끄럽게도 나 자신을 '생산성의 기준'에 적용해본 적은 없었.

합리적인 사업구조를 만들고, 생산성이 높은 인재들을 모으고, 비전을 제시하고 회사와 구성원을 함께 성장시키는 것이 바로 기업의 대표 경영자에게 적용되는 생산성의 기준이었다.

생각의 변화가 절정에 다다른 2013년 피트니스 산업에서 필요한 다양한 이야기를 듣고, 스스로의 경험에서 무엇을 더 갖춰야 하는지 더욱 명확하게 알게 된 시점이었다.

국민체육진흥공단에서 주최하는 서울국제스포츠레저산업전은 성장하고 있는 피트니스 산업이 전시회의 큰 축을 맡게 됨에 따라 행사의 질적 향상에도 관심을 가지게 되었고, 오랫동안 피트니스 산업에서 교육 활동을 해오던 내게 자문을 구해왔다. 국가대표 선수생활과 지도자 교육을 하며 선진 시장에서 보았던 교육 현장들, 그리고 체계적인 컨벤션과 콘퍼런스들이 떠올랐고, 이전에는 '실기 교육만 지도'하던 워크숍 개념이 아닌 그 속에 담긴 산업적 선순환 구조가 어렴풋이 머릿속에 더욱 또렷하게 그려졌다.

생각이 정리된 순간, 커리어에 일생일대의 전환점을 준 과감한 제안을 국민체육진흥공단에 던지게 된다.

"피트니스 산업의 지식 발전을 위한 콘퍼런스와 전시를 함께하는 컨벤션을 하고 싶습니다!"

피트니스 컨벤션, 산업 발전을 위한 열쇠를 찾다

사람과 산업의 가치를 올리는 교육

놀랍게도 2012년, 2013년 개최될 서울국제스포츠레저산업전에 '피트니스 컨벤션'에 대한 제안이 승인되었고, 국내 최초로 공공기관의 지원을 받아 피트니스 교육을 위한 지식 컨벤션이 열릴 수 있는 환경이 생겨났다. 매우 기쁜 일이었지만, 행사를 성공적으로 개최할 수 있는 환경을 처음부터 하나씩 구축해나가야 했다. 과거 지도자 활동을 하며 얻은 에어로빅 시범과 안무 지도의 경험은 충분했지만, 교육 콘퍼런스를 운영하는 것은 또 다른 영역이었다.

사업을 하며 열정만으로는 부족하다는 것은 알게 되었지만, 언제 열정이 필요한지도 정확하게 알게 되었다. 바로 이때 같은 상황, 즉 0에서 1을 만들어내야 하는 상황에서다. 해외의 자료를 조사하고, 피트니스가 산업으로 인정받기 위해 필요한 지식들에 대해 더욱 깊게 생각했다. 콘퍼런스의 콘텐츠 구성도 기존에 해온 교육 사업처럼 실기 중심의 워크숍으로만 구성하는 것이 아닌 이론과 배경을 중심으로 논리적인 전개를 요구하는 과학적 접근 방법을 전제로 했고, 사업에서 느꼈던 문제점들을 해결하고 함께 논의할 수 있는 "경영자, 관리자를 위한 피트니스 산업 매니지먼트"라는 분야를 처음으로 국내 콘퍼런스에 적용하게 되었다. 이 과정에서 수많은 사람과 네트워크를 맺고, 시장과 산업에 대해 모르던 관점까지 이해할 수 있게 되었다. 처음 피트니스 클럽을 경영하기 시작하고, 사업을 해오면서 20년 가까이 흘러간 시점이었으나, 같은 산업에 종사하는 사람들과의 대화, 산업 성장을 위한 교육의 필요성을 함께 인지하며, 그동안 깨닫지 못한 '나의 역할'에 대해 드디어 깨닫게 되었다. '산업 발전을 위한 지식의 장을 제공하는 사람'이 내가 사명감을 가지고 해나가야 할 나의 역할이었다.

같은 생각으로 같은 길을 함께 걸어온 '산업 동료'의 도움으로 2013년 1회 IFIT 피트니스 컨벤션을 개최하게 되었다. 2013년 1회 행사 때는 36개의 강의, 1천 명 수준의 참가자가 모였다. 국내 최초로 피트니스 컨벤션을 치른다는 기쁨과 긴장감이 함께한 1회 행사 준비 기간은 인생에서 지금도 잊지 못할 순간이다. "자기 계발을 제대로 하지 않고, 잠깐 거쳐가는 직업"으로 인식되던 피트니스 강사들이 자신들의 커리어를 위해 열정적으로 교육을 받는 문화를 만들었음에 이 산업의 발전 가능성을 보게 되었고, 함께 고민을 논하고 더 나은 방향을 찾고자 했던 피트니스 경영자들은 매니지먼트 강의에서 자신들의 경험과 경영학적 구조를 논하며, 산업을 성장시키기 위한 변화를 이야기했다.

쉽게 돈이 되지 않는 일이라고 주변에서 만류하는 목소리도 있었지만, 이때의 감동은 금전적 가치로는 환산할 수 없는 것이었다. 그리고 이 콘퍼런스를 통해 전환된 커리어와 '피트니스 교육의 전문가'라는 이미지는 인적 자원의 확보와 함께 새로운 비전을 볼 수 있게 해주었다.

매년 행사를 개최하며 큰 폭으로 성장하게 되었고, 2019년 행사는 120여 개의 강의, 7천여 명의 참가자가 모인 아시아에서도 손꼽히는 규모의 행사가 되었다. 작은 지식 공유회에서 시작한 IFIT는 2019년 5월 서클즈CKLZ라는 브랜드로 변신하며 본격적인 교육 사업에 뛰어들게 되었다.

변화를 위한 힘을 모으다. 대한피트니스전문가협회 발족

표준화가 없으면 산업이 아니다

2010년도 중반 들어 피트니스 산업은 국민소득의 증대와 함께 큰 폭의 양적 성장을 이루게 된다. 피트니스는 합리적인 가격을 베이스로 한 가성비형 모델이 각광 받게 되었고, 요가, 필라테스, PT숍과 같이 프로그램 제공과 레슨만을 중심으로 한 소형 스튜디오들이 큰 폭으로 증가하고 있었다. 비로소 시설만을 이용하는 형태에서 벗어나 기술 향상을 위해 트레이닝을 받는 시기로 넘어오게 되었다. 국민소득 2만 달러 이상인 시대에서 발생하는 레저에 대한 관심, 기후 조건으로 인해 상대적으로 야외 스포츠 활동을 지속하기 어려운 우리나라에서 피트니스 클럽과 프로그램들은 즐기기 쉬운 레포츠로 포지셔닝 되었다. 다른 국가들보다도 빠르게 성장하고 대중적 인식 속으로 자리 잡게 된 피트니스의 폭발적 성장은 예상된 바였다.

시장과 고객의 수요는 커지고 있지만 정작 피트니스업에 종사하는 우리는 준비가 미약했다. 피트니스 컨벤션 개최 이후 피트니스 산업을 위한 교육, 그리고 이에 대한 책임감은 날로 커져갔다. 단순히 행사 형태만 조사하여 행사를 개최했는데, 선진 시장의 구조와 행태를 보며 그 뒤의 시스템과 구조가 궁금해졌고, 2년간의 조사 끝에 간과하고 있던 요소들을 찾아내게 되었다.

바로 '스탠더드', 즉 표준화다. 모든 시장이 산업화되기 위해 필수적인 조건은 바로 표준화다. 피트니스가 성황하고 있는 미국과 유럽은 이미 국가 제도 차원에서 피트니스 산업을 위한 표준과 적합한 직업군에 대한 정의를 내려놓은 상태였고, 이 직업을 위해 갖추어야 할 역량 단위들을 세밀하게 정의해놓았다. 세분류까지 하면 기본적인 레슨 업무를 수행하는 퍼스널 트레이너에게 700여 개에 가까운 역량 단위가 필요함을 알게 되었을 때의 충격은 이루 말할 수 없었다. 국내의 교육은 아직도 '도제식'에 머물러 있었기 때문이다.

하지만 혼자만의 힘으로 표준화를 이뤄낼 수는 없는 일이었다. 해외의 사례에서처럼 대표성을 띤 협회의 필요성을 느꼈고, 수많은 논의를 거쳐 그동안 뜻을 함께하던 40여 명의 피트니스 전문가들과 2016년 12월 대한피트니스전문가협회를 창립했다.

그 후 지금까지 피트니스 산업의 전문가 역량 표준화를 위한 연구를 지속적으로 진행하고 있으며, 피트니스 경영자의 인식 전환과 산업으로서의 피트니스를 만들어나가기 위해 2017년 5월 제1회 피트니스 CEO 포럼을 개최하게 되었다. 처음으로 열린 피트니스 경영자를 대상으로 한 CEO 포럼은 업계에 신선한 충격을 불러일으켰고, 매니지먼트 교육의 필요성을 모두 깨닫는 중요한 자리가 되었다. 하지만 나는 마냥 만족할만한 수준의 결과로 생각할 수 없었다. 산업에서 필요한 표준화에 대한 인식이 피트니스를 경영하는 경영자들에게도 마찬가지로 필요하고, 이를 위한 교육적 제안의 부족함을 느꼈기 때문이다.

나의 경험과 같이 피트니스를 사업으로 장기간 운영하고 성장시키기 위해서는 열정만으로는 부족했다. 0에서 1을 만들어내는 것은 열정으로 가능하지만, 1에서 10을 만들기 위해서는 우수한 팀을 다룰 수 있어야 하고, 10에서 100을 만들기 위해서는 경영학적 관점에 근거한 시스템을 만들 능력이 필요했다. 현장에 대한 열정으로 시작한 우리 대부분은 0에서 1은 만들 수 있지만, 그 이상 발전하기 어려웠던 이유가 여기에 있었다. 서울시에 소재한 피트니스 클럽의 70% 수준이 3년 이내 폐업하는 이유, 영국의 피트니스 클럽 1개소의 매출이 우리나라 피트니스 클럽 1개소보다 3배나 높았던 이유, 그만큼 성장하지 못한 근본적 이유가 결국은 시스템을 만들지 못한 우리 안에 있었다.

무엇보다 열정 이상의 전략과 합리적 사고가 필요했다. 현장의 전문성과 경영 시스템을 연결하는 것이 내가 해야 할 일이라는 확신이 더욱 강해지고 있었다. 2017년 12월, 피트니스 산업을 바꾸기 위한 교육 사업에 집중하기 위해 강남 피트니스 클럽을 매각하고, 새로운 출발을 위해 운동화 끈을 다시 묶기 시작했다.

가속화된 디지털 트랜스포메이션: 플랫폼 사업자가 되다

2020년 컨벤션 취소, 위기를 기회로 만들다

2020년 전 세계적인 이슈는 코로나19였다. 특히 여러 산업군 중에서도 피트니스는 가장 크게 타격을 입은 사업군 중 하나였다. 집객시설이라는 이유 하나만으로도 타격을 받기 쉬운데다 피트니스에서의 감염 사례 발생에 따라 피트니스 산업에는 빨간불이 켜지게 되었다.

위기 상황을 맞이한 것은 우리도 예외가 아니었다. 매년 열리던 서울국제스포츠레저산업전은 코로나19 사태의 확산으로 취소되었고, 분주하게 컨벤션을 준비 중이던 우리 사무국에도 찬물이 끼얹어졌다. 행사 취소 결정 후 사무국은 근 한 달간 행사 환불과 뒤처리 업무로 인해 다른 업무들이 모두 마비되었고, 이 위기 상황 속에서 돌파구를 찾아야 했다.

우리 내부에만 매몰되어 있을 것이 아니라 외부 환경으로 눈을 돌려보았다. 코로나19는 대다수 기업, 심지어 공공기관들마저 강제로 디지털 트랜스포메이션을 하게 만들었다. 온라인으로 인도어 사이클링 프로그램을 제공하던 펠로톤은 코로나 수혜주로 매출이 60% 가까이 증가하고, 시가총액도 큰 폭으로 증가하여 21조 원 수준의 기업이 되었다. 우리나라 전체 피트니스 시장 규모가 3조 원 수준임을 감안할 때 이는 엄청난 수치였다. 그렇다면 "전문가 교육을 온라인으로, 이러닝 형태로 제공할 수는 없을까?"라는 생각에 다다르게 되었고, 문득 2016년 직원회의 때 논의하던 내용이 생각났다. 당시에도 이러닝을 진행하고자 했지만 초기 구축 비용의 부담과 성행하고 있는 오프라인 행사의 경험을 넘어서지 못할 것이기에 보류한 상황이었는데, 지금만큼 적기는 없을 것이기 때문이다. 우리가 준비한 양질의 교육 콘텐츠를 언제, 어디서나 고객이 원하는 대로 제공할 수 있다면 이는 새로운 경쟁력을 갖춘 주력 사업이 될 것이라 판단했다. 코로나 19 사태로 인해 생각하게 되었지만, 그동안 피트니스 교육의 모든 스케줄과 방법론은 강사 중심의 구성이었고, 역량 단위를 바탕으로 한 필요 지식의 합리적인 제공과는 거리가 있었다. 하지만 이러닝 시스템을 통해 필요한 지식을 큐레이션하고, 균형 잡힌 역량을 갖춘 우수한 지도자를 양성하는 유용한 도구가 될 것이라는 확신이 들었다. 2020년 3월, 컨벤션 취소와 동시에 준비한 피트니스 전문가 교육을 위한 이러닝 플랫폼 e-CKLZ(이서클즈)는 업계에 신선한 자극을 던져주며 발걸음을 떼기 시작했다.

작은 피트니스 클럽에서 혼자 키웠던 꿈, 어려움을 겪으며 함께 고민하던 생각들, 기업가 정신에 대한 깨달음, 그리고 산업의 발전을 위한 새로운 비전과 도전까지!

피트니스 산업에 몸담은 지 30년이 되었지만, 하루하루 새롭게 다가오는 도전과 시도로 아직도 꿈을 이루어가고 있다.

4 기업가 정신, 피트니스 산업에 발을 들인 누구라도 필요하다

피트니스 산업에 비전이 있을까?
세계에서 가장 빠른 속도로 성장하는 산업군

2010년경 미국의 리서치 기관들은 "미국 내 피트니스 산업은 더 이상 성장할 수 없다"라는 결론을 내린 바 있다. 당시의 피트니스 회원권 보급률은 인구의 12% 수준으로, 2008년 경기 침체 이후 매우 낮은 수준의 성장을 이루고 있던 터였다.

하지만 전문가들의 의견과는 다르게 2020년 현재 미국의 피트니스 회원권 보급률은 전 인구의 20% 수준으로 상승했고, 피트니스 산업의 성장세는 연평균 4% 수준으로 미국 내 모든 산업 중 가장 높은 성장률을 보이고 있다. '부티크 피트니스'로 불리는 프로그램 중심의 소형 스튜디오들은 시설 이용의 부록으로 취급되던 피트니스 프로그램들을 전면으로 내세워 피트니스 자체의 수익성을 증명했고, 피트니스 강사 1인의 생산성을 비약적으로 높여주어 지속적인 커리어를 이어나갈 수 있게 만들었다. 또한 HVLP High Value Low Price로 불리는 합리적인 회원권을 갖춘 보급형 피트니스들은 기존에 피트니스 클럽의 고객이 아니었던 저소득층까지 피트니스의 고객층으로 확보함으로써 피트니스의 가치를 넓히고 시장의 새로운 성장 동력을 확보했다. 기술과 결합한 온디맨드 피트니스 서비스 역시 하드웨어를 벗어난 확장성으로 경계를 무너뜨려 산업의 가능성을 확장하고 있다.

우리나라를 포함한 저성장기에 다다른 선진국 경제에서 가장 큰 성장률을 보이는 산업이 의미하는 것은 무엇일까? 이제 피트니스 산업이 변방의 산업이 아닌 점차 사람들의 삶과 건강, 그리고 모든 산업에 중심으로 접근하고 있음을 의미한다. 4차 산업혁명의 주력 사업이라 할 수 있는 헬스케어의 구조 속에서 피트니스는 모든 하위 산업을 연결하는 허브 역할을 하게 된다. 피트니스 클럽의 매출과 트레이닝으로만 생각하면 나올 수 없던 사업구조가 산업군의 경계가 무너지고, 기술이 발전하면서 비로소 만들어지기 시작한 것이다.

열정을 바탕으로 열심히 하던 구조가 덧셈 방식의 성장을 만들었다면, 이제 기술과 시대적 흐름은 곱셈, 기하급수적 성장 방식을 피트니스에 가져오게 될 것이다.

5 피트니스 산업 직군을 희망하는 취업 준비생들에게 주는 조언(TIP)

미국과 유럽은 이미 조 단위의 매출을 올리는 피트니스 대기업들이 시장을 키워나가고 있다. 스포츠산업 카테고리에서 운동 서비스를 제공하는 형태로 대기업을 만들어내고, 주식시장에 상장될 수 있는 분야는 피트니스가 유일하다. 그렇기에 스포츠 분야에서 요구하는 감성적 접근과 경영학에서 요구하는 이성적·합리적 접근 방식을 함께 갖춘 인재가 절실히 필요하다.

피트니스에 대한 열정은 기본이다. 이는 어떠한 상황에서도 이루고자 하는 비전을 포기하지 않게 해줄 수 있기 때문이다. 피트니스를 통해 많은 사람이 건강을 지키고 내일로 나아가게 할 수 있는 힘을 주는 일 자체에 보람을 느끼는 사명감은 기본 중의 기본이다. 기본이 갖추어졌다면 체육학에서 배우는 피트니스 서비스에 대한 행태적 지식을 갖추고 현장에서 근무하거나, 매니지먼트 지식을 바탕으로 한 현장 관리 업무를 맡을 수 있다.

이 두 가지 과정에서 모두 스포츠 활동 또는 피트니스 활동을 스스로 하면서 얻은 경험이 매우 중요하게 작용한다. 어떻게 피트니스라는 상품에 충성고객이 되는지 본인 스스로 알고 있다면 더욱 편안하고 매력적인 상품을 만들어낼 수 있고, 이를 현장에서 제공하든, 관리적 차원에서 시스템화하든 매우 유용하다.

이런 업무 단계를 거치고 나면 가장 필요해지는 것은 바로 기업가 정신이다. 기업가는 회사의 오너, 사장에게만 붙는 타이틀이 아니다. 누구든 기업 활동을 통해 세상을 변화시킬 수 있는 사람을 '기업가'라 칭한다. 고객에게 가치 있는 서비스를 제공하고, 효율적이고 합리적인 경영 구조를 만들 수 있으며, 이를 통해 세상에 기여하는 것이 바로 기업가의 정의다.

경영학의 대가 피터 드러커는 "기업의 존재 목적은 이윤 추구가 아닌 고객을 만들어내고, 그들을 만족시키는 것"이라고 말했다. "이윤은 목적이 아닌 결과이며, 이것을 혼동하는 데서 많은 문제를 발생시키게 된다"라고 했는데, 과거 피트니스 산업의 여러 문제점은 기업가 정신의 부재와 기업의 존재 목적을 스스로 깨닫지 못한, 기업가가 아닌 사람들로 일어난 문제들이었다.

피트니스 산업에 대한 열정과 이를 통해 더 나은 세상을 만들고 싶은 세계관을 갖춘 인재라면 미래에 가장 높은 성장 가능성을 보이는 피트니스 산업에 가장 귀중한 인재가 될 것이라 생각한다.

The World of **Sports** Marketers

피트니스 마케터 운동의 가치를 비즈니스하다!

프로필

이 름 : **김복민**

소 속 : 피트니스마케팅연구소 소장

이 력

(現) 경희대학교 테크노경영대학원
　　 스포츠경영학과 겸임교수

(現) 한양대학교 미래인재교육원
　　 건강관리학과 겸임교수

1 피트니스 마케터의 역할

피트니스 분야에서 마켓 리서치, 즉 시장조사 및 분석을 하고 정보를 주체로 상품기획부터 판매, 판촉, 운영에 이르는 전략을 기획하고 실행하는 피트니스 마케터 역할을 하고 있다. 현재 피트니스 전문 컨설팅 업체인 비오케이 주식회사와 비오케이 아카데미를 운영하고 있으며, 피트니스 마케팅 연구소를 설립하여 급변하는 시장에 대한 효율적인 마케팅 방법을 연구하며 현장에 적용하며 성장하려고 노력 중이다.

◀ 강의 모습

2 FMS(Fitness Marker Specialist) 과정 & 피트니스 CEO 특강

대한민국 피트니스 산업(헬스, 요가, 필라테스, 댄스 스튜디오 등)의 대표, 관리자, 창업 예정자 등을 대상으로 현장에 효율적인 마케팅 방법, 운영 방법, 매니지먼트 등에 대해 교육과정을 진행하고 있다. FMSFitness Marketer Specialist 과정은 내 20년 경험을 20시간으로 정리한 것이라고 표현할 수 있다. 수많은 자료에 의미를 붙이는 작업을 통해 분석하고 정리하여 정보로 만들었다. 그 정보들을 현장에서 적용하며 성공과 실패를 경험하며 지식으로 만들었다. 더불어 최신 트렌드를 덧붙여 스토리를 만든 후에 피트니스 마케터 전문가라는 콘셉트로 활동하고 있다.

20대 시절 수영강사, 트레이너로 활동하며 회원들과 함께한 에피소드, 꼬질꼬질한 부산 촌놈이 서울에 상경하여 하루에 전단지를 3천 장 넘게 돌리며 힘들어하다가 종로 한복판 구석에서 울었던 경험, 외국계 기업의 피트니스에서 운영관리 매니저로 일하면서 TV 프로그램에도 출현하며 성공했던 경험을 정리했다. 또한, 서울에서 시작하여 경기도, 대전, 대구, 부산, 광주 등을 거쳐 바다 건너 제주도까지 직원 대상 특강과 운영 컨설팅을 진행하며 지역적인 특색에 맞게 성공적인 마케팅 사례와 운영 사례들을 분석하여 강의와 강연으로 전달하고 있다.

여기에 체육학 전공으로 대학교에서 피트니스 전문가로서 기초를 공부했고, 수기치료 전공으로 대학원 석사과정에서는 건강에 대한 많은 이론에 대해 신뢰성과 타당성을 바탕으로 논문을 작성하며 연구했다. 대학원 박사과정에서는 스포츠산업경영 전공으로 대한민국 스포츠산업에서 뛰어난 전문가로 활동 중인 박사님들과 토론하며 학문의 깊이를 더할 수 있었다.

FMS(피트니스 마케터 전문가) 과정은 2018년 1기를 시작으로 현재 9기를 진행하고 있으며, 200명이 넘는 수료생을 배출하여 현장의 전문가로 왕성히 활동하고 있다. 수료하신 분들께서 가장 많이 주시는 후기는 나와 비슷하게 "피트니스 산업에서 트레이너나 강사로 일하다가 어느 순간 시간이 흘러서 관리자나 대표가 되어보니 나 자신이 모르는 부분들이 너무나 많았다. 그러나 마케팅, 매니지먼트, 운영관리 등 관리자나 대표가 꼭 알아야 할 것에 대해 전문적으로 가르쳐주는 곳이나 배울 수 있는 곳이 없었는데, FMS를 통해 해결 방법에 대해 배우고 정리할 수 있었다"라는 의견이 많다. 혼자만 듣고 싶고 다른 사람들에게 절대 알려주고 싶지 않다는 분들도 간혹 있긴 하지만, 수료하신 대부분의 대표이나 관리자들은 자신의 회사 다른 직원들이나 주변에 소개하면서 매번 모든 기수가 감사하게도 인원 마감이 되고 있다.

피트니스 전문 컨설팅

대한민국 피트니스 시장에서 컨설팅을 하는 기업들은 보통 인테리어나 운동기구 혹은 부동산 사업을 목적으로 자사의 제품을 판매하기 위해 컨설팅을 부가적으로 진행하는 경우가 많다. 즉, 컨설팅 비용은 지불하지 않고 인테리어를 자신의 회사에 의뢰하거나 운동기구를 구입하면 무료로 컨설팅을 진행하는 경우다. 건물을 임대하거나 분양하여 피트니스를 운영하면 더욱 효과적이라는 이야기를 하면서 무료로 컨설팅을 해주겠다는 부동산 사업체들도 많다. 이런 상황을 지켜보면서 '왜 피트니스 산업에는 전문적인 컨설턴트가 없을까?'라는 고민을 하며 직접 해보자는 생각과 세상에 못 할 것은 없다는 믿음으로 컨설턴트로 활동한 지 10년이 넘었다. 처음에는 많은 분이 나를 믿어주지 않았으며, 컨설팅 비용을 받는 것에 불쾌해하시거나 때때로 외면했지만, 지금은 전국 각지의 많은 피트니스 대표님들이나 창업 예정자의 문의가 하루에 5건 이상 오는 날도 있다.

　피트니스 창업이나 운영에 어려움을 겪는 분들이 생각보다 많이 있다는 것을 요즘에 많이 느낀다. 어려운 문제를 만났을 때, 물어볼 것이 있거나 현재 자신의 운영방식이 잘하고 있는 것인가? 잘못 운영하는 것은 아닐까? 평가를 받지 못하는 경우가 대부분이고 그 부분에서 가장 많이 힘들어하는 것이라 생각한다. 그분들에게 피트니스 현장에서 20년 동안 실패와 성공을 거듭하며 체득한 경험과 외국 피트니스 투어 및 세미나와 박람회 참여로 바쁘신 대표나 운영자분들께 경험하지 못하는 다양한 정보와 함께 방안을 제시하면서 나 또한 발전하고 성장하고 있다. 10년 동안 컨설팅을 진행한 업체는 약 100개가 넘으며, 현재 서울, 제주도, 광주, 천안, 대전, 김해 7개 업체를 주 1회 혹은 2회 진행 중이다.

필라테스 전문 스튜디오 운영

나의 경험과 공부한 내용 그리고 생각들의 가치를 인정하여 컨설팅을 진행한 업체에서 운영을 힘들어하여 나에게 인수를 요청했다. 그 필라테스 스튜디오에 대한 시장조사와 운영, 마케팅 방법에 대해 심도 있게 분석한 결과는 분명히 조금만 생각을 전환한다면 좋은 결과를 만들 수 있을 것이라 생각했다. 깊은 고민 끝에 필라테스 전문 스튜디오를 인수하여 현재 3년 동안 운영 중이다. 직접 운영하면서 처음 시작한 것은 가격표 수정이었다. 보통은 매출이 잘 나오지 않으면 가격을 낮추려고 하지만, 오히려 반대로 가격을 높여서 고객 응대와 상담을 잘하는 데 집중했다. 그 결과 1개월 운영 후 기존의 매출 대비 2배 상승, 2개월 운영 후 매출 3배의 드라마틱한 성과를 만들 수 있었다. 내가 직접 운영한 이후 평균적으로 회원 인원은 3배로 증가했고 매출은 2.5배 상승했으며 주변 시장에서 가장 좋은 성과를 내는 필라테스 전문 스튜디오로 바뀌었다. 내 경험과 공부한 내용 그리고 생각들의 가치가 현실로 이루어져 결과로 증명하는 현재 진행형 사례로, 직접 운영하면서 대표들의 마음을 이해하게 되었다.

피트니스 전문 사업체를 직접 운영하며 현장의 사례에 대해 고민하고 분석한 후 해결책을 만들어가는 현장적인 경험이 컨설팅과 강의에서 전문적인 이론만 전달하는 것이 아니라 실제적인 솔루션을 제공함으로써 많은 도움을 주고 있다. 또한, 비오케이 주식회사의 고객(대표, 관리자, 창업 희망자 등)이 느끼는 고충과 어려움에 대해 실제로 경험하며, 고객의 관점에서 생각하고 고민하여 고객 만족이 이루어질 수 있도록 노력하고 있다.

3 피트니스 마케터란 정확히 무엇인가?

피트니스 산업은 크게 체육시설업, 서비스업, 교육업 3가지 업종으로 나눌 수 있다. 트렌드에 맞지 않는 운동기구나 낡은 러닝머신, 냄새나는 시설은 결코 고객의 선택을 받을 수 없을 것이라 생각한다. 최고급 시설을 준비했더라도 서비스가 제대로 되지 못한다면 고객은 외면하게 되고 경쟁업체를 선택하는 경우를 많이 볼 수 있다. 현재 대한민국에서는 시설과 서비스가 완벽하다고 해도 운동을 제대로 배우기 위해서는 PT Persoanl Training, GX Group Exercise 또는 개인레슨 등의 교육을 받는 프로그램이 대중에게 인기가 많은 편이다. 3가지 업종의 형태가 완벽히 갖추어져 있다고 하더라도 고객을 주목하게 만들고 흥미를 불러일으키고 운동을 하고 싶은 욕구를 형성하여 그것을 기억하거나 동기부여가 되어 피트니스에 방문하여 결제하게 만드는 것은 마케팅이다. 그런 마케팅을 주관하는 업무를 하는 것이 피트니스 마케터다.

현재 세상은 급변하고 있으며, 피트니스 산업 또한 하루가 다르게 발전하고 있다. 그 발전한 피트니스를 경험하는 소비자 또한 날로 똑똑해지며 많은 정보의 홍수 속에 노출되어 있다. 고객을 유치하고 매니지먼트하여 지속적인 매출을 만드는 일을 하는 피트니스 마케터는 어떻게 보면 피트니스의 꽃이라고 볼 수 있는 전도유망한 직종이라고 볼 수 있으며, 피트니스에서 없어서는 안 될 중요한 업무라고 생각한다.

4 피트니스 마케터가 생소하다. 이 직업을 선택한 이유가 있는가?

체육학과를 졸업하고 스포츠 강사(수영, 헬스, 스키)를 하면서 언제까지 필드에서 고객을 가르치는 일을 할 수 있을지 깊이 고민한 적이 있다. 당시에 지금의 내 나이인 40대 직장 상사들의 모습을 보면서 나도 언젠가는 40대가 올 것인데, 지금 같은 20대의 건강한 몸이 아니라 세월을 이기지 못하고 배도 나오고 건강하지 않은 모습으로는 사람들에게 선택받을 수 없을지도 모른다는 생각이 들었다. 그래서 스포츠 강사를 그만두고 호주에서 워킹홀리데이 비자를 발급받아 약 1년 동안 외국 경험을 해보았다. 그 경험을 바탕으로 영어 공부를 열심히 하여 대기업에 취업원서를 넣었는데, 체육학과 즉 예체능계라는 이유만으로 모두 서류에서 낙방했다. 그때 결심했다. 대기업에 취업할 수 없다면, 내 이름을 걸고 나만의 피트니스를 차려보자! 그리고 구인 사이트에서 '피트니스 운영관리직'이라는 공고를 보고 지원하여 합격한 뒤 부산에서 상경했다. 막상 피트니스 운영관리직은 단순히 전단지 배포와 센터 청소, 그리고 단순한 상담 업무가 전부였다. 당시에 큰 꿈을 가지고 서울로 상경한 부산 촌놈인 나에게는 너무나 단순한 업무에 후회도 하고, 좌절도 하는 시간이었다. 그리고 영업이나 마케팅, 매니지먼트에 대한 교육을 찾아보았더니 피트니스에는 이런 종류의 교육이나 세미나가 없었다. 그래서 보험회사나 제약회사의 세미나를 찾아서 배우고, 인터넷 검색과 다른 분야의 강의를 통해 공부하다가 문득 이런 생각이 들었다. '피트니스 마케팅이나 세일즈 강의가 없다면, 내가 해보는 것은 어떨까?' 공부한 것을 정리하고 다른 분야의 강의를 피트니스에 접목하면서 성공 사례와 실패 사례를 분석하면서 전략을 기획하며 기회를 기다렸다.

스포엑스SPOEX(스포츠산업박람회)라는 국가적인 행사가 있다. 1년에 한 번 문화관광체육부에서 주최하는 대한민국 피트니스의 가장 큰 박람회다. 그 행사에서 2013년도에 처음으로 컨벤션, 즉 강의를 기획하고 진행했는데, 운 좋게도 나에게 프리젠터 기회가 주어졌다. 오랫동안 기회를 기다린 끝에 프리젠터 '기회'가 주어졌고, 3개월간 준비하고 피나는 연습을 통해 청중의 만족감과 자기 자신의 만족감에

좀 더 나아가 그 '기회'를 통해 '김복민'이라는 사람을 시장에 더 알리고, 결과적으로 인지도 상승이나 매출 상승 등의 효과가 있었다. 그로 인해 많은 분을 만날 또 다른 기회가 찾아왔다. 나를 만나는 많은 분이 만족해하시는 모습에 행복감을 느끼고, 그 행복감을 지속적으로 느끼기 위해 노력에 노력을 거듭하고 있다.

5 피트니스 마케터의 수익과 전망은 어떻게 되나?

현재 피트니스 마케터라는 직업에 대해서는 아직 많이 생소하고 현장에서도 전문적인 역할을 하는 포지션을 많이 채용하지는 않는 것이 현실이다. 현재 피트니스 산업 현장에서는 대표나 관리자Manager, FCFitness Counselor, Coordinator, Consultant 등이 이 역할을 하고 있다. 전문적인 교육이나 마케팅 업무를 경험하지 못한 상태에서 업무를 진행하다 보니, 드라마틱한 결과나 좋은 결과를 만들지는 못하는 것이 현실이다. 현재 FC나 관리자들의 급여는 보통 250~1,000만 원 정도로 형성되어 있으며, 경력과 실력에 따라 인센티브가 적용되므로 상황에 따라 다르다. 자신의 능력과 성과에 따라서는 억대 연봉도 가능하다. 보통 대기업 대리급 정도의 급여는 충분히 받고 있으며, 그 이상도 받을 수 있을 것으로 생각된다. 단, 피트니스의 폐업 확률이 높기 때문에 안정적인 직업이 아니기도 하다. 피트니스 산업이 대한민국에 도입된 지도 20년이 넘어감에 따라 점차 과도기에서 안정기로 진입하면서 안정적인 피트니스 산업으로 발전해가고 있다. 또한, 피트니스 산업의 경쟁이 심해지면서 마케터 역할이 더욱 중요해지고 있다. 아직 진입장벽이 낮고 전문가들이 많지 않은 상황에 피트니스 마케터의 전망은 아주 밝다고 생각한다.

6. 스포츠 분야의 후배들이나 피트니스 산업에 관심이 많은 분에게 조언한다면?

조언이라고 하기는 부끄럽지만, 나의 경험을 토대로 말씀드리고 싶다. 나는 '최선'이라는 말이 자신에게 무척 관대한 표현이라고 생각한다. 영어 공부를 하던 시기에 학원 강사님이 이런 말씀을 하신 적이 있다. "학생, 운동하셨죠?" 20대 중반 당시에는 강사 시절이라 그냥 보기에도 운동하는 사람으로 보였던 것 같다. 그리고 "힘들죠? 힘든 것은 당연한 겁니다. 지금 아마도 태어나서 제일 열심히 공부하고 있을 겁니다. 하루에 몇 시간 공부하시죠? 아마도 3시간? 혹은 4시간 공부할 겁니다. 옆에 앉아 있는 다른 학생들은 보통 하루에 8시간 혹은 9시간 이상 공부를 합니다. 학생은 운동한다고 공부가 익숙하지 않을 것이라 생각합니다. 아마 지금 최선을 다한다고 생각할 거예요. 그러나 절대 양이라는 것이 있어요. 학생의 기준에서는 4시간이라는 시간이 정말 최선이라고 생각할 테지만, 옆의 학생은 10시간을 공부해도 이전에 8시간씩 공부한 경험을 기준으로 최선을 다했다고 생각하지 않을 것입니다. 최선을 다하는 것이 아니라 하늘이 감동할 만큼 열심히 해보세요. 그러면 이루지 못 할 일이 있을까요?" 이 말을 듣고 나는 달라졌다. '하늘이 감동할 때까지 열심히 해보자. 그러면 못 할 일이 없을 것이다!' 나는 강사님의 말씀을 들은 이후로 아침에 일어나서 저녁에 잘 때까지, 아니 잠을 잘 때도 귀에 이어폰을 꽂고 영어 듣기를 했다. 그리고 1년 후에 나는 그 영어학원에서 파트 강사로 활동했다. 사람이 10만큼 노력해도 1밖에 돌아오지 않을 때도 있고, 3 혹은 4만큼 돌아올 때도 있다. 때로는 마이너스로 돌아올 때도 있다고 생각한다. 그 힘든 과정을 넘기면 언젠가는 10만큼 노력하면 100만큼, 아니 그 이상이 올 때도 있다고 믿는다. 하늘이 감동할 때까지 열심히 한다면 못 할 일이 있을까? 피트니스 마케터라는 직업이 생소하지만, 두려워하지 말고 도전한다면 분명히 성공할 수 있을 것이다. 다 사람이 하는 일이다.

7 피트니스 마케터로서 앞으로의 계획은?

나는 피트니스 산업에서 가교 역할을 하고 싶다. 피트니스 산업은 사회적 상황에 따라 많은 영향을 받고 있으며, 아직 지역적인 산업으로 발전하고 있어 경쟁만 치열한 상황이다. 서로가 연대하고 힘을 모은

다면 분명히 더 빠른 발전이 있을 것으로 생각되며, 국민 건강에 큰 역할을 하는 보람 있는 산업이라 생각한다. 그러나 현장은 치열한 경쟁으로 1개월만 매출이 저조해도 무너질 수 있는 힘든 산업 중의 하나다. 피트니스 산업은 현재 실내체육시설업으로 신고된 업체만 약 8천 개, 요가와 필라테스가 약 8천 개, PT스튜디오 등 기타 등록업체가 약 8천 개로 산출한다면 총 2만 5천 개 업체가 운영 중이다. 그 업체에서 일하는 분들을 평균 10명으로 잡으면, 25만 명이라는 계산이 나온다. 25만 명의 사람이 부양해야 할 가족을 4인으로 다시 계산한다면, 약 100만 명의 삶이 투입된 산업이다. 나는 지금 이 순간이 너무나 행복하다. 내가 사랑하는 피트니스 산업에 연관되어 있는 모든 사람이 행복하면 좋겠다는 바람으로 서로 협력하고 나눌 수만 있다면, 그들을 연결하는 다리가 되고 싶다.

The World of Sports Marketers 3-3

Issue Creator will be Winner

프로필

이 름 : **윤원규**

소 속 : 폴리그라스 대표이사

이 력
MSK AUSTRALIA, Pty. Ltd
TEAM SPORTS Pty. Ltd

1 1960년대 스포츠 바닥재 산업의 탄생

1966년 세계 최초의 돔구장인 애스트로돔에 스포츠용 인조 잔디가 처음으로 설치되었다. 이곳에 설치된 인조 잔디는 '애스트로터프Astro Turf'라는 브랜드로 한때는 인조 잔디의 보통명사화 취급을 받기도 했다. 최초의 인조 잔디 경기장은 경기장의 표면 상태가 경기 결과에 미치는 영향을 걱정하는 일을 없애는 계기가 되었다.

우사인 볼트가 1960년 이전에 육상 선수였다면 과연 100m를 10초 안에 뛸 수 있었을까?

1960년대 이전이었다면 맨땅이나 석탄 재질의 트랙에서 현재보다 더 긴 스파이크를 착용하고 100m를 달리는 빠른 선수 중 하나였을지도 모른다.

인간이 최초로 100m를 10초 안에 뛰게 된 것은 1968년 짐 하인스(미국)로, 그의 기록은 9초 95였다. 이런 기록이 탄생할 수 있던 것은 고무트랙 출현에 있었다. 1968년부터 이른바 합성고무 재질의 트랙이 등장한 후 육상종목의 기록은 비약적으로 단축됐다. 합성고무 트랙은 인간의 한계로 여겨지던 10초 벽이 무너지면서 스포츠 탄성 바닥재sports elastic surface 산업의 시발점이 되었다.

이렇게 스포츠 바닥재 산업은 산업 발달에 의한 2차 산업의 산물로 시작된다. 새로이 발명된 소재를 합성하여 스포츠에 적용하는 수준이었고, 소수의 공급자 우위의 시장구조였다.

이처럼 스포츠 바닥재 산업Sports Surfaces Industry은 1960년대 산업 발달의 영향으로 탄생하여 스포츠 저변 확장과 기록향상에 절대적으로 이바지하게 되었다.

2 공급자 우위 시장(1970년대)

1960년대부터 1970년대에 활성화된 스포츠 바닥재 산업은 엘리트 스포츠 시장에서 제한적인 수요가 발생하여 소수의 공급자가 전 세계 수요를 감당하던 시기로, 경제 규모에 비해 매우 높은 가격이었지만 경쟁이 필요할 만큼 시장규모가 뒷받침되지 못했다. 국제 규모의 대회나 큰 규모의 대회가 있을 때 TV 중계나 신문 기사의 사진으로만 경기장 모습을 접할 정도였으며, 현대사회처럼 공원이나 학교에서는 쉽게 접할 수 없는 생소할 정도의 작은 시장규모였다.

1970년대까지 스포츠 바닥재 산업은 기존 소재를 합성하여 몇몇 제품을 생산하게 된다. 다양하지 못했던 스포츠 바닥재는 각 스포츠에 특화된 제품이 아니라 소수 제품으로 여러 종목에서 사용하던 공급자 우위의 시장구조였으며, 스포츠 바닥재 산업에 경쟁의 문을 열기 위한 전초 시기였다.

3 다양성과 전문성(1980~1990년대)

1980년대 들어 산업과 경제가 발달함에 따라 스포츠 바닥재는 소재가 다양화되고 생산성도 발달하게 되어 더 많은 영역의 스포츠용 제품이 시장에 선보이게 된다.

경쟁에 뛰어든 많은 제조사는 수많은 제품을 새로 개발하고 출시하며 제품 종류의 다양성과 낮아진 제품 가격으로 아마추어 및 생활체육으로의 시장을 확대하며 시장구조의 변화를 불러오게 되었다. 그러나 여전히 공급자 우위의 시장 상황은 지속되고 있었다.

이러한 공급자 우위의 시장 상황은 단기간 내에 그 한계가 드러나면서 사용자인 스포츠계에 의해 많은 문제점이 지적되기 시작했다.

시멘트 위에 합판을 깔고 그 위에 설치한 딱딱한 나무바닥재는 장시간 사용하는 선수들의 부상을 초래하기 시작했고, 시멘트 위의 인조 잔디는 천연잔디 구장보다 딱딱하고 바운드 차이가 컸다. 어느 육상 경기장은 부드러운 탄성에 장거리 경기기록에 유리했고, 다른 경기장은 단단한 탄성에 단거리 종목 기록에 유리한 경기장이 되곤 했다. 1978년부터 US오픈 테니스장은 화려한 색상을 띠게 되었으나 선수들은 딱딱한 바닥에 적응이 필요했다.

이러한 스포츠계의 지적은 스포츠 특화 산업으로의 전환을 촉진하며 생산자에게 기술개발의 방향을 제시했고, 바닥재 생산 산업에서 스포츠 바닥재 산업으로 특화되는 계기가 되었다.

합판 위에 설치된 나무바닥재는 합판과 합판 사이에 고무 매트나 공을 넣어 충격흡수 효과를 내어 부상을 줄이는 방법을 개발하고, 인조 잔디는 딱딱한 콘크리트와 인조 잔디 사이에 충격흡수 패드를 설치하는 등의 소재 개발과 시공 방법 개발이 급속도로 발전하게 된다.

하키장에서 쓰이던 제품을 야구장 또는 축구장에 사용하던 시장 상황이 하키장용, 축구장용, 야구장용, 테니스장용 등으로 정확히 구분되기 시작했다.

카펫 회사에서 만들던 인조 잔디보다는 스포츠를 전문으로 연구하고 제품을 만드는 회사의 제품이 시장에서 주목받게 되었고, 인테리어 자재를 공급하는 회사가 만든 실내체육관 바닥재보다는 스포츠에 특화된 회사 제품이 더 우수한 평가를 받게 되었다.

이 시기 스포츠 바닥재 산업은 공급자 우위의 시장에서 사용자 우위의 시장으로 바뀌는 모습을 보여주게 된다. 따라서 산업계의 전략은 스포츠계의 요구상황에 따른 전문성 확보를 최우선 과제로 여기는 시기였다. 생산자 주도권 시장에 수요자, 즉 스포츠계의 의견이 반영되기 시작한 시기다. 생산자의 기술개발은 스포츠계의 요구조건을 충족시키는 방향으로 제품을 개발하는 것이 우선시되었다. 각 스포츠 경기단체는 경기장 규정에서 바닥재에 대한 기준을 새로 만들거나 기존 기준을 강화하거나 기준 설정을 위한 연구를 시작하게 된다.

가장 큰 경제 규모의 스포츠 종목인 축구가 인조 잔디 도입을 연구한 시기도 1980년대이며, 10여 년의 필드테스트와 테스트 방법의 수정 등을 통해 2004년 2월 28일 런던UK FIFA 위원회에서 FIFA는 인조 잔디를 공식경기에 사용할 수 있는 법안을 의결하게 된다. FIFA가 테스트 방법을 만들고 높은 인조 잔디의 품질기준 및 월드컵에 사용 가능한 규정을 만들고 인조 잔디 인증제도를 사용하는 시발점이 되었다.

많은 종목의 최상위 단체들은 조건을 매우 자세히 정하고 그 조건을 충족시키는 회사에게는 인증서를 발급했고 공식 대회에 사용할 자격을 부여하는 새로운 규정을 만들거나 강화하게 되어 시장의 초점은 실수요자의 의견으로 옮겨가게 되었다.

결국, 시장은 스포츠 종목단체가 제시하는 정교하고 세밀한 조건을 충족시킨 생산자와 그렇지 못한 생산자로 구분 지어졌다. 충족시키지 못한 생산자는 국제시장에서 퇴출되었다.

4 사회적 이슈가 시장을 변화시키다

1980~1990년대 들어 스포츠 바닥재 시장은 아마추어 및 생활체육으로의 영역을 급속도로 넓혀나가게 된다. 이는 경제의 급속한 발달로 인류의 생활에서 여가와 스포츠가 차지하는 비중이 늘면서 수요가 급속히 늘어난 덕분이다. 이러한 상황은 엘리트 스포츠보다 더 큰 시장의 수요집단이 생기게 되고, 정부는 국민의 복지 차원에 스포츠 시설에 많은 공적 재원을 사용하게 되었다.

정부의 재정지출이 급속도로 늘어나면서 거대 수요자인 정부는 스포츠 바닥재를 국민 다수가 사용하는 공공시설로 인식하게 되었고, 국민복지의 관점으로 스포츠 시설을 바라보게 되었다. 이러한 각 정부의 시선은 스포츠 바닥재에 큰 이슈를 가져오게 된다. 바로 유해성분이 인간의 건강에 미치는 영향을 고려하여 유해성에 대한 품질 기준을 제시하여 규제를 시작하게 된 것이다. 이에 따라 모든 스포츠 바닥재 제품은 중금속 등과 같이 인체에 유해한 성분을 포함하지 않는 소재를 사용하거나 개발해야 했다. 이 시기에 '친환경'이라는 용어가 마케팅에 주요 키워드로 사용되었다. 친환경 제품은 인체에 해롭지 않다는 인식이 자리 잡게 되었다.

생활 스포츠로의 시장 영역 확대는 스포츠 바닥재가 정부의 재정

지출로 공공재 성격을 가지게 되었고, 이는 각 정부가 공공재의 품질 기준을 통한 품질을 규제하여 시장변화를 이끈 시기다.

5 규모의 경제

스포츠 바닥재 산업은 1980년 이후 시장 내 여러 이슈를 겪으며 급성장하여 2000년대를 맞이했다. 시장 내부 경쟁에서 탈락자와 승자가 구분되고 국제시장에 참가하는 자와 지역시장에서만 활동하는 자들로 정리되었다. 치열한 경쟁의 구도가 잡히고 적이 누구인지 구별되었고, 어디에 가면 누구와 경쟁해야 할지도 구분될 정도의 시장으로 정리되었다. 그러나 다른 산업에 비해 턱없이 작은 규모에 많은 경쟁자가 활동하다 보니 생산 규모의 확대에 따른 생산비 절감 또는 수익향상의 이익을 의미하는 규모의 경제를 달성할 정도의 공급자는 없었다.

2000년대 들어 규모의 경제를 실현하여 시장을 지배하려는 거대 자본이 시장에 유입된다. 이것은 이 시장의 규모가 거대 자본이 유입될 정도로 성숙했다는 것을 방증하는 것이기도 했다. 이 거대 자본은 유럽의 선두주자와 미국, 아시아의 상위권 회사를 한 편으로 만들어 생산 규모를 확대하고 물류비를 줄이며 R&D를 강화했다. 이러한 자본에 의한 규모의 경제를 달성하고자 하는 집단들이 등장하기 시작했고, 그렇지 못한 경쟁자와의 격차도 뚜렷이 나타나기 시작했다. 자본은 즉시 시장의 트렌드를 바꾸게 되었다. 2000년대의 스포츠 바닥재 산업은 대규모 R&D 투자에 의한 기술발전으로 이어진다. 2000

년대 기술발전의 특징은 스포츠 바닥재의 기술과 다른 산업의 기술을 융합시킨다는 것이다.

현재, 신용카드 크기의 카드를 몸에 부착한 후 100m를 달리면 보폭의 길이, 100m에 도달한 걸음 수, 10m마다 속도와 보폭의 변화 등의 기록을 100m를 통과한 즉시 결과로 볼 수 있는 트랙이 사용 중에 있다. 오늘 축구 경기가 열린 경기장에 인조 잔디를 교체하여 내일은 야구장으로 바꾸어 사용할 수도 있다. 천연잔디 축구장에 인조 잔디 하키장을 설치하여 하키월드컵 결승을 한 후 인조 잔디를 철거하고 주말에는 EPL 경기를 진행할 수도 있다. 아이스하키 경기를 한 후 내일은 농구시합을, 다음날은 테니스 대회를 한 실내경기장에서 하기도 한다. 인조 잔디와 천연잔디를 같이 심어 경기장을 만들기도 한다. 실내코트에 어지럽게 그려진 다른 종목들의 라인 대신 해당 종목 라인만 불빛으로 표시되어 경기가 이루어지며, 경기 종목에 따른 라인을 바꾸는 데는 1~2분이면 된다.

자본은 R&D를 활성화시켰고 그 결과로 사업의 영역을 넓혀 다른 사업과의 융합을 가져오며, 또 다른 개념의 제품들을 탄생시켰다.

6 다가올 마케팅 키워드

1960년대에 시작하여 지금까지 공급자, 사용자, 정부, 자본은 시장에 큰 이슈를 만들며 마케팅 이슈를 생산해왔다. 그렇다면 다음 이슈는 무엇일까? 어떤 이슈를 선점하면 시장의 승자가 될까? 단언컨대 환경이다. 곧 '마이크로플라스틱 Microplastics'은 스포츠 바닥재 시장의 키워드가 될 것이다.

EU는 지구의 환경문제 이슈로 마이크로플라스틱을 콕 집어 지적하고 있다. 또한 전 세계가 이에 공감하는 분위기다. 마이크로플라스틱은 환경을 오염시키는 길이 5mm 이하의 미세플라스틱을 뜻한다. 이 용어가 처음 등장한 것은 2004년 영국의 리처드 톰슨Richard Thompson 박사가 해양 환경에서 미세플라스틱이 증가하고 있다는 연구 결과를 「사이언스Science」지에 발표하면서 '마이크로플라스틱'이라는 용어를 처음 사용했다. 생산할 때부터 5mm 이하로 작게 만들어진 1차 마이크로플라스틱, 사용하면서 마모되어 작아져 생성된 2차 마이크로플라스틱으로 구분된다.

1차 마이크로플라스틱 중 대표적인 것으로는 치약, 세안제 등 생활용품이나 화장품에 포함된 미세플라스틱이 있는데, 이를 '마이크로비즈Microbeads'라 부른다. 길이 1 μm(마이크로미터) 이하의 플라스틱은 '나노플라스틱Nanoplastics'이라 한다.

2차 마이크로플라스틱은 마모되는 과정에서 많이 나오며 크기가 작아 하수 처리 시설에서 걸러지지 않고 하천과 바다로 흘러가는데, 한번 바다로 흘러간 마이크로플라스틱은 제거가 불가능하다. 이것들은 자연 분해가 되지 않아 생태계 오염의 원인이 되고, 식별 및 분류가 어려우며, 해양생물이 쉽게 삼킬 수 있어 위험한 것으로 평가된다. 결국, 마이크로플라스틱은 인간의 식탁에 해산물과 함께 오르게 된다. 또한 이것들은 잔류성 유기오염물질POPs을 흡착하는 특성 때문에 독성 물질을 옮기는 역할을 하는 매우 위험한 물질로 바뀔 가능성이 크다.

미국은 이미 2015년 마이크로비즈를 함유한 세정 제품의 유통을 금지하는 법안을 통과시켰다. 캐나다, 호주, 영국, 대만, 스웨덴 등에서도 마이크로플라스틱 규제 법안 도입을 논의하고 있다.

한국에서도 해양수산부가 2015년부터 마이크로플라스틱의 환경 영향 조사에 착수했다. 2017년부터는 세정, 각질 제거 등의 제품군에 마이크로플라스틱 사용을 금지하고 있다.

우리는 해수면에 떠도는 무수한 플라스틱 쓰레기를 사진이나 영상으로 본다. 그러나 우리가 눈으로 보는 해양 쓰레기는 전체의 1% 남짓이다. 99%가 눈에 보이지 않는 마이크로플라스틱 상태로 바다를 떠돌고 있기 때문이다. 이처럼 마이크로플라스틱 문제는 인간의 식탁과 건강에 큰 악영향을 가져올 것이 분명하다.

마이크로플라스틱은 스포츠 바닥재 시장의 판도를 바꿔놓을 만한 핵폭탄과도 같은 것이다. 육상트랙에 쓰이는 EPDM은 마이크로플라스틱을 만들어내는 주요 물질의 하나로 지목되고 있다. 인조 잔디는 마모되어 분진을 만들어낼 수밖에 없으며, 인조 잔디 충진재는 EU에서 마이크로플라스틱 문제를 일으키는 물질로 콕 집어 논의되고 있다.

머지않은 미래에 마이크로플라스틱을 포함한 제품은 사용이 금지될 것이다. EU는 인조 잔디 충진재 등 마이크로플라스틱 생성을 유발하는 소재 사용을 금지하기 위해 이미 합의를 진행하고 있다. 이처럼 수많은 스포츠 바닥재에 사용되는 마이크로플라스틱은 가까운 미래에 사라질 수밖에 없을 것이다.

EU는 사용 후 자연에서 생분해되어 사라질 소재 개발을 강요하고 있다. 사용 후 땅에 묻으면 분해되어 자연 일부로 돌아가는 물질을 개발하여 사용하라는 식이다. 생분해가 이루어지는지를 테스트하는 방법을 마련하고, 6년 후에는 마이크로플라스틱 대신 자연으로 돌아갈 수 있는 소재를 사용할 것을 강요하고 있다.

이러한 이슈는 스포츠 시설에서의 '친환경 개념' 자체를 바꿔버릴 것이다. 그동안 친환경 제품은 중금속 등 유해 물질을 포함하지 않는 제품으로 여겨져왔다. 그러나 이제 스포츠 시설의 친환경 개념은 스포츠 특성 조건을 충족시키고, 인간에게 해로운 물질을 포함하지 말아야 하며, 폐기되어도 자연에 유해함을 남겨서는 안 된다는 개념으로 사용 후의 문제를 포함한 개념으로 바뀔 것이다. 즉, 모든 공해 물질을 걸러내는 경기장이 친환경 스포츠 시설의 기준이 될 것이다.

이미 시장은 변화를 준비하기 시작했다. 지구촌 여기저기서 생소한 기술들이 개발되고 있다.

사탕수수에서 기름을 채취하여 탄성재를 만들거나 인조 잔디 섬유를 만드는 기술이 개발되었고, 공해 물질인 CO_2를 모아 응축과정을 거쳐 탄성 물질을 만드는 기술개발 등 지금까지 없었던 기술개발 뉴스가 들리기 시작한다.

또 다른 시장변화가 예측된다. 그렇다면 그에 맞는 마케팅 키워드는 무엇이 될까?

7 따라가는 마케팅에서 예측하는 마케팅으로

스포츠 바닥재 시장에서 시장의 변화를 어떻게 마케팅 실전에 이용하게 되었을까? 시장의 변화에 따라 마케팅전략을 수립하는 사람과 변화를 예측하고 마케팅전략을 수립하는 예측하는 사람 중 승리자는 누구였을까? 예측하는 자가 승리할 확률이 높아 보인다.

그러나 필자는 마케팅전략으로 시장을 변화시키는 사람이 최종 승리자가 될 거라 생각한다. 새로운 화두가 시장에 다가오고 있다. 누가 화두를 던졌을까? 혹시 새로운 기술을 발명한 자본가의 마케팅 전술일까?

현재 한국의 스포츠 바닥재 시장은 국제시장과 단절된 종목이 많다. 많은 규제를 적용하여 국제시장과의 높은 벽을 쌓아놓았다. 국제시장의 키워드는 10년 이후에나 국내시장의 키워드가 될지도 모른다. 우리나라는 따라가는 주자가 되고 있다. 그래서 국제경쟁 시장에서는 대한민국을 찾기가 쉽지 않다. 따라가는 마케팅이 현실이다.

'시장을 예측하고 읽는 힘'이 마케팅의 원천이다.

삶을 디자인하다

프로필

이 름 : 박형준

소 속 : 이지커뮤니케이션 대표이사

이 력

(現) 대한스포츠여가진흥협회장

(現) 해양레저관광진흥회 이사/기획개발국장

1 스포츠마케팅, 비즈니스 마초

'창조'라는 단어는 나에게 늘 신선한 도전감을 자극한다. 또한 일에서 새로운 도전에 두려워하지 않고 개척정신으로 임하는 것이 나의 다짐이자 동력의 근원이 되었다.

1996년 대학원을 마친 후 약 20년 이상을 현장에서 열심히 달려와 어느덧 중년의 나이가 되고 보니 아쉬움, 성취감, 미래에 대한 불안감 등 여러 감정이 혼재되어 지나온 시간을 돌아보게 한다. 나의 비즈니스 기반은 스포츠마케팅이었지만, 가시밭길이 많았던 것 같다.

첫 직장은 프리존스포츠클럽(대치동)이었는데, 당시는 종합멤버십 스포츠클럽이 트렌드인 시절이었다. 강남의 대표적인 스포타임(양재동), 창아스포츠센터(압구정동), 삼풍백화점 스포츠센터(서초동) 등 같은 시기에 많은 회원제 운동시설이 조성되면서 호텔 피트니스 사업과 함께 전성기를 누리던 시기였다.

삼풍백화점, 창아, 프리존은 한때 시장을 대표하는 시설로 회자되었지만, 비운하게도 부도와 참사로 말미암아 짧은 역사 속으로 사라졌다.

리츠칼튼호텔 피트니스 매니저 제안도 받았으나 프리존스포츠클럽을 택한 이유는 당시 체육 전공자들이 쉽게 접하지 못하는 오픈기획 업무(시설, 인테리어, 회원권 분양, 회원관리 솔루션 개발 등) 기회가 주어져 선택하게 되었다. 대학에서는 듣지도 보지도 못했던 현장 업무는 기초부터 다시 시작하는 어려운 과정이었고, 이 시기가 개인적으로 오피스 업무의 역량이 가장 많이 성장했던 시기로 기억된다.

이후 서울 중랑구체육회의 스포츠센터 오픈 관련 총괄팀장 공채채용에 응시하여 2000년 중랑구체육회로 자리를 옮기게 되었다. 당시 서른두 살이었는데, 여타 공공스포츠센터 총괄팀장의 평균 나이가 40대였던 걸 감안하면 파격적인 채용이었다. 전(프리존스포츠클럽) 직장에서 오픈 관련 기획 업무를 담당했던 것이 채용의 주요 선택 요인으로 작용했던 것 같다.

7년간 두 번의 스포츠센터 오픈과 기획·운영업무를 수행하면서 자기계발을 늦추지 않았다. 이 시기에는 마케팅이라는 학문에 대해 체계적이고 깊이 있는 지식의 필요성이 요구되었고, 역시 스포츠경영 분야의 약점을 보완해야 더욱 성장할 수 있을 것이라는 당면과제가 생겼다.

스포츠마케팅을 제대로 해보고 싶은 마음과 더불어 그 시기를 놓치면 창업 기회가 오지 않을 것 같은 판단에서 2005년 후배들과 작은 오피스텔에서 회사를 창업했다. 기업 체육대회, 워크숍, BTL 프로모션, 스포츠 캠프 등 열정을 다해 회사를 키워갔다. 하지만 현실은 녹록지 않았다. 전쟁터 같은 처절한 경쟁 속에서 한 번의 실수도 용납되지 않는 잔혹한 현장은 아직 미숙한 나에게 많은 시련을 안겨주었다.

결과적으로 첫 시도는 실패였다. 조직 생활에서 얻은 자신감으로 창업한 나로서는 자신감에 많은 손상을 받았다. 절치부심(切齒腐心)했지만 약 3년간의 시행착오를 겪고 내린 결론은 선택과 집중이었다.

2009년 스포츠 이벤트와 관련해서 춘천시체육진흥재단의 제안을 받았다. 고향인 춘천의 지역 환경을 누구보다 잘 알고 있던 터라 흔쾌히 응하여 2009년 춘천월드레저경기대회 사전준비를 시작으로

2010년 본대회까지 체험행사를 지원하게 되었다. 주로 초등학생부터 대학생까지 레저스포츠 체험 프로그램을 기획하고 운영하는 역할을 맡았다.

2010년 본대회가 무사히 마무리되고 2011년 춘천월드레저경기시설을 활용한 스포츠마케팅 민간사업자 공모에 참여 2012년 송암레포츠사업단장으로 취임하게 되었다.

그동안의 경험과 자기계발을 통해 준비한 모든 것을 쏟아낼 각오로 성공을 위해 에너지를 집결했다. 송암레포츠사업은 '처음'이라는 수식어가 많이 붙는다. '(스포츠마케팅) 최초 민간과 지자체의 공동사업', '레저스포츠와 관광 분야의 최초의 컬래버'. 또한 체험학습을 위한 청소년 체험 프로그램 인증을 국내에서 가장 많이 획득한 민간기업 타이틀도 한때 보유하게 되었다.

지금은 코로나19로 인해 모든 행사가 전면 취소되면서 최대의 위기에 직면해 있지만, 위기를 기회로 삼고 새로운 도약을 위해 준비하고 있다.

"기회는 준비된 자에게만 찾아오는 냉혹한 현실을 회피할 수 없다."

송암스포츠타운은 2008년 조성된 춘천이 자랑하는 레저스포츠의 메카다. 단지는 향로산을 배경으로 의암호가 아름답게 펼쳐진 것이 특징이고, 의암호수 쪽은 레저를 즐길 수 있는 시설들이 자리하고 있다. 세계적으로 보기 드문 입지조건을 갖추고 있는 것이 자랑이고,

▲ 춘천송암스포츠타운(2010 춘천국제레저경기대회 및 학술대회 개최)

나와는 2009년 인연이 시작되어 현재까지 이곳에서 사업을 진행하고 있다. 앞으로 삼악산과 삼천동을 잇는 로프웨이(케이블카) 코스가 조성되면 관광산업과 함께 더욱 발전할 것으로 기대한다.

2 송암레포츠사업단 & 이지커뮤니케이션

창업 후 3여 년의 어려운 시기, 냉혹한 현실을 통해 자성의 시간이 끝나갈 무렵 나에게 찾아온 기회였다. 2011년 춘천시체육진흥재단 민간공모사업을 통해 사업은 시작되었다.

본 사업은 뜻하지 않게 찾아온 행운이 아니라 2009년부터 관련 일들을 묵묵히 수행하며 주변 인물들과 좋은 신뢰 관계를 쌓은 시간이 밑거름이 되어 찾아온 노력의 결과였다.

큰 틀에서 춘천시는 사업 부지와 기존 시설을 제공하고 민간사업자는 사업에 필요한 장비나 추가시설 투자, 마케팅, 운영, 프로그램

개발을 담당했는데, 2013년 문화체육관광부 김*오 사무관이 스포츠 마케팅 포럼에서 국내 우수사례로 발표했듯이 지자체와 민간이 공동사업으로 수익을 배분하는 형태의 비즈니스는 국내에서 처음 있는 사례였다.

공공조직의 특성상 공동사업은 자칫 일어날 수 있는 돌발변수에서 자유로울 수 없다는 극히 이기적인 견해가 늘 깔려있기 때문에 일반적으로 위탁이나 임대로 사업을 진행하는 것이 주류다. 어렵지만 공무원들이 기피하는 공동사업으로 추진한 데는 이유가 있다.

공동사업은 공동의 이익과 책임이 동시에 수반된다. 예컨대 사업이 잘될 수 있도록 지속적인 관심과 지원이 가능하다. 또한 각종 인허가 및 절차상의 행정지원은 신속히 진행되는 강점이 있다.

하지만 단점도 존재한다. 이 역시 공공조직의 특성인데, 순환보직 형태의 근무 특성상 2~3년 주기로 담당자가 교체되어 업무의 연속성과 전문성이 떨어진다. 또한 담당자와 긴밀하게 협력해야 할 경우에는 인간관계도 무시할 수 없는데, 주기적으로 담당이 바뀌는 시스템에서는 사람으로 인해 소모되는 에너지가 자칫 사업을 추진하는 데 걸림돌이 되곤 한다.

2013년 이후 춘천송암레포츠사업을 벤치마킹하여 유사 사업을 진행하는 지자체가 늘어나고 있다.

예를 들어, 평창동계올림픽 이후 휴면상태의 스포츠 시설이 있다. 또한 지자체들의 스포츠 이벤트 유치 이후 활용되지 못하는 스포츠 시설이 생각보다 많다.

시설을 본연의 기능으로만 활용하려면 프로그램 개발이 제한적이다. 본래의 기능이 크게 훼손되지 않는 범위에서 변화를 주어야 한다.

가령 송암레포츠사업에서 비중이 큰 카트 체험장은 행사주차장을 활용하여 만든 프로그램이다. 주차장은 대체부지를 마련하여 기능을 상실하지 않는 범위에서 사업이 추진되었고, 광활한 행사주차장은 카트 체험장으로 변모했다.

또한 이동식 야외수영장도 주차장 부지를 활용하여 여름 한철 프로그램으로 운영하는 데 큰 역할을 한다. 경기시설과 부대시설을 다른 개념으로 접근하기보다는 같은 선상에 바라보고 고민할 때 다양한 활용방안을 찾을 수 있을 것이다.

*주요 실적

- 2011년 춘천시(체육진흥재단) 공모사업 민간사업자로 선정
- 2011년 춘천시체육진흥재단과 공동운영 협약 체결
- 2012년 이지커뮤니케이션 법인 전환
- 2012년 송암레포츠사업단 발족 및 단장 취임
- 2012년 KBS스포츠아카데미 산학협력 체결
- 2013년 KBS, MBC, SBS 프로그램 제작 및 송출
- 2015년 춘천도시공사와 공동운영협약 체결
- 2015년 청소년 활동 프로그램 인증(여성가족부)
- 2016년 의암호(송암)요트학교 개원
- 2016년 스포츠융복합사업 추진(문화체육관광부)
- 2016년 전국장애인어울림한마당 유치(대한장애인체육회)

- 2017년 춘천국제월드레저경기대회 체험행사 대행(춘천월드레저경기조직위원회)
- 기타: 태광그룹(2016) 외 기업행사 다수 유치, 초·중·고 체험학습 프로그램 유치(연간 3천 명)

◀ 송암레포츠사업 & 카트체험장

송암레포츠사업은 2012년 5월 춘천시장, 체육회장 등 춘천시 주요 인사들과 함께 성황리에 진행되었다. 송암카트체험장은 연간 약 1만 명의 이용객이 참여하는 송암레포츠사업의 상징적인 프로그램으로, 약 3천 평의 국내 최대 규모를 자랑한다.

위 사진은 오픈 당시 춘천지역 어린이들을 선발하여 카트레이싱 이벤트를 진행하는 장면이다.

◀ 국내 최초 내수면 워터파크 조성(2012, 의암호)

지금은 흔하게 볼 수 있는 시설이 되었지만, 오픈 당시에는 국내에서 최초로 선보이며 이목을 집중시켰다. 현재는 관련법 등 제도가 마련되어 있지만, 당시에는 관련법이 마련되지 않아 불법 논란이 야기되는 해프닝도 있었다. 수상스키만으로 사업을 연명하던 수상레저 사업자들은 너나없이 워터파크시설을 통해 수익구조를 개선했고, 본 사업을 통해 제조업 등 관련 파생산업들도 동반 성장하는 쾌거를 이루었다.

3 송암(의암호) 요트학교

요트는 일반적으로 해양스포츠로 널리 알려져 있다. 나 역시 요트를 접하기 전에는 영화에 나오는 호화로운 요트만 연상했던 것이 사실이다.

우리나라는 삼면이 바다로 지정학적 특성상 해양스포츠가 발전할 수 있는 강점을 지니고 있다. 다만, 아직까지 해양스포츠가 널리 보급될 만큼의 소득수준이 도래하지 못했다는 전제조건이 있다.

해양스포츠는 장소에 대한 제약이 많다. '마리나'라는 주요 시설들도 많은 재원으로 조성되어야 하는 부담이 있고, 내륙에 있는 사람들은 요트시설(마리나)까지 접근하기가 쉽지 않다. 나 역시 가까운 요트학교를 찾는다고 하면 최소 3시간 이상 이동해야 접근할 수 있다. '내수면에서는 요트를 즐길 수 없을까?' 하는 의구심에서 요트사업은 시작되었다.

우선 요트학교를 운영하려면 장소, 장비, 인력이 필요했다. 장소는 현재 춘천사업에서 운영하는 수상체험장을 활용하는 방안으로 해결했고, 장비와 인력을 확보하기 위해서는 체계적인 조직이나 단체의 필요성이 요구되어 생활체육요트연합회를 조직하게 되었다.

사업계획서를 들고 춘천시체육회와 춘천시를 여러 차례 설득하여 결국 춘천시요트연합회를 창설했고, 초대 회장에 취임하게 되었다. 공식적인 단체가 꾸려지면서 체육회 지원과 함께 홍보, 마케팅의 수단으로 공공성을 부각시켰다.

국내 최초로 내수면에 요트학교가 만들어지는 순간이었다. 같은 시기 국비지원사업인 스포츠융복합사업(문화체육관광부)에 요트 프로그램을 접목하면서 한층 탄력을 받게 되었다.

1차 목표는 요트생활체육을 통한 저변확대와 전문 인력 배출을 목표로 했고 사업은 순항했다. 2016년 엘리트체육과 생활체육 통합으로 나의 역할은 축소되었지만, 누구도 시도하지 않았던 내수면 요트학교는 체육전공자로서 자부심을 갖게 한다.

내수면에서 요트 프로그램으로 사업을 진행하기에는 아직 과제가 남아있다.

요트 종목의 특성상 일정한 날씨(바람)가 관건인데, 해양보다는 내수면이 취약하다. 전문가와 고가의 장비 역시 규모 있는 해양 마리나에 집중해 있다. 전문가 구직에도 어려움이 있다. 모든 사업이 진입단계에서 많은 선결과제가 있듯이 내수면 요트사업(프로그램) 역시 해결해야 할 과제들은 앞으로 전공자들이 풀어야 할 숙제인 것 같다.

*주요 실적

- 2015년 송암(의암호)요트학교 개원
- 2015년 요트지도자 및 전문가 양성교육 실시
- 2015년 장애인요트체험교실 운영
- 2016년 춘천시생활체육연합회 설립 및 초대 회장
- 2016년 시민체험행사(생활체육요트교실) 주관
- 2016년 요트청소년인증프로그램 인증(청소년활동인증진흥원)
- 2016년 수도권대학 및 초·중·고 요트(교양)수업 위탁
- 2016년 스포츠융복합사업 요트아카데미 운영(문화체육관광부)
- 2018년 시민참여 생존수영교실 운영(춘천시체육회)
- 2018년 월드레저경기대회 시민체험요트교실 위탁

2016년 춘천시요트연합회 창설과 함께 내수면 요트학교를 개원했다. 야심차게 준비한 프로그램으로 많은 어려움을 극복하면서 미래를 도모했으나 내수면의 한계를 극복하지 못했다. 하지만 가능성을 발견했고 숙제 역시 남기게 되었다. 개인적으로나 체육전공자로서 의미 있는 도전이었다. 나와 함께 열정을 다했던 모든 스태프분께 이 책을 통해 감사의 말씀 전하고 싶다.

본 사업은 아직 진행형이다. 다만, 내수면에

▲ 송암(의암호)요트학교 & 춘천시요트연합회

적합하고 최적화된 프로그램으로 사업성이 확보될 수 있도록 연구하고 준비하고 있다.

본 사업 분야를 큰 틀에서 규정한다면 스포츠 이벤트 기획이라고 할 수 있다.

기획업무는 어떤 장르를 불문하고 반드시 필요하다. 다만 스포츠관광, 이종 간 협업의 경험을 통해 세분화하고 전문성을 갖추는 노력이 수반되어야 할 것이다. 과거보다는 직무 접근성이 좋아졌다고 볼 수 있지만, 체계적이고 다양하게 경험할 기회가 아직도 부족함이 많다. 우리는 이제 코로나19 이전과 이후로 대비하는 것에 익숙할 것이다. 스포츠시장은 코로나 이후 어떤 패러다임으로 바뀔지 장담하긴 어렵지만, 예측은 가능하다. 나 역시 앞으로 사업 방향을 어떻게 설정해야 할지 많은 고민을 하고 있다. 마지막으로 본 사업과 관련해서 몇 가지 팁을 드리자면 다음과 같다.

첫째, 스포츠 이벤트 기획에 대한 실무와 전문지식이 필요하다. 둘째, 관광산업의 속성과 소비 형태에 관한 이해가 필요하다. 셋째, 관련 정보가 필요하다. 예를 들어 지방정부가 계획하고 있는 예비사업이나 정부의 재원을 지원받는 사업에 관한 정보수집이 필요하다. 넷째는 인적 네트워크다. 사업을 효율적으로 진행하기 위해서는 때로는 사람의 역할이 큰 도움이 될 수 있다.

짧은 글을 통해 여러분께 드릴 수 있는 정보의 한계가 아쉽기는 하지만, 항상 열린 마음으로 함께하길 약속드리며 메일주소를 남긴다. 여러분이 꿈꾸시는 앞날의 건승을 기원한다.

junsoohae@hanmail.net

The World of Sports Marketers 3-5

성공한 기업인들은 평범한 직장인과 도대체 무엇이 다른가?

프로필

이 름 : 정권철

소 속 : MR법인 대표
　　　　(건축, 인테리어)

이 력
(現) 한국골프학회 부회장
(現) 경희대 체육대학원 스포츠산업경영 박사
(前) 백제예술대학교 레저스포츠과 겸임교수

사람은 인생을 살아가면서 자신의 배움과 지식을 기반으로 자기 적성에 맞는 직업을 선택하여 살아간다. 생계를 목적으로 하든 취미활동을 겸하든 다양한 방법으로 자신의 일터에서 일하며 사회의 구성원으로서 경제 활동에 참여한다. 나는 학창 시절부터 직업에 대한 목표가 뚜렷했다. 성공한 기업인의 인생 스토리를 구성한 책을 항상 관심 있게 읽었으며, "성공한 기업인들은 평범한 직장인과 도대체 무엇이 다른가?" 하는 궁금증이 항상 머릿속에서 떠나지 않았다. 성공한 기업인은 롤모델이자 나의 최대 꿈이었으며, 성공한 기업인처럼 사업해서 돈을 벌고 싶었다. 성공한 기업인의 공통점은 부지런함과 메모하는 습관 그리고 기존의 틀을 깨는 발상의 전환이었다.

전문직이나 기술직 종사에 머물기보다는 자신만의 새로운 아이디어로 확신이 서면 과감히 사업에 도전한다는 것이다. 내 사업도 33세 때 처음 시작하여 지금껏 이어지고 있으며, 앞으로도 틀을 깨는 새로운 도전은 계속될 것이다. 비즈니스의 성공은 자신의 작은 변화에서 시작된다. 지금 내가 하는 일 중 일부를 기록으로 남겨보고자 하며, 내가 하는 일이 여러분의 사업에 작은 힘이 되는 지침서가 되길 희망한다.

1 나는 '멀티 플레이어'다

나는 호텔 컨설턴트 및 건축사업가다. 혹자는 나를 '마이다스 정'이라 부른다. 한마디로 내가 하는 일을 표현하자면 오래되고 낡고 칙칙한 호텔 건물이 내 손길이 스쳐 지나가면 반짝반짝하게 바뀌고, 또 다른 완전히 새로운 모습으로 변하게 하여 건물의 가치를 높이고 활기찬 생명력을 불어넣어주는 일을 하는 자칭 '가치 창조자'이자 건축예술가다. 나는 어렸을 때부터 만들기를 좋아했고 소꿉장난할 때도 모래로 집짓기나 돌탑 쌓는 것을 자주 했던 기억이 난다. 전남 화순의 몇 가구 안 되는 작은 시골 마을에서 태어나 들과 산, 개울물이 흐르는 마을 어귀에서 물고기나 개구리를 잡으며 자연과 벗 삼아 뛰놀던 생각이 지금도 머릿속 기억 한켠에 자리하고 있다.

내 인생의 전환점은 군 입대 후 강원도 철원 민통선에 위치한 격오지 포대에서 어렵게 군 생활하면서 육체적·정신적으로 가장 어렵고 힘들었던 시기를 극복하면서 인내심과 끈기를 내면에 쌓았고 최악의 조건에서도 무엇이든지 극복하고 이겨낼 수 있는 항체를 만들었기 때문에 지금의 비즈니스 마인드를 갖춘 것 같다. 나는 유달리 정이 많아 눈물도 많고 감수성도 예민해 은혜나 감사함을 잊지 않고 보답하는 성격이며 차분히 상대의 말을 많이 들어주는 편이다. 그래서 지금 내가 하는 일이 적성이 잘 맞는 것 같고 그래서 건축업을 직업으로 갖게 된 것 같다. 조금 더 구체적으로 내가 하는 일을 말하자면 중소형 호텔을 리모델링 또는 신축하거나 커피숍이나 오피스텔 등을 건축하는 일을 한다. 그리고 내 손길을 거쳐간 건물이 새 모습으로 오픈할 때마다 매출이 대박으로 연결되는 상업적 가치가 아주 큰 일을 하고 있다. 특히 요즘은 중소형 호텔을 신축하거나 리모델링할 때 레저스포츠 시설을 만들어 방문 고객 누구나 레저스포츠를 무료로 즐길 수 있도록 함으로써 레저스포츠 시설 서비스 마케팅으로 고객의 재방문을 유도함으로써 매출이 더욱 크게 향상되고 있다.

▲ 운영 중인 호텔의 레포츠 존

　마케팅은 영업을 잘하는 방법 중 하나이지만 마케팅보다 더 중요한 것이 있는데, 그것은 바로 건물의 위치나 주변 환경, 즉 입지 조건이다. 호텔이나 모델의 커피숍 등 어떤 용도의 상업용 건물이든 가장 중요한 것이 바로 입지 조건이다. 같은 건물이라도 상업적 종류나 목적에 따라 입지 조건은 현격히 차이가 있는데, 이 목적에 알맞은 점포나 건물을 잘 선택해야 사업 성공으로 이어지는 기초로 나아갈 수 있다. 내가 선택하는 중소형 호텔은 입지 요건이 역세권 인근이거나 중심상업지는 아니다. 물론 이런 위치면 더 좋겠지만 매매가격이나 임대료 차이가 커서 상대적으로 매매 가격대에서 부담이 덜한 매물로 너무 외지지 않고 주변의 전체적인 환경을 우선적으로 고려해서 선택하는 편이다. 그래야 나중에 매도할 때 잘 팔린다. 건물은 구입할 때도 중요하지만 팔 때는 더더욱 중요하다. 구입할 때보다 좋은 가격으로 매도하면서 원하는 시기에 적절하게 치고 빠질 수 있는 타이밍 전략이 중요하다. 물론 오래도록 보유하면서 지가(땅값) 상승의 부가적인 수익도 바라보면 좋겠지만, 이러한 경우는 긴 시간이 필요하므로 투자금을 오래도록 회수하지 않아도 은행 대출 이자나 다른 자금으로의 흐름이 힘들지 않고 크게 무리가 없는 상황이라면 장기적인 수익 측면에서 좋을 수 있다. 나는 장기 보유보다는 단기적인 전략으로 매입 후 리모델링 준비를 동시에 진행하고 아울러 영업에서 손익 분기점을 최단기간에 올릴 수 있도록 집중하여 새 건물일 때 영업이 잘되는 타이밍을 매매의 최적 요건으로 내세워 조금 더 큰 차익을 보고 매매를 성사하는 전략으로 사업을 운영하고 있다. 기존 건물의 매입이 아닌 대지나 토지로 매입해서 설계해 신축하는 경우도 건물 준공과 동시에 드라이 런 기간을 갖는 시기에 영업의 모든 것에 집중하여 최종 점검과 확인을 거친다. 그러다가 신속히 매출이 수직 상승되는 시기인 신축 2~3년 이내에 매매를 진행하여 부가가치가 최상위 점에서 최고의 가격을 최고의 매출 시기에 좋은 매매 조건으로 최종 매각하고 나오는 사업 전략을 취하고 있다.

포스트 코로나 시대를 맞아 호텔 사업도 크게 바뀌고 있다. 모든 일상생활이 언택트 서비스로 바뀌고 있어 무인 호텔을 선호하게 되면서 코로나 시대에 맞게 무인 시스템으로 바꾸는 호텔이 많이 생겨나고 있다. 무인 시스템으로 운영하기 위해서는 건물 내부에 각 객실로 이어지는 독립된 네트워크를 구축해야 하는데, 내선 공사이다 보니 이를 구축하기가 어렵다는 것이다. 기존에 구축된 건물은 신축 건물은 확보돼 있으나 구형 건물은 대다수가 구축이 안 돼 있어서 이를 구축하려면 많은 비용과 시간이 투자되어야 한다는 단점이 있다. 현재 내가 운영하는 호텔에는 오래전에 1층 로비에 무인 시스템을 미리 구축했으며 직원의 대면 없이도 바로 체크인할 수 있는 키오스크 무인 시스템을 운영하여 고객의 호응을 얻고 있다. 그리고 포스트 코로

나로 인해 인터넷 예약률이 매우 높아졌으며, 실제로 과거 인터넷 예약률이 30~40% 비중이었다면 지금은 60~70%까지 상승했다. 편의점이나 딜리버리 업체와 인터넷 쇼핑몰 등이 크게 성장한 것처럼 언택트 서비스는 호텔 산업에서도 그 중요성이 나날이 매우 커지고 있다. 시대의 흐름에 맞게 변화하는 영업전략만이 치열한 경쟁 속에서 살아남을 수 있는 유일한 방법이다.

▲ 운영 중인 호텔의 무인결제 시스템 키오스크.
　어플 인터넷 예약자 체크인 및 현장결제 비대면 서비스

나는 스포츠를 좋아하고 스포츠 경기관람과 참여하는 것을 좋아하는 지극히 평범한 비즈니스맨이다. 이렇게 스포츠를 좋아하다 보니 '비즈니스와 스포츠를 융합해서 건물에 맞는 레포츠존을 시설하여 이를 마케팅하면 좋겠다'라는 아이디어로 추진하는 모든 프로젝트를 시작하기 전에 반드시 건물 용도에 맞는 레저스포츠 시설과 향후 이용 고객의 잠재적 실태조사를 한다. 준공 후 영업 매출 성과를 꾸준히 올리는 방법 중의 하나로 레저스포츠 시설을 설치하고, 이 레저 스포츠 시설을 이용한 마케팅을 내가 운영하는 중소형 호텔의 핵심 키워드로 내세우고 있다. 현재 직영으로 운영하는 중소형 호텔은 서울에 한 곳과 충남 천안에 두 곳, 그리고 공사 중인 제주점까지 총 네 곳이다. 레포츠 시설을 할 공간이 있는 건물은 반드시 하고 있으며, 무료로 시설을 이용할 수 있어 고객으로부터 항상 좋은 평가를 받으며 숙박업소의 핵심 마케팅 중 한 가지 요소가 되고 있다. '야놀자'나 '여기어때' 등 인터넷 예약 플랫폼을 통해 레포츠 존을 메인 테마로 하여 적극 홍보하고 있으며 웹상에서 고객의 반응 또한 뜨겁다. 최고급 안마의자나 스타일러, 배틀그라운드 PC, 넷플릭스, 웨이브, 빔스크린 영화관, 조식이나 스낵바 서비스 등은 거의 경쟁적으로 많은 중소형 호텔에서 고객에 대한 서비스로 행해지고 있어 물론 반드시 설치해야 하지만 차별성은 그리 크지 않다. 하지만 레저 스포츠를 무료로 이용할 수 있는 시설을 갖춘 숙박업소는 거의 없다고 해도 과언이 아니다. 나는 바로 이 점에 착안하여 레저스포츠 존 시설을 설치하게 되었다. 업주가 시설을 만들고 싶어도 공간적 확보가 어려워 하지 못하는 건물이 많고, 객실을 없애고 설치하자니 직접적인 이윤에 손실이 있을 수 있어 엄두조차 못 내는 사업자가 많다. 내 소유가 아닌 다른 사람 건물을 하청받아 공사할 때도 스포츠 관련 시설을 설치하도록 권유하는 편이지만, 최종 결정은 건축주가 하므로 객실 숫자를 하나라도 더 늘리려 하지 서비스 시설에 대한 투자는 대부분이 밋밋한 반응을 보인다. 그래서 오히려 흔치 않기 때문에 내가 운영하는 숙박업소 레포츠 존 시설에 대한 반응이 더 뜨거운지 모른다. 어쩌면 나로서는 다행일 수도 있다. 삶이 넉넉해지고 취미활동 인구가 늘어나면서 레저스포츠 인구가 폭발적으로 증가하는 추세에 발맞춰 숙박업소가 단순히 잠을 자는 공간이 아닌 PC방 사양의 최신형 컴퓨터로 게임이나 업무도 보고 대형스크린으로 최신 영화 감상과 세탁 서비스, 식사 서비스와 취미 생활까지 즐길 수 있는 여러 가지 레저스포츠 시설까지 모두 무료로 이용함으로써 이제는 젊은 층을 대상으로 점점 확대해나가 세대를 초월한 문화공간으로 자리 잡고 있다. 이러한 호텔 문화는 고객에 의해 인터넷과 스마트폰 등 각종 콘텐츠와 플랫폼을 통해 빠르게 확산하여 이용 후기로 객관적인 시설 평가 등을 공유하고 경쟁력 있는 양질의 서비스가 갖춰진 곳은 포스트 코로나에도 호황을 누리고 있다. 고객의 일련의 활동이 문화로 자리 잡으며 대한민국 숙박산업이 많은 변화를 겪으며 성장해오면서 음지에서 양지로 나오는 계기가 되었다. 중소형 호텔의 혁신 리더로 큰 자신감을 갖고 운영하면서 경험에서 나온 장점을 다른 현장에 적용시켜 공사만 전문적으로 하는 메이저 대형 업체보다 더 오히려 내가 한 건물 공사를 건축주가 더 만족해하고, 이는 또 다른 수주로 이어져 차츰 회사가 더 커가는 성장 단계에 있다.

▲ 운영 중인 호텔의 고객 커뮤니티 시설

2 철저한 준비와 노력이 '성공의 키워드'

다음으로는 중소형 호텔 신축과 리모델링의 차이를 비교해보려고 한다.

신축이란 건축법상 건축 활동의 하나로 건축물이 없는 대지에 새로이 건축물을 축조하는 것을 말한다. 건축물을 신축할 때 가장 기본이 되는 것이 바로 설계도면이다. 어떤 건물을 목적에 맞게 어떻게 짓느냐는 설계도면을 어떻게 작성하고 건축법상의 규정과 규모에 맞게 설계하여 해당 관청에 인허가를 받느냐에 따라 건물의 면적과 층수 등 향후 건물 총 투자 비용의 경제적 부가가치를 가늠할 수 있는 가장 중요한 내용이 결정된다. 먼저 대략적인 가설계로 투자 수익성과 경제성을 꼼꼼히 따져보고 본 설계에 들어가는 게 기본 절차다. 신축 계획은 토지 매입 금액과 설계비, 건축비 등을 모두 포함한 자기자본비율 그리고 금융권의 대출 가능 비용을 꼼꼼히 따져 신중히 검토해야 한다. 건물 신축에 필요한 도면과 인허가 절차가 끝나면 공사 착공 전에 공사로 인한 주변 민원이 발생할 수 있는 요건까지 파악해서 미리 대비하는 것이 주변 민원으로 인해 공사 중단 또는 공사 기간의 연장으로 건축주 또는 건설사의 손해를 사전에 방지할 수 있다. 토목, 골조, 전기, 통신, 소방, 조경 등 도면과 시방서대로 공사를 진행하면 건축물 규모에 따라 공사 기간의 차이는 있지만, 보통 2년 이내에 중소형 호텔은 사용승인까지 충분히 받을 수 있다. 시방서란 공사 수행에 관련된 제반 규정 및 요구사항을 총칭한 것을 말한다. 최초 계획한 공사비용보다 20% 정도 여유자금을 갖고 가전, 리넨, 소모품 등 초기 1~2개월 영업비용까지 세심하게 체크한 후 신축

◀ 신축 공사 중인 호텔

계획을 세우는 게 마지막 최종단계에 있을 수 있는 비용 문제에 대한 어려움을 극복할 수 있다.

신축은 설계도면으로 시작하고 도면으로 마무리된다고 보면 된다. 리모델링은 대부분 낡고 오래된 건물이라서 기존의 잔존물을 일부 철거하고 일부는 그대로 유지하며 공사해야 하므로 신축보다는 어려움이 많을 수 있다. 설계도면이 있으면 도움이 되지만, 관할구청 건축물 관리대장상의 도면을 참고해도 되고 도면 없이도 공사할 수 있는 게 리모델링이다. 리모델링은 공사 기간 동안 전혀 예상치 못했던 문제가 발생하기도 한다. 예를 들어 배관 일부를 체인지하는 과정에서 간선 배관 공사만 하기로 했는데, 메인인 주 배관에서 문제가 생기는 일도 있으며 전기나 통신선도 다른 지장물 철거 도중 단선이 될 수도 있다. 이렇게 되면 단선 위치를 찾기 힘들어서 예정에 없던 추가 공사로 이어지는 상황이 발생하기도 한다.

리모델링은 신축 공사에 비해 비용이 훨씬 덜 들어가고 공사 기간이 짧은 게 장점이라 할 수 있다. 허름한 기존 건물을 저가로 매입해서 최신 트렌드에 맞게 특색있는 변화를 입혀 새롭게 태어나게 해서 매출을 상승시키면 적은 비용으로 고부가가치를 창출하는 중소형 호텔 재테크의 가장 좋은 방법이라 생각한다. 나도 이 방법으로 시작하여 경제적인 부가가치를 계속해서 창출하고 있다. 과거와 달리 요즘 시대는 워낙 트렌드가 빨리 변화하는 시대여서 이러한 변화를 잘 이용하여 고객의 욕구의 맞는 시스템으로 디자인하고 차별화된 전략으로 고객 서비스에 정성을 기울이면 반드시 고객이 그 가치를 느끼고 고객이 느끼는 그 가치가 곧 매출 성장으로 이어질 것이다. 중소형 호텔에 맞게 트렌드를 융합시킬 방법이 뭐가 있을지 고민한 끝에 레포츠 존 서비스 무료 이용시설을 갖춘 숙박 시설을 갖추게 되었다. 포켓볼, 당구, 탁구, 골프, 피트니스, 조식 및 간식, 세탁 서비스를 모두 무료로 이용할 수 있는 시설을 갖추고 머물고 싶고 다시 방문하고 싶은 다양한 스포츠 문화공간이 살아 숨 쉬는 액티브한 호텔로 고객을 사로잡고 있다.

3 나의 오피스텔 도전기

중소형 호텔로 성공한 나는 원룸과 오피스텔 사업에 관심을 갖고 경기도 용인시 역북동 명지대역 인근 대로변에 주택용 2필지를 매입해 원룸 신축 공사를 했다. 원룸이나 오피스텔 사업은 룸을 많이 만들어야 수익이 커지는 구조라서 용적률이 높은 곳을 선택하는 것이 좋다. 물론 땅값은 용적률이 낮은 곳과 차이가 많이 나겠지만, 일단은 룸 숫자가 공사비에 비례하고 신축의 경우 투자 효율성 평가에 아주 중요한 요소다. 내가 매입한 용인의 대로변 땅은 2종 주거지로 용적률이 비교적 낮아서 룸을 많이 만들 조건이 아니었지만, 경전철역과 대로변이라는 장점을 보고 토지를 매입해 건축하게 되었다. 30여 개의 원룸을 만들어 전월세 임대를 주고 운영하고 있는데, 수익성은 중소형 호텔보다 다소 떨어지는 편이다. 하지만 대부분 인근 대학의 학생들이 입주하고 있어서 이를 보람으로 여기고 있다. 가장 특색있는 운영 방법은 층별로 남녀 층수를 구분해서 입주시켰고, 지금도 계약 시 이를 꾸준히 지킴으로써 특히 여학생 학부모나 여학생들에게 인기가 좋은 원룸으로 지역에서 거듭났다. 원룸이나 오피스텔은 임대료 외에 관리비에서도 많게는 50% 이상이 집주인의 수익으로 발생하는 것을 알게 되었다. 나는 2년 계약 시 1년 동안은 관리비를 받고 나머지 절반인 1년은 관리비를 받지 않고 있어서 이 부분이 입주자 및 학생들에게 큰 호응을 불러일으키고 있다. 본인이 만기가 되어 나가면서 새로 입주할 다른 사람을 소개해주는 연결 고리로 항상 만실 계약을 유지하고 있으며, 부동산 중개 수수료도 절감하는 일석이조의 효과를 보고 있다. 이처럼 원룸도 마케팅이 필요하다. 생존을 위한 마케팅이 아닌 더불어 살면서 따뜻한 정을 나누는 감성 마케팅으로 생존을 이끌어가는 방법이라고도 할 수 있다.

◀ 내가 처음 신축한 용인 명지대역 소재의 원룸(다가구 다세대)

현재는 서울 신림동에 룸 90개가 조금 넘는 오피스텔, 도시형생활주택, 원룸 등 복합 주거시설 신축을 준비하고 있다. 설계 및 인허가는 이미 마쳤고, 기존 잔존 건물을 철거 중이며, 앞으로 입주민 모두가 무료로 이용 가능한 레저스포츠 시설을 1개 층 전체에 설치할 예정이다. 원룸에 살면서 다양한 레저스포츠 시설을 무료로 이용할 수 있는 곳은 지금까지 전무후무하다. 나만의 유니크한 입주민 서비스로 입주민 누구나 여가시설을 이용할 수 있는 공간을 만들어 기존 시설과 경쟁에서 압도적인 경쟁 우위를 확보하고 있다. 아울러 입주민 건강까지 도움을 줄 수 있는 시설을 갖춤으로써 보람을 찾고자 한다. 레포츠 시설로 인해 룸 숫자가 줄어들어 수익성이 조금 낮아질 수 있겠지만, 이처럼 고객의 삶의 질을 위한 과감한 마케팅이 장기적으로 공실을 줄임으로써 결국 영업 이익으로 돌아올 것이다. 이러한 레포츠 시설 마케팅은 국민 소득 향상과 워라밸의 영향으로 일상생활에서도 여가를 즐길 수 있는 가장 니즈한 최고의 서비스이기도 하다. 특히 1인 가구의 증가로 단독형 주거시설의 수요는 점점 증가하는 추세다. 우리 사회에 1인 가구가 빠른 속도로 늘어나는 이유를 두고 많은 사람이 결혼하지 않고 혼자 사는 사람이 늘어서 그렇다고 한다. 그러나 이러한 주장은 반은 맞고 반은 틀리다. 1인 가구, 즉 혼자 사는 사람이 결혼하지 않은 젊은 세대만 있지 않고 전 연령대에 걸쳐 급증하고 있기 때문이다. 가장 빠른 속도로 증가세를 보이는 세대는 '노인' 세대다. 우리나라 전체 1인 가구에서 60세 이상이 차지하는 비중은 32%, 2035년에는 45%에 달할 전망인데, 평균 수명이 연장되면서 배우자의 사별로 혼자 살 가능성이 높아지는 데 따른 것이다. 별거와 이혼 등의 사유로 1인 가구가 되거나, 배우자가 있어도 지방 근무와 자녀의 유학 등으로 혼자 사는 1인 가구 역시 많다. 현대인은 모두 잠재적 1인 가구이며, 이런 사회현상을 어떻게 봐야 할까.

사회학자 노명우 박사는 『혼자 산다는 것에 대하여』에서 이렇게 썼다.

"가족애를 이타주의와 동일시하는 견해를 지닌 사람의 눈에는 표준 가족에서 벗어난 1인 가구의 증가 현상은 사회를 정상적으로 만들어주는 이타주의에서 벗어나는 몰락의 시나리오로 보일 것이다. 하지만 혼자 살기의 증가에 대해 미리 비극적 시나리오를 떠올리며 걱정할 필요는 없다. 혼자 살기 그 자체는 그냥 계속 증가하는 보편적인 사회현상일 뿐이다."

이처럼 1인 가구는 '전성 시대'라 할 만큼 사회적 현상으로 더욱 증가할 것으로 예상되며 이로 인한 주거시설, 즉 원룸이나 오피스텔 수요가 꾸준히 동반 상승할 것으로 예상된다. 따라서 원룸이나 오피스텔 등 우후죽순 경쟁적으로 건축되는 1인 가구형 건물들도 차별화된 주거 프리미엄이 필요하다. 그래서 이를 대체할 진략으로 복합형 레저스포츠 시설을 건물 내에 설치해 공동체 커뮤니티 프리미엄 생활을 누리면서 매일 취미 생활을 즐길 수 있는 시설을 갖추는 게 중요하다. 이러한 시설을 갖춘 원룸이나 오피스텔이 앞으로 고객이 선호하는 우선 수요 대상으로 자리 잡아가고 있다.

4 미래형 카페는 주변 자연환경이 좌우한다

도심을 벗어나 바닷가나 푸른 숲, 호수 그리고 아름다운 정원이 있는 카페는 접근성이 떨어져도 힐링 목적으로 찾아가는 고객이 점점 늘어나는 추세다. 한때 좁은 골목골목 유행하던 도심의 카페들이 경제 상황이 좋지 않아 폐업하는 곳이 많이 생겨나고 있다. 카페도 치열한 생존 경쟁에서 살아남기 위해 창의적인 운영 방법이 생겨나고 있다. 앞으로는 역세권이나 도심의 카페는 무인으로 운영하는 무인 카페가 대세가 될 것이다. 인건비가 절감되어 상대적으로 저렴한 가격으로 커피뿐만 아니라 모든 메뉴를 즐길 수 있고, 비교적 작은 매장에 관리하기도 쉽다는 장점이 있다.

또한 포스트 코로나로 비대면과 테이블 간 독립적인 공간 확보와 거리 두기가 카페 문화가 되고 있다. 우리 사회는 언젠가부터 '커피'라는 콘텐츠가 사람들의 공통적인 기호 식품이자 삶의 꼭 필요한 음료가 되었으며, 이로 인해 커피숍 또는 카페가 크게 성장하는 계기가 되었다. 도심에서 먼 원거리 지역에 자연과 벗 삼아 주변 자연환경을 프리미엄으로 내세운 주차장도 넓고 산책로와 각종 테마로 스케치한 초대형 카페들이 속속 생겨나고 있다. 나는 카페도 호텔과 궁합이 잘 맞는 비즈니스의 연결이라 생각한다. 그래서 몇 해 전부터 카페 시설과 인테리어도 이와 연계시켜서 하고 있다. 대형 호텔에 입점한 카페도 이러한 미팅과 소통의 커뮤니티 공간으로 호텔을 방문하는 대부분의 고객이 이용하고 있다. 중소형 숙박업소도 카페를 설치 가능한 공간이 있다면 앞으로 적극적으로 우선 검토할 것이다.

카페는 각종 차와 음료, 주류, 간단한 서양식 음식을 파는 소규모 음식점을 말한다. 요즘은 "밥은 굶어도 커피는 마셔야 한다"라는 인식 변화에 따라 골목 상권까지 카페가 우후죽순 넘쳐난다. 카페가 단순히 누굴 만나서 차를 마시는 공간이 아니라 거기에서 더 나아가 인터넷 영화, 음악감상, 스터디 등 다양한 문화공간으로 활용되고 있다. 또한 관광객이 많은 여행지에서도 카페는 사람들의 필수 이용 공간이 되고 있다. 도심과 일반 주거 생활권에서 다소 먼 거리지만 자연과 맑은 공기를 테마로 한 힐링 카페도 인기를 끌고 있다. 그래서 나는 국내에서 여행수요가 가장 많은 제주도에 눈을 돌렸다. 오랜 인연의 친구가 제주도 여러 곳에 땅을 소유하고 있는데, 그중 서귀포시 산방산 인근 바닷가 근처에 위치해 공항에서 멀고 서귀포 시내에서도 멀어서 접근성이 다소 떨어지는 외지고 주변 개발이 전혀 없었던 허름한 나대지 땅이 있었다. 나는 주변 자연경관과 어우러진 콘셉트로 제주도 분위기를 물씬 풍길 수 있는 자연 카페를 지어보자는 구상을 했고, 접근성이 떨어지는 친구 소유의 땅을 카페로 개발하게 되었다.

▲ 필자가 공사한 제주 서귀포 산방산 아래 황우치 해변에 위치한 친구의 카페(원앤온리)

제주도 하면 푸른 바닷가와 제주도를 연상하는 한라산 등이 카페로 담기면 좋겠다는 아이디어로 일단 바닷가에 위치한 것은 맞는데, 한라산까지는 너무 멀고 승용차로 1시간 이상 거리였기에 한라산은 담을 수 없었다. 그래도 제주도 제2의 산인 산방산을 옆에 둔 위치였기에 최적의 힐링 요건을 갖춘 곳이라 판단하고 카페 공사를 시작했다. 제주도에 여행 온 여행객이 제주도의 자연환경을 카페에서 느낄 수 있도록 갤러리 뷰로 창을 배열했고, 잔디밭과 앞마당 바다를 배경으로 멀리 형제섬과 마라도가 한눈에 들어오도록 주변 야자수 조경과 산책길을 조성했으며, 2층 루프탑에 들어서면 산방산이 한눈에 들어오는 경관이 너무나 아름다워 그야말로 탄성이 절로 나는 힐링 카페라고 생각한다. 대형 체인점 상호가 아닌 독자적인 브랜드로 자기만의 특색있는 카페로 성공을 거뒀으며, 오픈 당시인 2019년 6월 첫 달에 손익 분기점을 돌파하고 오픈 1년이 지난 지금은 문전성시를 이루고 있다. 시간대별 차이는 있지만 거의 매일 기다리는 손님으로 줄을 서고 있으며, 비 오는 날이면 실내 넓은 매장이 비좁아 발길을 돌리는 고객이 너무 많아서 죄송할 정도다. '원앤온리'는 제주도 내 네이버 카페 검색 1위, 카페 선호도 1위를 차지하며 오픈 수 개월 만에 월 매출 3억 원 이상 되는 최고 핫플레이스가 되었다. 제일 저렴한 메뉴인 커피 한 잔에 7천 원이며, 메뉴는 음료나 다과 위주로 판매하고 있다. 특이한 점은 별다른 판촉이나 마케팅 없이 매출이 수직상승하고 있다. 무엇보다 방문 고객의 자발적인 SNS 업로드로 알려져 제주의 명소가 됐다는 점이다. 주변의 특색있는 자연환경을 장점으로 활용하여 시공함으로써 제주 방문 관광객을 대상으로 한 가장 제주다운 환경을 이미지로 내세워 입지 선정부터 마무리 조경 공사까지 타깃팅 설정을 잘했다는 점이다. 실제로 제주도 원주민이 고객으로 오는 경우는 많지 않으며, 방문 고객의 90% 이상이 제주를 방문한 관광객이라는 점이다. 폭발적인 고객의 사랑과 매출 증가로 제주도의 또 다른 친구 소유 나대지에 2호점 계획을 세우고 있으며, 제주도에서 꾸준히 카페 신화를 이어가는 게 목표다.

5 소비층을 고려한 투자로 비즈니스를 만들다

호텔이나 카페도 과거 베이비붐 세대나 X세대에게는 마케팅이나 시설보다 가격과 접근성이 매출의 가장 중요한 요소였다면, 'M세대'라고 불리는 밀레니얼 세대와 Z세대를 거치면서 개개인의 욕구 충족과 하고 싶은 일을 비용에 상관없이 즐기고 맛보고 성취하며 남을 의식하지 않는 자신만의 개성이 강한 삶을 사는 게 중요한 트렌드가 되었다.

MZ세대란 1980년부터 2004년생까지를 일컫는 밀레니얼 세대와 1995년부터 2004년 출생자를 뜻하는 Z세대를 합쳐 일컫는 말이다. 통계청에 따르면 MZ세대는 2019년 기준 약 1,700만 명으로 국내 인구의 약 34%를 차지한다. 유통업계에서는 주 소비층으로 떠오른 MZ세대의 이목을 끌기 위해 예상치 못한 브랜드 간 이색 컬래버레이션collaboration(협업, 합작)이 활발하게 진행되고 있다. MZ세대는 신선함과 재미를 주된 소비 요소로 꼽기 때문이다.

그 이유로 밀레니얼 세대는 태어날 때부터 인터넷에 익숙하고 스마트폰과 함께 자란 디지털 네이티브로 흥미로운 경험을 물색하고 여러 사람과 공유하고 연결되길 원하기 때문이다. 그리고 Z세대는 밀레니얼 세대보다 소셜미디어를 통해 친구나 동료, 지인과 더 많이 소통하려고 하는 경향이 있다. 그래서 요즘은 과거 신문이나 TV, 잡지 등 전통적 미디어를 활용한 광고보다는 그 사업체의 특성을 대표할 수 있는 특별한 그 무언가를 잘 고려해서 시설에 투자하여 운영해야 한다. 밀레니얼 세대와 Z세대의 발길을 자연스럽게 유도해 그들의 주된 소통 방법인 인터넷과 소셜미디어의 자발적 활용을 통한 적극성과 다양성으로 빠르게 전파됨으로써 광고 비용 지출 없는 최대 성과를 올릴 수 있는 것이 요즘 시대의 중요한 마케팅 수단으로 활용되고 있다. 내가 운영하는 중소형 호텔이나 원룸, 카페 등이 X세대보다는 공통적으로 M세대와 Z세대가 소비를 주도하고 있다는 점이다. 이들의 공통점은 스마트폰과 늘 가까이하며 온라인상 각종 정보를 공유한다는 것이다. 실제 체험하고 맛보고 겪은 내용을 실시간으로 업로드해 모든 집단과 소통하는 플랫폼 역할을 하고 있다. X세대도 이 정보를 적극적으로 활용하고 따라 함으로써 소비도 이 흐름에 영향을 받는다. 결국 M세대와 Z세대의 내면을 보고 이를 비즈니스 마케팅에 적용한다면 성공할 확률이 크다는 것이다. 앞으로도 더욱 이러한 트렌드에 열정을 쏟아 더욱더 철옹성 같은 나만의 성공 철학을 만들어나갈 것이다.

    내가 제일 존경하는 사업가 빌 게이츠의 성공 철학을 소개하고 글을 마무리한다.

"나는 힘센 강자도 아니고 두뇌가 뛰어난 천재도 아니다.
그저 날마다 새롭게 변했을 뿐이다.
그것이 나의 성공 비결이다.
성공에는 두 가지 원칙이 있다.
하나는 절대 변해서는 안 되는 '초심'을 끝까지 지켜가는 것이고
다른 하나는 하루하루 새롭게 변하는 것이다.
어제보다 오늘, 오늘보다 내일 더 좋아진 모습으로
변화해야 좋은 기회도 생긴다.
변화가 곧 기회다."

Part 4
스포츠협회

- **4-1** 김학인   대한축구협회 대회혁신프로젝트파트 매니저(과장)
- **4-2** 김세진   경희대 테크노경영대학원 객원교수
- **4-3** 권혁도   대한체조협회 과장
- **4-4** 최우진   대한태권도협회 도장사업부 주임
- **4-5** 허도원   ㈔대한한궁협회 사무국장

작은 스포츠마케터가 보는
작은 스포츠마케팅 세상

프로필

이 름 : 김학인

소 속 : 대한축구협회 대회혁신
　　　　프로젝트파트 매니저(과장)

이 력

(前) 한국실업축구연맹 행정지원국장
경희대학교 체육대학원 스포츠산업경영 박사
경희대학교 체육대학원 스포츠커뮤니케이션융합 석사
남서울대학교 스포츠경영학과 학사

주요 저서

- '도훈아, 학교가자!'
- 축구선수의 스포츠베팅 관심도 및 참여의도에 관한
  연구(박사논문)

1. 작은 스포츠마케터가 보는 작은 스포츠마케팅 세상

내 이름은 김학인. 현재 대한축구협회에 근무하고 있다. 타이틀만 보면 남들이 참 부러워할 직장을 다니고 있고, 나 스스로도 현재의 일에 만족하고 즐기며 최선을 다하고 있다.

내 키는 167cm다. 어느덧 중년의 나이로 치닫고 있는 나에겐 사랑스러운 두 자녀와 아내가 있다. 안타깝게도 내 키가 우리 집에선 최장신이라는 게 웃픈 현실이지만, 단 한 번도 내 작은 키를 원망한 적 없다. 원망한들 바꿀 수 없는 것이기에 잘 활용하고 때로는 극복하기 위해 여전히 나만의 노력을 하고 있다. 몇 년 전 고등학교 친구들과 술자리에서 있던 내 흑역사가 있다. 과거 추억을 안주 삼아 친구들과 고딩 시절 이런저런 이야기를 하던 중 내 키에 대한 이야기가 단골 안주로 던져졌다. 중년이 된 친구들은 유치하게 상대방의 몸무게와 키를 곱씹으며 술자리를 이어갔다. 한 친구가 나에게 비수를 꽂았다.

"김학인 너 키 몇이라 했지? 너 170cm 안 되지?"

이놈의 '170'이라는 숫자는 나에겐 상징적인 것이었고, 그럴 때마다 난 늘 170cm라고 응수했다. 내 키를 두고 내기가 붙었는데, 친구들은 170cm 이하에 술값 내기를 걸었다. 난 당당히 170cm에 그날 술값을 걸었다. 당연히 이날도 그냥 넘어갈 것이라 생각한 찰나, 내 키에 대해 의심하던 한 친구가 술집 사장님께 줄자를 요청했고, 말도 안 되게 고깃집에서 줄자가 나타나 마루타처럼 난 친구들에게 붙잡혀 강제로 키를 재게 되었다. 양말까지 다 벗겨진 나는 많은 사람 앞에서 키를 측정하게 되었고, 이 모습을 보던 술집 사장님이 홀연히 나타나 심판을 자청하신 후 한 말씀 하시고 그날 술값을 정리하셨다.

"손님, 제가 아무리 높게 봐도 168이 안 됩니다. 많이 봐야 167인데요?"

그날 이후로 내 키는 167cm가 되었고, 그 이후로는 더 이상 절대 170cm이라고 하지 않는다. 남들이 "그래 보이는데?"라고 해도 난 아주 솔직담백히 말한다. "제 키는 167cm입니다"라고.

스스로 나를 아무리 드높인다 해도 그 본질은 언젠간 확인이 된다는 것. 그날의 이벤트는 날 좀 더 겸손한 사람으로 만들었다.

스포츠마케터의 꿈을 이야기하면서 왜 자폭성 글로 시작하는지 궁금할 것이다. 난 내 있는 모습을 보이고자 한다. 그리고 이대로의 모습으로 평가를 받고자 한다. 돌이켜보면 어린 시절부터 큰 꿈, 큰 포부를 갖지 않았다. 큰 꿈은 나에게 늘 무겁게 느껴졌고, 그냥 눈앞에 있는 현실적인 상황을 하나씩 꺾어가며 살고 있다. 대학에서 내가 좋아하는 스포츠 관련 전공을 선택하여 스포츠경영학을 전공했고, 한국실업축구연맹에서 근무했으며, 대학원 석·박사 과정을 거쳐 지금은 대한축구협회에서 좋아하는 축구를 보며 돈을 받는 사람이 되었다. 사람들은 무언가를 할 때 가장 최고로 높게 올라가고, 그 높이까지 오르지 못하더라도 수준 이상의 높이에 올랐을 때 다른 무언가를 잘할 수 있다고 말한다. 그래서 누구나 아등바등 열심히 산다. 그런데 나는 조금 다른 관점에서 일을 시작한다.

'못 오를 수도 있어! 안 될 수도 있어!'라는 반대의 생각에서 시작한다. 안 하겠다는 의미가 아닌 어떤 일에 도달하기 위해 리스크를 최소화하여 접근하는 방식이다. 다행히 40 인생 넘게 살아오면서 크고 작음을 떠나 실패보다는 성공의 성취감을 더 많이 느꼈다고 생각한다. 스포츠마케팅을 전공한 사람으로서 내가 좋아하는 일을 하며 돈을 받는다는 것에 자부심과 애틋함을 함께 갖고 있다. 내가 하는 일이 큰 사업이든 작은 사업이든 스포츠마케터 혹은 스포츠행정가라는 그 일을 내 책임이라 생각하며 지내왔다. 작은 스포츠마케터인 나는 늘 작게 쪼개고 계획하여 세상과 소통 가능한 스포츠마케팅 세상을 만들어가고 있다.

2 내 어린 시절 최애 놀이는?

어린 시절부터 나는 모든 스포츠를 좋아했다. 어쩌면 지금 체육단체에서 근무하는 것은 운명이 아닌가 싶기도 하다. 30년 전의 오늘로 돌아가 본다.

토요일 방과 후 친구들이 내게 학교에서 놀자고 말한다. 난 한사코 축구, 야구, 오징어 등 바깥놀이를 거부하고 집으로 간다. 이유는 당시 오후 2시 공중파 방송으로 해주는 스포츠 생중계를 보기 위해서였다. 축구, 야구, 농구, 배구 등 인기스포츠는 물론 비인기 종목까지 스포츠 중계를 보는 것이 내 최애 놀이였다. 아버지가 보시던 스포츠신문 구석을 차지한 프로야구 선수들의 개인 랭킹을 보며, 내가 좋아하던 LG트윈스를 응원하던 아이였고, 연세대 농구부가 최고의 인기를 달릴 때 현대전자의 백넘버 4번 고 이원우 선수의 3점 슛 작렬에 기뻐하던 소년이었다. 그렇게 종목을 가리지 않고 스포츠를 좋아했던 소년은 자연스레 스포츠 관련 대학 전공을 선택하게 되었다. 고3

시절 입시체육으로 체육대학에 도전하고 싶었지만, 작은 신체조건으로는 도저히 실기시험을 이겨낼 승산이 없어 보여 일찌감치 체대 입시를 포기한 덕분에 지금의 내가 있는 것 같다.

매주 주말마다 신문의 TV 편성표를 확인하고 오늘과 내일은 어떤 경기를 중계해주는지 기대하며, 그 시간을 기다리던 추억은 여전하다. 지금은 스포츠전문채널도 많이 생기고 유튜브나 아프리카TV 등 다양하게 스포츠 생중계를 볼 수 있지만, 30년 전 내 초딩 시절에는 공중파 방송에서나 생중계를 접할 수밖에 없었다. 그런 내 취미와 최애 놀이는 자연스레 스포츠 정보를 쌓는 데 큰 도움이 되었다. 누군가는 스포츠마케터 또는 스포츠행정가가 되기 위해 책상에 앉아서 해야 하는 스포츠 관련 정보를 난 자연스레 축적했고, 그 정보는 지금도 아주 잘 써먹고 있는 추억 팔이 스포츠 재산이다.

3 난 어떻게 스포츠마케터가 되었나?

사실 스스로 '스포츠마케터'라고 지칭하는 게 어색하기도 하다. 물론 해당 일을 하는 사람이지만, 대외적으로 스포츠마케터라고 이름을 걸고 말하기엔 한없이 부족하다고 생각하기 때문이다. 대학에서 스포츠경영학을 전공하고 자연스레 취업전선에 뛰어들게 되었다. 무슨 일을 해야 할지, 어떤 직업을 가져야 할지에 대해 그 누구도 가이드 해주지 않았다. 인생에 설명서가 없다는 게 우리 인간이 사는 데 가장 맹점 중 하나라 생각하는 사람으로 나 또한 맨땅에 헤딩으로 취업전선에 뛰어들었다. 확실히 공부에 자신이 없었던 나는 스펙을 쌓는 방법에 조금은 다른 방법을 선택했다. 지금과는 차이가 있지만, 당시에도 스펙 쌓기는 존재했고, 토익 등 영어점수가 가장 보편적이었다. 난 그 길 대신 사회에 바로 뛰어들어 일을 경험키로 마음먹고 대학 졸업 전에 대학 선배 소개로 이벤트회사에 취업하게 되었다. 처음 시작한 일은 스포츠와 관련된 직종은 아니었지만, 콘텐츠나 다루는 내용만 달랐을 뿐 스포츠와 관련된 일을 하게 되더라도 연관 지을 수 있을 것이라 생각했다. 어린 나이에 사회에 뛰어들어 돈맛을 알게 되었고, 남들보다 일찍 월급이라는 올가미를 느끼게 되었다. 그럼에도 내가 놓치지 않은 일이 있었다. 내가 관심을 두는 직종에 대한 정보 찾기였다. 매일 구인/구직 사이트에 접속하여 희망하는 직종의 구인정보를 살펴봤고, 검색 키워드는 '스포츠', '스포츠마케팅'이었다. 수년간의 사회 경험 끝에 한국실업축구연맹의 채용 소식과 도전 끝에 2006년 입사하게 되었고, 그로부터 2020년까지 이곳에서 축구행정가의 삶을 살게 되었다. 그리 크지 않은 조직이었지만, 신입사원 연봉 2천만 원으로 시작했다. 2020년 대한축구협회로 이직하며 실업축구연맹을 해산할 때까지 좋은 여자를 만나 두 아이의 아빠가 되었고, 사원부터 대리, 과장, 팀장, 행정지원국장까지 명함을 네 번이나 바꾸며 내셔널리그의 바닥부터 실무책임자까시의 경험을 몸소 맛보았다. 돈맛을 더 알았다면 진작에 탈출했었야 하는 직장이었지만, 내가 좋아하는 축구를 보면서 돈을 버는 일은 나에게 너무나 행복한 일이었다. 주말 없는 삶을 이해해준 아내 덕분에 일에 집중할 수 있었고, 내가 꿈꾸는 작은 스포츠마케팅 세상을 도화지 속에 그려볼 수 있었다.

내셔널리그와 한국실업축구연맹은 지금은 역사 속으로 사라졌다. 그러다가 2020년 K3-K4리그 출범에 따른 성인축구리그 통합과정이 진행되었고, 그 덕분에(?) 당시 동료들과 나는 현재 몸 담고 있는 대한축구협회로 이직하게 되었다. 내셔널리그를 운영하면서 작은 스포츠마케팅을 진행했다. 다수의 체육단체는 조금은 보수적인 운영 마인드를 갖고 있다. 내가 근무했던 내셔널리그도 아주 없지는 않았지만, 일하는 사람 모두 새로운 일과 콘텐츠를 만들어가는 데 수용의 마인드가 열려 있었다. 내가 근무한 15년 역사를 돌아보며 작은 스포츠마케팅 추억 하나를 끄집어내 본다.

　당시 내셔널리그 온라인 생중계를 도입했다. 그 시작은 2010년, 지금으로부터 10년 전 업무를 회상한다. 인기 종목인 축구이지만, 비인기 리그에 속한 실업축구리그 내셔널리그였다. 어린 시절 TV에서 축구, 야구를 보는 것이 좋았던 나였는데, 내가 운영하는 리그가 TV에서 방송되지 못하고 있다는 게 스스로 창피했다. 공중파 방송사는 물론 스포츠케이블 방송사, 이후엔 IPTV 채널사까지 내셔널리그 중계를 위해 발품을 팔고 협상했다. 중계권을 받고 리그 중계를 해야 하는 이론적 배경과 올림픽, 월드컵 중계권 수입 뉴스는 나에게 먼 나라 이야기였다. 실상은 돈을 들고 가서 제작을 요청하고 편성을 받아내는 것이 일이었지만, 이마저 하늘의 별 따기였다. 생중계를 위해 경기 시간을 낮 12시로 하자는 피드백을 받기 일쑤였다. 생각의 차이겠지만, 점심시간에 축구 경기를 하게 한다면, 선수들은 좋아할까? 적지만 경기장을 찾아주는 팬들한테도 미안한 일 아니겠는가? 이미 많은 종목이 방송사 편성표에 자리 잡았고, 방송사에서도 내셔널리그에 크게 매력을 느끼지 않았다. 누구를 탓할 수 없는 상황이었다. 그만큼 매력적인 스포츠 콘텐츠가 아니라고 방송사가 판단했기 때문이다.

그래서 틈새시장을 찾기 시작했다. 결론은 온라인 생중계로 내셔널리그를 알리고자 했다. 중계권은 애초에 꿈도 안 꿨다. 다만, 축구를 라이브로 보고 싶어 하는 팬들의 니즈에 맞추고자 했던 것이 시작이다. 리그 전 경기 온라인 생중계를 통해 축구 콘텐츠 채널을 만들겠다는 포부가 있었지만, 목표와 결과는 늘 차이가 있어야 현실이 아니겠는가. 그래도 축구단체 중에서는 처음으로 축구리그를 온라인 생중계했다. 10년간 들어간 중계 제작비 대비 중계권 수입은 어처구니없는 결과였다. 우리가 아는 투자 대비 효과를 적용한 마케터 계산법이라면 낙제점이다. 어림잡아 연간 중계에 1억씩 투자했지만, 뽑아낸 금액은 10년 누적해도 내 신입사원 시절 연봉 정도 될까 싶다. 그래도 최선을 다한 성적이었고, 이 성적이 절대 창피하지 않다. 우리나라 스포츠 중계시장을 바라볼 때 더 안 까먹은 게 다행스럽기 때문이다. 그래도 얻은 소중한 자산이 있다. 10년의 과정으로 많은 축구해설가를 배출했고, 팬들과 함께하는 콘텐츠 채널도 운영하며 축구 인재의 성장을 경험하고 시대의 흐름에 맞게 변화하는 스포츠 중계 기술과 SNS 채널들이 변화하며 생존하는 모습을 경험했다. 그리고 얻은 최고의 배움은 콘텐츠의 소중함이었다. 방송사들과 접촉할 수 있는 콘텐츠가 있느냐 없느냐의 차이를 경험했다. 상태가 아주 양호하진 않지만, 그래도 자체 콘텐츠를 갖고 있으므로 다수의 방송사와 중계 협상을 할 수 있느냐가 중요한 기준이었다. 더 많은 팬의 니즈를 충족했으면 좋았겠지만, 그래도 자체 채널 운영과 스포츠 케이블방송사 편성도 진행하며 나름 성과를 만들어냈던 내셔널리그 온라인 생중계였다.

4 야! 너는 당근 할 수 있어! 나도 하고 있잖아…

어린 시절부터 스포츠를 마냥 좋아했던 아이는 운명처럼 스포츠와 여전히 삶을 함께하고 있다. 돈 내고 봐야 하는 축구경기를 급여를 받으면서 보는 행운아이며, 스스로 '축구한량'이라고 표현한다. 물론 이 삶을 유지하기 위해 나만의 각고의 노력을 했고, 어쩌다 보니 어른이 되어 두 아이의 아빠가 되었으며, 대한축구협회에 근무하고 있다. 하루 아침에 된 건 없다. 나 스스로를 돌아보면, 작은 계획을 수립하고, 가능 여부를 판단하고 하나씩 쌓은 경험이 나를 유지하고 있는 것 같다.

스포츠 세계에서 뛰어난 피지컬은 엄청난 무기다. 어릴 적부터 상대적으로 왜소했던 나는 스포츠를 동경했다. 경쟁이라는 기본 배경이 깔려 있는 스포츠 세계이지만, 스스로 단 한 번도 상대보다 우위를 선점한 적이 없는 것 같다. 늘 뒤에서 쫓아갔고, 따라가기 바빴다. 어떻게든 지지 않으려 했고, 어쩌다 이기면 그것이 좋았다. 어린 시절부터 친구들과 농구를 하건 축구를 하건 혹은 싸움에서도 그랬고, 사회에서도 그 기질을 갖고 지내고 있다. 그렇게 나를 가꾸며 지내왔고, 앞으로도 이러한 삶의 관점은 쉽게 바뀌지 않을 것 같다. 많은 재능을 갖고 있으면 정말 좋겠지만, 그런 인간이 이 세상에 얼마나 있으랴? 다들 본인이 가진 재능을 뽐내기 바쁜 것 같지만, 그 속을 들여다보면 부족함을 감추기에 바쁘다. 자신의 강점을 더 드러내야 그 부족함이 보이지 않기 때문이다. "최고의 방어는 최고의 공격"이라는 스포츠 경쟁에서의 정석이 있다. 어떻게 방어하고 공격할지는 자신이 가장 잘 안다. 앞으로 더 멋진 미래를 꿈꾸는 자들에게 용기를 주고 싶다. 그리고 묻고 싶다. 내가 가장 잘하는 것이 무엇이고, 가장 부족한 것이 무엇인지 스스로 생각하고 표현해볼 것을.

스포츠마케터? 스포츠행정가? 스포츠와 함께하는 삶?

크건 작건 이것이 여러분이 꿈꾸는 인생인가?

조급해하지 말고, 늘 관심 갖고 준비하며 때를 기다리자.

다만 우리에게 좀 늦게 찾아올 뿐이니.

글을 마무리하면서 백 마디 표현보다 갑자기 이렇게 정리하고 싶은 건 뭘까?

"스스로 여전히 작은 소년의 마인드를 갖고 있어. 이길 자신이 없는 거지. 그러나 지진 않으려 노력했어. 과거에도 그랬고, 지금도 그렇게 살고 있어. 안 지려고 버티다 보니 가장이 되었고, 좋아하는 일과 하고 싶은 공부 하며 내 삶을 살고 있어.

나를 돌아봤어. 내 인생에 함께한 많은 사람을 다시 되새겨봤어. 나보다 뛰어난 사람들 엄청 많았어. 내 기준으로 따라잡으려고 했던 그 친구들, 그 많은 사람이 그냥 부러웠고, 그들 덕분에 내가 지금 살고 있는 원동력이라 생각해. 부지런히 지치지 말고 해봐. 단, 그만두면 안 돼!"

"친구! 걱정하지 마!"

"너는 당근 할 수 있어!"

"나를 봐, 나도 하고 있잖아…."

The World of Sports Marketers 4-2

경험할 수 있다면
미련한 곰이라도 되어라

프로필

이 름 : **김세진**

소 속 : 경희대 테크노경영대학원 객원교수

이 력

(現) 대한체육회 정보통계위원
(現) (재)국제스포츠전략위원회 사회공헌분과위원
(現) (사)미디어전략연구소 연구원
(前) 대한브라질리언주짓수연맹 부회장
(前) 대한카라테연맹 이사
경희대 스포츠산업경영 박사
성균관대 글로벌경영 석사
경희대 스포츠의학 학사

1 스포츠 분야를 한마디로 표현하자면?

남녀노소 누구나 하나가 되는 스포츠. 스포츠는 '공존'이다.

2 스포츠어벤져스

전 세계 사람들의 이목이 집중되고, 경기 시작을 알리는 휘슬과 함께 각본 없는 드라마가 펼쳐진다. 선수 저마다의 구슬땀이 만들어낸 스스로의 한계를 뛰어넘는 과정은 어린 소년에게 강렬하게 다가왔다. 소년이 성장하면서 스포츠를 알아갈수록 스포츠가 스포츠 이상의 가치를 지녔다는 믿음이 생겼고, 그 믿음의 끝에서 동경의 대상이던 스포츠 스타들을 만났다. 소년은 그들과 함께 같지만 다른, 다르면서도 같은 스포츠를 통해 선한 영향력을 소외계층과 함께 나누게 되었다.

◀ 2019년 신수지 전 리듬체조 선수와 함께

최근 사회공헌활동은 기업의 사회적 책임CSR의 한 형태로 저소득층 학생을 위한 장학금 후원, 장애인 자립을 위한 프로그램, 다문화가정을 위한 지원사업 등 소외계층을 대상으로 전개되고 있다. 이제는 기업뿐만 아니라 공공기관에서도 사회적 책임CSR에 공감하고 담당 부서를 만들거나 마케팅 부서에 역할을 부여하면서 활발하게 사회공헌활동을 전개하는 추세다. 스포츠 스타들의 사회공헌활동 역시 꾸준히 늘고 있다. 프리미어리거 박지성, 메이저리거 박찬호, 골프선수 최경주 등 프로스포츠 선수뿐만 아니라 역도 여제 장미란을 비롯해 올림픽 스타들도 사회공헌활동에 참여하고 있다.

▲ 2018년 두드림스포츠 발대식 현장

2017년 유승민 IOC 선수위원은 탁구와 더불어 다양한 종목의 스포츠 스타들, 그리고 스포츠 분야의 전문가들과 함께 스포츠를 매개체로 가치 있는 활동을 펼치기 위해 사단법인 두드림스포츠를 만들었다. '건강한 스포츠 생태계 조성'이라는 슬로건을 바탕으로 소외계층에게 스포츠를 통한 사회공헌활동을 펼쳐나가고 있는 그들의 해시태그는 '#스포츠어벤져스'다.

3   스포츠의 가치를 알면 기획이 보인다

스포츠 활동에 참여함으로써 얻을 수 있는 가치가 무엇일까? 연령이나 성별에 따라 다소 차이는 있겠지만, 공통적으로 스포츠 활동은 참여자에게 즐거움과 동시에 건강한 삶을 선사한다. 나아가 참여하는 구성원 간에 느끼는 일체감, 이러한 가치들이 모여 건강한 복지국가의 청사진까지 스포츠 활동을 통해 얻는 가치는 무궁무진하다. 스포츠는 그 자체가 에너지의 원천이며, 수많은 에너지를 뿜어내는 파급력을 갖고 있다. 스포츠의 가장 파워풀한 에너지를 꼽으라고 한다면, 여러분은 무엇을 꼽겠는가? 나는 가장 먼저 하나 되는 힘, 화합의 에너지를 꼽을 것이다. 올림픽이나 월드컵을 떠올려보면, 스포츠를 통해 국민이 하나 되고, 대륙이 하나 되며, 전 세계가 어우러진다. 그만큼 스포츠는 너와 나를 이해하고 우리라는 관계를 형성하는 데 원초적인 힘을 갖고 있다.

◀ 2019년 '이천장애인선수촌' 홍석만 IPC 위원과 장애인 선수 간담회

'가치'에 집중한 마케팅이 떠오르고 있다. 단순히 기업이 소비자에게 제품을 파는 것을 넘어 가치를 파는 것을 의미한다. 경제학 분야에 저명한 하버드대 교수 마이클 포터의 공유가치창출CSV 개념과도

일맥상통하는 부분이다. 다양성을 존중하면서 서로 다른 여럿을 하나로 만드는 스포츠의 가치, 그 가치에 집중하여 장애인과 비장애인, 다문화 어린이들의 화합의 장을 만들었다.

국제올림픽위원과 국제패럴림픽위원 그리고 스포츠전문가들이 모여 회의를 진행했다. 우리는 제품을 파는 집단이 아닌 가치를 전파하는 집단이었고, 스포츠를 통해 우리가 실천할 수 있는 가치 중 '화합'이라는 단어에 주목했다. 장애인과 비장애인이 함께하는 대회는 결코 쉽지 않은 길이면서도 개척해야 할 길이라고 여겼다. 그리고 스포츠어벤져스는 유턴 없이 직진했다. 기획 단계부터 쉽지 않았다. 같은 스포츠를 공유하지만 물과 기름처럼 섞이기 어려운 느낌이었다. 대회 운영에 대한 문제점도 제기되었지만, 참가자를 모집하는 데 큰 어려움이 따를 것이라는 의견이 많았다. 소비자는 비용 대비 혜택이 많은 제품이나 서비스를 선호한다. 마찬가지로 대회에 참가하는 참가자도 참가비, 참가상품, 경기장 위치, 대회 규모 등을 고려하여 자신이 소비하는 비용 대비 혜택이 큰 대회를 선호한다. '장애인과 비장애인이 같은 장소에서 같은 종목으로 대결하는 것이 이렇게 힘든 것일까?', '참가자가 느끼기에 대회에 참가할 그만한 가치가 있다면 그 또한 혜택이 아닐까?', '스포츠라면 가능할 것 같은데?' 하루에도 수십 번씩 경기 진행에 관해 지웠다 쓰기를 반복했고 틈만 나면 관계자들을 붙잡고 회의를 진행했다. 드디어 대회 당일, 경기장 주변으로 참가자들이 모여들기 시작했다. 나에겐 새벽안개 사이로 긴장한 참가자들의 눈빛이 밤하늘 별빛보다 아름다웠다. 비장애인 참가자는 장애인 참가자의 위력을, 장애인 참가자는 비장애인 참가자의 배려

◀ 2019년 두드림스포츠 팀원들과 함께

를 느낄 수 있었다. 우리 모두는 스포츠를 통한 화합의 힘을 느꼈다.

다문화가정이 늘고 있다는 이야기는 뉴스로 많이 접했을 것이다. 통계청의 「2018년 다문화 인구동태」 통계를 살펴보면, 2017년 기준 다문화 출생아 비율이 5.5%다. 20명의 아이가 새로 태어나면 그중 1명이 다문화가정이라는 뜻이다. 초등학교 한 학급에 한 명 정도는 다문화 아이일 수 있다는 것이다. 다양성을 존중하는 시대적 흐름이 있기는 하지만, 아직 유소년에게는 다름이 틀림으로 받아들여질 때가 있다. 그러다 보니 유소년기 다문화가정의 친구들은 적지 않게 마음의 상처를 받는다. 2017년부터 2019년까지 다문화 친구들과 스포츠를 통한 소통을 이어왔다. 이 역시 스포츠가 주는 화합의 힘으로 시작된 소통이었다. 피부색도 다르고, 부모님의 영향으로 문화적 관점도 다른 아이들이 한자리에 모여 힐끔힐끔 서로를 탐색하고, 공통의 관심사를 만들고, 그것을 통해 하나가 되는 과정은 스포츠 하이라이트 장면만큼이나 오랜 잔상을 남겼다.

단상의 가장 높은 곳에 올라 전 세계인에게 대한민국의 저력을 증명하는 금메달에도, 옆집 꼬마의 태권도 발차기에도 스포츠는 있다.

▲ 2018년 두드림스포츠 청소년올림픽

오랜 시간 동안 스포츠는 우리 삶 속에서 다양한 역할을 해왔다. 그러나 그 출발점은 다르지 않다고 생각한다. 스포츠에 매력을 느끼고 이 분야를 탐색하고 있는 여러분에게 스포츠와 자신만의 아이템을 연결함에 있어 상수보다 변수가 많을 때는 매개체가 되는 스포츠의 본질을 살펴보는 것을 추천한다.

4 사회적 이슈, 블루오션을 찾는 키가 되다

스포츠비즈니스에서 트렌드는 놓쳐서는 안 될 중요 포인트다. 현대사회는 어제와 오늘의 트렌드가 다르고, 내일의 트렌드를 예측하기 힘들 정도로 빠르게 변화하고 있다. 그런 빠른 변화 속에서 양산되는 사회적 이슈는 트렌드와 별개의 것이 아니다. 트렌드만큼이나 주의 깊게 볼 필요가 있다. 스포츠를 매개체로 사회공헌활동을 전개하는 나로서는 더욱 그러했다.

대한민국은 2017년 고령사회(전체 인구에서 만 65세 이상의 비율이 14%를 넘긴 사회)에 진입했다. 유엔에서 고령인구 비율이 7%를 넘으면 고령화사회, 14%를 넘으면 고령사회, 20% 이상이면 초고령사회로 분류하는데, 한국은 2000년 고령화사회에 진입한 지 17년 만인 2017년 고령인구가 711만 5천 명으로 전체 인구의 14.2%를 차지하며 고령사회로 들어섰고, 통계청 자료에 의하면 2025년에는 초고령사회에 진입할 것으로 예상하고 있다. 프랑스, 미국, 독일 등에 비해, 그리고 고령화가 빠르다는 일본보다 2배나 빠른 속도다. 대비 기간이 짧은 상태에서 제기되는 의료비 문제와 인구절벽에 따른 생산인구 감소 등을 해결할 방안이 필요한 실정이다.

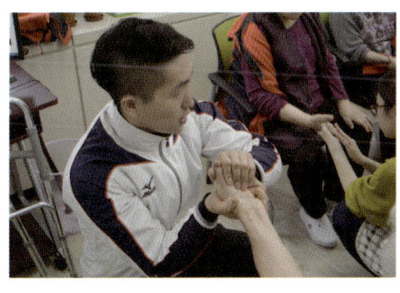

◀ 2018년 노인요양시설 시니어스포츠 프로그램 지원

최근 들어 문화체육관광부, 국민체육진흥공단에서 발표하는 자료에는 눈에 띄게 스포츠와 복지가 함께 등장하고 있다. 이는 노인들이 건강한 삶을 영위하는 데 있어 스포츠의 역할이 크기 때문이다. 나도 건강한 복지의 한 축으로서 스포츠의 역할론에 대해 동의한다. 대학 진학 시절 스포츠의학을 지원한 것도, 두드림스포츠의 국장 역할을 맡을 당시 엘리트 스포츠선수들과 시니어 스포츠에 대해 가장 많이 이야기한 것도 스포츠가 복지의 대안이라는 생각 때문이었다. 사실, '노인'이라는 표현보다는 '시니어'라는 표현을 선호하는 편이다. 통상만 65세 이상을 '노인'이라고 부르는데, 직접 체감하는 65세는 결코 늙지 않았다. 늙었다는 표현보다는 오랜 경험을 가진 베테랑이 더 어울리기 때문이다.

사회적 이슈로서 간과할 수 없는 고령화 흐름에 맞춰 시니어 스포츠 프로그램을 지역사회 체육종사자 및 체육전공자들과 진행했다. 현장에 방문하여 어르신들에게 일상생활에서 간편하게 따라 할 수 있는 동작을 가르쳐드리는 것부터 시작했다. 처음 어르신들과 활동을 전개할 때는 어려움이 많이 따랐다. '왜 필요한가?'에 대해 너무 전문적이지 않으면서도 쉽게 이해되는 방법이 무엇일까에 대해 고민했다. 단순히 "운동하면 건강할 수 있어요"라는 말은 어르신들의 참여 욕구를 높이는 데 부족했다. 그래서 "약을 달고 살거나 병원에 가시는 것보다 더 낫지 않나요?"라는 차원에서 다가갔다. 어르신들은 전보다 적극적으로 동작을 배우고 따라 하면서 건강을 만들어갔고, 더불어 젊은 친구들과 소통의 채널을 마련했다. 시니어 스포츠는 애프터서비스 after service가 아니라 비포서비스 before service다. 문제가 생기기 전에 운동 효과를 알리고 참여하게 해야 한다. 이러한 인식의

◀ 2019년 사회복지시설 시니어 스포츠 프로그램 지원

변화로 직접 방문뿐만 아니라 요양시설의 관계자 또는 사회복지사, 스포츠센터 직원들을 대상으로 시니어 스포츠에 대한 의를 함께 지원해 건강한 시니어 스포츠 클러스터를 구축해나갔다.

사회적 문제를 인식하고 해결하면서 동시에 수익을 창출하는 공유가치창출CSV이 상생의 경영 방식으로 떠오르고 있다. 스포츠 분야에서도 이러한 상생 경영에 눈을 뜨고 있다. 프로스포츠 구단의 지역 상생 프로젝트, 기업의 스포츠 CSV를 바탕으로 한 해외시장 개척 등이 긍정적인 성과를 만들어내고 있다. 단순히 골칫거리로 치부하고 넘기던 문제를 다른 관점에서 바라보고 접근한다면 아무도 생각하지 못했던 새로운 시장을 개척할 수 있지 않을까?

5 경계(境界)를 경계(警戒)한다

모든 스포츠 경기에는 시작과 끝이 있다. 그것이 선수나 팀의 어제와 오늘을 구분 짓는 것은 아니다. 시작을 알리는 휘슬이 울리고 선수들은 최선을 다해 경기에 임해 준비해온 모든 것을 종료 휘슬이 울릴 때까지 쏟아낸다. 그날 경기는 끝났지만, 선수들의 스포츠는 끝나지 않았다. 경기가 끝나면 승자와 패자는 나누어지지만, 승자도 패자도 다음을 위한 준비를 이어간다. 몸 상태를 체크하고, 코칭스태프와 함께 경기를 분석하며 재정비한다. 또 다른 내일을 위해 오늘 경기는 마침표가 아닌 쉼표이며, 경계선 위가 아닌 연장선 위에 놓여있다.

2016년 6월 스위스에서 열린 다보스 포럼Davos Forum에서 클라우스 슈밥Klaus Schwab은 '4차 산업혁명'을 언급했다. 이후 국내외를 막론하

◀ 2019 서울국제스포츠레저산업전

고 인공지능AI, 사물인터넷IoT, 가상현실VR, 분야 간 융합에 대한 이야기는 끊이지 않고 있다. 다른 영역과의 융합에 있어 스포츠산업을 빼놓고 이야기하면 섭섭할 정도다. 스포츠와 엔터테인먼트 두 단어의 결합으로 탄생한 스포테인먼트와 스포테이너만 봐도 융합을 통해 보여주는 시너지가 크다고 할 수 있다. 스포츠와 미디어, 스포츠와 게임 그리고 스포츠와 VR 역시 좋은 예라고 할 수 있다. 딱딱하게 스포츠산업에 영역들을 분류하고 해당 카테고리를 찾아 자신을 끼어 맞추기보다는 경계를 허물고 시야를 넓게 가질 필요가 있다. 시장이 빠르게 변화하고 있고, 해석하는 시각이 다양해지고 있다.

학부를 졸업하던 당시 마주했던 취업의 벽은 막막했다. 특히 제일 먼저 든 생각은 '융통성 제로'였다. 영역의 분류에 자신을 끼워 맞추고 그 틀에서 사고해야 하는 느낌이었다. 스포츠산업 분야는 융합을 위한 포트가 많다. 개방형 포트에 여러분의 상상력을 꽂으면 새로운 형태의 아이템들이 소비자와 만날 수 있다. 최근에는 청년창업에 대한 기회가 열려 있고, 스포츠산업육성을 위한 정책과 지원이 늘어나고 있다. 엘리트스포츠와 생활스포츠의 경계선을 긋고 종목마다 카

▲ 2019년 우리들의 경기

테고리에 철저하게 분류만 한다면, TV 속 배구선수와 체조선수가 축구로 만나는 상황이 과연 올 수 있었을까? 내가 학부를 졸업하면서 마주했던 경계선은 이제 연장선으로 변해있다. 틀에 얽매이는 시간을 버리고, 연결 지점을 만드는 데 집중한다. 이른바 경계(境界)를 경계(警戒)한다.

6 기회는 약속을 잡지 않는다

중학교부터 대학교에 이르기까지 국내 학생들을 대상으로 한 강연에 가서 스포츠와 진로에 관해 이야기를 나누다보면 '여기가 조선시대인가?' 하는 생각이 들 만큼 학생들이 스포츠와 관련된 직업 관심도에 비해 아는 것이 없다. LTE 시대를 넘어 5G 초연결 시대에 사는 오늘날, 녹색 창만 열면 알고 싶지 않은 정보까지 알게 되는 세상인데 이렇게 모를 수 있을까?

국내 포털사이트나 서적에 스포츠선수부터 지도자, 그리고 행정부터 비즈니스까지 스포츠와 관련된 직업군에 대한 구체적인 소개는 생각보다 많지 않다. 또한 스포츠산업에서 벤치마킹할 역할모델의 수가 적은 것도 우리 학생들의 정보 부족의 이유일 수 있다. 하지만 휴대폰 잠금 화면만 풀면 전 세계를 서칭할 수 있는 세상이다. 무언가에 관심을 갖는 단계는 자신의 분야를 개척하는 첫걸음이다. 이 과정에서 학생들이나 취업준비생들이 더 적극적일 필요가 있다. 빙산의 일각만을 볼 것인지, 빙산의 큰 그림을 볼 것인지는 여러분의 관심과 열정에 달려있다. "아는 만큼 보인다"라는 말은 괜히 있는 말이 아니다.

26세 되던 해, 스포츠 의과학 분야에서는 국내 최고라 칭하는 학부를 졸업하고 스포츠계에 당당히 나서겠다는 포부를 지녔다. 스펙도 괜찮았고 면접이나 프레젠테이션도 자신 있었다. 하지만 취업 앞에서 퓨전요리 같은 나의 스포츠 세계는 한식, 중식, 일식, 양식처럼 분류해야 했고, 창업 앞에서 청년이 넘기에 높은 현실의 벽은 두려움과 동시에 상상력을 괴짜의 엉뚱한 생각으로 만들어버렸다. 현실은 냉정했고 준비는 미흡했다. 아니, 정확히 말하면 스스로에 대한 준비만큼 사회도 준비되어 있지 않았다. 주눅이 들어버린 열정에 뭐라도 주지 않으면 안 될 것 같았다. 멈추면 거기서 끝일 것만 같았다. 그래서 나의 스포츠를 더 튼튼하게 만들어줄 수 있는 무언가를 찾으려 했다. 그리고 책 속의 지식과 현장에서의 경험이라는 두 가지 측면을 실행으로 옮겼다. 경영학석사 과정에 지원하여 학문과 연계하면서 시대적 트렌드를 읽는 한편, 뜻이 맞는 동료들과 모여서 시니어 스포츠 프로그램, 스포츠 전공자를 위한 강의, 은퇴선수들과 함께하는 강연 등을 기획하고 시도하고 또 무너지면서 많은 사람을 만나고 다양한 경험을 했다. 당시 프로그램들은 경영자나 마케터 관점에서 보면 실패했지만, 이 과정을 통해 스포츠 분야 전문가들과 소통할 수 있었고, 나에 대해 어필할 수 있었다. 그리고 이런 시간을 통해 지금의 나와 만날 수 있었다.

◀ 2019년 유승민 IOC 위원과의 회의

기회는 약속을 잡지 않는다. 우연히 스쳐 지나칠 때도 있고, 마주하고도 모를 때도 있다. 불현듯 자신의 옆에 앉아 있을 때도 있다. 치열하게 부딪히고 고민하고 다시 또 조립해보는 열정, 심장의 두근거림과 시곗바늘 소리가 채운 당신만의 시간, 그 결과물이 어떻든지 그 과정을 아는 사람과 알지 못하는 사람의 차이는 크다. 어떤 사람들은 리스크를 감수하지 않는 가장 좋은 방법으로 특별하게 일을 만들지 않는 것을 추천한다. 그러나 나는 생각이 다르다. 리스크를 감수하지 않는 삶이 더 큰 리스크를 낳지 않을까? 아무것도 하지 않으면 아무것도 얻을 수 없다. 지나치는 기회가 기회였는지조차 알지 못한다면 그것이 가장 큰 리스크가 아닐까?

The World of Sports Marketers 4-3

체육단체도 이제는 돈(수익)이 필요하다

프로필

이 름 : **권혁도**

소 속 : 대한체조협회 과장
   (2017~현재)

이 력

(前) U. C. Berkeley Visiting Scholar(2010~2011)
(前) 대한장애인역도연맹 사무국장(2013~2016)
경희대학교 일반대학원 체육학과(스포츠경영 전공)
박사과정(2012년~중퇴)

주요 활동 및 연구활동

- 제11회 인천장애인아시아경기대회 공로 표창장
 (인천시장, 2015)
- 전국생활체육대축전 개선 및 발전방안
 (국민생활체육회, 2012)
- F1 코리아그랑프리 관람분석을 통한 관람객 증대방안
 (석사논문, 2012)
- 미국 대학스포츠 문화 분석을 통한 한국 대학스포츠
 문화 활성화 연구(국제학술포럼, 2011)
- 횡성군 골프 특성화 산업연계를 통한 지역경제 활성화
 및 인재양성 방안연구(횡성군청, 2011)
- IeSF 정식종목선정에 관한 연구(국제e스포츠연맹, 2010)
- 정읍시청 직장운동경기부 운영 타당성 평가
 (정읍시청, 2009)
- KOC가맹경기단체의 체육선진화를 위한 재정 안정화 방안
 (대한체육회, 2009)

1 나는 겉보기에만 노력했을 뿐 '練陞 권혁도'

나의 호(號)는 練陞(련승)이다. 익힐 '련(練)', 높이 오를 '승(陞)' 자를 사용하고 있다. 이 문자의 의미처럼 늘 배움(공부와 독서)을 가까이하고 노력해서 더 높이 오르고 싶다. 그동안의 내 삶은 그저 겉보기에만 노력했을 뿐일지도 모르겠다. '더 열심히 더욱 치열하게 노력할 수는 없었을까?'라는 많은 아쉬움도 남는다. 현재 재직 중인 대한체조협회를 중심으로 체육단체에서 하는 일은 무엇이며, 스포츠마케팅 측면에서는 어떻게 운영되고 있고, 어떤 노력이 나를 여기까지 이끌었는지 소개하고자 한다.

2 자기 내면의 목소리에 귀를 기울이면 열정이 보인다

나는 학창 시절부터 프로스포츠 경기에 관심이 많았고, 특히 축구 국가대표팀의 서포터스인 '붉은악마' 활동을 하는 등 축구를 많이 좋아했다. 축구장에서 경기를 보면 가슴이 뻥 뚫리는 느낌과 마음껏 소리 지르며 응원할 때 '내가 존재함'을 느꼈기 때문이다. 군 전역 후에는 혼자 여행하면서 내가 무엇을 잘하는지, 무엇을 좋아하는지에 대한 고민을 끊임없이 했다. 결론은 내가 좋아하는 일을 평생 하면서 살 것이라는 다짐이었다. 나의 학부 시절을 돌이켜보면 학교 중앙도서관에서 스포츠 관련 책들을 많이 읽었고, 홀로 기차를 타고 서울로 가서 스포츠산업박람회를 관람하고, 학회와 세미나 등 여러 공개 강의도 참관했으며, 지역 대학생들의 스포츠마케팅 스터디에 참석하는 등 다양한 활동을 했다. 내가 좋아하는 스포츠를 더 많은 사람과 함께 공유하고 싶었고, 스포츠가 발전할 수 있는 시스템을 만들어보고 싶다는 다짐으로 스포츠마케터가 되기로 결심했다.

친구들과 선배들이 모두 취업 준비를 하던 시기에 나는 대학원 진학을 결심했고, 대학원에서 다양한 스포츠마케팅 공부와 연구 프로젝트들을 경험하면서 스포츠마케팅 세계에 본격적으로 눈뜰 수 있었다. 또한, 지도교수님의 도움으로 미국의 한 대학교에 1년간 머무르며 다양한 프로스포츠와 대학스포츠 경기를 관람했고, 그들의 스포츠 문화를 이해하게 되었다. 개인적인 이유로 대학원 박사과정을 갑작스럽게 그만두고 대한장애인역도연맹의 사무국장을 거쳐 현재는 대한체조협회에서 체육행정 업무를 수행하고 있다.

3　힘들지 않으면 발전도 없다
체육행정 업무의 세계(1)

대한체조협회 사무처에서 2019년도에 수행한 업무를 중심으로 체육행정 업무를 소개하고자 한다. 아래 표는 대한민국 체조(기계체조, 리듬체조, 생활체조)를 운영하는 대한체조협회 사무처에서 수행했던 사업 수행 결과다. 총 145개의 사업을 수행했는데, 이 중에는 하루에 끝난 사업도 있고 수개월 동안 진행된 사업도 있다. 협회 업무를 요약하자면 협회는 규정을 만들고, 전문 인력(심판 등)을 양성하여 대회를 개최하며, 지도자와 선수를 선발하여 훈련을 수행해 대회에 참가할 수 있

2019년도 대한체조협회 사업 수행 결과

	사업 구분	사업 개수	세부 내용
1	국내대회	18	기계, 리듬, 생활 각종 국내대회 예: 제3회 국토정중앙배 전국초등학교체조대회
2	국제대회	25	기계, 리듬, 생활체조의 국제대회 예: FIG 기계체조 종목별 월드컵 FIG World Cup
3	국내훈련	11	국가대표, 후보 선수, 꿈나무선수, 청소년선수 합숙훈련 예: 국가대표 정규훈련
4	국제훈련	7	국가대표, 후보 선수, 청소년, 국외정보수집 예: 남자 국가대표 국외전지훈련
5	외국인 코치	2	여자, 리듬체조 외국인 코치 초청
6	강습회	6	(기계, 리듬) 심판 강습회, 생활체조지도사 워크숍 예: 국내심판강습회
7	선발전	7	국가대표 선발전
8	국내회의	60	정기대의원총회(1회), 정기이사회(5회), 분과위원회(54회)
9	국제회의	4	국제체조연맹 및 아시아체조연맹 회의
10	기 타	5	생활체조 교실운영사업(4건), 기초종목 육성 사업(1건)
	계	145	

도록 돕는 행정지원 역할을 한다고 할 수 있다.

국내대회는 종목별(기계체조, 리듬체조, 생활체조) 대회가 개최되며, 기계체조와 리듬체조는 초등부, 꿈나무대회와 중·고등부, 일반부가 참가하는 종별 대회 등이 개최된다. 대회는 많은 예산이 필요하기에 체육회나 지자체 등에서 예산을 확보해야 한다. 최근에는 지자체에서도 대회 유치가 지역경제에 도움이 되고 지역을 알리는 홍보 수단으로 인식되어 대회 개최 비용의 일부를 지원하기도 한다. 이에 협회에서도 더 많은 선수단을 대회에 참가하게 하고, 대회 기간 개최지역의 식당과 숙박업소를 이용하여 지역 경제에도 도움이 될 수 있도록 많은 선수단이 참가하여 대회를 홍보하기 위해 노력하고 있다. 국내대회의 평균 대회 기간은 1~3일이며, 대회 담당 직원은 대회 준비를 위해 약 1~2일 전에 개최지역으로 출장을 가서 대회 개최를 위한 모든 준비를 하게 된다. 1개 대회가 개최될 때 평균 2~5일 정도의 출장이 있는데, 지난해 18개 대회를 개최한 체조협회 직원들의 출장도 그만큼 많았음을 알 수 있다.

현재 대한체조협회 사무처 직원은 총 9명이다. 사업 수 기준 145개의 사업을 수행했지만, 그 이면에 보이지 않는 행정업무가 많다. 각종 민원처리와 증명서 발급, 여러 기관에서 요청하는 요구 자료를 제출하기 위해서는 많은 시간 일을 해야 한다. 지난해 나의 출장은 총 37일이었다. 가족이나 친구들의 경조사와 협회 사업 일정이 겹치기도 하는데, 이 경우 참석이 어려워 미안한 마음이 들 때도 많다. 때로는 가족의 이해도 필요하고 무엇보다 열정 없이는 어렵고 힘든 직업이라 생각한다. 체육단체의 취업을 꿈꾸는 이들은 충분히 감수해야 할 부분이다.

▲ 진천선수촌 체조장. 남자 국가대표 선수 훈련 모습

▲ 리듬체조 국가대표 선발전

4 국제대회 출전 A to Z
체육행정 업무의 세계(2)

국가대표 선수단이 국제대회에 참가하기 위해서는 사무처에서도 많은 행정 지원업무를 해야 한다. 요약하자면 국가대표 선수단을 선발하고 훈련한 후 국제대회에 파견하게 된다. 국가대표 지도자는 지도자 선발공고와 접수, 면접을 통해 선발하게 되며, 국가대표선수 선발은 국가대표 선발전(대회)을 통해 선발하게 되는데, 이는 모두 협회 경기력 향상위원회와 이사회의 승인을 통해 결정된다. 이 과정에서 협회 직원은 국가대표 선발규정의 재·개정, 위원회와 이사회 회의자료 준비와 결과 자료를 만들게 되며, 선발 전 대회 준비(개최장소 확정, 참가요강, 경기장시설 준비 등)와 선수단 선발에 따른 언론 보도자료 배포 등의 업무를 수행하게 된다. 국가대표선수단이 선발되면 훈련을 위해 국가대표 선수촌에서 합숙훈련을 하게 되는데, 체육회에 훈련계획서와 사업계획서 등을 제출하고 선수단 합숙이 시작되면 선수단의 입·퇴촌 정보를 관리하고 훈련에 따른 수당을 지급하는 등의 다양한 역할을 하게 된다.

국제대회에 출전하기 위해서는 국제체조연맹FIG에 선수등록을 하고 대회참가신청서 제출과 출·입국을 위한 항공편 예약도 해야 한다. 스포츠마케팅 활동의 일환이라고도 할 수 있는 국제대회에는 용품후원사에서 제공해주는 선수단복을 착용하고 입·출국을 하게 되는데, 사전에 선수단 피복과 필요 용품도 후원사에 요청해야 한다. 국제대회는 협회의 직원도 함께 파견하며 선수단 이동과 숙박 및 훈련장 사용 등의 업무를 지원하게 된다. 경기 종료 후에는 결과를 협회로 전달하고 보도자료를 배포하며, 선수단이 무사히 입국할 때까지의 전 과정을 지원하게 된다.

현재 대한체조협회의 후원사는 회장사인 ㈜포스코건설(과거 포스코)인데, 연간 9억 원 규모의 후원을 받고 있다. 협회가 지금까지 유지하고 발전할 수 있었던 이유는 포스코그룹의 지원 덕분이었다. 최근에는 올림픽 개최로 인해 KB금융에서 일부 금액을 후원받기도 했는데, 다른 후원사들의 재정후원은 많지 않은 상황이다. 용품 후원사의 경우 데상트(기계체조)와 LF패션(리듬체조)에서 후원을 받고 있다. 과거 손연재 선수처럼 언론의 조명을 받는 선수가 활약하던 시절에는 후원사도 많지만, 최근에는 일부 브랜드에서만 후원하는 실정이다. 이는 곧 협회에서도 스타 선수를 발굴하고 스포츠마케팅 활동을 강화하여 많은 사람이 체조에 관심을 갖도록 해 기업의 후원을 끌어내야 한다는 과제를 안고 있다는 뜻이기도 하다. 결국, 스포츠마케팅의 선순환 시스템을 통해 그 혜택이 다시 선수단에 돌아가 선수들의 경기력 향상에도 도움을 줄 수 있도록 해야 한다.

▲ 제100회 전국체육대회 시상식. 리듬체조

▲ 여자 기계체조 시상식

5 체육행정 업무의 가장 큰 보람은 선수의 성적
코리아컵 제주 국제체조대회

2019년 6월에는 제3회 코리아컵 국제체조대회가 제주도에서 개최되었다. 스포츠마케팅 관점에서 국제대회를 유치할 때 고려해야 하는 부분이 어느 정도로 사람들의 이목을 집중시킬 수 있고 기업의 후원을 유치할 수 있는지가 중요한 부분이다. 하지만 협회로서는 이 대회를 통해 국제연맹과의 관계와 선수들의 경기력도 고려하게 된다. 코리아컵의 경우 재정적인 측면에서는 적자 대회였다. 이번 대회는 올림픽, 세계선수권대회의 메달리스트들과 종목별 상위 랭커들을 초청했는데, 선수들의 항공료와 숙박비를 지원하고 많은 상금도 준비했다. 하지만 대회 일정이 변경되면서 초청했던 우수선수들이 다른 대회에 참가하거나 출전을 포기하면서 결국 이슈가 되지 못했다. 대회의 성격도 올림픽이나 선수권대회와 관계없는 오픈 대회였기에 흥행적인 부분에서도 기업의 후원을 이끌지 못했다. 다만, 도마 종목에서 양학선 선수가 금메달을 획득했으며, 여서정 선수가 도마 신기술을 성공시키며 금메달을 획득했다. 이 기술이 국제체조연맹FIG 공인 도마 신기술(난도 6.2점)로 등재되었기에 다가오는 올림픽에서 대한민국

◀ 코리아컵 미디어데이

최초의 여자 기계체조 메달을 노릴 수 있게 되었다는 부분이 가장 큰 성과라 할 수 있다.

사무처 직원들은 대회 준비를 위해 약 일주일 전 제주도 현지에 도착했다. 경기장의 각종 제작 물품은 모두 대행사(갤럭시아SM)에서 준비했기에 협회 직원들은 경기의 운영적인 부분을 위주로 준비하게 되었는데, 제주도라는 지역 특성상 대회 준비에도 많은 어려움이 있었다. 다음은 이번 대회의 추진업무 요약표다.

추진업무 요약표

연번	추진업무		연번	추진업무	
1	대회 추진 Title 스폰서	개최지 선정 (2018년도/완료) 제주삼다수/MOU 제주도(공모사업) 실시	6	호텔 공항	입찰/지정 상황(예약 등) 정리 참가선수단 배정/티켓 확보 입출국 일정 공항라운지 주차장 확인
2	후원/ 협찬/ 방송	후원사 협찬사 방송사	7	선수단	등록(임시/최종/지명) 경기일정 숙소 배정
3	운영 매뉴얼	조직도 업무분장	8	운영요원	소요 인원 체크 및 확보 통역요원 및 보조요원 업무분장/교육 자원봉사자 선발
4	제작물	엠블럼(로고) 대회 명칭 품목 선정 포스터/팸플릿/초청장 등 품목 선정 관련 사항(수렴)	9	운영 전반	총무 부문 경기 진행 및 운영(심판) 기획 및 지원 섭외 및 홍보 국제 부문
5	경기장	시설물 점검(시설/전광판) 사무실 운영(조직위/기자실 등) 보조경기장(운영) 경기장 시설 확인 기구 입고	10	평가 및 정리	결과 보고 (경기, 운영 등) 평가회 개최 (차년도 개최 등) 정산

대회 추진은 대회 개최 1년 전부터 시작되었으며, 개최지 선정과정에서 제주도 삼다수의 후원과 제주도청의 지원으로 개최지를 제주

도로 선정하게 되었다. 개최지를 확정한 후에는 후원사와 협찬사 그리고 방송사 모집을 위해 대행사와 협의했고, 대회 운영을 위한 매뉴얼 작성과 조직도 및 업무분장 등을 통해 대회 준비를 시작하게 되었다. 협회 직원들은 총무/경기/기획·지원/섭외·홍보/국제 등 5개 분야로 나누어 운영 요원들과 함께 업무를 수행했다.

 체육단체의 직원으로서 대회 개최를 위한 땀이 보상받는 부분은 결국 선수들의 성적이다. 스포츠 이벤트의 경우 잘해야 본전이라는 말이 있듯이 해당 대회에서 아무런 사건·사고가 없는 것이 가장 중요한 부분이다. 이번 대회는 시작과 동시에 전광판에 표출된 점수 오류가 발생하여 긴급대책회의를 통해 조치하기도 했지만, 비교적 큰 문제 없이 잘 마무리되었다. 개인적으로도 이번 대회를 통해 많은 것을 느꼈고 배웠기에 다시 국제대회를 유치하게 된다면 지금보다 훨씬 더 잘 준비할 수 있을 것 같다. 나는 하나의 사업이 끝나면 그때 나타난 각종 문제점과 느낀 점을 별도로 기록하고 있는데, 다시 국제대회가 개최된다면 이런 자료를 활용해 더욱 완성도 높은 대회를 만들 것이라 확신한다.

6 생활체육은 우리 삶의 일부
전국 어르신 생활체육 체조 Festival

나는 협회 내 생활체육 사업 담당자이기도 하다. 특히 「어르신 체육활동 지원사업」의 경우 전국노인복지시설 등 체육활동이 가능한 시설에서 어르신들(60세 이상)을 대상으로 생활체조 교실 수업을 진행하는 사업이다. 어르신의 체육활동을 장려함으로써 건강을 증진하고, 삶의 활력소를 제공하는 등 그 취지가 좋다. 매년 한 차례 대회를 개최하는데, 무대에 오르기 전 어르신들의 표정을 보면 초조하고 긴장한 표정이지만 경연을 마친 후 어르신들은 한결같이 웃으며 즐거운 모습이다. 대회에 참가하시는 분들 모두 어린 시절 소풍을 가던 우리의 모습과 다르지 않고 대회 종료 후에도 여러 지도자께서 보내주시는 감사 문자를 보면 나 또한 보람을 느낀다.

생활체조 대회에 참가하는 동호인들은 성적보다는 대회 자체를 즐기는 분들이 많다. 기계체조와 리듬체조 그리고 생활체조 경기장을 모두 가보면서 분위기가 매우 다르다는 것을 느낀다. 엘리트 선수들이 경기할 때면 긴장하고 엄숙한 분위기 속에서 경기가 진행되는 반면, 생활체조 경기장은 너무나 밝고 즐겁다. 참여 자체가 그들에게는 아주 큰 행복이기 때문일 것이다.

최근 협회에서 유튜브를 시작하면서 생활체조 대회를 생중계하고 대회 종료 후에도 영상과 사진을 협회 웹하드 계정으로 공유하고 있다. 사업 담당자로서 동호인들의 경기 모습과 대회에 참여한 순간을

▲ 어르신 Festival 경연 사진

▲ 대한민국 체조제 경연 사진

가족과 지인들에게 공유한다면 대회에 참석한 모든 분도 행복할 것이기 때문이다. 나는 사업을 진행할 때 한 가지라도 작은 변화를 시도하고자 노력한다. 작은 변화가 모이면 더 발전되고 완성도 높은 사업이 될 것이라 생각하기 때문이다.

7 꿈이 있다면 길은 있다!

학부 시절 교양과목으로 '현대사회와 스포츠'라는 수업을 수강한 적이 있다. 당시 우리나라 스포츠(체육)단체의 SWOT 분석을 할 때 약점Weakness으로 파악되었던 부분이 '스포츠마케팅 전문 인력의 부재'였다. 그 문구를 보면서 나는 기회라고 생각했고, 내가 스포츠마케팅 분야의 전문 인력이 되어야겠다고 다짐했다. 그로부터 약 15년이 흘렀고 현직 종사자로서 관련 분야에서 8년째 일하고 있지만, 체육단체 현장에서도 스포츠마케팅의 중요성이 점점 커지고 있고 앞으로도 더욱 커질 것이라 확신한다.

2020년 2월 문화체육관광부에서 발간된 『2018 체육백서』에는 2018년도 대한체육회 회원종목단체 결산 현황 자료가 소개되어 있다. 61개 대한체육회 회원종목단체의 재정 현황이 나와 있는데 평균 결산금액은 60억 9,828만 1,431원이며, 자체 금액은 35억 5,889만 6천 원이다. 평균 재정자립도는 58.35%이지만 상위 3개 단체(축구, 배구, 핸드볼)협회를 제외한 58개 단체의 재정자립도는 47.45% 정도로 떨어진다. 결국, 대다수 체육단체에서는 스포츠마케팅 등을 통한 재원 확보가 필수적인 부분이 될 것이며, 이를 인식하여 일부 협회에서도 최근 스포츠마케팅 전담부서와 인력을 배치하는 협회가 늘어나는 추세다.

8. 스페셜 원(Special One)이 아닌 노멀 원(Normal One)인 당신에게

많은 학생이 체육단체 취업을 꿈꾸지만, 쉽지 않은 것이 현실이다. 가장 큰 이유는 결원이 발생해야 충원되는 체육단체의 채용 구조와 적은 인력 규모 때문이다. 스포츠 관련 취업 온라인커뮤니티의 글을 보면서 기업의 면접이나 합격 후기를 공유하면 그 사람의 스펙을 궁금해하는데, 나는 남과의 비교보다는 자신의 경험을 어필하라고 말하고 싶다. 관련 업계 지인들도 말하기를 스펙이 뛰어난 사람을 뽑는 것은 아니라는 것이다. 대한체조협회 직원들도 과반 이상이 비수도권 출신이며, 경영학과, 체육학과, 기타 언어 관련학과 등 전공이 아주 다양하다. 지방 사립대학을 졸업한 스펙이 뛰어나지 않은 직원이 대부분이다. 체육단체의 취업을 꿈꾸는 학생들에게 하고 싶은 말은 특별히 남들보다 뛰어나지 않은 평범한 학생이어도 다양한 경험을 통해 스포츠 분야에서의 열정과 성실함을 어필하라고 말하고 싶다. 제출한 서류와 면접에서의 표정을 보면 알 수 있다. 당신이 얼마나 이곳을 원하고 오기 위해 노력했는지를….

9 우리 모두는 미래를 변화시킬 능력이 있다!

나의 미래는 예측할 수 없고 단정하고 싶지 않다. 나는 매일 아침 7시가 되면 회사가 위치한 올림픽공원의 한 커피숍에 도착한다. 늘 첫 번째 손님으로 자리에 앉아 책을 읽거나 공부하며 더 나은 미래를 위한 준비를 하고 있다. 다음은 내 삶의 모토다.

"I believe that I have a ability to change anything in my life, starting right now."

나는 내 인생에서 무엇이든 변화시킬 수 있는 능력이 있다고 믿고, 늘 실천하기 위해 노력하고 있다. 이 글을 읽는 모두가 자신의 능력을 믿고 실천하여 인생을 바꾼 수많은 스토리의 주인공이 되었으면 한다.

▲ 세상에서 가장 소중한 가족, 아들 돌 사진

▲ 결혼 5주년 기념일

The World of Sports Marketers 4-4

행동하라!
스포츠 세상에 안 되는 건 없다

프로필

이 름: **최우진**

소 속: 대한태권도협회
       도장사업부 주임

이 력

(前) 대한민국 육군 제11기계화보병사단 소대장
    (ROTC #51)

(前) 경희대학교 체육지도자연수원

(前) 2017 TAFISA 세계생활체육연맹 서울총회
    조직위원회

(前) 2018 평창동계올림픽 조직위원회 자원봉사자
    직무유지프로그램 TF

경희대학교 체육대학원 체육학 석사

1 젊음은 끝없는 도전이야!

2021년 초, 코로나19의 장기화로 대한민국 스포츠계가 멈춰있는 요즘. 나는 태권도계를 살리기 위해 정신없는 하루를 보내고 있다. 내가 하는 일을 소개하자면 대한체육회 회원종목단체 중 하나인 '대한태권도협회'에서 근무하고 있으며, 우리나라 국기(國技)이자 올림픽 효자종목(?)으로 잘 알려져 있는 '태권도'의 보급과 발전을 위해 다양한 사업과 프로그램을 기획하고 운영하는 일을 하고 있다.

많은 사람을 만나면서 나의 직업에 대해 설명해주면 "태권도 몇 단이에요?", "태권도선수 출신이에요?" 등의 질문이 항상 돌아온다. 결론부터 말하면 나는 태권도학과 졸업생도 아니고 태권도선수 출신도 아니다.

스포츠가 좋아서 스포츠계에 몸담고자 체대에 입학했고, 지금 대한태권도협회에서 근무하기까지 다양한 경험을 했다. 누구나 그렇듯이 나 또한 진로 선택에서 수많은 고민을 하고 난관에 부딪혔다. 스포츠 관련 직종의 현직자들이 대부분 체육전공자이듯 나 또한 대학에서 체육을 전공했다.

대학교 졸업 후 육군 소위로 임관하여 군 생활을 했으며, 전역 이후 진로 선택에서 심도 있는 공부를 위해 체육대학원에 진학하여 스포츠마케팅을 전공했다.

나는 대기업, 중견기업, 중소기업 등 수많은 회사에 지원하면서 여느 20대처럼 '내가 진짜 하고 싶은 일이 뭘까?'라는 질문을 스스로에게 항상 던지고 고민했다. 어려운 고민이지만 본인이 정말 하고 싶고 관심 있는 분야를 찾아라. 하고 싶은 분야를 찾았다면 반드시 구체적 목표를 정하고 과감히 도전하라.

체대를 졸업하고 사회에서 전공을 살리는 사람은 생각보다 많지 않다. 나의 대학 동기들만 봐도 그렇다. 체대생들에게는 취업 선택의 폭이 그리 넓지 않다. 매년 수많은 체육 전공자가 사회로 쏟아져나오지만, 이를 수용할 만한 규모의 국내 스포츠산업 시장이 형성되어 있지 않다. 게다가 코로나19와 취업난이 겹치며 취업 문이 더욱 좁아졌다. 하지만 벌써 겁을 먹고 '취포자'가 되긴 이르다!

계속 도전해서 산을 넘고 또 산을 넘어 당당히 '취뽀자'가 되라!

여러분이 그토록 원하는 '취뽀'라는 정상을 찍기 위해서는 철저한 준비와 체계적인 전략을 세워야 한다. 매년 스펙의 기준이 높아지고 있어 선택과 집중이 필요하다. 남들처럼 무작정 취업을 준비하기보다는 본인이 원하는 분야가 어떤 분위기인지, 어떤 자격이 필요한지 특성을 분석하고 전략적으로 준비하는 것이 효율적이다.

나는 이 책을 읽고 있는 취업준비생에게 종목단체를 예쁘게 포장해서 꿈과 이상을 심어주고 싶지 않다. 종목단체는 온실 속 화초가 아닌 들판의 잡초를 필요로 한다.

현직자로서 경험한 3가지 팁을 참고하여 전략적으로 도전하길 바란다.

꼭 체대를 나와야 한다?

그렇지 않다. 다만 체육 계열인 만큼 체육 관련 학과를 전공하면 업계의 분위기와 생태계를 이해하고 적응하는 데 도움이 될 수 있겠지만, 필수요소는 아니다. 예·체능계의 특성상 관련 전공자가 많을 수밖에 없다. 체육 관련 직종에는 당연히 체대 출신이 많다. 반대로 스포츠에 관심이 많은 비전공자도 있으며, 협회에 따라 관련 전공과 특정 종목에 대한 선수 경력을 우대하는 경우가 있지만, 필수요소는 아님을 명심할 것. 즉, 본인 역량에 달렸다.

관련 직무 경험은 필수!

어느 분야든 직무 경험은 선택이 아닌 필수가 되었다. 특히 체육단체는 현장업무와 행정업무를 병행할 수 있는 멀티플레이어를 원한다. 실제 업무가 그렇다. 그러니 직무 경험은 더욱 중요시된다.

그러면 신입은 어디서 경력을 쌓을까? 아르바이트, 인턴도 경험이 되고 본인의 커리어가 될 수 있다. 백날 카페에 앉아서 취업 도서, 취업사이트 후기, 선배들의 조언을 듣는 것은 간접 경험에 머무를 수밖에 없다. (물론 나쁘다는 건 절대 아니다.) 발로 뛰면서 어떤 일을 하는 곳인지 현장을 직접 경험하라.

다양한 경험은 공부라고 생각한다. 취업을 위한 스펙 쌓기가 목적이 아닌 인생 공부를 위한 현장 경험이 필요하며, 이는 곧 어떤 분야에서 어떤 일을 하건 사회생활에 밑거름이 될 것이다. 매일 노트북 앞에 앉아서 자기소개서 고칠 시간에 인턴이든 계약직이든 당장 지원하라. 자기만의 스토리가 담긴 값진 커리어가 만들어질 것이다.

약점 보완(영어/시사·상식)

체대생의 최대 약점인 영어. 토익, 토익스피킹, 오픽 등 어학 시험 성적은 틈틈이 만들어놓아야 한다. 외국어가 취약한 사람은 토익에 집중하는 것도 좋다. 외국어가 완성되는 순간 약점이 강점으로 바뀔 것이다.

시사·상식 부분도 마찬가지다. 평소 신문을 꾸준히 보거나 관련 서적들을 많이 읽는 것이 필기시험을 보거나 면접을 볼 때 많은 도움이 된다. 필기 문제나 면접 질문이 꼭 스포츠 관련 내용에 국한되지 않기 때문이다. 이번 기회에 신문 읽는 습관을 들여서 다양한 분야의 지식을 쌓는 것도 좋은 방법이다. 신문은 선생님이다.

단순히 '협회' 또는 '스포츠마케팅 회사'에 입사하고 싶어서, 멋있어 보여서, 재미있을 것 같아서 등 불분명한 목적으로 허황된 꿈을 좇는 오류를 범하지 않았으면 좋겠다.

스포츠산업이라는 큰 숲에 숨어 있는 스포츠마케팅은 여러분이 생각하는 것 이상으로 매우 포괄적이고 무형적인 존재다. 즉, 수학 문제처럼 정확한 값이 나오는 것이 아니라 반대로 답을 도출해내기 위해 여러 가지 형태의 수학 문제를 만들어내야 하는 분야가 스포츠마케팅이다.

스포츠마케팅이 정확히 어떤 분야인지 인지하고 본인의 진로에 대해 생각해야 할 것이다. 목표설정이 완료되면 과감하게 도전하라!

2 협회는 어떤 곳인가?

대한체육회를 중심으로 67개 회원종목단체(정회원 62개, 준회원 5개)가 움직이고 있다. 이 중 태권도는 활동인구가 워낙 많다 보니 예산 및 사업 규모가 큰 편에 속한다.

협회는 회원종목단체로서 대한체육회의 지침을 받아 움직인다. 동시에 태권도기관으로서 '국기원-태권도진흥재단-세계태권도연맹' 유관 기관과 협업하며 17개 시·도 태권도협회와 5개 연맹(초등, 중·고, 대학, 여성, 실업)의 지도·감독을 한다.

또한 문화체육관광부와 태권도 진흥 관련 사업을 협업하고 있다. (문재인 정부 들어와서 태권도를 100대 국정과제의 하나로 태권도의 10대 문화콘텐츠를 선정했다. 2018년 하반기부터 4년간 1,700억 원의 정부예산이 투입되어 태권도 진흥과 저변확대를 위한 다양한 사업이 추진되고 있다.) 이처럼 여러 기관과 연계된 업무가 많다.

그렇다 보니 영리를 목적으로 한 공격적인 스포츠마케팅 전략에는 힘이 실리지 않는 게 사실이다. 점차 낮아지는 출산율과 온라인 중심의 플랫폼 시대는 장기적으로 협회의 큰 위기가 될 것이다.

그러므로 태권도뿐만 아니라 모든 종목단체는 자립할 수 있는 생태계 조성을 위한 적극적 스포츠마케팅 전략이 꼭 필요하며, 점차 그 범위를 확대해나가야 한다고 생각한다. 이는 곧 종목의 활성화와 대한민국 스포츠계 활성화에 직접적인 영향을 미칠 것이다.

3 협회는 무슨 일을 하는가?

협회는 크게 4개 부서(경기부, 도장사업부, 전략사업부, 경영지원부)로 구성된다. 나는 입사 초기에 종목단체의 꽃이라 불리는 경기부(엘리트대회 운영 및 국가대표 선수관리)에서 근무했으며, 현재는 도장사업부(도장지원사업 및 생활체육 보급 프로그램 운영)로 부서를 옮겨서 업무를 하고 있다. 2개의 부서에 대해 간단히 소개하면 경기부(또는 대회운영부 등 명칭은 기관별 상이함)는 크게 국내파트와 국제파트로 나뉜다.

국제파트 담당자는 말 그대로 국제대회(올림픽, 아시안게임, 그랑프리 등) 업무를 담당한다. 해외에서 개최되는 국제대회가 많기에 해외출장이 잦다(외국어 필수).

내가 맡았던 국내파트는 국내 태권도 엘리트대회(전국체육대회 등) 운영, 선수·지도자·심판 교육 및 관리가 주 업무다. 연간 8개의 협회 주최/주관대회와 3개의 교육이 있기 때문에 국내 출장이 잦다. 대회 8개가 적게 느껴질 수 있겠지만, 대회 1개당 평균 9일 출장이 잡힌다(경기부에서 근무하면 출장이 너무 많아서 연애와 결혼을 하지 못한다는 속설이 있을 정도).

▲ 전북 무주 태권도원에서 진행된 제48회 전국소년체육대회

경기부의 1년 루틴은 다음과 같다.

매년 초 심판 자격 연수, 상임심판 교육과 경기규칙 강습회라는 3개의 교육이 진행된다. 여기까지가 1년 농사를 시작하기 위한 준비단계다. 학기가 시작하는 3월부터 본격적으로 1년 농사가 시작된다.

3월부터 매달 평균 1개씩 8개의 대회가 연달아 이어지면 11월에 드디어 모든 대회가 끝난다.

하지만 방심은 금물. 끝날 때까지 끝난 게 아니다. 당해 연도 사업에 대한 정산과 내년 사업에 대한 예산편성 작업이 남았다. 예산작업까지 끝나면 내년 농사를 위한 1월 교육을 준비한다. 이렇게 1년이 쉬지 않고 돌아간다(대회 1개: 참가자 접수부터 대회 정산까지 약 한 달을 잡는다).

경기부										
1월	2월	3월	4월	5월	6월	7월	9월	10월	11월	12월
교육	교육	대회	대회	대회	대회	대회	대회	대회	대회	사업 정산 예산 편성

지금 근무하고 있는 도장사업부는 크게 태권도 심사, 도장지원사업, 생활체육사업 3가지 파트로 나뉜다.

도장사업부		
심사 / 제도	도장지원사업	생활체육사업

경기부는 대회 메달과 성적 중심의 엘리트 선수 발굴 및 양성이 주목적인 반면 도장사업부는 태권도장 관리, 생활체육 동호인을 대상으로 종목의 저변확대와 활성화에 주 사업목적을 두고 있다. 특히 생

활체육대회, 강사 및 지도자 직무교육, 경진대회, 박람회가 메인 사업으로 진행된다. 전국 수만 명의 태권도 지도자들을 대상으로 1년 내내 사업이 진행되다 보니 최신 트렌드와 양질의 정보 및 서비스 제공이 필수이며 새로운 콘텐츠를 개발하는 등의 창의적이고 섬세한 작업을 필요로 한다.

▲ 전북 무주 태권도원에서 진행된 KTA 지도자 전문교육과정

생활체육에 참여하는 태권도 동호인은 대부분 태권도장을 다니는 수련생이다. 이들은 전국의 1만 개가 넘는 태권도장에서 수련하고 있으며 수련 인원은 비공식적으로 약 60만 명으로 추정하고 있는데, 이 중 매년 40여만 명이 태권도 승·품단 심사에 응시한다.

'태권도(장) 활성화', '생활체육 활성화'는 현재 진행형 숙제로 남겨져 있다. 요즘처럼 코로나19로 일상이 멈춰있는 시기가 태권도계에 큰 위기이지만, 이를 곧 태권도 인구 저변 확대의 기회로 전환해야 한다. 이제 비대면 생활이 도래하면서 생활체육사업, 태권도장 지원사업도 온라인 플랫폼으로 바뀌고 있다. 온라인 미디어 분야 육성,

태권도 데이터와 IoT를 접목한 콘텐츠 개발 등 태권도계가 발 빠르게 변화해야 한다. 앞으로 많은 혼란과 충돌이 예상되지만, 변화는 피할 수 없으며 유관기관과의 지속적인 협의를 통해 태권도계가 빠른 적응과 안정기를 찾아야 할 것이다.

4 열정? 오케이, 이제 실천하라!

열정으로 가득 차 있다면 이제 실천에 옮길 수 있는 작은 일부터 시작하라. 비슷한 자격증에 비슷한 어학성적으로는 눈에 띄기 어렵다. 경쟁에서 살아남으려면 남들과 차별화된 자신만의 캐릭터를 만들어야 한다. 항상 머릿속에 본인만의 캐릭터를 생각하며 다양한 경험을 하는 것이 좋을 것이다. 예로 국민체육진흥공단에서 진행하는 스포츠기업 인턴 사업, 각 협회나 연맹에서 주최하는 대학생 기자단, 체험형 인턴 프로그램도 좋다. 현장의 전체적인 분위기를 느껴야 본인의 머릿속에 오래 기억되고 스토리가 만들어진다. 이 책을 통해 체육계와 종목단체의 전반적인 분위기를 이해하는 데 도움이 되었으면 하는 바람이며, 경험을 중심으로 스펙을 업그레이드해서 현장에 꼭 필요한 인재가 되길 진심으로 바란다.

The World of Sports Marketers 4-5

한국에서 탄생한 생활체육 종목 한궁,
올림픽 종목 만들기

프로필

이 름 : **허도원**

소 속 : ㈳대한한궁협회 사무국장

이 력
(現) 대한장애인한궁연맹 사무차장
(現) (사)한국체육학회 사무차장
경희대학교 체육대학원 스포츠산업경영 박사

주요 저서
– 한궁 장애인 지도서(2019)
– 한궁 노인 지도서(2020)

1 한궁과 스포츠 비즈니스란?

한궁이라는 새로운 스포츠 문화의 씨앗을 뿌리고 가꾸는 일

2 체육대학을 나와야 스포츠마케팅을 할 수 있는 건 아니다

대부분 스포츠마케터들은 학부부터 체육 관련 전공인 경우가 많지만, 나는 무역학을 전공했고 석·박사를 체육대학으로 진학하면서 스포츠 업계에 발을 들였다. 초기엔 '흔히 말하는 선수 출신이나 학부부터 체육전공자가 아닌데 업무에 잘 적응할 수 있을까?'라는 불안감도 있었지만 불필요한 선입견이었다. 협회 일은 근력, 심폐지구력 같은 체력적인 요소보다 계획 업무를 할 수 있는 머리가 필요한 직무였고, 커뮤니케이션 능력이 더 중요했다.

우선 한궁은 2006년 한국에서 만들어진 생활체육 종목으로, 국궁, 투호, 양궁 등의 특징을 접목하여 만들어진 뉴 스포츠라고 할 수 있다. 2009년 대한한궁협회가 만들어졌는데, 초기에는 스포츠 종목으로 인정받지 못해 어려움이 많았다. 현재는 노인·장애인·학생을 중심으로 연 400여 회의 대회가 전국에서 열리며 1만 4천여 명의 한궁 심판과 지도자가 활동하는 종목으로 발돋움했다.

지인들과 대화하면 보통 "한궁에서 무슨 일을 하는 거야?"라는 질문을 받는데, 이 질문에 한두 문장으로 답변하기가 쉽지 않다. 큰 틀에서 본다면 체육 관련 단체로서 기본적인 대회 기획·운영·홍보·정

산, 한궁 관련 자격증 과정의 커리큘럼, 교재 제작, 강의, 홍보물 기획 그리고 지역 협회에 대한 조직 관리를 담당하고 있다. 수도권보다 지방이 활성화되어 있다 보니 연평균 5만 km 이상을 운전하며 교육과 대회를 진행해왔다.

물론 모든 협회가 이렇지는 않다. 인력이 충분히 갖춰진 조직은 업무 분장이 구분되어 있다. 하지만 체육회에 가맹단체로 가입되어 있지 않은 협회에서는 한 사람이 여러 업무를 소화할 수 있어야 한다.

나열해보니 업무 여건이 썩 쾌적하진 않은 것 같지만, 무엇보다 한궁이라는 종목이 생활체육 종목으로서 인지도가 올라가는 모습과 노인·장애인·학생들에게 스포츠 종목으로서 만족감을 주는 모습을 보며 미완성을 완성해가는 즐거움이 내게 주는 의미가 크다. 한궁의 목표인 올림픽(또는 패럴림픽) 종목 채택까지는 아주 많은 것을 채워가야 할 것이다. 까마득히 멀게 느껴지는 목표지만 지금까지 그렇게 해왔듯 한 걸음씩 걷다 보면 어느새 목적지에 도착해있을 것이라 믿는다.

3 돈이 안 되는 생활체육대회, 꼭 해야 할까?

5km 또는 10km 단거리 마라톤 같은 스포츠 이벤트에 참여하는 사람들이 점차 늘고 있다. 참가비는 5만 원에서 15만 원까지 적지 않은 액수임에도 서두르지 않으면 온라인을 통한 접수가 조기에 마감되는 경우가 많다.

한궁의 경우 참가 선수의 평균 연령대는 50대가 넘으며, 개최 장소가 지방인 경우가 많아 대회 개최 시 참가선수 확보가 가장 어려운 과제가 된다. '2019 대한한궁협회장배 전국 한궁대회'의 경우 청양군과 충청남도에서 4천만 원의 교부금을 지원하고, 협회에서 나머지 비용을 들여 2019년 11월 29일부터 30일까지 이틀간 진행된 전국 대회였다.

지자체에서 교부금을 지원하면서 스포츠 대회를 유치하는 가장 큰 이유는 바로 지역경제 활성화다. 그러한 이유로 당일 대회보다 1박 2일, 2박 3일 등의 기간을 선호한다. 타 지역에서 온 선수들과 관중이 지역 내에 가능한 한 오래 체류하면서 숙박과 식사 등 지역사회에 돈을 쓰고 가는 것을 기대한다. 그렇기 때문에 교부금이 확정되기 전 인원에 대한 대략적인 하한선을 지자체에 제시하면서 교부금을 가능한 한 많이 받으려는 노력이 수반된다. 즉, 교부금을 받은 만큼 가능한 한 많은 타 지역 인원이 개최지역으로 오게 만들어야 하는 의무가 생긴다.

홍보예산이 제한적인데다 참가선수들의 대부분이 60대 이상인 종목의 특성상 온라인 기반의 홍보는 효과가 떨어졌다. 총상금 규모가 652만 원으로 일반 생활체육대회 수준에선 높은 편이었지만, 청양이라는 지역 특성상 대중교통으로 오는 것이 현실적으로 불가능하다 보니 500명 이상의 참가선수 확보는 간단하지 않은 과제였다. 지역 내의 포스터, 현수막 게시 등 전통적인 방식의 시각적 홍보와 군민에겐 참가비 면제 혜택을 부여했다. 타 지역에는 대한노인회, 장애인단체, 지역 한궁협회에 협조 공문 발송과 전국 6만 6천여 개소 경로

당의 40% 이상 배부되는 「백세시대」 신문에 대회 광고를 게시했다.

결과적으로 650명의 선수, 50여 명의 심판이 참석한 가운데 대회가 진행되었다. 원활한 대회진행은 기본이고, 대회 당일 대회장에 모인 사람들의 밀도를 보고 지자체 관련 공무원과 지자체장이 만족스러워했는지 여부가 다음 대회에 예산지원을 받을 수 있는지 여부를 결정하는 가장 큰 요소라고 할 수 있다.

▲ 대회 전경(2019 대한한궁협회장배 전국한궁대회)

참가선수들의 연령층이 높을수록 중요한 것은 시상금보다 식사 지급 여부다. 전통적으로 우리나라만큼 식사 대접을 중요시하는 나라도 없다는 것을 대회를 진행하면서 여실히 느껴왔다. 대회에 식사가 포함되어 있지 않다면 순위권에 들지 못해 수상하지 못하고 돌아가는 대부분 선수들에게 아쉬운 말을 듣게 되는 경우가 많았다.

예산이 한정적임에도 선수들의 식대를 필수로 포함하는 이유가 거기에 있었다. 기존에는 도시락을 주문하여 나눠줬지만, 운영 측면에서의 번거로움(중복해서 수령하는 경우, 대회장 청소 문제 등)과 지역경제 활성화와 극대화를 위해 현장 등록 시 지역 상품권을 배부하는 형태로 변경했다. 도시락을 배부한다면 1인당 7천 원의 비용이 지역 도시락 업체의 매출로 반영되겠지만, 지역 내 대부분의 식당에서 사용할 수 있는 상품권을 배부하면 1인당 7천 원 외에 음료·주류 등의 부가적인 매출로 이어질 수 있기 때문이었다.

경기 종목은 총 7개 종목으로, 단체전(남/여), 개인전(남/여), 장애인단체전, 세대공감전, 학생개인전으로 진행되었다. 시상은 종목별 1~3위 외에도 노력상, 감투상, 장려상 등 승패와 무관한 종류의 시상도 포함했다. 순위가 스펙이 되고 경쟁에 초점이 맞춰지는 전문체육과는 다르게 참가선수들의 전반적인 만족도 이에 못지않게 중요한 생활체육의 특성을 반영한 결과라고 해석할 수 있다. 멀리서 대회에 참가했는데 빈손으로 가는 것보다 한 팀이라도 더 작은 상이라도 들고 가게 하는 것이 중요하다. 이러한 프레임은 얼핏 '어린아이 같은 생각이 아닐까?'라고 할 수 있겠지만 실제 당사자 입장에서 고려해보는 것이 중요하다. 마치 나이키 런 같은 생활체육형 스포츠 이벤

▲ 한궁대회 참가자

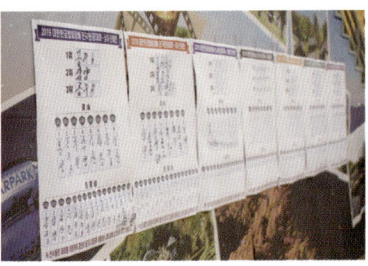
▲ 한궁대회 대진표

트에서 순위권 시상과 별개로 도착지점에서 참가자 전원에게 메달과 기념품이 제공되는 것도 같은 맥락일 것이다.

 이러한 생활체육형 한궁대회를 개최하면 돈이 될까? 결론은 '그렇지 않다'이다. 대회 준비에 수반되는 인건비와 업무 집중에 따른 기회비용을 계산해본다면 적자인 경우가 더 많다. 일반적으로 대회 개최 시 주요 수입원은 선수 참가비, 스폰서십을 통한 후원금, 광고수익 등으로 볼 수 있는데 프로스포츠급 인지도와 인원 동원력을 가진 종목 대회가 아닌 경우 수익을 기대하긴 어려운 구조이기 때문이다.

 그럼에도 대회는 스포츠의 꽃이며 가장 중요하다. 그 이유는 대회가 바로 해당 종목과 연관된 산업을 지속하고 발전시키는 가장 큰 명분이 되기 때문이다. 전국 경로당(6만 6천 개소) 중 약 50%인 3만여 개의 경로당에 한궁이 설치되어 있다. 지역을 방문해보면 한궁 과녁이 닳아서 해질 정도로 열성적으로 운동하는 곳이 있는가 하면, 한 켠 어딘가에 먼지에 쌓여 방치된 경로당이 있다. 확인해보니 해당 지역에 대회가 얼마나 활성화되어 있는지가 가장 직접적인 영향을 미치고 있었다.

 한궁에 대해 생소한 지역이라도 한궁대회가 우선적으로 개최되면 이후 이에 대한 지역민의 수요가 발생하여 한궁 장비가 보급된다. 한궁 종목이라는 하나의 문화를 확산시켜야 하기 때문에 단기적으로 적자를 보더라도 장기적인 관점에서 씨앗을 뿌린다는 개념으로 대회를 지속적으로 개최하고 그 규모를 늘려나가고 있다.

4. 요즘 세상에 누가 책을 읽는다고 나는 책을 썼을까?

현재 한궁과 관련된 책은 『한궁 교본』(2018), 『한궁인성교육교본』(2018), 『한궁 Family HELPS 프로그램』(2018), 『한궁 장애인 지도서』(2019), 『한궁 노인 지도서』(2020)까지 총 5권의 책이 출판되었다.

5권의 책 중 『한궁 장애인 지도서』와 『한궁 노인 지도서』 2권은 내가 직접 책을 썼다. 남이 쓴 글을 다듬고 수정하는 것이 아닌, 무에서 유를 창조하는 저자의 역할은 부담으로 느껴졌다. 비장애인이면서 노인이 아닌 내가 간접경험을 토대로 종목 규정의 기준을 제시한다는 것이 쉽지 않았다.

다행히 기존의 교본 3권이 있어 참고할 수 있는 자료들이 있었고, 장애인의 경우 「장애인복지법」 시행령에 15개 유형으로 분류되어 있었다. 유형별 경기규정을 정립하기 위해 실제 장애인 선수와 복지관 관계자분들과의 인터뷰, 그리고 기존의 장애인 체육과 관련된 서적, 타 종목 규정 등의 자료를 모아 기준을 만들었다.

요즘 같은 디지털 시대에 책을 출판한다는 것은 고전적이고 진부할 수 있는 방식이며, 비용 또한 적지 않게 들어가고, 오프라인을 통해 노출시켜야 하는 단점이 있다. 하지만 인쇄된 책이 가지는 의미가 가져다주는 홍보 및 마케팅 효과는 적지 않을 것이다. 『한궁 장애인 지도서』는 대한장애인한궁연맹의 대한장애인체육회 가입을 위한 기본적이면서도 뼈대가 되는 기준이 될 것이고, 『한궁 노인 지도서』는 다가올 실버 체육과 노인 의료비 감소라는 국가 목표에 부합하는 데 역할을 할 것으로 기대하고 있다.

▲ 한궁 노인 지도서　　　　▲ 한궁 장애인 지도서

　특히 아직 체육회에 가입되어 있지 않아 '비주류'라고 불리는 한궁 종목에서 잘 정리되고 디자인된 교본들은 '생각보다 준비를 많이 해놨는데?'라는 이미지를 심는 데 큰 역할을 했다.

　책은 내용만큼이나 누가 썼느냐가 중요할 것이다. 아직은 저자로서의 이력이 화려하지 않은 내가 썼기 때문에 그 한계는 분명히 존재하겠지만, 마케터 관점에서 한궁이 나아가야 할 방향을 설정하고 자료를 모아서 재구성하는 과정을 거친 결과물이라는 것에 의미를 둔다.

　"구슬이 서 말이라도 꿰어야 보배"라는 속담이 있다. 없는 것을 만들어내는 것만큼 기존의 재료들을 모아 먹기 좋은 음식으로 요리해내는 능력이 필요하다고 생각한다. 그 결과물이 책이 아니더라도 자료들을 재구성하는 능력을 기르는 것은 필수적인 능력일 것이다.

5 경험할 수 있다면 미련한 곰이라도 되어라

한궁협회는 비영리 사단법인이며, 재정자립도가 높지 않은 협회다. 즉, 돈과 사람 모두 부족하다는 의미다. 주식회사로 치면 영세한 규모의 중소기업에 비유할 수 있을 것이다. 대회 포스터, 협회 카탈로그 같은 세세한 부분부터 대회 또는 행사 시 사진 및 영상 촬영·편집 등이 필요한 상황에서 모두 비용을 주고 외주를 맡길 수 없었다. 지방 출장 시에도 숙박비를 최대한 아끼기 위해 새벽같이 출발하고 밤늦게 운전해 돌아오는 경우도 많았다.

이러한 상황에서 생존하기 위해선 전문가 수준까진 아니더라도 다양한 업무라도 기본적인 수준은 알고 유사시 대응할 수 있는 능력이 필요했다. 디자이너가 뽑히기 전까지 블로그와 유튜브로 포토샵과 일러스트를 배워서 카탈로그, 포스터를 디자인했고, 출력소에서 사용하는 실사출력기를 돌려 현수막과 포스터를 직접 출력하기도 했다. 대회 또는 행사 사진을 찍을 사람이 없어 DSLR 카메라로 직접 촬영했다. 자격증 연수과정을 가르칠 외부 강사가 별도로 없었기 때문에 직접 PPT를 디자인하여 제작하고, 전국을 다니며 강사로서 연수를 진행했다. 기본적인 홍보영상은 프리미어를 활용하여 만들어서 진행해왔다. 물론 지금은 전문 디자이너가 있고, 영상은 외주제작에 맡기고 있지만, 그동안의 경험이 스스로의 성장에 헛되었을까?

6. 회사 생활은 알아도 모른 척, 잘해도 못하는 척이 최고다?

SNS상에 '회사 생활 잘하는 법' 등의 주제로 올라오는 게시물 중에는 알아도 모르는 척, 잘해도 못하는 척 중간만 하라는 내용의 게시글도 많이 올라온다. 일을 할 줄 알면 하는 사람에게만 일이 전가되고 보상은 없다는 것이 그 이유다.

일부 공감이 되면서도 그렇게 외면해서 몸이 편한 것보다 할 수 있는 부분은 그런 과정을 통해 성장시키는 것이 더 큰 인적자산을 형성할 수 있지 않을까 하는 생각이 든다.

당시에는 '이런 것까지 왜 내가 하고 있을까?'라는 회의감과 의문도 들었다. 하지만 그 덕분에 지금의 나는 상업사진을 찍을 수 있을 정도의 실력을 갖추게 되었고, 기본적인 디자인과 영상편집을 무리 없이 하고 디자이너와 협업할 때도 알고 지시할 수 있게 되었다.

책을 쓰면서 좀 더 논리적으로 사고할 수 있게 되었고, 강의를 계속하면서 발표 울렁증이 있었던 나는 이제 누구 앞에서도 편안하게 내 생각을 전달할 수 있게 되었다.

물론 주력 무기 없이 잡기만 많으면 문제가 되지만, 자신의 무기를 하나 쥐고 있으면서 잡기가 많다면 시너지를 낼 수 있다. 혼자 모든 것을 다 해야 하는 것이 아니라 넓은 범위를 아우를 수 있고 이해할 수 있는 사고의 폭을 넓힐 수 있도록 많은 경험을 하되, 순간순간에 몰입해서 자신의 것으로 만들어가는 것이 중요하다. 당장은 시간과 노력이 필요해 비효율적이라고 느낄 수 있겠지만, 그렇게 평생 써먹을 수 있는 나만의 무기를 하나씩 만들어가게 될 것이다.

같은 경험을 하더라도 어떤 결과물을 얻어가느냐는 어떤 자세로 임하는지가 결정한다. 이러한 자세를 갖는다면 대체 불가능한 사람이 되는 것은 어렵지 않을 것이고, 모든 집단은 대체 불가능한 사람을 곁에 두고 싶어 할 것이다.

Part 5
스포츠용품업

5-1 **백종대** ㈜파이빅스 대표이사

인생의 나침반은 책에 있다!

프로필

이 름 : 백종대

소 속 : ㈜파이빅스 대표이사

이 력
(現) 수원시 양궁협회 회장
(現) 경희대학교
　　　체육대학원 박사과정(스포츠산업경영)
e-mail : baek@fivics.com

감명 깊게 읽은 도서
- 『시련은 있어도 실패는 없다』 (정주영)
- 『세계는 넓고 할 일은 많다』 (김우중)
- 『80/20 법칙』 (리처드 코치)
- 『몰입(Think Harder)』 (황농문)
- 『부자 아빠 가난한 아빠(제1권)』 (로버트 기요사키)
- 『볼드(Bold)』 (피터 디아만디스)
- 『인간관계론』 (데일 카네기)

1 나는 뜨거운 열정을 가진 활쟁이다

양궁과 나의 인생

양궁을 처음 접해본 것은 초등학교 5학년 때였다. 양궁부 선배들이 활을 들고 시위를 당겨서 쏘는 모습이 너무 멋있게 보였고, 그때부터 양궁과 평생을 같이하게 되었다.

대학교 졸업할 때까지 양궁선수로 활동했으며, 군대도 국군체육부대를 전역했다.

이렇게 양궁과의 인연은 36년 동안 양궁선수와 코치로, 그리고 양궁장비 제조회사 대표로 지금까지 이어지고 있다.

양궁회사를 설립하게 된 동기는?

선수 시절에 사용했던 양궁 장비와 시설 등의 불편했던 점을 개선해 후배들에게 좀 더 편리한 제품을 다양하게 공급해야겠다는 생각에서 시작되었다.

양궁 경기는 진행 중 갑자기 소나기라도 오면 표적지가 찢어지거나, 바람에 날아가는 일로 경기를 다시 해야 하는 불편함이 있었다.

선수 출신인 나는 그런 불편한 점을 잘 알고 있었고, 개선점을 고민하게 되었다.

왜 꼭 종이여야 하지? 다른 재질은 없을까?

그래서 종이가 아닌 다른 재질(폴리에스터)을 사용해 경기용 표적지를

▲ 양궁경기장 표적지 이미지

개발하게 되었고, 2006년 세계 최초 전천후 양궁 표적지를 개발하여 아시아에서 처음으로 세계양궁협회의 공인을 획득하게 되었다. 지금은 많은 국제 양궁경기에서 파이빅스 경기용 표적지를 사용하고 있고, 2020년 도쿄올림픽의 공식 표적지로 선정되어 세계 양궁인의 관심을 받고 있다.

활쟁이의 인생관과 경영이념

명확한 목표를 세우고, 생각하고, 도전하라! 그리고 포기하지 말라. 아무도 하지 않는 일, 해볼 가치가 있다고 생각되는 일에 도전해 성공을 이뤄냈고, 거기서 인생의 묘미를 느꼈다. 현재 운영하는 파이빅스는 양궁제품 제조로 시작해 양궁혁신기업으로 성장하게 되었고, 양궁 대중화의 획기적인 기술과 아이디어를 제공하고 있다.

앞으로 파이빅스는 젊은 인재들이 함께 즐기고, 함께 웃고, 함께 꿈을 키워나가는 기업이 되려 한다. 그래서

세상이 조금 더 풍요로워질 수 있다면, 그것이 파이빅스와 내가 나아갈 길이다.

2 '스포츠마케팅'이란? 브랜드 인지도를 높이고, 고객을 확보하는 혁신적 활동이다.

▲ 리우올림픽에서 파이빅스 활과 장비로 경기하는 모습

- 양궁 핑거탭 세계점유율 1위 파이빅스 "리우올림픽 참가 선수 63%가 사용"
- 2016년 리우올림픽에서 128명 중 81명(63%) 선택 FIVICS "Saker finger tab"!

  ※ 핑거탭은 활시위를 당길 때 손가락을 보호하는 장비로 슈팅 시 기록에 직접적인 영향을 줄 수 있는 가장 중요한 장비다.

- 감사 인사 메시지(아래 메시지는 영문으로 전 세계 올림픽에 참가한 선수들과 관계자들에게 전달되었다.)

"지난 리우올림픽에서 각국의 국가대표 선수들은 파이빅스 장비를 사용하여 좋은 성과를 거두었습니다. 파이빅스 팀도 정말 기뻤고, 우리가 하는 일에 더욱 보람을 느꼈습니다. 많은 참가 선수들의 수고에 뜻깊은 감사 메시지를 전합니다. 앞으로 저희 파이빅스도 여러분이 더 좋은 기록과 성과를 낼 수 있도록 최선의 노력을 다하겠습니다."

3 세계 최초 '양궁카페' 탄생

나는 양궁선수 출신의 CEO다.

그러므로 양궁 저변 확대와 양궁선수들의 고용 창출 부문에 대해 많은 고민을 해왔다.

 태권도를 하면, 태권도장을 운영하면서 살 수 있는데, 양궁을 하면 그다음은 양궁지도자 길밖에 없네….

 양궁을 가르치고, 양궁장을 운영하면서 살 수 있게 된다면, 많은 양궁선수 출신의 고용 창출 무대가 넓어질 텐데….

 그래, 그럼 양궁장 매뉴얼을 만들어보자.

양궁과 카페를 접목시켜 '양궁카페'라는 이름이 탄생했고, 누구나 함께 즐길 수 있는 공간으로 새로운 블루오션을 만들어보자.

▲ 세계 최초 양궁카페(수원 본사 전경)   ▲ 양궁카페 내부 실내양궁장

파이빅스는 양궁 장비의 과학적 기술개발로 양궁 기록이 더 향상될 수 있도록 이바지하는 데 목적을 두고 정진해나가고 있다. 주요 사업은 '활, 화살, 양궁 장비, 양궁 게임' 등으로 한국 본사와 중국 공장에서 전문기술진과 제조설비로 우리만의 독창적이고 혁신적인 양궁제품을 개발하고 있으며, 다수의 특허기술로 차별화된 좋은 품질의 제품을 세계 각국의 고객에게 공급하고 있다.

수출이 나날이 증가하고 있음에 감사하며, 양궁선수들에게 '꼭 필요한 제품을 공급'하기 위해 언제나 변함없이 끊임없는 도전과 연구개발에 최선을 다하는 기업이 될 것이다.

파이빅스의 진정한 바람은 누구나 쉽게 양궁을 즐길 수 있는 대중화된 스포츠로 만드는 것이다.

양궁이 생활체육, 레포츠로 자리 잡고 있는 미국, 유럽, 일본, 중국은 누구나 양궁을 체험할 수 있고 즐길 수 있는 시설과 장소가 많이 갖춰져 있으며, 체계화된 시스템 또한 많이 앞서있다.

우리나라에도 누구나 양궁을 즐길 수 있는 양궁 체험장이 필요하다고 생각했다. 양궁에 관심을 갖고 있는 일반인이 누구나 쉽게 활을

▲ 세계양궁협회 요청에 의한 비대면 VR, AR 양궁경기 개발

쏴보고, 즐길 수 있고, 어린이에게는 집중력향상에 도움을 주며, 연인들에게는 새로운 데이트 장소, 직장인들에게는 스트레스를 해소할 수 있는 게임과 소통의 장소로 활용될 수 있을 것이다.

또한, 양궁선수를 발탁할 수 있는 장소와 체계화된 시스템이 전무하다고 생각되어 양궁센터를 설립하게 되었다. 양궁센터가 활발해진다면 양궁선수 출신의 고용 창출 부문에서도 문제가 많이 해결될 수 있다고 생각된다.

4 혹시 「헝거게임」이라는 영화 보셨나요?

「헝거게임」이라는 영화는 주인공이 활을 사용해 생존게임에서 우승하는 내용을 담고 있다.

미국과 중국에서는 그녀의 활 쏘는 모습이 인상 깊게 인식되어 양궁에 대한 관심도 더욱 뜨거워졌으며, 양궁사업에 대한 확산도 빠른 속도로 진행되었다.

양궁은 리커브보우와 컴파운드보우 두 가지로 종목이 나뉘는데, 미국에서는 사냥이 허가되어 사냥용 나무 활과 컴파운드보우(도르래) 활이 인기가 높은 편이다.

현재 올림픽 종목에는 리커브보우만 채택되어 경기를 하고 있으나, 앞으로는 컴파운드보우도 올림픽 종목에 채택되어 양궁 경기에 더욱 많은 사람이 관심을 갖게 될 것이라 전망하고 있다.

또한, 컴파운드보우는 도르래가 달려있어 일반인이 쉽게 활시위를 당겨 사용할 수 있기에 일반인 사이에서 마니아층이 형성되어 있고, 동호회도 활성화되어 있다.

그리고 2028년 미국 LA올림픽에서는 컴파운드보우(도르래 활) 경기를 올림픽 종목으로 채택하기 위해 시범종목으로 첫선을 보이게 된다.

이런 점을 고려할 때 한국 양궁업계와 양궁관계자들에게는 좋은 기회가 될 거라 생각된다.

한국양궁은 세계 최고의 실력으로 전 세계에서 인정받고 있다.

요즘은 한국양궁을 배우기 위해 유학 오는 선수들도 있고, 양궁을 배워서 미국, 유럽 등으로 유학 가는 학생들도 점차 늘고 있다. 미국

 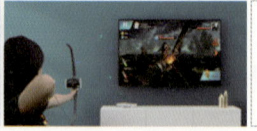 

▲ 스마트폰 AR 양궁　　▲ 디스플레이 양궁게임　　▲ AR 양궁 토이

의 명문대학인 아이비리그에서는 양궁, 펜싱 등 학생들의 스포츠 활동을 필수 항목에 두고 있으며, 가산점 또한 매우 높은 것으로 알고 있다. 양궁의 가산점은 22점이다.

이처럼 양궁은 대중화된 스포츠로 관심이 더욱 커지고 있으며, 그로 인해 형성되는 비즈니스도 매우 밝다고 생각한다.

5　"새로운 발상의 전환으로 혁신적인 제품을 만들 것이다"

'고객의 신뢰를 지켜나가기 위해 더 좋은 방법은 없을까?'라고 항상 질문에 질문을 해가며 계속해서 연구를 거듭하고 있다.

업계의 상식이나 평균치를 목표로 하는 것은 침몰해가는 배에 타고 있는 것과 같다고 생각한다.

그래서 파이빅스는 차별화된 아이디어를 내기 위해 열정을 쏟으며, 지혜를 모으는 데 힘을 쓰고 있다.

'양궁'이라는 콘텐츠를 다각적인 시각으로 보면, 새로운 비즈니스와 새로운 가치 창출로 연결될 수 있는 요소들이 많이 있음을 보게 된다. 그래서 파이빅스는 향후 10년 동안 양궁을 응용한 다양한 비즈니스를 개발하고 발전시켜나갈 계획이다.

▲ 유아용 교육 프로그램　　　　▲ 치매예방 프로그램

6 레저스포츠 양궁, 국민스포츠 양궁!

현재 우리나라 양궁선수가 올림픽에서 쾌거를 거두고 있지만, 프로양궁팀 수는 한정되어 있고, 많은 양궁인이 설 자리는 비좁은 상태다.

양궁이 만약 레저스포츠로 자리 잡을 수 있다면, 양궁선수들의 고용 창출은 확대될 것이고, 양궁과 관련된 모든 비즈니스가 활성화될 수 있을 것이다.

따라서 우리나라에도 누구나 양궁을 즐길 수 있는 그런 양궁체험장이 꼭 필요하다고 생각했고, 양궁아카데미와 양궁클럽 등이 활성화되길 바라고 있다.

앞으로도 파이빅스는 양궁의 저변확대와 즐거운 양궁 문화를 만들어가는 데 보탬이 될

수 있도록 VR, AR, 4D 영상분석 솔루션 등 최첨단 과학을 접목하여 더 많은 사람이 기쁨과 재미를 느낄 수 있도록 노력할 것이다. 또한, '100년 후를 생각하는 제품' 시대를 초월하는 가치 창출을 위해 끊임없이 연구하며 개발해나갈 것이다.

7 '생각을 행동으로' 20대에게 주는 팁!

지금의 내가 있기까지 도전과 노력에 대해 간단한 에피소드를 소개할까 한다.

첫 번째 창업: 스포츠용품점

2002년 축구 월드컵이 한창이던 때 수원월드컵경기장 앞에 25평짜리 소매점을 보증금 3천만 원, 월세 150만 원에 계약을 체결했다. 건물주인은 온화한 성품을 가진 아주머니셨는데, 원래 4천만 원에 임대를 놓길 원하셨다. 그래서 건물주를 찾아가 "제가 가지고 있는 돈은 3천만 원밖에 없으니 기회를 주신다면 1년 뒤에 보증금 1천만 원을 더 드리겠습니다"라고 부탁을 드렸고 그분은 흔쾌히 허락해 주셨다.

이렇게 주머니를 털어 임대계약을 하고 나니 여유자금은 조금도 없었고, 더 중요한 건 내가 무엇을 해야 할지 정확히 몰랐다는 것이다. 월드컵경기장 앞에서 스포츠 관련 일을 해야겠다는 좋은 아이디어로 계약했지만, 도무지 무엇을 어떻게 해나갈지 생각이 나지 않았다. 그렇게 한 달여 시간이 지나갔다. 바로 옆 소매점은 골프용품점 준비로 인테리어 공사가 한창 진행 중이었다. 주위의 지인들은 "대체 뭘 하려는 건데?"라며 질문했고, "옆집은 오픈 준비를 마쳤는데, 너는 인테리어 시작도 안 했냐!"라는 말을 했다. 나는 텅 빈 소매점을 바라보며 며칠 밤잠을 설치는 고민을 했고, 바로 그때 내가 할 수 있는 일을 생각해냈다. 남양주에 있는 스포츠용품 제조회사인 S사를 찾아가 임대계약서를 주며 공증해 달라고 했다. 임대비용만큼 축구공, 농구공, 배구공과 스포츠용품을 도매가로 주면 판매해서 월말 결제로 완불해나가겠다고 했다. S사의 상무님은 나의 이런 제안을 기분 좋게 허락해주셨고, 좋은 가격에 물품을 공급해주셨다. 그 이후 나는 5년 동안 하루도 쉬지 않고 전국에 있는 군부대와 각 지역체육회를 찾아다니며, 스포츠용품을 공급하는 일로 일을 키워나갔다.

화살공장 OEM

스포츠용품으로 자본금을 조금씩 만들어가면서 나의 전공인 양궁 장비 도·소매 판매를 이어나가고 있을 때, 좀 더 큰일을 해보고 싶었다. 그래서 매년 1월에 미국에서 열리는 전 세계 양궁무역전시회 ATA Show로 향했다.

   ATA Show는 전 세계 양궁 관련 제조회사와 판매회사들의 전시회인데, 입구에 들어설 때부터 흥분을 가라앉힐 수 없었다. 지금까지 보지 못했던 장비와 도구 그리고 새로운 형태의 비즈니스…. 몇몇 관심 있는 아이템과 회사의 제품을 어떻게 하면 구매할 수 있고, 판매와 제조를 할 수 있는지 미팅을 했다. 나의 영어 실력은 미국에 가는 동안 비행기 안에서 한숨도 안 자고 비즈니스 영어책의 기본적인 문장을 달달 외운 정도의 엉터리였지만 그냥 말했다. 알아듣건 못 알아 듣건….

그리고 잠깐 휴게실에 나와서 혼자서 커피를 마시고 있는데, 한 외국인이 말을 걸었다. 무엇을 하러 왔냐고. 나는 양궁선수 출신인데 화살에 관심이 많다고 했다. 그는 CX라는 화살 브랜드와 부스 번호를 알려주었다. 부스를 찾아가 보니 화살의 품질이 정말 좋아 보였다. 그런데 자세히 살펴보니 'MADE IN KOREA'라고 새겨져 있었고, 직원에게 사장님이 어디 계신지 물어봤는데 5분 전에 나가셨다고 했다. 안타까운 상황이었다. 한국으로 돌아와서 1년 가까이 그 회사를 찾아다녔다.

CX의 업체는 미국 브랜드였고, 생산공장은 한국에 있었으나 알려지지 않아 찾기가 쉽지 않았다.

수소문 끝에 1년 만에 화살공장 회사명을 알아냈고, 114에 전화해 전화번호를 알아냈다. 바로 전화를 걸었더니 경리 여직원이 전화를 받았고, 사장님을 바꿔 달라고 했다. 1분쯤 후 사장님이 전화를 받았다.

나를 잠시 소개하고 찾아뵙고 싶다고 했는데, 화살공장 사장님은 현재 거래하는 업체가 있고 바쁘시다며 전화를 끊어버렸다. 1년 만에 찾았는데, 1분도 통화를 못 하고 끊기다니….

굉장히 슬펐지만, 좌절로 끝낼 수 없었다. 나는 바로 비행기 표를 끊어 부산으로 향했다.

막상 부산 화살공장 문 앞에 도착하니 경비가 길을 막고 어디서 왔냐고 물었다. 그래서 나는 이렇게 대답했다.

"우리 삼촌 만나러 왔는데요~"

삼촌이 사장이라고 했다. 무작정 만나야 하기에 어쩔 수 없었다. 그리고 사장실로 안내받았고, 문을 열고 드디어 사장님을 만났다.

"누구세요?"

화살공장 사장님이 내게 물었다.

"어제 통화했던 백종대입니다."

"하하하하…"

나의 열심에 사장님은 웃어주셨다.

"그런데 어떻게 들어오셨소?"라는 사장님의 물음에 나는 사실대로 말씀드렸다.

"죄송합니다. 사장님을 만나고 싶어서 경비에게 삼촌을 뵈러 왔다고 했습니다."

그분과의 만남은 지금까지 17년 동안 이어지고 있으며, 파트너십을 맺고 있고, 세계시장 석권을 목표로 함께하고 있다.

중국공장 설립

화살통, 가방, 보호장비 등을 한국에서 만들 수 있는데, 왜 외국 제품을 계속 사용해야 하나?

그래서 바로 성수동으로 향했다. 성수동 봉제공장들은 열악했고, 양궁 제품을 만들어보자고 하니 너무 생소한 제품이라고 난색을 보였다. 재료를 구하러 며칠을 성수동, 동대문시장을 뒤져 몇 개를 선별했고 바로 만들어보았다. 몇 번의 수정을 거쳐 현장에서 샘플을 테스트했다. 다행히 반응이 좋았다.

국내 시장에서 판매를 시작했는데 단가와 생산 수량, 납기 등이 효율적이지 못했다.

그래서 인건비가 싼 중국으로 향했다. 스포츠용품 S사의 공장이 중국 칭다오에 있다는 말을 듣고 찾아간 S사의 상무님은 중국공장 생산부장 명함을 건네주었다. 그리고 칭다오에 도착해서 S사 부장님께 조언을 듣고 바로 칭다오 청양의 한 중심지에 아파트를 계약했다. 때는 2007년이었다.

중국 첫 번째 봉제공장을 아파트 5, 6층 복층에 잡고 5층은 숙소로, 6층은 샘플공장으로 사용했다. 봉제시장에 나가서 미싱기계 2대와 작업대를 구매했는데, 우리 아파트는 엘리베이터가 없어서 밧줄로 기계와 작업대를 직접 손으로 끌어 올려야 했다. 놓치면 기계를 날리는 것이기에 기를 쓰고 올렸다. 정말 쉽지 않았다. 그렇게 미싱기계와 작업대를 6층으로 올리고 나니 행복했다. 3개월 동안 직원 3명과 합숙하며 화살 전통, 가슴 보호대, 활 가방 등을 샘플로 제작했다.

만들고, 뜯고, 다시 만들고를 재차 반복하면서 비로소 괜찮은 제품을 만들어냈다.

다시 현장 테스트를 했고, 우리 제품은 2008년 베이징올림픽 때 여자 개인전 금메달리스트인 장젠젠 선수가 사용하면서 수출길이 열리게 되었다. 그 이후 중국에 봉제공장, 활 공장 설립과 증축했고, 현재 파이빅스 제품은 많은 국내·외 선수들이 사용하고 있다.

8 스포츠마케터의 인재란?

첫째, 무엇을 하고 싶어 하는 뜨거운 열정을 가진 사람이다. 그리고 그 일을 끝까지 해낼 수 있는 사람을 나는 인재로 여긴다.

일을 하다 보면 어떠한 난관에 부딪히게 된다. 그 문제를 어떻게 효율적으로 슬기롭게 풀어가느냐는 그 사람의 지혜와 인성에 달려 있다.

열정 / 꿈

인생에서 돈이나 진리보다 더 중요한 것은 자신의 꿈이다. 그리고 꿈을 실현하기 위해서는 꾸준한 노력이 필요하다. 상황이 변하면 마음이 변하는 사람들이 많다. 하지만 꿈이 있는 사람은 상황이 변해도 초심을 잃지 않는다. "과연 내가 꿈을 실현할 정도의 내공을 쌓았는가?"라는 물음을 던지며 자기 자신을 돌아보아야 한다. 최소한 10년을 한 분야에 집중해야 전문가가 될 수 있다. 나는 전문적인 지식과 경험이 있으며, 뜨거운 열정을 가진 사람을 좋아한다.

상상력 / 창의력

상상력은 기존의 고정관념을 깨고 새로운 생각과 아이디어를 창출해 낼 수 있는 힘을 가지고 있다.

왜?를 다섯 번 반복해서 질문하라. 그러면 본질적인 답변이 나올 것이다.

좋은 아이디어는 학력에 관계 없이 사물을 깊게 분석하고, 과학적인 사고로 끈기 있게 관찰하며, 그것을 경험적 지식에 접목할 수 있는 능력에서 나온다.

어려운 상황에서도 지혜를 모아 만들어낸 물건은 세계에서 통용되는 상품이 된다. 기존 개념에 사로잡히거나 유행에 현혹되지 말고, 먼저 자신의 머리를 써서 깊이 생각해야 한다.

추진력 / 실행력

생각을 행동으로 옮기는 추진력이 있어야 한다. 그리고 좋아서 하는 일은 곧 숙달하게 된다.

실행, 실천이 중요하다. 알고 배우기만 하는 것과 읽는 것은 그다지 도움이 안 된다. 실제로 해봐야 한다. 일이란 바로 그런 것이다.

우리는 세상에 없던 양궁을 만듭니다.
"세계 최초" 양궁 카페 (실내 양궁장)

매체를 통한 홍보

MBC 2017 설특집 아이돌스타 선수권대회 양궁종목 - 파이빅스 양궁장비 사용

KBS 2 TV 우리동네 예체능 양궁편 - 파이빅스 양궁장비 지원

연합뉴스TV
트랜드 지금여기
카페의 변신 편 출연

# The World of Sports Marketers

Part 6
기타

6-1 **최경근** 상명대학교 경영대학원 교수
6-2 **장시성** 밥상힐링센터 연구소장

디지털 시대의 스포츠산업과 비즈니스

프로필

이 름 : **최경근**

소 속 : 상명대학교 경영대학원 교수

이 력
(現) 한국스포츠산업경영학회 이사
(現) 한국뉴스포츠협회 상임이사

저서
– 스포츠외교론
– 커뮤니케이션으로 정치하라

1 산업으로서의 스포츠

과거 국가 주도형 학교체육과 엘리트스포츠로 시작했던 한국의 체육정책은 국력이 신장하고 국민소득이 증가하면서 많은 변화를 겪어왔다. 1988년 성공적인 서울올림픽 개최 이후 일대 전환점을 맞이하게 된다.

국민생활체육 참여 실태조사가 처음 실시된 1989년도 생활체육 참여율은 48.3%에서 1997년 IMF 금융위기 이후 건강에 대한 관심이 증가하고 국민소득이 급증함에 따라 2003년 77.5%까지 증가했으며, 2008년 글로벌 금융위기 전후로 급격하게 감소하여 2010년 44.7%로 최저치를 기록했다. 그 이후 생활체육 참여율은 지속적으로 증가하여 2017년 71.7%까지 상승했으며, 2018년 1인당 국민소득 3만 달러를 넘어섬에 따라 향후 생활체육 참여율도 지속적으로 증가할 것으로 예상된다(김상훈, 2019).

▲ 소득증가와 국민생활체육 참여율 추이

출처: 통계청 국민계정, 문화체육관광부 국민생활체육 참여 실태조사(김상훈, 2019)
주 1: 국민생활체육 참여율은 비참여자를 제외한 참여자(월 2~3회 이상) 비율
주 2: 생활체육 참여율 조사가 없었던 연도의 경우 보간법(Interpolation)으로 추정

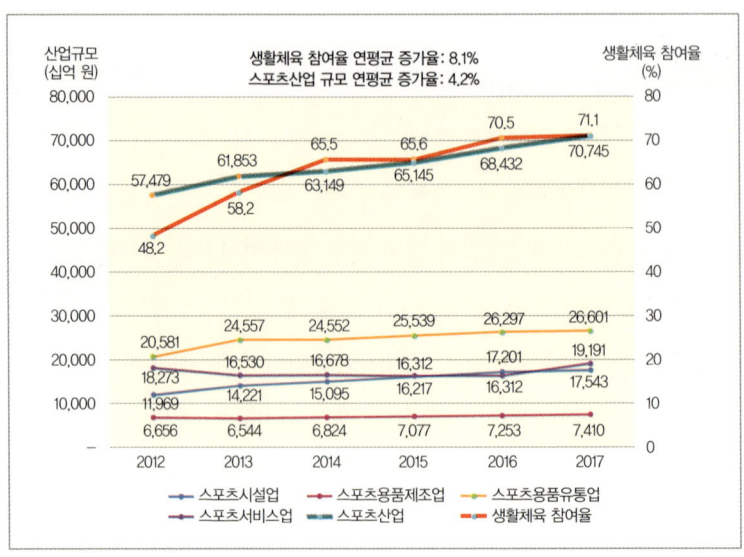

▲ 스포츠산업 수요(생활체육 참여율)와 산업 성장추세 비교
출처: 문화체육관광부, 스포츠산업 실태조사, 국민생활체육 참여실태조사 자료 재구성

　우리나라 가계의 스포츠 활동 관련 지출현황을 조사한 「스포츠산업 가계지출 조사(문화체육관광부, 2017)」에 의하면 2017년 기준 우리나라 가계의 평균 스포츠 소비지출은 가구당 평균 164만 5천 원으로 조사되었다. 스포츠 활동과 지출 유형별로 살펴보면 참여스포츠(생활체육) 지출이 가구당 평균 159만 8천 원, 관람스포츠 지출이 4만 7천 원으로 나타났으며, 참여스포츠 지출은 일상적인 스포츠 활동 지출 121만 7천 원, 스포츠용품 구매 36만 5천 원, 대회/리그 관련 지출이 1만 6천 원으로 조사되었다. 가구당 평균 스포츠 소비지출은 모집단인 전국 1,911만 1,030가구 기준으로 추정하면, 2017년 우리나라 전국 가구의 스포츠 소비지출은 31조 4,376억 원이다.

가계의 스포츠산업 소비지출 규모(2017년 기준)

구분	참여스포츠				관람스포츠	합계
	활동지출	용품지출	대회지출	소계	관람지출	
가구 평균 지출 (만 원)	121.7	36.5	1.6	159.8	4.7	164.5
전국 (억 원)	232,581	69,755	3,058	305,394	8,982	314,376

출처: 문화체육관광부(2017), 「2017 스포츠산업 가계지출 조사」(김상훈, 2019)

생활체육 참가인구 증가와 스포츠에 대한 국민적 관심이 증대되면서 관람스포츠와 참여스포츠 인구의 증가와 다양한 스포츠에 대한 욕구는 스포츠산업 시장을 지속적으로 성장시키고 있다. 스포츠산업 규모는 매출액 기준 2012년 57조 5천억 원에서 2017년 74조 7천억 원으로 연평균 4.2%의 지속적인 성장률을 기록했다(김상훈, 2019).

정부는 2019년 2월 「스포츠산업 중장기발전 계획 2019~2023」을 발표했다. 관람스포츠와 참여스포츠의 성장과 생활체육 인구의 꾸준한 증가로 이제 스포츠는 하나의 국가 기간산업으로 자리 잡아가고 있다. 과거 학교체육과 엘리트스포츠로 시작했던 체육정책은 이제 국가의 경제성장을 견인하고, 일자리를 창출하며, 국가의 문화콘텐츠 산업에도 영향을 주는 중요한 분야가 되었다. 정부는 「스포츠산업 중장기발전 계획」을 통해 관련분야에 5년간 최대 7,656억 원을 투입할 예정이다. 이번 계획에는 스포츠산업을 경제발전과 고용 창출의 미래 혁신 성장 동력으로 활용하기 위해 5년간 18개의 세부 사업이 시행될 예정이다. 국내 스포츠산업의 고용 규모는 2017년 기준으로 42만 3천 명으로 최근 5년간(2013~2017) 연평균 4.5%의 성장세를 나타내고 있으며, 고용유발계수는 10.7명으로 전체 산업 평균인 8.5명에 비해 높은 편으로 나타나고 있다(스포츠산업 실태조사, 2017).

2 스포츠산업의 세계적 트렌드

전 세계적으로 스포츠산업의 시장규모는 약 1조 3천억 달러(1,430조 원, 2017년 기준 최근 3년간 연평균 3.5% 성장세)로, 자동차 판매시장 규모(약 1조 4천억 달러, 2017)와 비슷하다(스포츠정책과학원, 2019).

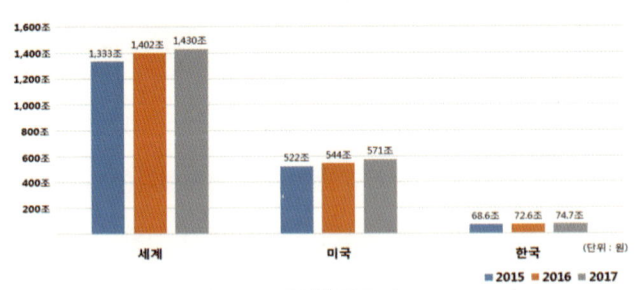

▲ 스포츠산업 규모 비교
출처: 문체부(스포츠산업 중장기 계획, 2019)

중국, 일본 등 각국에서는 스포츠산업의 성장 가능성에 중점을 두고 정부에서 주도적으로 투자 및 육성정책을 수립하고 추진 중이다.

스포츠산업과 관련한 각국의 정책 동향

국가	주요 정책 동향
중국	2025년까지 스포츠산업을 약 7,570억 달러 규모(약 830조 원)로 확대하는 목표 제시, 8대 전략 산업 지정을 통한 집중 투자
일본	2019년 럭비 월드컵, 2020년 도쿄 하계올림픽 등 다양한 이벤트 개최를 통한 스포츠 시장 확대 시도, 2022년 스포츠산업 규모 15조 엔 달성 목표
영국	'Gold Event Series' 계획으로 2023년까지 100개 이상의 국제스포츠 이벤트 개최 목표로 4천만 파운드(568억 원) 기금 조성 및 투자
호주	'스포츠2030' 계획으로 용품 수출 확대, 민간투자 유치, 아시아지역 및 인도-태평양 지역에서 호주의 스포츠산업 협력 기회 확대 모색, 스포츠와 관광의 연계를 통해 2020년까지 관광산업 규모 140조 목표

출처: 스포츠산업 중장기 발전계획, 2019

특히, 4차 산업혁명 시대에 스포츠산업은 그 중요성과 시장규모가 더욱 확대될 것으로 예상되며, 관련 분야의 접목으로 신시장 출현 및 외연이 확장될 것으로 기대된다. 4차 산업혁명은 IT기술 등에 따른 디지털 혁명(3차 산업혁명)에 기반하여 물리적 공간, 디지털적 공간 및 생물학적 공간의 경계가 희석되는 기술융합 시대를 의미한다. 급속한 과학기술 발전에 기반한 4차 산업혁명은 현재의 시장 경제모델과 더불어 일자리 지형에 커다란 영향을 미칠 것으로 전망된다. 사물인터넷IoT, 로봇공학, 3D 프린팅, 빅데이터, 인공지능AI 등 5대 기술이 주요 변화 동인으로 인식된다.

4차 산업혁명 5대 주요 기술

사물인터넷(IoT)	사물에 센서 부착, 네트워크 등을 통한 실시간 데이터 통신기술 예: IoT + AI + 빅데이터 + 로봇공학 = 스마트공장
로봇공학	로봇공학에 생물학적 구조 적용, 적응성 및 유연성 향상 기술
3D 프린팅	3D 설계도나 모델에 원료를 쌓아 물체를 만드는 제조 기술 예: 빅데이터 + 바이오기술 = 인공장기
빅데이터	인간행동 및 설비동작 패턴 분석으로 시스템 최적화 기술 예: 빅데이터 + AI + 의학정보 = 개인 맞춤 의료
인공지능(AI)	사고·학습 등 인간의 지능 활동을 모방한 컴퓨터 기술 예: AI + IoT + 자동차 = 무인자율주행자동차

출처: 한국과학기술기획평가원, 스포츠산업 중장기 발전계획(2019)

4차 산업혁명은 인류가 전혀 경험하지 못한 빠른 속도의 획기적 기술진보와 혁신기술에 의해 전 산업 분야가 대내적으로 개편되는 등 3차 산업혁명과 차별화된다. 생산·관리·지배구조 등을 포함한 전체 산업·사회 시스템의 변화를 일으키는 영향력이 매우 클 것으로 예상된다.

4차 산업혁명은 초연결성, 초지능화 및 융합화에 기반하여 모든 것이 상호 연결되고, 더욱 지능화된 사회로 변화한다는 특성이 존재

한다. ICT를 기반으로 하는 IoT(사물인터넷/Internet of Things) 및 IoE(만물인터넷/Internet of Everything)의 진화를 통해 인간-인간, 인간-사물, 사물-사물을 대상으로 한 초연결성이 기하급수적으로 확대될 것이다(김상훈, 2019).

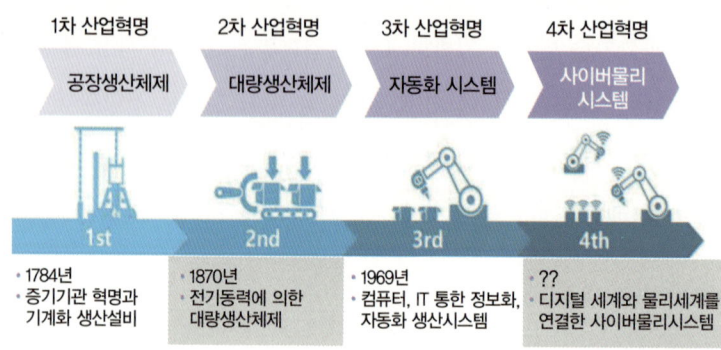

▲ 산업혁명 과정 비교
출처: 한국과학기술기획평가원

아디다스 스마트 팩토리에서는 개인 맞춤형 신발을 3D 프린팅을 통해 5시간 만에 완성했고, 언더아머는 스마트 신발·의류 등 IoT 기술이 적용된 스포츠용품을 출시했다. 또한 스포츠 빅데이터 분석 시장은 전 세계적으로 2016년부터 2022년까지 연평균 40.1%의 성장률로 약 40억 달러 시장으로 성장할 것으로 전망된다(Research and Markets, 2016).

향후 스포츠산업은 가상체험스포츠 등 여가성 콘텐츠 외에도 의료, 미디어 등 연관 분야와 융·복합을 통해 지속적으로 성장할 것으로 예상되며, 특히 세계 피트니스 애플리케이션 시장 규모는 2023년까지 연평균 23% 성장하여 20억 달러 규모로 성장할 것으로 기대된다(Market Research Future, 2018).

스포츠와 ICT 기술의 융합은 여러 가지 형태로 나타나고 있지만, 그중에서도 스포츠용품과 건강, 피트니스 앱의 융합이 두드러진다. 스포츠를 일상에서 가까이 접하는 인구가 증가함으로써 스포츠웨어나 기타 스포츠 관련 용품의 수요가 늘어나고, 이는 곧 스포츠 제품을 생산하는 기업들에 이득이 될 것이다. 따라서 세계적인 스포츠 의류, 용품 기업들은 ICT 기술과의 융합을 활발하게 진행해가고 있다.

웨어러블 디바이스, 사물인터넷, 클라우딩 서비스, 빅데이터 기반의 딥러닝 등과 같은 기술발전과 융합은 의료혁신을 더욱 가속화시키는 원동력이 될 수 있으며, 모바일 환경의 진화는 다양한 웨어러블 디바이스와 센서들이 출시되면서 헬스케어 시장의 성장을 도모하고 있다.

이러한 4차 산업혁명적 기술 진보는 헬스케어 시장의 확대와 다양한 스마트 헬스케어 기기의 출현과 사회변화를 이끌고 있으며, 스포츠 퍼포먼스 증진을 위한 웨어러블 제품의 출시에도 영향을 미치고 있다. 또한 AI 기반 소셜 피트니스 플랫폼의 출현으로 발전하고 있다.

EDM Electronic Dance Music과 결합한 피트니스 공간인 '비스트플래닛'은 AI 기반 피트니스 플랫폼으로 사용자가 신체 상태와 운동 능력을 고려해 운동 방법을 설계하고 성과를 달성한 후 보상을 받는 Gamification(비게임 영역에 재미와 보상 등 게임 요소 접목) 성격이 가미되어 다양한 사람과 네트워킹도 가능한 기능을 탑재한 온라인 피트니스 플랫폼이다(신선윤, 2019).

비스트플래닛의 차별점으로는 테크와의 결합, 자체 운동 콘텐츠,

환경 및 커뮤니티 등 3가지로 축약될 수 있는데, 개발자는 "복싱, 요가, 근력운동 등의 장점을 결합한 100가지 이상의 자체 콘텐츠를 보유하고 있으며, 클럽 같은 어두운 환경을 제공해 회원들이 타인의 시선을 의식하지 않고 자신에게 집중할 수 있는 액티비티 웨어러블 기기와 연동해 실시간으로 운동 효과를 모니터링할 수 있는 기술이 들어 있다"라고 설명한다.

또한 사업 확장과 관련하여 온라인 B2B사업은 유튜브, 넷플릭스 같은 자체 플랫폼을 개발해 전국 피트니스센터에 실시간 원격수업, VOD 콘텐츠 등 GX 콘텐츠를 제공할 계획을 가지고 있다. 국내에 있는 8,873개의 피트니스센터 가운데 GX룸 가동률이 전체의 20% 미만으로 판단되며, 콘텐츠와 유휴공간의 결합으로 시너지 효과를 거둘 것으로 예상된다(신선윤, 2019).

3 AR과 VR의 스포츠 세계

ICT와 스포츠의 접합이 점점 늘어나는 추세다. AR(증강현실)과 VR(가상현실)을 활용해 트레이닝하는 등 AR과 VR을 접목한 스포츠는 서서히 대중화되어가고 있는데, 기술의 발전으로 인해 초기 진입장벽으로 여겨져온 구매비용과 안전사고 등의 어려운 문제들이 점차 해결되고 있다.

아이들의 장난감으로 여기는 휴대용 게임기나 가정용 게임기에도 운동과 관련된 기능이 포함되어 발매되거나 기본기능으로 탑재되기도 하며, 또한 시간과 날씨에 구애받지 않고 원하는 시간과 장소에서 스포츠를 즐길 수 있게 되었다. 국내 AR 체험 스포츠시장은 스크린 골프(2017년 매출, 1조 200억 원)를 시작으로 스크린 야구, 승마 등 종목 확장에 따른 지속 성장이 전망된다(중소기업기술정보진흥원, 2016).

AR과 VR 기기를 활용한 스포츠 문화로 미국에서는 2015년이 기념비적인 해로 NBA 농구경기 중 골든스테이트 워리어스Warriors vs. 뉴올리언스 펠리컨스Pelicans 경기가 VR로 생중계된 바 있다. 농구를 좋아하는 팬들은 경기장에서 직접 발을 들이지 못했어도 VR 헤드셋만으로도 현장과 유사한 느낌으로 관전할 수 있다는 사실을 현실화했다는 점에서 관련 업계의 이목이 집중된 이벤트였다. 또한 VR시장은 다양한 방향으로 나아갈 수 있다는 것을 보여주기도 했으며, VR과 AR을 활용한 다양한 피트니스 프로그램이 보편화되고 있다.

국외에서는 이미 VR로 생중계를 볼 수 있는 정도이며, 국내에서도 AR 스포츠의 대중화와 함께 관련 특허출원도 크게 증가하는 추세다. 특허청에 따르면 2016년부터 지난해까지 최근 3년간 가상현실 스포츠 분야의 특허출원은 모두 357건으로 이전 3년간(2013~2015년 기준)에 비해 69%가량 상승했다(신선윤, 2019).

AR, VR 외에도 홀로그램 기법을 활용한 3D 영상을 공간상에 구현하는 기술도 주목할 만하며 이 같은 기술들은 격렬한 움직임이 필요치 않은 사이클, 낚시, 사격 등의 종목에서도 다양한 방식으로 적용되며 신체에 웨어러블 디바이스를 부착하거나 카메라로 사용자의 움직임을 정교하게 측정하고 운동 자세를 비교평가 및 교정하는 기술 또한 출원되고 있다. 집에 VR 기기나 신체 움직임을 측정하는 센서를 탑재한 기기가 있다면 가정에서도 IT와 스포츠 접목을 느낄 수 있다.

가까운 예로 휴대용게임기기를 개발하고 유통하는 닌텐도에서 발매한 휴대용게임기기 닌텐도 스위치Nintendo Switch의 소프트웨어 중 하나인 피트니스 복싱은 컨트롤러를 손에 쥔 채 화면에 출력되는 그림에 맞춰 몸을 움직이는 방식이다. 센서가 탑재된 장비를 통해 몸을 움직이는 방식은 과거 오락실에 설치되었던 DDR, PUMP와 같이 타이밍에 맞춰 버튼을 밟는 방식과 키네틱, 움직임을 감지하는 센서가 탑재된 카메라를 이용해 몸을 움직이는 게임들도 해당된다. 최근 닌텐도 스위치와 플레이스테이션으로 출시된 게임 저스트댄스의 경우는 움직임을 감지하는 센서를 통해 화면에 맞춰 플레이어가 동작을 취하는 방식으로 센서가 움직임을 감지해 운동 효과를 거둘 수 있다. 시중에서 나와 있는 운동게임으로는 댄스, 복싱 트레이닝, 테니스, 골프 등이 주를 이루지만 차후에는 장비의 보급화와 함께 장르 벽이 허물어질 것으로 예상된다(시사매거진, 2019).

4 O2O에서 M2O, 스포츠와 피트니스

온라인과 오프라인 시장을 유기적으로 결합하여 더 큰 시장을 확보해가고 있는 O2O 서비스가 유통환경에 큰 변화를 불러오고 있다. O2O란 온라인online과 오프라인offline이 결합하는 현상을 의미하는 말이며, 주로 전자상거래 혹은 마케팅 분야에서 온라인과 오프라인이 연결되는 현상을 일컬을 때 사용된다. 1990년대에 개인용 PC가 보급되고 온라인 쇼핑이 보급되기 시작하면서 나타나기 시작한 현상이다.

이러한 O2O 트렌드는 스마트폰이 본격적으로 보급되면서 더욱 빠른 속도로 퍼지고 있다. 이제는 컴퓨터보다 스마트폰에서의 구매 행위가 더 많은 비중을 차지하고 있으며, 그런 연유로 'O2O$_{mobile-to-Offline}$'라고 말하기도 한다.

스포츠와 피트니스 시장에도 O2O 서비스가 점점 확대되고 있다. 그 예로 Ikozen, Kfit, Mylo, TLX Pass 등이 있다. 이러한 스포츠 O2O 서비스는 위치기반 앱을 통해 본인 주변의 스포츠 서비스를 선택하고 결재하여 오프라인에서 제공받는 서비스 등을 말하며, 다양한 형태로 진화하고 있다(이지현 외, 2018).

한국과학기술정보연구원에 따르면 국내 O2O 서비스 시장 규모는 2016년 2조 1천억 원에서 2020년 8조 7천억 원으로 급증할 것으로 전망된다. 현재 급속히 성장하고 있는 피트니스 시장의 경우 온라인으로 회원가입하고 결제하는 것은 기본이고, 시간이 없어서 피트니스 클럽에 자주 갈 수 없는 회원들을 위해 멤버십에 가입하면 온라인 핏 같은 서비스를 무료 또는 저렴하게 제공하는 업체가 급속도로 늘고 있다. 또한 라이브로 피트니스센터에서 온라인 GX 프로그램을 즐기게 하는 형태로 서비스도 다양해지는 추세다.

5 클래스 패스에서 피트니스 온디맨드까지

온디맨드$_{on\ demand}$ 서비스는 최근 모바일 유통의 핵심이다. 이 개념은 2002년 10월 IBM의 전 CEO인 샘 팔미사노$_{Sam\ Palmisano}$가 IBM의 차세대 비즈니스 전략을 '온디맨드'로 표현하며 IT업계를 시작으로 회자되기 시작했다. 온디맨드는 고객의 요구가 있을 때 언제 어디서나 고객 중심으로 니즈를 해결해주는 것을 말한다.

기술 산업사회가 발전하고 O2O 서비스가 진화하면서 다양한 형태의 서비스가 각광을 받고 있다. 피트니스 시장에서는 클래스 패스 Class Pass 서비스가 인기를 끌고 있다. 2013년 미국에서 시작된 클래스 패스는 요가, 근력운동, 발레, 무술, 필라테스, 복싱 및 실내 사이클링 등 콘텐츠 중심의 피트니스가 인기를 끌면서 여러 피트니스 프로그램을 월정액 형태의 한 장의 패스로 다양하게 즐길 수 있도록 한 서비스다.

피트니스 온디맨드 Fitness on Demand 서비스는 다양한 콘텐츠를 온라인, 모바일 또는 다양한 형태의 피트니스 디바이스를 통해 제공하며, 성공적인 서비스는 상호 간의 소통과 회원의 서비스 관리까지 이루어질 수 있는 형태로 발전을 거듭하고 있으며 효과적인 콘텐츠의 딜리버리 역할을 수행하고 있다. 주요 장점으로는 첫째, 고객에 대한 다양한 경험의 가치를 더할 수 있으며, 둘째, 필요한 콘텐츠를 바로 구현할 수 있는 장점이 있다. 셋째, 오프라인수업과의 연계를 통한 확장성을 들 수 있다. 마지막으로는 동시에 다수 고객과의 커뮤니케이션이 가능하다는 장점이 있다.

미국의 피트니스 온디맨드 서비스의 경우 많은 업체가 다양한 콘텐츠로 서비스를 제공하고 있다. 주요 기업으로는 인도어 사이클링 프로그램을 중심으로 한 펠로톤 Peloton 이 있으며, 현재 60만 명의 회원을 보유하고 있다. 다음은 250만 명의 회원을 보유한 데일리 번 Daily Burn 이 있다. 모바일 앱 서비스를 통해 커뮤니티와 콘텐츠 생산에 강점이 있으며, 운동 콘텐츠와 다양한 피드백을 제공한다. 마지막으로 비치바디 온디맨드Beach Body on-Demand가 있다. 부트캠프, 보디웨이트 트레이닝 등을 중심으로 하며 넷플릭스와 유사한 형태의 피트니스 프로그램을 제공한다.

한국의 경우는 피트니스 콘텐츠가 부족하고 온라인과 연동되는 피트니스 디바이스가 충분하게 발달하지 못해서 다양한 온라인 형태의 온디맨드 서비스가 제공되고 있지는 못한다. 현재는 모바일 기반 홈 트레이닝 서비스가 주를 이루고 있다.

참고문헌

김상훈(2019). 스포츠산업 정책 왜 필요한가?. 한국스포츠정책과학원
문화체육관광부(2017). 스포츠산업 가계지출 조사
문화체육관광부(2018). 국민 생활체육 참여 실태조사
문화체육관광부(2018). 스포츠산업 실태조사
문화체육관광부(2019). '2019~2023' 스포츠산업 중장기 발전계획
이지현 · 김태중 · 조광민(2018). 수정된 목표지향 행동모델을 적용한 스포츠 O2O서비스 잠재 이용자의 수용의도 예측. 체육과학연구
신선윤(2019). 스마트 헬스케어 시장의 현재와 미래. 한국스포츠정책과학원
시사뉴스매거진(2019). 스크린 골프부터 VR을 이용해 스포츠 중계를 보는 시대!
정지명(2016). 스포츠와 VR. 한국스포츠개발원
통계청(2007). 한국통계연감. 통계청
IHRSA(2015). Asia Pacific Fitness Club Report. IHRSA. 2015
IHRSA(2015). Global Report. IHRSA. 2015
IHRSA(2018). Global Report. IHRA. 2018
IHRSA(2019). Global Report. IHRA. 2019

무병장수(無病長壽)를 향한 체육인의 유전체 특성 밥상

프로필

이 름 : 장시성

소 속 : 밥상힐링센터 연구소장

이 력

한의학 박사
(現) 헤인쇼트산업 대표
(現) Food Therapy 연구소장

주요 활동
- 부평 더필립재활병원 이비엠 힐링건강센터 개원
- 괴산군 장수마을 만들기
- 청주 깊은 산속 옹달샘(고도원) 녹색뇌 만들기
- 화성신문 건강 칼럼니스트

수상
- 2019년 3월 3일 납세자의 날 국세청장상 포상

1 스포츠마케팅이란?

모든 경제활동과 산업 발전의 동기를 부여하는 학문이다. 현대 올림픽을 통해 각국에서 경쟁하며 체육시설 건축과 문화 활동의 장을 마련해준 주역이다. 이를 통해 국가 발전의 큰 동력이기도 하며, 실질 성장의 최첨단 역할을 담당했다.

2 우리의 소망이 무엇인가요?

이 질문에 누구나 쉽게 추구하는 답은 "무병장수(無病長壽)의 꿈"이다. 하지만 우리는 아직도 그 완전한 해결책을 찾지 못하고 있다.

조금이나마 무병장수에 가까이 도달하기 위해서는 움직임[動]이 커다란 역할을 하고 있는 맥락으로 본다면 스포츠 학문을 연구하는 우리는 그나마 위안을 삼을 수 있다.

거의 육십 평생을 살아오면서 한 일이 오로지 생업을 위해 감사하게 반도체 기계 관련 '세정'이라는 아이템으로 열심히 발전시켜 기반을 잡아 그럭저럭 늦게나마 하고 싶은 학문을 할 수 있게 되었고, 이를 바탕으로 경희대학교 체육대학원에 인연을 갖게 되어 감사하다.

현재 계속하여 경제활동으로 사업은 이어지고 있으며, 뒤늦게 학구열에 열정을 다하여 배운 식품치료 처방으로 난치성 질환자들의 음식 섭취 선택을 도와 질병을 치유하는 데 작은 역할을 하고 있다.

직업군별 평균 수명

현재 우리나라 직업군별 조사에서 가장 단명한 직업군이 체육인이라는 사실은 충격적이다. 이러한 이유가 무엇인지는 특별하게 나타나 있지는 않다. 운동을 해야만 건강을 지킬 수 있다고 모두 입을 모아 이야기하고 있다. 하지만 결과는 역으로 증명하고 있다.

원광대 보건복지학부 김종인 교수팀이 1963~2010년까지 48년 동안 언론에 실린 3,215명의 부음기사와 통계청의 사망 통계 자료 등을 바탕으로 직업군별 평균 수명을 비교 분석한 결과다. 종교인 80세, 정치인 75세, 교수 74세, 법조인 72세, 고위공직자 71세, 연예인·예술인 70세, 체육인·작가·언론인 67세로 종교인과 무려 13년이나 차이가 난다.

이러한 현상이 스포츠 발전에 우려를 드러낸다. 개선 방안으로 충분한 교육과 정확한 음식 섭취 방법을 어린 나이부터 철저하게 인지시킬 수 있기를 바라며, 유전체 특성을 통한 음식 섭취 방법을 제시한다.

※48년간(1963~2010년) 직업군별 평균 수명 기준, 자료: 원광대

가장 행복할 것 같은 직업 순위

또 다른 측면에서 운동선수들의 삶의 척도를 살펴보자. 취업 포털 사이트 잡코리아가 남녀 직장인 1,709명을 대상으로 가장 행복한 직업에 대해 조사한 자료에서 운동선수가 10위로 나타났다. 1위가 시인과 화가 등 예술인(18.7%), 2위가 국회의원(11.4%), 3위가 연예인(10.5%), 4위가 요리사(10.2%), 5위가 의사·변호사 등 전문직(9.7%), 6위가 CEO(6.5%), 7위가 교사·교수(6.3%), 8위가 대통령(5.4%), 9위가 공무원(5.0%), 10위가 운동선수(3.7%)였다. 물론 10위라도 했으니 선방한 셈인가?

"운동선수들의 노후 보장과 삶의 질, 수명 연장을 위해 어떤 노력이 필요한가?"라는 질문을 던져본다. 현재 활동하고 있는 기성 체육인의 폭넓은 시야로 개척하여 후배들이 누릴 수 있는 비전을 충분히 제시해주어야 할 것이다.

3 체육인의 무병장수(無柄長壽) 방법

움직임이 현저한 운동선수들은 음식 섭취가 필수요소로, 식품에 대한 정확한 이해가 절실한 상황이다. 앞으로 많은 연구로 운동과 음식은 같은 선상에서 출발해야 한다. 조금이나마 음식에 대한 이해를 돕고자 유전체 특성을 고려한 식품 선별 방법을 제시하고자 한다.

옛 선조들이 우리의 몸에 이로운 식물과 해로운 식물을 식별하는 체험을 통해 약효가 강한 것들은 약재로 구분되고, 순하고 약한 성질의 것들은 식품으로 사용되어왔다. 같은 맥락으로 보면 약재나 식품이나 모두 우리를 이롭게 하는 같은 식품치료 물질이라 보아도 무방하다. 우리가 먹고 마시는 모든 식품은 몸을 유지하는 수단이고 치료라는 생각을 하지 않은 데서부터 아직은 음식물이 치료제라는 개념이 부족한 실정이다. 오로지 약에 의존한 현대의식을 바꾸기가 좀처럼 쉽지는 않을 것이라 여겨진다. 하지만 지금부터 "음식으로 못 고치는 병은 약으로도 못 고친다"라는 말이 진실임을 이야기하고 싶다. 많은 분이 이미 알고 있으며, 식사 조절을 통해 병을 고친다고 말은 하지만, 막상 식탁에 접하면 습관적으로 익숙한 방식을 선택하는 게 문제다. 우리의 몸은 자연의 소산물을 취하여 지속적으로 생장하고 소멸하는 과정이 반복되면서 무엇을 섭취하느냐에 따라 결과도 다르게 나타난다. 자연의 소산물을 잘못 만나면 세포의 반응이 불안해지고 불편한 증상도 나타나는 현상을 '질병'이라고 한다. 그래서 자연의 소산물, 즉 어떤 식품을 취하느냐에 따라 질병도 건강도 결과로 나타나는 것이다.

 질병으로 나타나기 전에 예방한다는 것은 나와 자연의 만남을 민감한 감각을 동원해 싫고 좋음을 판단해야 한다. 몸이 건강하다면 좋고 싫고의 감각이 살아있어 계속 몸이 원하는 대로 식사를 하면 되지만, 질병이 있다면 습관과 어린 시절의 향수가 감각을 가로막고 있다는 것을 인지하고 소화력이 좋고 장이 편안한 식품을 선택하며 감각을 살려야 한다.

 식사요법 식품 재료, 즉 자연과 나의 몸과 조화를 이루어 건강한 삶을 이어가는 방법이 식품치료의 핵심이다. 동양의학의 이제마 사상을 근간에 두고 식물, 동물, 물고기 내에서도 종류에 따라 각기

음·양의 기질이 다르고, 우리의 몸 역시 음·양의 차이를 가지고 있어 같은 식품을 섭취하고도 반응이 다르게 나타나는 현상이 건강과 질병의 시작이라고 할 수 있다.

문제를 해결하기 위해서는 질병이 시작되기 전, 예방에 중점을 두어야 한다. 건강의 시작도 밥상이고 질병의 시작도 밥상이라고 인식하는 순간부터 예방은 시작된다. 인체의 균형을 위해서는 항상성을 유지해야 하며, 이는 올바른 섭생을 통해 이뤄진다. 올바른 섭생이란 우리의 인체와 자연의 올바른 만남, 즉 바른 짝을 만나 체내의 에너지를 만들어 사용하고 비축하며 부족함과 넘침이 없는 상태여야 한다. 지금부터 음식물 섭취 후 인체 반응에 따라 나타나는 현상을 가지고 득과 실을 따져볼 것이다. 우리의 먹을거리는 육류, 채소류, 생선류, 과일로 한정되어 있는데, 이 먹거리들은 각각 특성(기질)이 있다.

식물(채소)이 자라나는 환경에 따라 기질도 다르고 효능도 다르다는 것을 우리 모두는 인지하고 있다. 이는 유전체 특성(기질의 특성)이라고 이야기할 수 있다. 동물 역시 활동하는 서식지와 섭취하는 물에 따라 유전체가 달라서 기질 역시 다르게 나타난다. 동·식물뿐만 아니라 인간 역시 태어나면서부터 부모로부터 받은 유선체 특성(음·양 체질)이 구분된다.

건강한 인체의 항상성을 위해서는 영양학적 물질의 성분보다 먼저 우선시돼야 할 것이 물질의 기질(음·양)이다. 예를 들면 인삼은 인체에 도움을 주는 '사포닌'이라는 영양물질이 있다. 하지만 이 영양소는 모든 사람에게 같은 영향을 미치는 것은 아니다. 즉 인체가 냉성(冷性)

인 음인(陰人)에게는 큰 도움을 주어 면역력을 향상시켜주지만, 인체가 열성(熱性)인 양인(陽人)에게는 오히려 불편한 상태로 혈압이 올라갈 수 있고 변비로 고생할 수 있다. 인삼처럼 기질이 강하지는 않지만 같은 기질을 가진 양파, 부추, 버섯, 무, 도라지 등 우리에게 친숙한 반찬들도 어느 쪽 인체의 유전체를 가졌느냐에 따라 도움도 불편도 안겨줄 수 있다는 것이다.

음(陰)의 특성을 가진 사람은 양(陽)의 기질을 가진 유전체 동·식물을 섭취해야 하고, 양(陽)의 특성을 가진 사람은 음(陰)의 기질을 가진 동·식물을 섭취해야 소화 흡수가 최고 효율을 나타낸다. 인체와 물질이 바르게 짝을 지어야 비로소 인체의 항상성이 균형을 이룰 수 있는 조건이 형성된다.

우리 밥상의 70~80%가 약초 재료임을 알기에 밥상의 중요함을 더욱 강조하고 싶다. 한약의 약초는 가려 먹으면서 매일 먹는 밥상의 재료들을 무시해선 절대로 안 된다. 기질(성질)이 미약하고 평이하다는 이유로 무시하며 인체와 맞지 않는 음식물을 장기간 식용하다 보면 질병을 유발할 수 있음을 인지해야 한다. 처음 작은 양은 인체에 내재되어 있는 소화효소로 이겨낼 수 있지만, 매일매일 수년 동안 섭취한 유전체 특성에 맞지 않은 음식들은 불완전 소화를 통해 생성된 독소들로 인해 대사성 만성질환이 시작된다. 아침, 점심, 저녁 세 끼의 식사가 편안하게 소화가 잘되느냐 아니면 불편한 상태로 독소를 만드느냐 따라 질병의 유무가 결정된다.

난치성 질환일수록 맑은 혈액 생성에 중점을 두어야 한다. 맑은 혈액의 생성은 체내의 독소로부터 멀어지는 것, 즉 잘 소화될 때 시작된다. 호전되는 사례 중에는 만성질환(고혈압, 당뇨), 심혈관성 질환뿐만 아니라 역류성식도염, 위장염, 파킨슨병, 크론병, 이명, 치매, 각종 암, 백혈병, 틱장애 등이 있다. 질환을 벗어나기 위한 시작의 기본은 소화력의 효율성을 높여주는 것이다.

기본 소화력은 운동선수에게는 시합 당일의 몸 상태를 좌우할 수 있는 중요한 변수가 된다.

음식의 유전체 특성에 맞는 섭취는 안정적인 소화 대사로 이어지며 잘 분해된 물질은 빠르게 당 에너지로 전환될 수 있다. 실제로 운동할 때 쓰는 힘은 주로 탄수화물에서 나온다. 만약 탄수화물보다 단백질을 더 많이 먹으면 만성 탄수화물 고갈, 즉 '글리코겐 고갈'이 되고 만성 피로와 정력 상실로 이어진다. 황소가 육류인 단백질을 먹고 힘이 세진 것이 결코 아니다.

100세 시대에 활력을 주는 체육인의 건강 해법은 음식 물질의 짝을 바르게 찾아가는 지혜가 필수요소이며, 활동이 줄어든 은퇴 선수들은 음식의 양 또한 소식으로 전환해야 한다. 우리의 인체가 자연임을 알고 자연과 중화를 이루며 하나가 되어야 한다. 즉, 음양의 조화를 잘 이해해야 한다.

4 섭취 음식의 중요성 사례

최근 체육인의 대표 주자로 방송인 활동을 하고 있는 양치승 관장의 건강지표로 혈액검사를 통해 우람한 체격과 건강을 자부해왔지만, 실질 검사에서 여과 없이 보여준 장면이 충격적이다. LDL 수치가

130mg/dL이지만 215mg/dL으로 높게 나와 운동에 앞서 음식 선별이 중요함을 보여주었다.

또 다른 연예인 이훈 역시 운동의 달인이라 할 만큼 최상의 근육을 자랑하며 상남자임을 자칭했지만, 남성호르몬 수치가 3.81이라는 낮은 상태에 당황하며 충격으로 이어졌다.

레슬링 선수로 1984년 제23회 미국 로스엔젤레스올림픽 레슬링 그레코로만형 금메달리스트 김원기 체육인은 평소 파이팅이 넘치는 에너지 소유자로 모두를 즐겁게 해주던 분이었다. 하지만 만 55세에 산행 중 심장마비로 짧은 생을 마감하여 많은 체육인을 마음을 아프게 했다.

미국 연수 중에 뉴욕 맨해튼에서 경험한 일이다. 인기 있는 거리 공연 중에 만난 비보이의 체력은 상상 이상으로 텀블링과 물구나무서기 등으로 구경꾼들의 눈을 휘둥그레지게 만들 정도로 사로잡고 있었다. 하지만 내 눈에는 우람한 장딴지에 드러난 하지정맥이었다. 운동을 통해 단단한 근육과 순발력은 발달했지만, 혈관성 질환을 막을 수 없는 상황을 어떻게 설명할 수 있을까? 그 답은 섭취 음식의 관계를 역학적 시각으로 볼 필요가 있다.

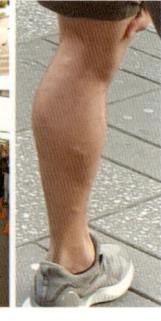

5. 올바른 식품 섭취를 통해 건강한 장수 생활과 운동선수들의 새로운 기록경신을 기대해본다

섭취하는 식품을 통해 우리 인체는 초당 1천만 개 정도의 세포가 생장·소멸하며 수백 가지 화학반응을 통해 빠르게 반응하면서 여러 신호를 몸을 통해 느끼면서 살아가고 있다. 이런 신호를 바르게 해석하여 올바르게 대처하는 행위가 자연의 질서에 순응하는 방식이다.

체내 질병치료의 근본 원인이 자신의 유전체 특성에 맞는 식생활을 통해 완전 연소로 체내 독소가 없음을 의미하는 것이다.

운동선수들의 음식은 구체적으로 필요한 열량을 계산하여 섭취하는 식사량 지침도 마련되어있다. 이러한 지침에다 한 가지 더 개인의 유전체적 특성을 고려하여 음식을 섭취한다면 최상의 컨디션이 만들어질 것이고, 체내의 잘 준비된 에너지원들은 선수들의 기량을 한껏 발휘할 수 있도록 도와줄 것이며 좋은 기록을 만들 것이다.

결론적으로 맑은 혈액을 통해 인체 내의 불편한 질환이나 부족한 영양소를 해소할 것이며, 또한 이를 위해 각 개인의 유전체적 특성을 고려해야 한다.

영양소와 칼로리를 우선시하는 현대 기본 영양학 개념을 뛰어넘어 각 개인의 맞춤형 식품을 섭취해야 함을 인지하고, 인체의 소화 대사 관계를 철저히 분석하여 유전체 특성을 찾아야 한다.

앞으로 스포츠마케팅을 연구하는 분야에 '올바른 식품 섭취 방법'을 포함하여 체육인의 무병장수 꿈을 이루고 선수들의 행복한 삶의 질이 높아지길 추구하는 바다.

6 20대 청년들에게 주는 인생 여정의 작은 경험담

물론 전쟁 이후 베이비붐 시대에 태어난 세대로 어려운 시절과 배 고픔의 시간을 경험해본 터여서 성실하지 않으면 살아남지 못하는 경쟁의 소용돌이 속에서 애절한 마음으로 살아왔다고 이야기한다면 요즘 젊은 친구들은 잘 이해하지 못할 것이다. 우리처럼 살라고, 그래야 잘살 수 있다고 아무리 외쳐도 젊은 친구들은 외면한다. 그래서 좀 더 현실적으로 표현하려고 한다.

간단하게 축약하면 '나의 삶이 복을 받을 수 있는지'를 판단해보기 바란다. 복을 받은 삶이라면 나뿐만 아니라 내가 속한 모든 주변이 함께 복을 받을 것이다. 그래서 지금까지 우리 회사 채용 기준은 '이 젊은 친구가 복을 받을 수 있는 사람인지'를 살펴보는 것이 우선이 됐다. 그래야 우리 회사가 같이 복을 받기 때문이다. 나 역시 어떠한 삶을 살았는지 굳이 애써 설명할 필요 없이 늘 복을 받을 일을 하려고 노력했다.

다른 한 가지를 추가 조언한다면, 혹시 취업하는 입장에서 현명한 젊은 친구라면 이것만은 꼭 살펴보아야 한다. 내가 입사할 회사 또는 대표가 의로운 목적을 가지고 있지 않으면 나의 노력은 결국 아무런 복을 받지 못하는 단순한 노동에 그칠 뿐이다. 큰 부자는 하늘이 내려주지만, 작은 부자는 스스로 만들 수 있다고 한다. 물론 부와 성공을 같은 개념으로 볼 수는 없지만, 같이할 수만 있다면 좋을 것이다.

항상 덕을 쌓는 일에 몰두하며 살아가길 늘 희망한다. 3가지를 잘하면 복을 받을 수 있어 실천하려고 노력하고 있다. 첫째, 마주치는 모든 사람에게 미소 짓는다. 둘째, 미소와 함께 마주칠 때마다 인사

한다. 그러면 좋은 기회가 찾아온다. 혹 직장 상사라면 누구를 먼저 떠올리겠는가? 당연히 늘 인사 잘하는 부하직원을 선택할 것이다.

셋째, 상대방의 부탁을 적절하게 잘 거절하라. 마지막 세 번째는 이상하게 생각하겠지만, 거절하지 못해서 쩔쩔맬 때가 너무 많다. 때론 적절하게 거절하는 것이 꼭 필요하다. 왜냐하면 상대방은 당연히 들어주는 사람으로 가볍게 여길 수 있다고 한다. 자신의 위상을 지키고 시간을 얻을 수 있기 때문이다.

너무 추상적으로 나열했지만, 쉽게 이해하리라 생각한다. 이런 맥락으로 많은 분의 건강을 도와주면서 남은 삶을 살아가고 싶은 소망을 가져본다.

The World of Sports Marketers

프로필

이 름 : 김도균

소 속 : 경희대학교 체육대학원

이 력

(現) 제27대 한국체육학회장
(現) 대한체육회 이사
(現) 대한장애인체육회 이사
(現) 문화체육관광부 스포츠산업 정책자문위원
(現) 한국3대3농구연맹 명예회장
(前) 스포츠산업협회 회장

나는 경험해왔다.

선수 관리, 스포츠 이벤트, 월드컵, 올림픽, 아시안게임, World Cyber Games, 컨설팅

나는 실천해왔다.

현장에서 부딪힌 실전에 이론적 토대를 입혀 실현 가능한 전략으로 구성했다.

나는 상상해왔다.

스포츠마케팅 세상에는 무엇이 존재하고 있을까?

나는 꿈꾸어왔다.

스포츠마케팅을 위해 내가 할 수 있는 일은 무엇일까?

나는 참 행복한 사람이다. 어쩌면 스포츠마케팅을 위해 태어난 사람일지도 모른다.

스포츠를 통해 배울 수 있었던 도전과 경쟁, 승리와 감동이라는 4가지 키워드는 내 삶의 핵심 단어가 되었다.

어린 시절부터 달리고 뛰고 던지는 능력은 다른 친구들과 차별화되어 있었다.

달리는 순간, 힘을 쓰는 순간, 그리고 공을 차는 순간, 친구들과 하는 축구, 달리기, 농구 등의 경기장에 서면 나는 늘 스타가 되는 꿈을 꾸곤 했다.

다른 사람보다 운동 능력이 뛰어나 빠르고 강했던 나는 친구들의 부러움을 샀고, 학교 운동회가 있으면 늘 스타가 되었다.

언젠가부터 스포츠는 나의 경쟁력이 되었고, 나를 지탱하고 나타내는 강력한 도구가 되었다. 스포츠 자체가 가져다주는 성취감과 기쁨은 나를 행복하게 했고, 그것이 나의 미래의 경쟁력이 되었다.

초등학교 시절에는 축구 선수로, 중학교 시절에는 육상(허들) 선수로, 고등학교 시절에는 럭비로 나의 운동 능력을 키웠고, 대학에 가서는 태권도와 여러 종목에 대해 배울 기회가 있었다. 경희대학교 체육대학에 입학한 후 각종 동아리 활동과 봉사 활동은 나를 더욱 성장하는 계기를 만들어주었다.

스포츠야말로 나의 미래를 만들 수 있는 최고의 무기이자 힘이 되었다.

최초의 스포츠마케터의 길에 들어서다

대학을 졸업한 후 나이키스포츠코리아에서 이벤트 마케팅 팀장(7년 6개월)으로 일하면서 '스포츠마케팅'이라는 새로운 세계에 눈을 떴다.

World Cyber Games에서는 세계 최초로 사이버게임인 e-sports 대회를 만들었고, 스포츠마케팅코리아(구 ISL Korea)의 마케팅이사로 2002 한·일 월드컵과 부산아시안게임의 마케팅을 총괄하면서 글로벌 스포츠마케팅을 경험했으며, 2018년 평창동계올림픽에서는 자원봉사자 권익위원장을 맡아 기획부터 진행까지 다양한 스포츠 현장을 경험했다.

그리고 나이키에 근무하면서 대학원 공부를 병행하다가 1997년 경원전문대학교 겸임 교수로 발령을 받아 교수에 대한 꿈을 꾸며 책, 논문 그리고 강의 경험을 통해 2002년 올림픽 이후 경희대학교 교수로 강단에 서게 되었다.

▲ 한여름 태양 아래 3대3 길거리농구대회 진행 모습

교수가 되고 나서는 국가 스포츠산업 발전 전략, 스포츠 윤리, 스포츠 브랜드 육성, 국제 스포츠 이벤트 자문 등을 하고 있다. 30년 가까이 스포츠마케팅에 몸담으면서 "스포츠마케팅이란 무엇일까?"에 대해 끊임없이 자문해보고 현장에 적용하기 위해 노력해온 끝에 내가 찾은 해답은 "Grow the Sports"다.

그렇다! 스포츠마케팅은 스포츠 자체를 발전시키는 것이다.

스포츠 자체가 발전하여 그 안에 참여하는 소비자와 팬이 많아질

수록 스포츠마케팅의 진가는 더욱더 커질 것이다.

　스포츠마케팅 현장은 늘 숨 가쁘게 돌아가고, 매 순간 창의적인 생각이 필요하며, 소비자를 위한 선택의 기로에 서게 된다. 이때 신속하고 정확하게 결정을 내리는 능력은 성공의 기회를 만들 뿐만 아니라 높은 성과를 창출한다. 그 속을 돌아다니다 보면 혼란 속에서도 메시지가, 브랜드가, 놀라운 아이디어와 혁신이 보이기 시작한다.

스포츠마케팅을 위해 태어난 행복한 사람

나는 학창 시절부터 작은 모임부터 큰 모임까지 기획하고 실행할 기회가 있었다.

　모임의 목적은 무엇인가? 방법은? 누구를 위한 것인가? 어떻게 하면? 언제? 어디서? 늘 '어떻게'를 염두에 두다 보니 마케팅 기획자로서의 길을 자연스럽게 접하게 된 것 같다.

　'나이키'라는 세계 최고의 스포츠회사에 입사하여 스포츠 이벤트 마케팅 팀장이 되었을 때는 구체적인 타깃과 예산을 가지고 브랜드 콘셉트와 분위기 그리고 종목을 확장하기 위한 스포츠 이벤트를 기획할 수 있었다. 그 시절 국내 최초로 기획하고 만든 3대3 길거리농구대회는 내 인생 최대의 스포츠마케팅 역작일 것이다. 최고로 많이 참가한 해의 인원이 3,500개 팀 1만 4천 명으로, 나이키 농구 이미지를 끌어올리기 위해 해마다 다른 콘셉트와 독특한 운영 방법으로 청소년을 대상으로 한 최대의 스포츠 이벤트 축제로 만들었다.

　NBA 선수를 초청한 'Hoop Heros Tour'와 10개국이 참가한 '아

시아 지역 길거리농구대회'로 확대한 이벤트 기획은 농구의 인기에 편승하여 나이키의 매출 증대와 브랜드 인지도 상승에 큰 영향을 미치기도 했다.

▲ 2008년 베이징올림픽 폐막식에 참가하여

나이키 브랜드를 앞세워서 기획한 스포츠 이벤트를 보면 박찬호 선수를 중심으로 한 'PHR(Pitch. Hit. Run)', 에어로빅 지도자를 위한 'Aerobic Elite Tour', 한국 축구 발전을 위한 'Brazil World Tour', 'Premier Cup 유소년 축구대회', 올림픽 론칭을 위한 'Coca Cola Olympic Fun Run' 등 크고 작은 나이키의 이벤트를 직접 기획하고 만들면서 브랜드와 기획의 중요성을 배우게 되었다.

올림픽을 모델로 기획하여 개최한 World Cyber Games는 세계인에게 e-sports를 확대할 수 있는 'Cyber Olympic'이라는 게임 축제로 승화·발전했다. 전 세계 대도시를 순회하며 개최되었고, 2008년에는 80개국이 참가하는 국제적인 이벤트가 되었으며, 현재 세계에서 가장 큰 게임대회로 자리 잡았다. 오프라인을 넘어 온라인의 새로운 스포츠마케팅 역사를 만들어낼 수 있었고, e스포츠 마케터가 되어 또 다른 역사의 현장에 주인공이 되기도 했다.

2002년에는 부산아시안게임의 마케팅이사로서 아시안게임 마케팅을 총괄하는 OCA Olympic Council of Asia의 직원으로 근무할 수 있었으며, 2002 한·일 월드컵 때는 마케팅 컨설턴트로 참가할 기회를 얻어 세계적인 이벤트 중심에서 일하며 글로벌 스포츠마케팅을 배울 수 있었다.

그리고 2016년 3대3 길거리농구가 올림픽 정식 종목으로 채택되었다. 대한농구협회 3대3 농구위원이 되어 국내 최초로 국가대표팀 3대3 농구단장 자격으로 프랑스 낭트에 선수들을 데리고 참석했다. 그리고 그 후 한국 3×3농구연맹의 회장이 되어 3×3 국내 리그를 만들어 진행하기도 했다.

이처럼 감사하게도 스포츠 이벤트의 엘리트 코스를 밟으며 직접적인 현장 체험 기회를 통해 스포츠마케팅을 기획하고 만들었다.

교수가 되어서는 국가 스포츠산업 정책을 만드는 데 참여하고, 각종 국제 대회에 자문으로 참여하여 현장과 이론의 실제적인 경험을 토대로 한 전략과 전술을 만들어내기도 했다.

나이키와 맺은 인연으로 최초의 스포츠마케팅팀 팀원이 되어 각종 스포츠 이벤트를 개최하고 만들면서 '스포츠마케터'라는 타이틀을 갖게 되었다.

최고의 마케터에서 최고의 강사로

스포츠 현장 경험의 세계를 이론으로 정립하고 이것을 강단에서 가르치기 시작했을 때, 삼성경제연구소의 SERICEO.org라는 국내 최고의 지식과 정보 나눔의 플랫폼에서 CEO들에게 스포츠를 통한 재미와 감동을 주고자 "스포테인먼트 마케팅"이라는 주제로 스포츠 마케팅과 현장의 다양한 사례를 주제로 하여 6년 넘게 강의했다. CEO들이 원하는 것은 이론이 아닌 현장의 이야기였기에 내 강의는 경영자들에게 전략적인 팁과 통찰을 제공했다. 이론과 경험을 비즈니스와 접목시키는 과정이었다.

▲ 스포츠산업 관련 강의 중인 필자

강의 하나를 준비하기 위해 100쪽 이상의 정보와 자료를 준비하면서 참으로 많은 것에 대한 실제적인 공부를 할 기회가 되었고, 이를 바탕으로 매년 외부 특강 요청이 100회 이상 될 정도로 국내 최고로 인기 있는 스포츠마케팅 강연자가 되었다. 그 이후에도 교육 사이트인 휴넷, EBS 등에서 방영된 동영상 강의 자료와 내용들은 스포츠마케터를 꿈꾸는 이들에게 큰 영감을 주는 단초가 되기도 했다.

체육 학도로서 마케팅적인 접근을 고민하던 시기를 지나 어느덧 국내 최고의 스포츠마케팅 전문가의 반열에 오르는 축복을 누렸다.

스포츠 마케팅을 구성하는 뿌리를 이해해야

20세기가 스포츠를 통해 자국의 힘을 과시하는 민족주의 스포츠였다면, 21세의 스포츠는 비즈니스적인 성격을 띠고 있다. 이러한 비즈니스의 근원에는 개척과 판매 신장 그리고 이윤 추구를 목적으로 하는 기업들의 구체적인 마케팅 활동들이 존재한다.

마케팅marketing 활동은 '기업의 이윤을 창출하면서 소비자의 욕구를 충족시키는 것'이었고, 인간의 욕구와 사회의 욕구를 확인·규명하고 충족시키는 데 그 목적이 있다고 할 수 있으며, 미국마케팅협회American Marketing Association는 "다른 사람과 함께 가치 있는 제품과 서비스를 창조하고 제공하며, 또한 자유롭게 교환함으로써 개인과 집단이 요구하고 필요로 하는 것을 획득할 수 있도록 하는 사회적 과정"이라고 정의했다.

마케팅 관리marketing management는 표적시장을 선정하여 우수한 고객가치를 창조하고, 전달하고, 의사소통함으로써 고객을 확보·유지하며 증대시키는 기술과 과학이다.

아름다운 꽃은 보이지 않는 땅속뿌리에서 만들어지듯이 기업과 스포츠 비즈니스도 이러한 마케팅을 뿌리로 하고 있다. 뿌리에는 소비자, 고객, 팬이 있다. 이제는 기업 중심적인 사고가 아닌 고객 중심적인 사고를 해야 하고, 기업의 이익이 아닌 고객의 이익, 사회의 이익이 되는 활동을 해야 하는 시대가 되었다. 스포츠마케팅을 어떻게 성공적으로 실행하여 고객에게 어필하고, 목적을 이룰 것인지 방향을 잡는 데 이 책이 도움이 되기를 바란다.

▲ 한국3대3농구연맹 회장으로서 대회 시상식 참가

스포츠마케팅은 스포츠산업을 만드는 핵심이다

스포츠산업은 스포츠가 하나의 거대한 비즈니스가 되면서 스포츠마케팅 분야의 학문적인 연구가 선행된 후 그 결과물로 탄생한 학문이라기보다는 시장의 원리와 구조 그리고 시대적 배경에 의해 만들어진 결과물이라고 할 수 있다.

이러한 스포츠 비즈니스의 성장은 사회의 변화, 인간 개인의 변화, 그리고 스포츠 자체의 변화를 가져오게 되었다. 1960년대 미디어 발달로 인해 참여 스포츠에서 관람 스포츠로 전환되었고, 1970년대 후반 스폰서십 프로그램의 등장으로 스포츠의 상품화가 이루어졌으며, 1980년대 올림픽, 월드컵을 비롯한 대형 스포츠 이벤트의 성장, 1990년대 스포츠용품의 과학화, 2000년대 스포츠의 글로벌화, 2010년대 스포츠의 사회적 기여 및 참여, 2020년에는 스포츠 복지가 자리 잡았다. 2030년에는 스포츠를 통한 ESG 실현으로 발전하게 될 것이다.

 이렇듯 스포츠는 단순히 볼거리를 제공하는 운동경기라는 개념에서 벗어나 그 자체를 사업화하고 광고 매체로 활용하며, 다른 부대사업 개척이 가능한 하나의 독자적 산업으로 입지를 구축해나가고 있다. 스포츠산업의 비중이 커짐에 따라 기업들은 스포츠산업 분야에 많은 투자를 하고 있으며, 스포츠를 통해 커뮤니케이션 효과를 노리는 마케팅 활동을 하고 있다.

▲ 데상트 듀애슬론대회 참가

우리나라는 스포츠를 통해 국위를 선양하고, 강력한 정부 주도의 스포츠 정책으로 인해 단기간 내에 세계 10대 스포츠 엘리트 강대국에 속하게 되었다. 그 이후 정부는 국민 경제와 삶의 질 향상을 위해 엘리트 스포츠 강국에서 스포츠산업 강국으로 육성해야 한다는 시대적인 사명을 갖고 스포츠산업 비전을 만들었다.

스포츠 비즈니스의 다양한 전략 도구들, 즉 상품, 촉진, 유통, 가격 등과 관련된 다양한 요소의 최적 배합으로 스포츠 소비자의 요구와 기업들의 기대에 부응하여 끊임없이 변화시켜야 하고, 커뮤니케이션 외에 마케팅의 다른 요소들과도 결합하여 긍정적인 상호 간의 상승효과를 내도록 해야 한다.

스포츠마케팅은 스포츠 자체의 마케팅과 스포츠를 활용한 마케팅, 그리고 선수 및 팀을 활용한 마케팅의 3가지로 크게 구분된다. 스포츠마케팅은 다른 마케팅과 달리 독특한 차이점을 가지고 있다.

스포츠마케팅은 스포츠 매니지먼트 시각으로 보면 관람 스포츠와 참여 스포츠 산업의 경우 더 많은 관중이나 회원을 확보하려는 활동이고, 스포츠 제조업 부문에서는 스포츠용품이나 브랜드의 가치를 극대화하는 활동이며, 스포츠시설업에는 회원들이나 사용자에게 질적인 서비스를 제공하는 활동이라 할 수 있다. 또한 스포츠 단체나 조직에서의 마케팅 활동은 스포츠 자체를 발전시키고 재원을 확보하기 위해 집행하는 활동을 의미한다.

현재 스포츠 비즈니스는 지속적으로 발전하고 있으며, 그 과정에서 다양한 마케팅 양상으로 변모해나가고 있다. 이러한 측면에서 왜 스포츠마케팅이 많은 사람의 관심을 모으고 있는지, 스포츠가 가진 가치를 어떻게 확대해나가야 할지 알아보아야 한다.

가장 매력적인 직업, 스포츠마케터!

스포츠마케터가 되어 가장 행복한 점은 만나기 어려운 선수들과 사람들을 만나고, 가보기 어려운 스포츠 현장을 직접 찾아가보는 것이다.

나는 '경험'을 통한 '목표설정', '실천', '평가'라는 개념을 사랑한다. 이러다 보니 내 인생의 모토도 나이키에서 배운 'Just Do It!'의 원리를 이용한 'Do it Now!'다.

▲ 2018 러시아월드컵 개막전 경기를 관람하며

내가 실천하는 스포츠마케팅을 보면 다음과 같다.

첫째, 스포츠마케팅의 본질은 늘 단순하다. 따라서 본질을 꿰뚫고 있다면 누구나 쉽게 이해할 수 있다. 『스포츠 비즈니스』, 『월드컵 마케팅』, 『스포츠 이벤트 기획론』, 『전략적인 스포츠 경영』, 『스포츠 마케팅』, 『스포츠 상품 개발과 관리』라는 책을 출판하여 '마케팅의 이론과 스포츠마케팅의 원리란 무엇인가?'라는 개념으로 스포츠마케팅의 특수함과 일반 마케팅의 원리를 접목하여 쉽고 간략하면서도 깊이 있는 내용으로 독자들과 만나기 위해 노력했다. 스포츠 자체를 확장해나가는 것이 마케팅의 본질이다. 물론 기업 입장에서 보면 스포츠는 하나의 도구로 활용되어 마케팅의 역할을 하기도 한다.

둘째, 현장 속에 답이 있다. 즉, 스포츠는 살아 움직이는 생물과 같아서 TV 속 장면과 실제 현장은 비교할 수 없다. 그래서 나는 올림픽, 월드컵, 슈퍼볼 등 스포츠 현장을 직접 방문하여 경험하고 사진으로 기록을 남겼다. 경기장뿐만 아니라 이면에 숨겨진 노하우와 전략들을 찾아내려고 뛰어다녔고, 이 모든 것을 책자와 강의에 쏟아부어왔다.

셋째, 학교 강의와 외부 특강은 현장 경험과 사례를 핵심으로 삼았다. 강의는 나에게 생명수와 같다. 학생들이나 스포츠 마케팅에 관심을 갖는 많은 사람과의 만남은 강의를 통해 이루어지기 때문이다. 따라서 지난 30년간의 강의 자료는 나를 보여주고 스포츠마케팅을 보여주는 것이다.

넷째, 스포츠마케팅과 관련된 키워드(마케팅, 소비자, 스포츠산업, 프로퍼티, 조직, 기업, 선수, 서비스, 브랜드, 미디어, 스포테인먼트, 앰부시)를 중심으로 생각하고 실천한다면 스포츠마케팅의 다양한 아이디어와 엄청난 상상력을 갖게 될 것이다.

다섯째, 스포츠는 살아있는 생물이다. 살아 움직이는 것의 특성이 무엇일까? 사랑받기를 원하고 사랑하기를 원한다. 마케팅은 사랑싸움이다. 고객의 사랑, 소비자의 사랑, 그리고 내·외부 직원들의 사랑을 받기 위해 살아있는 생물이 무엇을 원하는지 알고 그것에 촉각을 곤두세워야 한다. 내가 배운 스포츠마케팅은 현장과 살아있음 속에 답이 있다.

스포츠마케팅의 바이블이 된 책을 만들다

자기 생각을 정리하고 주변의 내용을 참조하여 자신만의 글을 쓴다는 것은 힘든 작업이다. 마이클 펠프스는 "*No Limits*"에서 "꿈은 실제로 이루어진다"라고 썼다. 스포츠마케팅 분야에서 일하면서 이론에 대한 갈증을 느꼈다. '마케팅의 대부'라 불리는 필립 코틀러의『마케팅 원리』라는 책을 접한 이후 스포츠마케팅 분야에서 이런 책을 쓰고 싶은 꿈을 가졌다. 아시안게임, 월드컵 등의 국제적인 이벤트를 경험하고 나서 7권의 책을 저술했다. UC Berkeley 대학에 교환교수로 방문했을 때는 1년 동안 집필 작업에만 매달렸다. 30만 페이지 이상의 책을 정독하고 각종 자료를 정리하여 1천여 페이지에 이르는 다양한 분량의 사례와 마케팅 원리 내용으로 구성하여 스포츠마케팅의 바이블을 만들기 위해 노력했다. 마침내 이러한 꿈은 이루어졌고 문화체육관광부 우수도서로 선정되기도 했으며, 스포츠마케팅을 공부하는 친구들에게는 지도서가 되기도 했다.

▲ 스포츠 마케팅

『스포츠 마케팅』은 스포츠와 마케팅

이 무엇이며 어떻게 흘러가는지 배울 수 있는 마케팅 연구서다. 반드시 알아두어야 할 기본 원리부터 마케팅 성공사례와 실패사례 등 실제 사례를 풍부하게 실었고, 주요 마케팅 관련 용어 및 사례를 각 페이지에 마케팅 휴지통으로 정리하여 쉽게 이해할 수 있도록 했다.

'경험'을 넘어 더 멀리 '상상'의 나라로

경험이란 최고의 선생이다. 그리고 유일한 지식의 원천이 된다. 경험은 상상을 쉽게 한다. 마케팅은 상상이다. 제품을 만들기 위한 상상, 고객을 위한 상상, 이벤트를 위한 상상, 미래를 위한 상상. 이러한 상상의 배경이 되는 기술은 경험이다. 이러한 경험을 축적하기 위해 전 세계에서 개최되는 올림픽과 월드컵 그리고 글로벌 스포츠 이벤트와 리그 등 경기장을 방문하여 경기를 관람하고 이벤트에 직접 참여했다.

2000년 시드니올림픽, 2002년 솔트레이크동계올림픽, 2004년 아테네올림픽, 2006년 독일월드컵, 2008년 베이징올림픽, 2010년 밴쿠버동계올림픽, 2012년 런던올림픽, 2016년 리우올림픽, 2018년 러시아월드컵, 그리고 펜웨이 파크, AT&T Park, Medison Square Garden, Citi Field, Anerheim field, LA Dodgers Stadium, Candle stic Park, Oracle Stadium, Old Draft Stadium, Chelsi, 아약스 스타디움, Minuat Maid Park, Relant stadium, Toyota Center, United Center, TOKYO Dome, 바르셀로나 축구장, 마드리드 경기장, 첼시 경기장, 올드 드래포트, NCCA 경기, 슈퍼볼, 월

드 시리즈, 잼 세션, NFL 경기, NHL 경기, 후쿠오카 돔, 프리미어 리그, 라리가 경기 등 경기장은 나에게 배움의 현장이자 아이디어를 얻는 뱅크가 되었다.

쟈니 세인은 "마음속에 그릴 수 있거나 믿을 수 있다면 어떤 것도 다 달성할 수 있다"라고 했다. 그래서 나는 상상의 나라로 가기 위한 각종 경험을 하는 것이 중요하다고 생각한다.

지금도 나는 수많은 이벤트를 보면서 앞으로 스포츠 세상은 어떻게 펼쳐질지 궁금하기만 하다.

▲ 맨체스터 유나이티드 경기장 앞

할리데이비슨은 오토바이를 팔지 않는다. 디즈니랜드는 놀이 시설을 판매하지 않는다. 맨체스터 유나이티드는 축구 경기 티켓을 판매하지 않는다. 보스턴 마라톤은 아무에게나 마라톤 참가를 허락지 않는다.

스포츠마케팅은 과연 무엇을 판매하는가? 비즈니스의 가치는 무엇일까?

어떻게 스포츠 프로퍼티를 개발할 것인가? 스포츠를 통한 경제적 가치 창출의 핵심은 무엇인가? 스포츠 비즈니스 현장은 총성 없는 전쟁터다.

지금은 규칙을 깨뜨리고, 불가능한 것을 상상하고, 앞으로 나아가는 모험가를 위한 시대다.

선수와 구단은 성과와 고객 만족을 위해 새롭게 조직을 만들고 쇄신과 혁신을 통해 거듭나려고 발버둥 친다.

새로운 경제와 새로운 비즈니스 모델이 필요하다.

누구라도 가치를 창출할 수 있다. 모든 것이 가능하고 무슨 일이든 일어날 수 있다.

엄청난 변화 속에 살아남을 준비는 되었는가?

스포츠마케팅을 통한 '고객 만족'은 옛이야기다. 이제는 '고객 성공'이다. 성공으로 가는 유일한 길은 기억에 남을 만한 '경험'을 제공하여 다른 것들과 차별화하는 것이다.

다윈은 "Only Dead Fish! Go With the Flow!(단지 죽은 물고기들만이 물결을 따라 움직인다)"고 했다. 우리는 변화에 어떻게 적응할 것인가? 변화의 물결을 따라갈 것인가? 아니면 변화와 싸우면서 즐길 것인가?

함께 책을 통해 미래를 만들다

20여 년의 교수 생활 동안 석·박사를 함께 공부한 제자들이 114명이

나 된다. 이들 중 90% 이상이 사회에서 스포츠를 업으로 삼아 살아가고 있다. 이들은 나에게 재산이자 보배다. 이들의 값진 경험이 큰 도움이 되리라 믿는다.

스포츠마케팅을 공부하고 마케터를 꿈꾸는 미래 학생들뿐만 아니라 프로퍼티를 개발하는 현장 실무자들에게도 작은 밑거름이 되기를 간절히 바라는 마음으로 한 페이지 한 페이지를 바친다.

저자 단체사진

저자 집필 회의(1차)

저자 집필 회의(2차)

저자 집필 회의(3차)